복음주의 역사 시리즈 ③

복음주의 전성기
스펄전과 무디의 시대

데이비드 W. 베빙턴 지음
채 천 석 옮김

기독교문서선교회

기독교문서선교회(Christian Literature Crusade: 약칭 CLC)는 1941년 영국 콜체스터에서 켄 아담스에 의해 시작되었으며 국제 본부는 영국의 쉐필드에 있습니다.
국제 CLC는 59개 나라에서 180개의 본부를 두고, 약 650여 명의 선교사들이 이동도서차량 40대를 이용하여 문서 보급에 힘쓰고 있으며 이메일 주문을 통해 130여 국으로 책을 공급하고 있습니다.
한국 CLC는 청교도적 복음주의 신학과 신앙서적을 출판하는 문서선교기관으로서, 한 영혼이라도 구원되길 소망하면서 주님이 오시는 그날까지 최선을 다할 것입니다.

The Dominance of Evangelicalism
The Age of Spurgeon and Moody

by

David W. Bebbington

translated by

Cheon Seok Chae

Copyright © 2005 by David W. Bebbington

Originally published in the U.S.A. under the title as
The Dominance of Evangelicalism: *The Age of Spurgeon and Moody*
by INTER-VARSITY PRESS

Translated and used by the permission of
INTER-VARSITY PRESS,
Norton Street, Nottingham NG_7 $3HR$, England

All rights reserved

Korean Edition
Copyright © 2012 by Christian Literature Crusade
Seoul, Korea

추천사

한성진 박사
합동신학대학원대학교 역사신학 교수

　CLC에서 번역 출간 중인 "복음주의 역사 시리즈"는 총 5권으로 1730년대부터 1990년대까지 영어권 세계에 있었던 복음주의 운동의 대표적인 신앙 인물과 신앙 운동, 신앙 이념에 대한 연속적인 역사를 최초로 제공하고 있다. 이 시리즈는 회개, 성경에의 의존, 실천주의(특히 선교), 그리스도의 십자가의 중심성을 강조하는 복음주의의 공통된 정의를 사용하면서 전 5권을 하나로 연결하고 있다. 특히 본 시리즈는 흥미를 유발시키는 다양한 해석뿐만 아니라 사실에 입각한 역사적 묘사를 제공하면서 아울러 방대한 참고자료를 제공하기에, 지식층과 일반 신앙인까지 모든 독자층이 널리 이해할 수 있도록 되어있다.
　한국과 제3세계가 세계선교와 역사의 주역으로 등장하는 이 시대에 과거의 영어권 내에서의 "복음주의 역사 시리즈"를 출간하는 것은 시의적절하다고 하겠다.
　이 시리즈 중의 한 권인 본서 『복음주의 전성기: 스펄전과 무디의 시대』는 1850년대부터 1890년대에 걸친 영어권의 복음주의의 운동을 여러 주제별로 다룬다. 당시의 복음주의 운동은 단지 한 교파에만 머물지 아니하고 전통적인 많은 개신교 교회들을 변화시켜 복음주의로 돌아서게 했을 뿐 아니라 새로운 교파들을 탄생시켰다. 그러므로 당시의 인구증가와 산업화, 정치-사회적 관심에 맞추어서 여러 교파에서 이루어진 복음주의의 부흥을 보는 것은 상당히 흥미로운 일이다.

본서를 통하여 당시의 다양한 교파에서 영성, 예배, 선교, 사회참여에 대하여 어떻게 믿음을 표현하였는지 그리고 그들이 어떻게 계몽주의의 유산을 받아들이고 낭만주의의 영향을 받았는지, 또한 그들만의 신학적 조류는 무엇인지를 개괄적으로 다루면서, 그들 간의 공통된 특성과 세계적 연합의 일체감을 볼 수 있다. 이미 19세기 말엽에 복음주의는 세계화에 이르는 큰 길에서 기여하고 있었기 때문이다.

또한 본서를 통하여 당시의 신앙 인물로서 알려진 찰스 스펄전, 무디, 생키, 샤프스베리 경, 리빙스톤, 뮬러, 앤드류 머레이, 허드슨 테일러, 윌리엄 부스의 활동과 업적들을 알 수 있을 것이다.

이와 같이 본 시리즈의 성격과 본서의 특징을 말씀드리니, 독자 제위께서 보다 흥미를 가지고 열심히 일독하기를 바란다.

저자 서문

본서는 수년 동안 세계 여러 곳에서 강의하고 또 학회에 참여하여 발표한 논문 등을 기초로 하여 저술되었다. 만일 나에게 강의할 시간 또는 논문 발표할 기회를 준 많은 분들의 호의가 없었다고 하면 본서는 세상에 빛을 볼 수 없었을 것이다. 그러므로 나를 초청해 주었던 많은 분들에게 진심으로 감사를 드린다. 이분들의 초청으로 나는 호주의 시드니, 멜버른, 아델레이드, 캐나다의 아카디아, 킹스턴, 토론토, 뉴질랜드의 크라이스트처치(Christ Church), 남아프리카의 프레토리아와 케이프타운 그리고 미국의 휘튼대학교, 시카고대학교, 노틀담대학교, 웨이크포리스트대학교와 베일러대학교 등을 방문할 수 있었다. 나는 이분들에게 본서를 헌정하는 바이다.

또한 감사드리는 것은 에딘버러, 런던, 캠브리지, 옥스퍼드, 맨체스터, 뱅골 그리고 벨패스트에서 많은 원전들을 접할 수 있게 된 일이다. 자료를 제공하는 데 친절을 베풀어 준 친구들 가운데는 호피 호프마이어(Hoffie Hofmeyr), 피터 라인햄(Peter Lineham) 그리고 레이 뱀플루(Wray Vamplew) 등이 있다. 과거에도 흔히 그랬듯이, 나의 아내 에일린(Eileen)과 딸 앤(Anne)은 나의 연구를 위한 여행에 기쁨으로 동행해 주었고, 특히 아내는 신학전문 용어들에 대하여 날카롭게 비판하면서 원고를 읽어 주었다. 이뿐 아니라 다른 많은 이유들로 인하여 나는 아내에게 크게 빚을 진 심정이다.

영어권 복음주의 역사를 저술하는 작업에 참여하여 원고를 읽는 데 열정을 쏟아 준 동료들이 있다. 마크 A. 놀(Mark A. Noll), 브라이언 스탠리(Brian Stanley), 조프 트레로어(Jeoff Treloar) 그리고 존 울프(John Wolffe), 머리말을 읽고 조언해 준 래리 에스크리지(Larry Eskridge)와 더불어 이 네 명의 동료 교수들의 도움을 힘입어 많은 오류와 부적절한 표현을 바로잡았고, 실수로 빠뜨린 부분을 보완할 수 있게 되었다. 특별히 본 "복음주의 역사 시리즈"의 공동 편집 책임자인 마크 놀은 넘치는 아이디어를 제공해 주고, 격려를 아끼지 아니했을 뿐 아니라, 유용한 참고자료와 함께 건설적인 비판을 아끼시 아니했다. 나는 독자들에게 깊은 감사를 드리는 한편 아직도 부족한 부분들에 대하여는 나의 책임으로 알고 깊은 양해를 구한다.

끝으로 한가지 덧붙여 말해 두고 싶은 것이 있다. 본 "복음주의 역사 시리즈"의 일반 관례에 따라서 Anglican Evangelicals(잉글랜드 국교회 복음주의자)의 경우를 빼고는 소문자 머리 글자를 사용하여 'evangelical'(복음주의자)로 표기했고, 'South Africa'(남아프리카)는 그 대륙의 남부 지역을 지칭하여 사용되었다.

역자 서문

저자가 다년간에 걸쳐서 세계 여러 곳을 방문해서 수집한 자료와 문헌들을 토대로 저술한 본서는 근대 복음주의의 역사를 고찰하고 있는데, 특히 19세기에 영어권 세계에서 일어난 복음주의 운동을 중점적으로 다룬다.

본서는 복음주의 운동을 면밀히 고찰하기 위한 준비 작업으로 서두에서 19세기의 사회적 및 정치적 상황을 간략하게 살펴본다.

제1장: 복음주의 운동의 특징적인 주제인 성경과 십자가, 회심 및 행동주의를 설명하고 이 운동의 대표적인 인물인 스펄전과 무디를 다룬다.

제2장: 복음주의의 다양성에 관해 논하면서 각기 다른 신학과 교파, 사회적 특징 및 지리적 위치 등을 상술한다.

제3장: 신앙의 실천을 고찰하면서 신앙을 표현하는 방법들인 영성과 예배와 전도에 대해 설명한다.

제4장: 계몽주의와 복음주의 운동의 유사성과 계몽주의가 이 운동에 끼친 영향을 서술한다.

제5장: 낭만주의가 복음주의 운동에 침투해서 어떤 영향을 미쳤는지 살펴본다.

제6장: 보수적인 신학적 경향의 대두를 고찰하는데, 신앙의 원리, 전

천년왕국 교리의 부상, 성결의 교리의 성장 그리고 오순절운동 등을 다룬다.

제7장: 사회에서 복음주의자들이 담당한 역할에 대해서 서술하는데, 여성의 역할과 인종 간의 관계 그리고 복음주의자들이 사회에서 맞닥뜨렸던 문제 등을 살펴본다.

제8장: 마지막 장은 복음주의가 여러 영역에서 지배적인 세력이었음을 입증하면서, 복음주의의 변화와 복음주의가 부닥친 저항에 대해 논하고 또한 복음주의 운동의 통일성에 관해 설명한다.

이렇듯 본서는 복음주의 및 복음주의 운동과 관련한 제반 사항들을 광범위하게 그리고 상세히 고찰한다. 복음주의는 교회에 새로운 역동성을 주입했으며, 또한 복음이 뿌리를 내리지 못한 많은 나라들에 복음을 전하는 근대적인 선교운동을 일으켰다. 18세기의 복음주의의 부흥에서 비롯된 복음주의 운동은 새로운 교파들을 만들어냈을 뿐만 아니라 기존의 개신교 교파들을 변화시키기도 했다. 복음주의 운동은 각각의 교파들이 사 나라들 속에서 그리고 세계적으로 네트워크를 형성하여 상호작용을 하면서 통일성을 유지하며 발전해 나아갔다.

본서는 19세기의 복음주의 운동을 대표하는 인물로 '스펄전'과 '무디'를 꼽는다. 스펄전은 당대의 가장 위대한 설교자였으며, 무디는 가장 유명한 복음전도자였다. 이 두 사람은 19세기의 복음주의의 정수를 구현했다. 그들은 그리스도의 십자가의 권능을 선포해서 사람들을 구원에 이르게 했으며, 회심과 증거와 섬김을 강조했다.

독자는 데이비드 W. 베빙턴 박사의 역작인 본서를 통하여 복음주의 및 복음주의 운동과 연관된 모든 것을 파악할 수 있으며, 말미에 수록된 풍부한 참고자료를 통해서 심층적인 연구를 할 수 있을 것이다.

역자 일러두기

 1. "복음주의 역사 시리즈"는 영국 IVP에서 기획하고, 영국과 미국의 IVP에서 각각 출판하였다. 이 두 권의 본문에는 차이가 없으나, 각국의 편집방식에 따라 각주의 수, 쪽, 레이아웃 등에는 약간의 차이가 있다.

 2. 원문에 'England'(English)로 기록된 경우에는 '잉글랜드'로, 'United Kingdom'과 'Britain'은 '영국,' 'British'는 '영국인, 영국의'로 각각 번역했다. 저자가 'Britain' 대신 'England'로 표현한 경우는 반드시 지리적으로 'Scotland'와 'Wales' 및 'Northern Ireland'를 제외한 영국 제도의 남부/남동부 지역만을 의도한 것이기 때문에, '영국'이라고 번역할 경우 저자의 의도를 놓치게 된다. 언어를 의미하는 경우의 'English'는 '잉글랜드어'라고 하지 않고, 널리 수용된 표현인 '영어'로 옮겼다.

 3. 'Anglican Church' 또는 'Church of England'는 '잉글랜드 국교회'로 번역했다. '영국 국교회'와 '성공회'라는 표현이 널리 사용되고는 있지만, '영국 국교회'로 번역할 경우 전혀 다른 교회 정치제도와 문화를 보유한 장로교를 독립적으로 국교로 정하고 있는 스코틀랜드 때문에 혼돈과 오류가 생긴다. 또한 '성공회'라는 표현은 '잉글랜드 국교회'라는 표현 속에 내재되고 강조되어 있는 지역성을 전혀 반영하지 못한다. 따라서 앞으로 한국교회에 '잉글랜드 국교회'라는 표현이 정착되기를 기대하며, 본서 전체에서 '영국 국교회' 대신 '잉글랜드 국교회'라는 표현을 사용한다. 이 교단이 미국 및 해외로

진출하면서 교회정치 형태를 따서 정착시킨 이름인 'Episcopal Church'는 모두 '감독교회'로 번역했다.

4. 'Church of Scotland'는 장로교회 체제를 갖춘 스코틀랜드의 국교이므로 '스코틀랜드 국교회'로 번역했다. 분리된 장로교 일파인 'Free Church of Scotland'는 '스코틀랜드 자유교회'로 옮겼다.

5. 'Roman Catholic Church'는 한국 가톨릭교회의 공식표기법에 따라, 개신교 일반에서 흔히 쓰이는 '카톨릭'이라는 용어를 지양하고 '로마 가톨릭교회'로 번역했다.

6. 인명 및 현지 지명 등은 백과사전 및 영어사전에서 공통으로 표기되는 대로, 사전에 나오지 않는 경우는 현지에서 쓰이는 발음에 가깝게 번역했다.

7. 잡지와 학술지, 신문 등은 뜻을 번역하지 않고 발음 그대로 옮겼다.

예)「크리스천 옵저버」(*Christian Observer*)

목 차

추천사(한성진 박사, 합동신학대학원대학교 교수) • 5
저자 서문 • 7
역자 서문 • 9
역자 일러두기 • 11
머리말 • 16

제 1 장 세계적 복음주의자 • 29

    1. 성경　　　　32
    2. 십자가　　　　36
    3. 회심　　　　42
    4. 행동주의(Activism)　　49
    5. 찰스 하돈 스펄전　　54
    6. 드와이트 L. 무디　　62

제 2 장 복음주의의 다양성 • 71

    1. 주요한 교파들　　73
    2. 교파의 새로움과 분열 그리고 협력　　84
    3. 사회적 분열　　90
    4. 복음주의의 세계 지리　　97
    5. 국제적인 복음주의의 유대　　104

제 3 장 믿음의 실천 • 109

1. 복음주의의 영성   110
2. 예배의 형식   118
3. 전도의 방법들   127
4. 젊은이들에 대한 선교   135
5. 신앙부흥운동   139
6. 해외선교   144

제 4 장 계몽주의의 유산 • 153

1. 계몽주의 이상들과의 유사점   154
2. 공통된 지적 시각   157
3. 계몽적인 접근의 결과   164
4. 복음주의파의 교리   169
5. 칼빈주의의 쇠퇴와 방어   174
6. 아르미니우스주의   179
7. 후천년왕국설   182
8. 선교학   185
9. 실용주의적 성향   188

제 5 장 낭만주의의 파급 • 193

1. 낭만주의와 종교   195
2. 고교회파에 대한 반발   201
3. 복음주의파 신도들 사이에서의 더 고교회파적인 양태   206
4. 종교의 언어   210
5. 자유주의적 경향들의 시작   213
6. 교리의 변화   217
7. 성경에 관한 새로운 견해   225
8. 진화적 사유   230

제 6 장 보수적인 신학의 경향 • 239

1. 신앙의 원리　240
2. 전천년왕국의 교리　248
3. 역사주의자들과 미래주의자들　255
4. 성결의 교리　260
5. 케직운동　269
6. 오순절운동의 근원　273

제 7 장 복음주의자와 사회 • 279

1. 여성의 역할　280
2. 인종 관계　293
3. 종교와 레크리에이션　301
4. 성전을 치르는 듯한 문제들　309
5. 금주운동　314
6. 사회적 복음　318

제 8 장 복음주의 전성기 • 325

1. 교회와 문화에서의 전성기　326
2. 변화와 저항　331
3. 전세계에 걸친 통일성　337

참고문헌 • 345
색인 • 361

머리말

"복음주의 역사 시리즈"의 다른 책들처럼 본서 역시 영어권의 복음주의 운동을 다루고 있다. 국제적으로 복음주의에 속한 회원들은 18세기 복음주의 부흥기(the Evangelical Revival)에 고백되었던 대로의 기독교 신앙을 대체로 고백하였다. 이 복음주의 운동은 결코 한 교파에만 머물지 아니하고 전통적인 많은 개신교 교회들을 변화시켜 복음주의로 돌아서게 했을 뿐 아니라 새로운 교파들을 탄생시켰다.

복음주의는 교회 안에 새로운 바람을 널리 힘 있게 불어 넣었다. 특별히 복음이 아직 뿌리내리지 아니한 많은 지역에 복음을 전파하는 근대 선교 운동을 일으켰다. 본서에서는 선교 동력에 대해서도 주목하기는 했지만, 본서가 영어권 중심으로 다루어진 한계 때문에 선교 현장 자체 보다는 선교사들을 파송한 교회들에 초점이 맞추어져 있다. 즉 18세기의 영국과 미국의 사람들과, 대영제국의 개척자들을 중심으로 본서가 기술된 것이다.

복음주의 운동이 번성한 지역들이 어떤 곳들이었는가에 대해서는 2장에서 다루겠지만, 여기서는 이 운동이 활발하게 된 사회적, 정치적 요인을 다룬다. 복음주의자들은 타계주의적(other worldly) 편견에 사로잡혀 있으면서도 세상을 등지고 살지 아니했다. 그래서 복음주의자들은 각계각층을 망라하여 상인들, 기능공들, 가정주부들과 아이들, 정치인들과 투표권자들 등이었고, 이들은 일상적인 삶의 현장에서 부딪히며 살았다. 그래서 본서의 핵심 주제는 자연스럽게 당대의 문화에서 그들의 신앙이 중심적으로 차지한 위치에 모아졌다. 복음주의자들은 당대의 시대적 흐름을 결코 놓치지 아니 했던 것이다. 그런 까닭에 19세기 후반에 그들의 삶을 빚어낸 환경을 간단 하게 살핌으로 복음주의 운동을 깊이 있게 살필 수 있게 되었다.[1]

1. 국내 및 국제 정치

영국의 정치적 상황을 먼저 소개하는 것이 적절할 것이다. 유럽 대륙 에서의 '혁명의 해'인 1848년이 영국에서는 그냥 지나갔다. 이는 앞선 십 년간(1838-48) 폭동을 일으켜 온 과격한 노동자 계층의 인민 헌장 운동과 (chartists)가 그해에 정부를 위협하는 계획들을 내세웠으나 별다른 호응을 백성들로부터 얻지 못하고 쇠잔해졌기 때문이다. 1848년 이후로 영국은 정 치적으로 안정을 유지하였다. 1837년에 등극하여 19세기 말엽까지 통치한 빅토리아(Victoria) 여왕은 정치적으로 어떤 정파를 공개적으로 편드는 일을

---

1) 이 머릿말의 자료들은 표준이 되는 작품들이다. 특히 19세기 후반의 일반적인 환경을 파악하는 데 도움이 된다.
- 영국에 관해서는 G. F. A. Best, *Mid-Victorian Britain, 1851-75*(London: Weidenfeld & Nicolson, 1971); Martin Pugh, *The Making of Modern British Politics, 1867-1945*(3rd ed., Oxford: Blackwell, 2002); F. M. L. Thompson, *The Rise of Respectable Society: A Social History of Victorian Britain, 1830-1900*(London: Fontana, 1988).
- 미국에 관해서는 Hugh Brogan, *The Pelican History of the United States of America*(London: Penguin, 1986); T. J. Schlereth, *Victorian America: Transformations in Everyday Life, 1876-1915*(New York: Harper Collins, 1991).
- 호주에 관해서는 Beverly Kingston, *The Oxford History of Australia*, vol. 3: *1860-1900: Glad, Confident Morning*(Melbourne: Oxford University Press, 1988); Robert Lacour-Gayet, *A Concise History of Australia*(Harmondsworth, Middlesex: Penguin, 1976).
- 캐나다에 관해서는 Margaret Conrad, Alvin Finkel and Cornelius Jaenen, *History of the Canadian Peoples*, 2 vols. (Toronto: Copp Clark Pitman, 1993); Kenneth McNaught, *The Penguin History of Canada*(London: Penguin, 1988).
- 일반적으로는 Andrew Porter(ed.), *The Oxford History of the British Empire*, vol. 3: *The Nineteenth Century*(Oxford: Oxford University Press, 1999); Neville Williams, *Chronology of the Modern World, 1763-1965*(Harmondsworth, Middlesex: Penguin, 1975).

결코 하지 아니했다.

　대신 정파들은 하원의회(House of Commons)에서 다수당이 됨으로써 권력을 잡았다. 개방적인 의식을 가진 귀족들과 상류계층이 주도하되 신흥 산업 자본가들과 많은 서민층으로부터 지지를 이끌어낸 자유당(Liberals)은 온건한 변화를 시도하였다. 이 자유당은 1832년에 개혁헌장(Reform Act of 1832)을 확정하였다. 이 헌장을 통해서 지주들의 반발 없이 참정권을 대폭으로 확대할 수 있게 되었다. 그러나 벤자민 디스랠리(Benjamin Disraeli)의 지도 아래 보수당(Conservatives)은 1867년에 또 다른 개혁 입법을 통과시켜 도시의 새로운 투표권자들을 자기 편으로 끌어들이려 시도했다. 본래의 보수당은 상류 전통주의자들 중심의 정파로서 전문 직업인 집단에 속한 자들로 구성되었으나 이제는 폭넓은 유권자층을 끌어들인 것이다. 특별히 1884-85년에 또 한 번의 개혁 입법을 만든 보수당은 중산층으로부터도 견고한 지지를 받게 되었다. 윌리엄 글래드스톤(William Gladstone)의 지도 아래 자유당은 점점 급진적인 정책들을 주장하였고 1886년에는 아일랜드 자치법인(Home Rule for Ireland)을 마침내 제안하게 되었다. 아일랜드의 국수주의자들은 1840년대 아일랜드를 황폐화시킨 기근으로 말미암은 고통을 인하여 독립된 국가를 열망하였다. 그래서 글래드스톤은 더블린(Dublin)에 의회 설립을 허용해 줌으로써 아일랜드인들을 대영제국 안에 남아있게 하고자 했던 것이다. 그러나 자유당이 제안한 자치법안은 통과되지 못했다. 아일랜드 문제로 인한 불평과 아픔은 계속해서 정치 체제를 괴롭혔다. 그렇지만 전반적으로, 영국 본토와 스코틀랜드와 웨일즈 사람들은 번영하는 대영제국 안에서 함께 사는 데 크게 만족했다.

　이 시기에 영국이 대륙의 분규에 말려들지 않으려 한 것이 통상적 관례였다. 대륙에서는 이탈리아인들을 동정하여 그들의 영토가 하나로 통일되는 것을 도왔으나, 영국만큼은 '리소르지멘토'(Risorgimento)의 군사 동맹에 참여하지 아니했다. 비스마르크(Bismarck)가 프러시아를 일으켜 유럽의 새로운 강국으로 부상하여 1866년에 오스트리아를 무너뜨리고, 1870년에는 프랑스를 물리치고서 독일제국을 건설하던 때에도 영국은 구경만하고 있었다. 1850년 이후로 약 50년 동안 영국은 평화를 누렸다. 1854년부터 1856년까지 영국은 프랑스와 연합하여 크리미아를 침략하여 터키를 러시아로부터 방어해 주었다. 1899-1902년에는 화란어를 사용하는 남아프리카의 두 공화국, 곧 오렌지 자유주(Orange Free State)와 트란스발(Transvaal)과의 지루한 전투를 치렀다. 그렇지만 영국은 제국의 국경을 확장하는 일과 관련하여 소규모의 많은 전투를 치르는 데 전력을 기울였다. 예를 들면, 1856년 11월에 페르시아를 공격하는 전투를 벌이되, 동시에 중국에 있는 성(省)시를 공략하였다. 영국은 해군력을 사용하여 성공할 수 있는 전투에 치중하였다. 이는 그 당시 영국의 해군은 아무도 당할 나라가 없었기 때문이다. 그래서 19세기 중엽에 가장 탁월한 정치인이었던 팔머스톤(Palmerston) 경은 1850년에 선언하기를, 고대 세계에서 누구든지 자기가 로마 시민이라고 선언할 수 있으면 로마제국의 힘이 그를 보호하게 되었던 것처럼, 아무튼 자기가 영국의 백성이라고 주장할 수 있으면 그가 어디에 있든지 그를 영국의 힘이 보호할 것이라고 하였다. 영국의 위상은 그만큼 대단했다. 1863년 그리스인들이 새로운 왕조를 창건하고자 하였을 때, 빅토리아 여왕의 왕자를 모셔다가(비록 실패했으나) 왕좌에 앉게 하고자 한 것은 자연스러웠다. 영국은 국제적으로 최고의 특권을 누리고 있었던 것이다.

대영제국의 영토가 19세기 하반기에 점차 확장되었다. 영국은 사실상 제국의 영토 확장을 위해 특별하게 전략을 세우지 아니했다. 그럼에도 불구하고 영토가 확장되게 된 것은 많은 지역에서 상업적인 이익을 보호해 줄 것을 원하거나, 인접한 지역의 사람들이 도움을 요청하고 또는 지역 사령관들의 결정을 수용한 데서 비롯되었다. 1857-58년에 대영제국의 보석인 인도가 반란을 일으켰다. 그때 인도의 첫 번째 독립운동이 영국 황실을 위협하였다. 그 반란은 실패하였다. 그 결과 동인도회사(East India Company)가 영국 정부로 귀속되었고, 이러한 과정들이 다른 곳에서도 반복되었던 것이다. 뉴질랜드와 같은 곳에서는 영국의 확장이 대규모의 반대에 부딪혀 중단되기도 했다. 1870년까지 마오리(Maori) 원주민들의 투쟁이 지속되었다. 그 무렵, 유럽의 다른 열강들도 영토 확장에 큰 관심들을 갖게 됨으로써 영토에 대한 야심들이 고조되었다. 19세기 후반기에 지속되었던 '신제국주의' 시대에 아프리카를 특별히 주목하였다. 1871년에 영국은 남아프리카 킴벌리(Kimberley)의 다이아몬드 지역을 합병하였고, 1873-74년에는 서아프리카의 아산티(Ashanti) 사람들에 대하여 전쟁을 선포하고 3년 후 트란스발을 합병했다. 1879년에는 줄루스(Zulus)와 치열한 전투를 치렀고, 1882년에 영국이 이집트를 점령하였는데 표면상 임시 기지로 사용했었다. 영국은 다른 열강들과 경쟁적으로 1900년 이후까지 정복 전쟁을 계속하였다. 1890년대에는 중국을 분할 점령하려 했으나 열강들의 이해관계가 얽혀 결국은 손아귀에 넣지 못했다. 통속적인 제국주의의 세력은 19세기 말엽 미국에 의해 한 번 더 맹위를 떨쳤다. 미국은 대영제국에 대한 반란을 통해 탄생하였으나, 1898년의 미서전쟁(Spanish-American War)에 뒤이어 푸에르토리코, 쿠바, 하와이 그리고 필리핀을 손아귀에 넣음으로 영국의 전철을 밟았다. 그 시기는 제국의 시대였던 것이다.

그렇지만 세계의 다른 지역들에서는 영국과 속국들 간에 종속관계를 완화시키려는 끈질긴 노력들이 전개되었다. 이 같은 노력은 대영제국을 해체하려는 시도가 아니었고, 방어 비용을 절감하고 독립된 영토 내에서 자치를 획득하기 위함이었다. 이로써 생겨난 자치정부의 새로운 강국들이 등장하게 되었는 바, 백인 지역들에만 국한되고 다른 인종들에게는 상관이 없었다. 이로써 1850년에 만들어진 호주 식민정부 법령(Australian Colonies Government Act)에 의하여 법률상의 독립정부로서의 막강한 권력들이 뉴사우스웨일스(New South Wales), 사우스오스트레일리아, 반디에멘랜드(Van Diemen's Land, 후에 곧 타스마니아로 개칭됨), 빅토리아(Victoria, 이듬해에 조직될 새로운 식민지임) 등에 허용되었다. 2년 후에는 뉴질랜드가 대표 정부를 준비할 헌법을 획득했다. 그리고 1854년에는 케이프(Cape)식민지가 국회를 개원하였다. 영국령 북미에서는 지금 퀘벡(Quebec)과 온타리오(Ontario)로 알려진 두 지방이 1840년에 합병된 바 있었는데, 1848년에 책임 정부(responsible government)를 효과적으로 허용 받았다. 1867년에는 헌법상의 획기적인 발전이 이루어져, 퀘벡과 온타리오뿐 아니라 뉴브룬스위크(New Brunswick)와 노바스코샤(Nova Scotia) 등 네 지방을 포함한 캐나다 자치 정부가 세워졌다. 이어서 다른 지방들이 합류했다. 다만 뉴파운드랜드(Newfoundland) 섬의 경우 20세기에 들어와서까지도 오래도록 분리된 채로 남아 있었다. 유사한 연합이 오스트레일리아에서도 진행되었다. 오스트레일리아의 경우는 퀸스랜드(Queensland)와 서오스트레일리아가 1859년과 1890년에 각각 별도로 책임 정부가 허용되었으나, 1901년에 비로소 이전의 식민 지방들을 통합하여 오스트레일리아 연방국가로 탄생하였다. 캐나다 자치정부의 경우, 프랑스어를 주로 사용하는 퀘벡과 대부분의 사람들이 화란 출신인 케이프를 제외하고는, 이 땅들의 백인 인구는 영국 제도(British Isles)에서 대다수가 이 시기에 유입되었다. 아일랜드 출신의 소수가 싫어하기는 했으나, 대부분은 영국민인 것을 자랑스럽게 여겼던 것이다.

그러나 미국은 18세기에 획득한 독립을 자랑하였다. 이 신생 공화국가는 참여 민주정치 제도를 확립하여 지방관료뿐만 아니라, 주의회와 연방의회의 상하원과 주지사 그리고 4년마다 대통령을 선출하였다. 1850년대에는 정치인들의 현안이 연방국가 체제 내에서 빚어지는 지역감정을 희석시키는 방법에 대한 것이었다. 루이지아나 구입지(Louisiana Purchase)와 멕미전쟁(Mexican-American War)을 통해서 획득된 새 영토들로 말미암아 서부가 확장되었다. 이때 남부의 경제생활의 주춧돌인 노예제도를 허용할 것인지가 문제였다.

미국의 북부지역 사람들 가운데 몇몇은 노예제도를 본질적으로 혐오스럽게 생각했고, 대부분이 남부의 어떠한 회유도 전적으로 반대하였다. 노예제도 확산 금지를 공약한 북부 공화당의 아브라함 링컨이 1860년에 대통령으로 당선되자, 노예 소유를 합법화한 대부분의 주들이 연방국가(Union)에서 이탈하여 연합국가(Confederacy)를 이루었다. 이로 인하여 남북전쟁(the Civil

War)이 일어나 4년간의 혈투 끝에 북부가 승리함으로써 노예해방이 선포되었고 남부를 복속시켜 강제로 연방정부를 재구성하였다. 그러나 남부 사람들은 아일랜드 이주자들과 다른 소외 그룹과 함께 민주당을 열렬하게 지지하였다. 그래서 수십 년 동안 공화당을 필적하여 국가 권력을 쟁취하고자 노력하는 가운데 당 기구를 정교하게 만들었다. 하지만 1890년대에는 많은 소작농들이 양당 제도가 자기들의 이익을 더 이상 대변하지 못한다고 여겨 인민당(Reople's Party)을 창설하였다. 그들의 당수인 네브라스카의 브라이언(William Jennings Bryan)은 1896년에 민주당 대통령 후보로 지명되기도 했다. 19세기가 끝날 무렵, 제3의 개혁세력이 등장하여 진보당(the Progressives)을 만들어 이후 10년간 상당한 영향력을 행사하였다. 그러나 민주, 공화 양당 체제의 정치 판도는 결코 뒤집히지 아니했다.

2. 사회와 경제

비록 영국과 미국의 정치 제도가 다르지만, 두 세기에 걸친 사회 발전의 일부는 뚜렷한 유사점들을 보여주었다. 빠른 인구학적 성장이 그것들 중 하나였지만, 이주 때문에 미국이 영국을 크게 앞질렀다. 1851년에서 1901년 사이에 영국의 인구는 2,700만 명에서 4,100만 명으로 늘었다. 1850년에서 1900년까지 미국의 인구는 2,300만 명에서 7,600만 명으로 증가했다. 이미 1860년에 미국인 수는 영국인 수를 넘어섰다. 대영제국의 다양한 백인 정착 지역들은 매우 제한된 지역들에서를 제외하고는 인구 밀도가 낮았다. 심지어 19세기 말에도 캐나다는 여전히 백인 주민이 약 500만 명밖에 되지 않았고, 오스트레일리아는 400만 명쯤 되었으며, 남아프리카는 100만 명을 겨우 넘겼고, 뉴질랜드는 100만 명이 채 안 되었다. 영국은 제국으로 이주하는 사람들 가운데 다수의 원천이었지만, 미국은 일관되게 가장 선호되는 목적지였다. 1853년에서 1900년 사이에, 잉글랜드와 웨일스 출신 이주자들 중 56%가 미국으로 갔다. 그렇지만 독일과 유럽의 다른 지역들에서 미국으로 가는 이주자들의 흐름이 의미하는 바는 1900년에 미국에서 외국 태생인 사람들의 11%만이 영국 출신이었지만, 훨씬 더 높은 비율인 또 다른 16%는 아일랜드에서 도착했다는 것이다. 이 시기는 새로운 주들을 세우며, 개척자 정신을 잃지 않고 또한 아메리카 인디언들을 조상 전래의 땅에서 쫓아내면서, 미국인 주민이 점차 서쪽으로 퍼져 나가는 것으로 인하여 주목할 만했다. 마지막으로 정착하게 된 영토는 이전에 인디언 영토였던 오클라호마였는데, 1890년에 이루어진 일이었다. 이 반세기는 대규모 영어권 이산(디아스포라)을 목격했다.

이 반세기는 또한 산업의 의기양양한 진보를 목격했다. 1851년은 런던에서 대박람회가 열린 해였다. 많은 나라의 산물들이 전시되었지만, 최우선의 목적은 가장 먼저 산업화된 국가인 영국의 전문적 기술을 경축하는 것이었다. 이 박람회의 개최는 '우리의 역사에서 가장 위대한 날'이라고 빅토리아 여왕은 말했다.[2] 그 뒤의 산업주의의 진보는 줄어들지 않고 계속되었다. 영국에서 이루어진 초기 산업화의 최첨단인 면직물 생산의 기록이 그 당시의 상황을 얘기해 준다.

영국의 면직물 수출은 1852년의 15억 2,400만 야드에서 40년 뒤에는 48억 7,300만 야드로 늘어났다. 마찬가지로 영국의 석탄 생산은 1851년의 6,000만 톤에서 50년 뒤에는 2억 1,900만 톤으로 증가했는데, 그것의 많은 양이 수출되었다. 국가들 사이의 관세 장벽의 점진적인 철폐는 영국이 상업적으로 세계를 지배할 수 있도록 도와주었다. 그래서 수에즈 운하 개통 뒤 첫 해인 1870년에 그 운하를 통과하는 선박의 71%는 영국 국기를 게양했다. 19세기 후반부에 이루어진 영국의 가장 강한 경제적 성장은 무역과 상업과 금융의 3차 부문에서였다. 그것은 1851년에 국가 수입의 19%를 기여했지만 1907년에는 28%나 기여했다. 하지만 19세기 말엽의 가장 위대한 성공 이야기는 미국의 산업 팽창이었다. 미국은 이 시기의 처음에는 영국에

---

2) *Letters of Queen Victoria*, 1st series, vol. 2(London: 1907), 383, quoted bu Francois Bedarida, *A Social History of England, 1851-1975*(London: Methuen, 1979), 3.

뒤졌지만 놀라운 속도로 따라잡았다. 예컨대, 1851년에서 1901년 사이에 미국의 석탄 생산은 7만 톤에서 2억 6,800만 톤으로 치솟았다. 철 생산에 대한 통계는 미국이 산업 최강국인 영국을 따라잡은 유사한 이야기를 말해준다. 선택 관세의 부과는 미국의 산업으로 하여금 그것의 엄청난 천연자원과 싹트기 시작한 내수 시장에서 이익을 볼 수 있도록 도와주었다. 비록 광업을 제외한 산업이 호주와 뉴질랜드, 남아프리카와 같이 압도적으로 농업이 위주인 나라들에서는 여전히 뒤처져 있었지만, 온타리오와 퀘벡과 같은 도시들에서는 중요한 힘이 되었다. 앵글로색슨 세계의 많은 지역들에게 그 시대는 제조와 상업의 시대였다.

공업 및 상업적 발전은 번영을 가져왔다. 처음으로 많은 가정들이 생계에 쓰여야 하는 것 외에 쓸 돈을 갖게 되었다. 사람들은 더 좋은 옷과 더 다양한 식품 그리고 전반적으로 더 높은 삶의 질을 누렸다. 점차 그들은 대도시에서 살았는데, 1881년에 런던은 주민이 300만 명이 넘었고 뉴욕도 100만 명이 넘었다. 위생이 향상된 결과, 도시 생활은 더 이상 산업화의 초기 단계에서 만큼 치명적이지 않았다. 1860년에서 1900년 사이에 영국의 도시 노동자들의 평균 실질 임금은 60% 이상 늘어났다. 그렇지만 전반적인 수치는 새로운 부의 불공정한 분배를 숨긴다. 미국의 스탠더드 오일의 창업자인 록펠러(John D. Rockefeller)와 같은 기업가들은 막대한 재산을 축적할 수 있었다. 더 낮은 수준에서, 숙련 노동자들은 그들의 비숙련 동시대인들보다 훨씬 더 높은 임금 베이스(wage-rate: 일급·시간급 따위-역주)를 요구할 수 있었다.

1900년에, 미국의 산업 노동자의 평균 주(週) 수입이 8.37달러였을 때, 비숙련 노동자의 평균 주 수입은 5.50달러밖에 되지 않았다. 그래서 괄목할 만한 풍요 속에도 곪아가는 불만이 있었다. 가난한 사람들이 모여 사는 도심부 빈민가에서 멀리 떨어져 있는, 부자들이 사는 쾌적한 교외의 성장은 임금이 낮은 사람들과 실업자들 사이에서 배제되었다는 느낌을 두드러지게 하는 데 기여했을 뿐이다. 그 시대는 주기적인 파업의 시대였다. 1889년의 런던 항만 파업은 세계에서 가장 큰 항구를 폐쇄시켰다. 1877년에 미국에서 일어난 풀먼 철도 파업과 같은 다른 파업들도 심각한 불안을 야기했는데, 이 경우에는 폭동을 초래해서 26명이 죽고 피츠버그의 재산에 500만 달러어치의 손해를 끼쳤다. 조직 노동자들은 계급적 분노를 반영했고 또한 악화시켰다. 20세기 초에 미국의 노동조합원은 200만 명에 달했으며, 영국의 노동조합원 수도 거기에 조금 못 미쳤다. 영국과 캐나다, 호주에서는—미국에서는 아니다—무소속 정치 후보자들이 노동의 이름으로 입후보하기 시작했는데, 그들 가운데 일부는 1891년에 이미 뉴사우스웨일스 하원에서 의석을 획득했다. 풍요로움이 사회에 널리 퍼지긴 했지만, 노동자 계급의 지도자들은 자신들의 가족이 그 몫을 충분히 누리지 못하고 있다는 사실을 종종 깊이 인식했다.

경제적 진보의 조건 중 하나는 철도의 성장이었다. 1850년에 미국에서는 운영 중인 철도가 이미 9,000마일이 넘었고, 영국에서는 거의 7,000마일이었다. 40년 뒤에는 이 수치가 영국에서는 20,000마일, 미국에서는 괄목할 만한 125,000마일로 늘어났다. 1883년에 멜버른과 시드니 사이에 철도가 개설됐고, 2년 뒤에는 엄청난 정치적 논쟁 뒤에 서부의 브리티시콜롬비아와 캐나다의 나머지 지역을 연결하는 캐나디언 퍼시픽 레일웨이가 최종적으로 완공됐다. 이 같은 철도들은 그 시대의 상업적 피가 흐르는 동맥이었는데, 새로운 도시를 개설하고, 도시에 식량을 가져다주며, 어디에나 제조된 물품을 운반해 주었다. 또한 철도가 교통에서 유일한 혁명적인 변화인 것은 아니었다. 대서양을 횡단하는 전신선이 가설되어서, 1858년에 여왕과 대통령 사이에 메시지가 교환될 수 있었고 8년 뒤에는 대서양을 가로지르는 영구적인 연결로가 확립되었다. 알렉산더 그래함 벨이 1876년에 전화 특허를 얻었으며 4년 뒤에는 약 5만대의 전화기가 미국에서 이미 사적으로 사용되었다. 증기선이 점차 범선을 대체했는데, 해외 무역과 여행의 속도와 신뢰성을 크게 증대시켰다. 냉동고에 실려서 바다로 운반된 최초의 오스트레일리아 냉동육이 1879년에 런던에 도착했다. 1890년대에 가장 초기의 자동차가 생산된 것과 1896년에 마르코니가 무선 전신 특허를 얻은 것은 미래의 혁명을 나타내는 징표들이었다. 이런 발명들이 20세기에 본래의 특성을 한껏 발휘하게 되었지만, 이미 19세기 말엽에 원거리의 제약을 받지 않기 위해 많은 일이 이루어졌다. 1850년보다 1900년에 세계의 여러 지역이 훨씬 더 밀접하게 함께 묶이게 되었다.

그것은 또한 일반 사람들이 더 높은 수준의 교육을 받은 때이기도 했다. 1870년에 제정된 초등교육법은 잉글랜드와 웨일스에 획기적인 사건이었다. 이전에는 젊은이들의 훈육이 주로 교회와 다른 형태들의 사적인 교도에 맡겨졌던 반면에, 이제는 모든 어린이가 출석할 학교를 제공함으로써 격차를 메울 책임을 국가가 맡았다. 비록 초기의 학교들이 읽고 쓰는 기술을 증진하는 데 효과적이었지만, 문맹이 흔히 있는 일이었던 사회적 집단들이 여전히 있었는데, 특히 광부와 노동자가 그런 집단이었다. 15년이 채 안 되어서 문맹은 거의 제거되었다.

1870년에는 미국 어린이의 57%만이 초등교육을 받았지만, 이후로는 그 비율이 꾸준히 상승했다. 미국의 비문맹 수준은 1876년까지는 80%에 달했다. 영국과 미국 두 나라에서, 영어권 세계의 다른 곳에서도 신문이 널리 읽혔다. 1851년부터 미국의 주간지들은 자국 내에서는 어떤 주소로도 무료로 우송할 수 있게 되었다. 1855년에 영국은 신문에 부과하던 인지세를 폐지했고, 6년 뒤에는 신문에 대한 세금이 폐지되었다. 그래서 오랫동안 원성을 들었던 '지식에 대한 세금'이 일소되었다. 따라서 이 시기에 뉴스가 무료로 유포되었다.

더욱이 이전보다 더 높은 수준의 교육을 받을 수 있게 되었다. 영국에서는 중산층에 부응하는 이른바 '퍼블릭 스쿨'(public schools: 기숙 제도의 사립 중·고등학교로 Eton, Winchester 등이 유명-역주)이 이 시기에 늘어나거나 설립되었으며, 정부는 1871년까지 옥스퍼드와 케임브리지의 직책들에서 잉글랜드 국교도가 아닌 사람들을 배제해왔던 대학교 시험들의 대부분을 폐지했다. 이미 그 시기까지는, 미국은 유럽 전체보다 더 많은 대학(college)과 의과대학과 법과대학을 소유했다. 이런 의과·법과대학과 신문 및 대학들이 모두 영어권 나라들의 다른 곳에도 세워졌다. 사무엘 스마일스(Samuel Smiles)의 저서 『자조』(Self-Help, 1859)에 고전적으로 설명된 대로, 그것은 자기 개선이라는 이상이 근면한 젊은이들을 유혹한 시대였다. 일부 젊은 여성들이 그와 유사한 열망에 의해서 불붙을 수 있도록 사회적 관습도 충분히 이완되어 있었다. 배움은 특히 그것이 유익하다면 널리 존중되었다.

그 시대의 이런 특징들은 저마다 종교와 상호 작용했다. 예를 들면, 정치에서 개신교가 우위를 점하는 나라들에서의 로마 가톨릭교회의 지위는 끝없는 논쟁을 일으켰다. 국내외 아일랜드 인구의 약 80%가 가톨릭교회에 충성하는 것은 필연적으로 상호 신앙고백의 문제들이 되풀이해서 발생하게 만들었다. 국제적인 사안들은 종종 개신교/가톨릭 차원이 있었고, 대영제국의 당국이 어디까지 기독교 선교를 승인해야 하는가는 또 다른 영속적인 문제였다.

복음주의자들은 미국 남북전쟁에서 북부를 강하게 지지하는 사람이 있었는가 하면 남부를 강하게 지지하는 사람도 있었는데, 이 전쟁은 흑인 노예들을 해방시켰다. 하지만 흑인 노예들은 계속해서 심각한 사회적 제약을 겪었다. 그럼에도 불구하고 그들은 그들 자체의 교파들을 강화하기 위해서 자신들의 자유를 사용했다. 인구 증가는 더 많은 사람들이 복음화 되는 것을 의미했지만 이주는 크리스천들을 한 대륙에서 또 다른 대륙으로 이동하게 만들었다. 산업화를 통하여 잘 살게 된 사람들은 종종 보다 세련된 취미를 채택했으며, 그런 취미로 인한 즐거움에 대해 값을 지불할 여유가 있었다.

따라서 그들은 보다 정교한 스타일로 교회를 지었으며 자신들의 설교자한테서 한층 세련된 설교를 기대했다. 사실 존경할 만한 것을 추구하는 상승하는 풍조는 그 시기에 종교에 가장 큰 영향력을 발휘한 힘들 가운데 하나였다. 다른 한편으로는, 새로운 풍요로움을 거의 나누어 갖지 못한 사람들의 곤경은 그 시기의 막바지에 사회복음을 믿는 사람들의 기독교적 양심을 자극했다. 광범위한 교육과 더불어 더 나은 정보 전달 기술은 최신 뉴스와 참신한 생각들이 빠르게 퍼진다는 것을 의미했다. 복음주의자들은 지구의 반대편에서 자신들과 같은 신자들 사이에 무슨 일이 일어나고 있는지를 알았으며, 그들의 의견에 좌우되거나 그들의 계획에 고무되는 일이 많이 있었다. 따라서 각기 다른 나라들에서 사는 복음주의자들 사이에 대규모의 상호 교환이 있었다. 우리가 앞으로 살펴보는 대로, 이 같은 움직임은 전세계적으로 높은 통일성이 있었다. 이미 19세기 말엽에 복음주의는 세계화에 이르는 큰길에서 기여하고 있었다.

제 1 장

세계적 복음주의자

 1846년에 이전 세기의 각성의 상속자들인 전세계의 개신교도들을 결합시키려고 복음주의 연맹(Evangelical Alliance)이 결성됐다. 그 단체가 신앙에 기초해 있다는 것은 '복음주의라는 명칭의 현저한 특징들'[1]을 표현하기 위해 계획됐는데, 영국 제도(諸島)만을 대표하는 소위원회가 그 전 해에 입안했다. 하지만 그것은 실질적인 미국 및 대륙의 참석을 포함한 창립 회의에서 만장일치로 승인되었다. 그러므로 그것의 조항들은 창립자인 복음주의자들이 19세기 중엽에 이 운동의 공동의 재산이라고 생각한 것이 어떤 믿음이었는지를 드러낸다.
 사실 한 조항은 상당한 의구심을 불러일으켰다. 왜냐하면 기독교 교역과 세례 그리고 주의 만찬을 지지하는 책무를 확언함으로써 기독교 교역을 거부하는 형제단(Brethren)과 성례전을 부인하는 퀘이커교도들을 효과적으로 배제했었기 때문이다. 하지만 다른 복음주의자들은 이런 제도들이 기본적으로 그들을 가입시키기 위하여 충분히 중요하다고 주장했다. 나머지 조항

---

[1] J. B. A. Kessler, *A Study of the Evangelical Alliance in Great Britain*(Goes, Netherlands: Oosterbaan & Le Cointre N.V., 1968), 31.에 의해 인용된 J. W. Massie, *The Evangelical Alliance: Its Origin and Development*(London: 1847), 357.

들은 별로 논쟁의 대상이 되지 않았다. 삼위일체와 인간의 죄 및 최후의 일들에 관한 교리들을 주장하는 조항들도 있었다. 그러나 다른 주제 세 개는 특별한 논평을 필요로 한다. 성경에 관한 조항도 두 개가 있었다. 하나는 성경의 영감과 권위를 고백했고 다른 하나는 성경을 해석할 때의 사적인 판단에 따르는 책임을 고백했다. 또한 회심에 관한 조항도 두 개가 있었다. 종교개혁의 방식으로, 죄인은 오직 믿음으로만 의롭게 된다고 선언했으며, 성령이 성화뿐만 아니라 회심(이 말은 원래 '거듭남'이었다)의 행위자(agent)임을 확인했다. 또 다른 조항은 그리스도의 성육신과 속죄 및 중보기도를 고백했다. 그리스도의 구속사역은 분명히 믿음에 중심적인 것으로 여겨졌다.[2]

성경과 회심, 구속은 복음주의 강령에서 기본 조항들이었다. 만약 이 문서의 저자들이 이어서 크리스천들이 믿어야 하는 것과 더불어 그들이 행해야 하는 것을 명기했었더라면, 그들은 틀림없이 자신들의 목록의 첫머리에 복음의 전파를 두었을 것이다. 기독교 메시지의 전파를 위한 헌신적인 노력은 신자들의 의무로 간주되었다. 사실 행동주의는 복음주의 연맹의 기초로 명시되어 있는 것만큼이나 복음주의 세계의 한 특징이었다. 믿음의 원천으로서의 성경, 믿음의 시작으로서의 회심, 믿음의 목적으로서의 구속 그리고 믿음의 결과로서의 활동 등에 대한 강조는 복음주의자들의 특징이었다.

비록 다양하게 공식화되긴 했지만 이러한 네 가지 특징들은 기독교의 핵심에 대한 복음주의적 진술들에서 어김없이 나타났다. 복음주의자들은 교회의 예로부터 내려오는 신조들 속에 표현된 신앙의 수용을 다른 크리스천들을—동방정교회이든 로마 가톨릭교회이든, 루터파이든 잉글랜드 국교회의 고교회파(High Church Anglican)이든—공유한다는 의미에서 통상적으로 정통파다. 그러나 그들이 통상적으로 강조하는 것은 이런 교리들이 아니었다. 그들은 일괄적으로 자신들과 다른 정통파 크리스천들을 구별하는 것을 강조하기를 선호하는 게 보통이었다. 그들 가운데 매주 교회에서 사도신경을 암송하는 잉글랜드 국교도들까지도 절대 필요한 기독교의 가장 중요한 특징들은 더

---

2) Kessler, *Evangelical Alliance*, 28.

고귀한 신자다움을 내세우는 공식적인 전통들과는 다르다고 주장했다. 따라서 1857년에, 오스트레일리아에서 발행되는『잉글랜드 국교회의 복음주의자들』(the Evangelicals in Church of England)이라는 잡지의 톱기사는 선언하기를, '그들은 그리스도의 피로 말미암은 구원, 오직 그 피를 믿는 믿음으로 말미암은 칭의, 성령의 작용으로 말미암은 성화 그리고 믿음과 실천의 모든 문제들에서 하나님의 영감을 받은 말씀의 지고한 권위 등에 관한 순수한 진짜 복음'을 유지하기 위해서 존재한다고 했다. 그 기사는 이어서 '우리에게 절대적으로 속해 있는 것은 또한 이러한 진리들을 무지한 자와 부주의한 자와 부도덕한 자와 죄악을 고집하는 모든 사람들에게 전하는 일'이라고 했다.[3]

복음주의 연맹의 토대를 세운 사람들과 마찬가지로, 그 기사의 필자도 신자란 모름지기 성화를 통해 영적 진보를 이루어야 한다고 주장하고 싶었지만, 또한 칭의로 말미암은 크리스천의 삶의 탄생, 하나님의 말씀으로서의 성경 그리고 거듭 강조된 그리스도가 흘린 피에 대한 주장도 있다. 그리스도의 구속 사역은, 그것이 통상적으로 믿음에 관한 복음주의적 신앙고백 속에 있었으므로, 십자가에서의 그의 속죄하는 죽음으로 성취된 것으로 받아들여진다. 그리고 아직 회심하지 않은 사람들에게 복음을 가져가야 할 신자들의 책임에 대한 명확한 언명이 있다. 복음주의는 전형적으로 회심과 성경, 십자가 및 선교활동을 강조하고 싶어 했다.

또한 이 같은 특징들은 19세기의 후반부에도 사라지지 않았다. 비록(앞으로 우리가 살펴보는 대로) 그것들 중 일부가 어떤 지역들에서는 사라지고 그것들 모두가 무의식적인 변화와 계획적인 적응을 겪었지만, 이런 특징들은 19세기 말까지 그리고 그 이후에도 여전히 복음주의를 규정짓는 특징들이었다. 1880년대에 남아프리카 감리교인들은 그 구성원들에게 행한 자신들의 연례 총회 연설에서 매우 유사한 견해들을 표명했다. '우리는 늘 그러하듯이 예수 그리스도와 십자가에 못 박히신 그분 외에는 여러분 속에서 아무것도 알지 않기로 작정했습니다…우리는 여러분과 모든 사람에게

---

3) *Church of England Chronicle*(Sydney: 1 January 1857), 65.

하나님의 어린 양을 바라보고 또한 믿음으로 현재적이면서 의식적인 용서를 실현하도록 권유합니다…우리는 여러분에게 성경 연구를 아무리 강권해도 지나치지 않습니다…이 검은 대륙의 이교도들이 복음을 갖도록 합시다.[4] 십자가에서 이룬 그리스도의 구속사역, 회심을 통한 개인적인 믿음의 필요, 성경의 지고한 가치 그리고 선교에 관한 구속력 있는 책무 등에 대한 전형적인 강조도 있었다. 우리가 십자가 중심주의(crucicentrism), 회심주의(conversionism), 성경주의(biblicism), 행동주의(activism)라고 부를 수 있는 것은 영어권 세계 전반에 걸쳐서 복음주의 운동의 영속적인 우선 사항들을 형성했다.

1. 성경

항상 최고의 복음주의 항소 법원인 성경의 지위가 맨 먼저 탐구될 수 있다. 1884년에 미국 자유 감리교도파(American Free Methodists)의 신문은 이렇게 언명했다 '크리스천의 생활 또는 기독교 교리의 단 하나의 최종적인 표준이 있다. 그 표준은 성경에서 사람에게 계시된 하나님의 말씀이다.[5] 그러므로 신학은 성경에 뿌리를 박고 있었는데, 성경 인용문들을 긁어모은 것에 지나지 않는 경우가 많이 있었다. 그 결과는 지적으로 제한적인 것이 될 수 있었다. 일반 침례교인들은 흡사 '한 권의 책의 사람'이었기 때문에, 잉글랜드 침례교단에서 발행하는 잡지는 그들이 종종 '사람들의 신학적 저술들에 지나치게 무관심하다'는 점을 인정했다.[6]

그런 비난은 잉글랜드 국교회의 사제들에게는 좀처럼 퍼부어질 수가 없었다. 그들은 통상적으로 대학 출신자였지만, 그럼에도 불구하고 성경을 자

---

4) *Minutes of the Second Conference of the Wesleyan Methodist Church of South Africa*(Grahamstown: Richards, Slater & Co, 1884), 60, 64.
5) *Free Methodist*(Chicago: 9 January 1884), 1.
6) *General Baptist Magazine*(London: January 1854), 11.

신들의 믿음의 단일규칙으로 받아들였다. '쓰여진 하나의 말씀, 영적인 일들에 있어서의 유일하고 충분한 권위'는 연례 이즐링턴(Islington) 복음주의파 사제 회의에서 행하여진 한 전형적인 연설의 표제였다.[7] 그것이 반드시 성경에의 반계몽주의적 접근을 일으키지는 않았으며, 성경의 모든 문구들을 똑같이 종교적으로 귀중한 것으로 여겼다. 신약은 구약보다 훨씬 더 짧지만, 설교를 위한 텍스트의 출처로서 훨씬 더 자주 사용되었는데, 예컨대 얼스터에서는 19세기 전체의 후반부 동안 구약보다 두 배나 더 자주 사용되었다.[8] 적어도 스코틀랜드 장로회에서는 회중들이 주해를 위해 선택된 성경 문구에 세심한 주의를 기울이는 데 익숙해져 있었다. 한 미국인이 1857년에 영국을 방문해서 퍼드셔의 로체른헤드(Lochearnhead)에 있는 한 교회에서 자기가 겪은 경험을 다음과 같이 기록했다.

> 회중은 모두 목사와 함께 읽는다. 본문을 읽자마자 사람들은 자리에 앉는데, 자신들 앞에 성경을 펼쳐 놓을 때까지 교회 전체에 바스락거리는 소리가 난다. 목사가 한 표제를 마치고 또 하나의 표제를 취하자, 모든 사람이 그가 어디에서 그것을 도출했는지를 알려고 텍스트를 살펴본다.[9]

이런 비판적인 접근은 미국에서는 분명 그다지 친숙한 게 아니었지만, 지적으로 자극적인 것이 되지 않을 수가 없었을 듯하다. 복음주의 사회에서 문맹이라는 것은 심한 불행으로 간주됐는데, 그런 불리한 조건으로 인하여 신자가 기독교의 가르침의 원천에 직접 접근하지 못하게 하기 때문이었다. 이는 19세기 중엽에 여전히 잉글랜드에서 아주 흔했던 문맹이 1900년까지는 실질적으로 추방된 주된 이유들 중 하나였다.[10] 성경은 이 운동의 바탕이

---

7) *Record*(London: 18 January 1889), 50.
8) 참조. J. N. I. Dickson, 'More than Discourse: The Sermons of Evangelical Protestants in Nineteenth Century Ulster'(unpublished Ph. D. thesis, Queen's University, Belfast, 2000), 111.
9) *North Carolina Presbyterian*(Fayetteville, NC: 15 January 1858).
10) 참조. David Vincent, *Literacy and Popular Culture: England, 1750-1914*(Cambridge:

되는 이념의 원천이 되기로 예정되어 있었던 것이다.

성경은 또한 개인적인 경건생활을 위해 사용되었는데, 보통 일상적인 경건생활을 위해 그러했다. 잉글랜드의 웨슬리파 감리교인인 한 여성은 매년 한 번씩 성경을 통독하는 것을 자신의 목표로 삼았다. 캐나다의 한 웨슬리파 감리교인은 성경 전체를 열다섯 번이나 통독했다고 한다.[11] 표준적인 충고는 천천히 읽고, 시간을 들여서 숙고하고, 의미를 이해하여 자기 것으로 하며 그리고 정확한 인용의 기술을 배우는 것이었다. 이로 인한 텍스트와의 친숙함은 특히 역경이나 질병 속에서의 위로의 심오한 원천이었다. 뉴욕 컬럼비아 카운티의 감리교인 여성인 필레나 리치먼드(Philena Richmond)는 1861년에 사망했는데, 그녀는 죽기 전 마지막 4년 동안 무력했지만 힘의 원천을 누렸다. '그녀의 성경은 항상 그녀 곁에 있었는데, 책장들은 접혀 있었고, 페이지들에는 문구들이 표시가 되어 있었다. 이런 모습을 보면 그녀의 행복과 그녀의 인내, 그녀의 내어맡김의 원천이 있다는 느낌에 감동을 받지 않을 수가 없다.'[12]

마찬가지로, 그녀보다 4년 전에 죽은 버지니아주의 한 침례교인은 분명히 성경에서 영감을 얻었다. '모든 좋은 책을 읽는 것을 좋아했지만, 성경은 건강할 때도 아플 때도 그의 한결 같은 벗이었다. 그에게 성경의 약속들은 감미로웠다.'[13] 사람들은 성경의 약속들, 다시 말해 하나님의 도우심의 확약을 특히 소중히 했다. 복음주의자들은 종종 좋아하는 구절들을 강조하거나 아니면 자신들의 성경의 여백에 생각을 적어 두었다. 따라서 뉴질랜드 감리교인인 한 여성의 성경에는 '수많은 표시와 밑줄'이 있었는데, 그녀의 사망 기사를 쓴 기자에 따르면 이는 그녀가 '복된 책의 근면한 학생'이었음을 나타내는 것이다.[14] 거실 탁자에 놓인 가족성경은 개신교도의 상징이었다. 다

Cambridge University Press, 1989).
11) *Wesleyan Methodist Magazine*(London: March 1860), 281; *Christian Guardian*(Toronto: 11 February 1880), 47.
12) *Christian Advocate and Journal*(New York: 16 January 1862), 22.
13) *Religious Herald*(Richmond, VA: 7 January 1858).
14) *Christian Observer*(Christchurch: 1 February 1870), 22.

시 말해 영적 안내의 수단일 뿐만 아니라 종교적 성실의 증거이기도 했다.[15]

성경의 배포는 그 시대의 주요한 복음주의 사업들 중 하나였다. 1854년부터 15년 동안, 성경을 인쇄하고 보급하기 위해서 1804년에 설립된 영국 및 해외 성서공회는 성경, 즉 신약이나 성경의 일부를 매년 평균적으로 거의 2백만 부를 발행했다. 19세기 말까지는 그 숫자가 5백만 부로 늘어났다.[16] 1873년, 콜로라도가 아직도 주로 사막과 산뿐인 황량한 지역이었을 때에도 그 땅에는 이미 아홉 곳의 보조 성서공회, 두 곳의 성서공회 지부, 두 곳의 성서위원회 그리고 열네 군데의 성경 보관소가 있었다.[17] 때때로, 미국성서공회는 총체적인 공급을 떠맡았는데, 그 나라의 모든 집에 성경을 보급하려고 성서보급원들을 이용할 작정이었다–하지만 1882년에서 1890년까지 계속된 노력으로도 미국성서공회는 그 인구의 겨우 10%밖에 안 되는 사람들의 손에 성경을 쥐어줬을 뿐이다.[18] 그것이 헌신과 극기를 일으킨 원인이었다.

1860년경 플로리다의 미국성서공회를 위해 일하는 한 수금원이 기부금을 권유하려고 한 늙은 벽돌공에게 다가갔다. 그 남자가 10달러라는 상당한 금액을 기부하겠다고 했을 때, 그 수금원은 그 돈이 그 벽돌공의 여윳돈 전부라고 생각해서, 1달러만 기부하는 것으로 그의 이름을 적어 두려고 했다. 그러나 벽돌공은 한사코 그렇게 하려고 하지 않았다. '그는 아닙니다'라고 말했다. 그는 10달러를 내겠다고 했다. 성경은 그에게 생명의 빵이며 그의 영혼에 양식을 제공한다고 했다. 거의 쓸모없는 자신의 늙은 몸을 유지하는 데 한 해 100달러가 든다고도 했다. 그 노인은 자기가 행복해져서 소리를 칠 때까지 성경과 베푸는 것에 대해 얘기했다."[19]

---

15) 참조. Colleen McDannell, *Material Christianity: Religion and Popular Culture in America*(New Haven: Yale University Press, 1995), ch. 3.
16) William Canton, *The Story of the Bible Society*(London: John Murray, 1904), 354-355.
17) *Rocky Mountain Presbyterian*(Denver, CO: January 1873).
18) 참조. Paul C. Gutjahr, *An American Bible: A History of the Good Book in the United States, 1777-1880*(Stanford, CA: Stanford University Press, 1999), 33.
19) S.P Richardson, *The Lights and Shadows of Itinerant Life*(Nashville, TN: Publishing House of the Methodist Episcopal Church South, 1900), 162.

성경에 대한 열성은 때로는 대다수의 사람들에게 제공되는 학교에서의 그것의 자리를 완강하게 지키는 것으로 귀결됐다. 그 시기에 국가 교육 제도가 자리를 잡으면서 긴장이 종종 분출했다. 예컨대, 호주 빅토리아 식민지의 프라흐란(Prahran) 시공회당에서 국고 보조를 받는 학교들에서 성경을 배제하는 세속적인 정책에 맞서 전국성경교육동맹의 주최로 1890년에 항의 집회가 있었다. 한 무신론자가 성경은 부적당하고 부도덕한 책이라는 취지로 수정안을 발의하는 만용을 부렸던 것이다. 언론 보도에 따르면, '물론 이것은 청중의 뜨거운 분노를 불러일으켰다. 그들은 사랑하는 책인 성경을 비난하는 말을 또 다시 듣는 데 항의했다.'[20] 어떻게 해서 대중적인 성서주의가 그 시기에 지적인 변화들에 의해서 의문시됐는지에 대해서는 얘기를 더 할 필요가 있을 것이다. 그러나 여기서는 성경에 대한 충실성은 모든 부류의 복음주의적인 크리스천들이 지니는 가장 깊은 확신들 가운데 하나였다는 것을 명심할 필요가 있다.

2. 십자가

복음주의자들의 두 번째 독특한 면은 그들이 십자가의 교리에 집착하는 것이었다. 갈보리에서 치러진 그리스도의 희생은 성경에 묘사된 구원을 인류를 위해서 획득한 방법이었다. 설교자들은 종종 '예수 그리스도와 십자가에 못 박히신 그분'을 전하는 바울의 선언서를 강조한다. 1857년 새해에 노예해방론자인 미국 회중교인들의 잡지는 공언하기를, 만약 그것이 그들의 삶의 큰 목적이 된다면, 그들은 종교의 부패를 막을 거라고 했다.[21] 이것은 그 이듬해에 호주 감리교 총회에서 발표된 연설을 총회의 잉글랜드 상부에 보낸 것에서 인용한 텍스트인데, 총회가 지니고 있는 사명에 대한 총회의 생각을 요약한 것이다.[22] 네덜란드 개혁교회에서 사역하려고 케이프로 이

---
20) *Spectator and Methodist Chronicle*(Melbourne: 16 January 1891), 55.
21) *American Missionary*(New York: January 1857), 11.
22) *Minutes of the Methodist Conference*(London: John Mason, 1862), 10:148.

주한 스코틀랜드 장로교회 목사의 아들인 앤드류 머레이(Andrew Murray)가 1848년에 네덜란드에서 훈련을 받고 돌아왔을 때 그의 첫 설교는 '우리는 십자가에 못 박히신 그리스도를 전한다'라는 성경구절에 관한 것이었으며, 그가 이듬해에 취임했을 때에도 주목할 만한 일은 그가 동일한 본문을 골랐다는 것이다. 그는 아버지에게 보낸 편지에서, 그가 선포하고자 하는 '하나의 영광스러운 중심적인 진리'는 '십자가에 못 박히신 예수님의 사랑의 놀랄 만한 경이로움'이라고 했다.[23] 이와 똑같은 방식으로 한 설교자는 1861년에 개최된 아일랜드 장로교회 총회에서 말하기를 기독교 메시지의 "하나의 숭고한 주요 원칙"은 "그리스도의 희생으로 말미암은 잃어버린 세계의 구속"이라고 했다.[24]

스펄전(C. H. Spurgeon)이 창립한 목사대학(Pastor's College)에 대해 그 학교의 학장인 조지 로저스는 십자가를 '우리 학문 체계의 중심'으로 삼는다고 말했다.[25] 심지어 19세기 말엽에 보다 진보적인 사상가들이 표준 교육을 확대하기 시작했을 때에도, 그들은 속죄의 교리를 존중했다. 1893년에 메사추세츠회중교회 목사인 니드햄(N. S. Needham)이 대속의 고난은 갈보리 이야기의 일부일 뿐만 아니라 성육신 이전과 이후 양쪽으로 그리스도의 실존의 주제이기도 하다고 제안하기를 원했을 때, 그는 '성경이 죄인들에 대한 용서의 주요한 원인으로서의 그리스도의 죽음을 크게 강조한다'는 사실을 인정했다.[26] 그리고 폭넓은 지지를 얻었던 저명한 스코틀랜드 복음주의자인 헨리 드룸몬드(Henry Drummond)가 속죄가 바야흐로 불신을 당하려고 하고 있기 때문에 희생의 법이라는 그것의 기초가 되는 핵심을 껍질에서 뽑아낼 필요가 있다고 생각했을 때, 그는 속죄가 '그렇게 중심적인 교리'라는 것

---

23) J[ohannes] du Plessis, *The Life of Andrew Murray of South Africa*(London: Marshall Brothers, 1919), 76, 87, 91.
24) Dickson, 'More Down Discourse', 120에 의해 인용된 S.M. Dill, *The Old Paths: A Sermon preached before the General Assembly of the Presbyterian Church in Ireland, on Monday, July 1st, 1861*(Belfast, 1861) 14.
25) *Outline of the Lord's Work by the Pastor's College and its Kindred Organizations at the Metropolitan Tabernacle*(London: Passmore & Alabaster, 1867), 13.
26) 'The Vicarious Element in the Divine Government', *Bibliotheca Sacra*(New York: April 1893), 237.

을 기꺼이 인정했다.[27] 모든 교파의 인물들 사이에서는 그리스도의 십자가가 복음주의 종교의 초점이라는 주목할 만한 만장일치가 있었다.

복음주의자들은 이 문제에 대한 자신들의 입장을 다른 집단들의 태도와 대조하는 데 익숙해 있었다. 1875년에 잉글랜드 국교회 교인들이 발행한, '복음주의의 원칙들'에 관한 에세이들을 모아 놓은 책에서, 프레맨틀(Fremantle)은 속죄에는 두 가지 견해가 있다고 설명했다. 화해는 그리스도가 죽음으로까지 이루신 순종을 통하여 가능하다는 종교개혁적 견해가 있었다.

그리고 하나님은 자기의 영원한 사랑 때문에 속죄를 요구하지 않는다는 이성론자의 견해가 있었다. 실제로 믿음의 단계가 많이 있을 경우에는 그것은 뚜렷한 대조를 이루는 것이었다. 그러나 복음주의적 이해는 죄의 중대성 때문에 구속이 절대적으로 필요하다고 주장한다는 점에서 좀 더 자유주의적인 견해들과는 달랐다. 프레맨틀에 따르면, 그 수단은 대속이었다. 그는 대속을 그리스도가 죄악된 인류의 대표자로서 죄악된 인류의 자리를 취하는 것이라고 설명했다.[28]

십자가 위에서 하나님의 아들은 신자들이 용서를 받을 수 있도록 죄의 짐을 짊어지셨다. 대속의 정확한 본질에 대해 여러 논쟁이 있었지만, 그런 믿음이 이 시대에 복음주의자들의 공인된 견해였다. 그들은 또한 구원에 대한 자신들의 확신을 성육신은 전능하신 분이 화해를 이루셨던 방법이라는 견해와 대조시켰다. 잉글랜드 국교회주의의 고교회파 및 광교회파(High and Broad Churchmen)에서 똑같이 흔히 볼 수 있는 이런 견해는 갈보리의 독특성을 폄하하는 것 같았다. 스코틀랜드 자유교회의 뛰어난 신학자인 데이비드 브라운(David Brown)은 선언하기를 자신의 확고한 입장은 성육신이 아니라 '주님이 죽음으로 이루신 속죄의 희생'이 '기독교의 중심적인 신조'라고 했

---

27) 참조. Henry Drummond, 'The Method of the New Evangelism and Some of its Applications', *The New Evangelism and Other Papers*(London: Hodder & Stoughton, 1899), 56.

28) W.R. Fremantle, "Atonement', in Edward Garbett(ed.) *Evangelical Principles*(London: William Hunt & Co., 1875), 71, 82.

다.[29] 때로는, 사실 복음주의자들은 고교회파 사람들을 신학적 방종이 살며시 전진해오는 데 맞서는 동맹자로 보았다. 예컨대, 시드니 감리교 신문의 편집자는 잉글랜드 국교회 가톨릭파 신도들의 지도자인 퍼시(E. B. Pusey)의 설교들 중 하나로부터 속죄에 관한 발췌문을 게재했는데, 그것을 '위대한 기독교 교리의 정통적 견해를 진술하는 것'으로 보았다.

그렇지만 불가피하게도 그는 자기 독자들 중 한 사람에게 도전을 받았다. 그 독자는 인류가 하나님의 물리적 힘에 의해서 죄에서 해방될 수 있었을 거라고 단언함으로써 퍼시가 실수를 범했다고 주장했다. 그 투고자는 계속해서 말하기를 바울의 가르침은 그리스도의 희생이 없는 길은 없다는 것이라고 했다.[30] 그는 성경 자체의 지지를 받는 복음주의자들의 확신은 독특하다고 주장하고 있었다. 사실 그들이 그리스도가 십자가에 못 박힌 사건에 대해 두었던 비중이나 해석에서-또는 양쪽 모두에서-복음주의자들과 다른 크리스천들 사이에는 통상적으로 실질적인 차이가 있었다.

그러므로 십자가에 대한 가르침은 영혼들을 그리스도에게로 향하게 하는 최고의 수단이었다. 아프리카 남부의 러브데일에 있는 장로교 선교회에서 발간하는 잡지에 실린 '구원에 관한 메시지들' 가운데 하나는 '오직 피만이 구원을 한다'는 것이었다. '그 피에, 당신을 위한 그리스도의 그 죽음에 영원토록 당신의 생명을 걸라'고 그 메시지는 주장했다.[31] 속죄는 현재 진행 중인 영성에도 똑같이 중심적인 것이었다. 왜냐하면 그것은 칼빈주의의 전통 속에서 복음주의자들이 추구하는 완전한 용서와 감리교 집단들에 속한 사람들이 열망하는 시험에 대한 승리에 이르는 길이었기 때문이다. 그리스도의 구속의 중요성은 생이 종말에 다가오면서 중대되었다. 잉글랜드의 임종을 앞둔 한 회중교회 목회자는 '그리스도의 피의 효력을 숙고했다.' 또 다른 목사는 한 방문자가 그가 죽음을 기다리며 누워 있는 침대의 베개를 바로잡

---

29) W.G. Blaikie, *David Brown*, D. D., L. L. D.: *Professor and Principal of the Free Church College, Aberdeen: A Memoir*(London: Hodder & Stoughton, 1898), 265.
30) *Christian Advocate and Wesleyan Record*(Sydney: 1 March 1876;(2 June 1876), 39.
31) *Christian Express*(Lovedale, South Africa: 1 February 1876), 15.

을 필요가 있다는 사실을 알아챘을 때 이렇게 예사롭지 않은 말을 했다. '그러나 편안한 생각은 피를 흘리는 희생에서 나온답니다!'[32] 잉글랜드의 머지사이드주에 사는 한 감리교인이 죽음을 앞두고 시험에 들어서 자기의 종교는 한낱 신앙고백에 불과하다고 생각하게 되었다. 그러나 그는 그 시험을 극복하고서 이렇게 소리칠 수 있게 되었다고 그의 사망기사를 쓴 기자는 기록했다. '싸움은 끝났다-나는 십자가에 못 박히신 그분을 의지한다-나는 속죄를 믿는다-예수님께 영광 있으라!'[33] 비록 이것들이 정확한 말은 아니었을지라도, 이것들이 죽음을 앞둔 사람의 감정일 것이라는 관념은 가장 영적인 지원을 제공할 것에 대한 감리교 공동체의 기대를 드러낸다. 중요한 것은 속죄의 육체적인 상세함이 아니라-가톨릭의 경건은 못이나 가시 면류관을 더 중요시하는 경우가 많았다-구속자이신 그리스도의 영적 능력이었다. 실로, 1874년에 설립된 캐나다 감리교의 한 위원회는 만약 찬송가가 '극단적인 문자주의'의 죄를 범할 경우에는 십자가에 못 박히심에 대한 찬송가에서 마땅치 않은 문구들을 배제하기 위하여 자기 교단에서 발행하는 찬송가책을 개정했다.[34]

또한 이 시대에는 십자가가 복음주의자들에게는 육체적 상징으로도 사용되지 않았다. 어떤 여성도 십자가 모양의 장신구를 달지 않았을 터인데, 이런 것은 가톨릭적인 것이었다. 어떤 십자가도 복음주의적인 교회의 거룩한 탁자에 나타나지 않았는데, 심지어 잉글랜드 국교회 전통에서도 그러했다. 그것 역시 로마의 느낌이 들기 때문이었다. 1853년에 「아일랜드 장로교인」(*Irish Presbyterian*)이라는 잡지가 소리쳤던 유일한 신약의 상징들은 물과 빵과 포도주였다. 십자가는 교회 건물들의 첨탑에서나-심지어 스코틀랜드의 장로교 건물들에서도-보일 수 있었겠지만, '소원 예배'(will-worship)[35]의 한 형태인 그런 관습은 개탄스러운 것이었다. 하지만 십자가를 가슴과 마음속

---

32) *Christian Witness*(London: 1852), 370, 257.
33) *Wesleyan Methodist Magazine*(March 1860), 283.
34) 참조. Alexander Sutherland, *Methodism in Canada: Its Work and its Story*((London: Charles H. Kelly, 1993), 330.
35) *Irish Presbyterian*(Belfast: December 1853), 323-324.

에서만 간직하는 한, 십자가는 설득력 있는 기독교적 의미를 지녔다. 미국 감리교 신학자인 존 밀레이 박사(Dr. John Miley)는 선언하기를 '십자가는 기독교에서 더할 나위 없이 불가결한 모든 것의 상징이자, 우리의 종교적 의식에서 더없이 깊고도 소중한 모든 것의 중심'이라고 했다.[36]

복음주의에서 십자가의 부각은 때로는 자기의 마음을 살피는 일을 야기할 수 있었다. 그 같은 일은 케임브리지에서 잉글랜드 국교회 사제 서품식 후보자였던 어네스트 쿨트하드(Ernest Coulthard)가 그의 신학대학 학장인 핸들리 모울(Handely Moule)에게 보낸 편지에 잘 예증되어있다. 쿨트하드는 그 대학이 복음주의파 사제 지망자들에게 훈련을 제공하기 위해서 1881년에 개교했을 때 최초로 그 대학에 입학한 여덟 명 중 한 사람이었다. 모울이 후에 그를 꾸밈이 없는 사제라고 말한 것이 시사하는 대로, 그는 약간 예민한 사람이었는데, 날짜가 적혀 있지 않지만 아직 그가 학생이었을 때 쓴 게 분명한[37] 그 편지에서 그는 자기가 속죄의 교리를 받아들이는 데 어려움이 있었다고 설명한다.

그가 그 진리를 의심하는 것은 아니었다. 그는 실제적으로 그 교리를 무시하는 현대의 가르침의 줏대 없는 스타일에는 전혀 찬성할 수가 없었다. 하지만 그는 많은 훌륭하고 위대한 사람들이 십자가에 배타적인 지위를 부여하고 있다는 사실을 알게 되었다. '그래서 "복음"을 전하는 것은 많은 사람들에게는 속죄의 교리를 전하는 것을 의미하게 되었습니다.' 그 결과 그 교리를 구원의 유일한 측면으로서 즉시 그리고 조직적으로 맨 앞자리에 밀어붙이지 않는 '사람은 이내 "불건전한" 사람으로 간주됩니다!' 그렇지만 그 교리가 불균형적인 주의를 끌고 있다는 많은 증거가 있었다. 그 교리는 복음서에서는, 다시 말해 사도행전이나 심지어 일부 서신들에서도 두드러진 것이 아니었다. 다른 '훌륭하고 성실한' 사람들도 그 교리를 그다지 밀어붙이지 않았다. 그리고 일부 신학자들(쿨트하드는 고교회파의 발전을 의식하

---

36) *Christian Advocate*(New York: 29 January 1880), 65.
37) F.W.B. Bullock, *The History of Ridley Hall, Cambridge*, 2 vols.(Cambridge: Cambridge University Press, 1941-53), 1:174, 356.

고 있었나)은 그 대신에 성육신이 하나님의 목적들에 중심적인 것이라고 생각했다. 어쩌면 일부 복음주의자들은 속죄가 속해 있지 않은 절들을 속죄의 뜻으로 해석함으로써 믿음의 균형을 왜곡하고 있었을지도 모른다. 모울(Moule)이 도와줄 수 있겠는가? 그 편지에 대한 회신은 남아 있지 않지만, 쿨트하드가 그 뒤에 여러 교구들에서 오랫동안 결실이 풍성한 사역을 한 걸로 봐서 그의 회의는 해결되었던 것 같다. 그러나 그 편지가 드러내는 것은, 일부의 생각대로 성경 전체의 바로 그 메시지가 잘못 전해지고 있었던 십자가에 대해 전승은 매우 크게 강조하고 있다는 사실을 사려 깊은 한 개인이 인식하고 있었다는 것이다. 하지만 사제 서품을 받은 이 젊은이는 편지를 마치기 전에 이렇게 재확언했다. '나는 속죄의 교리가 인간의 마음에 곧장 호소하도록 거룩하게 주어져 있다고 생각하기 때문에 이 교리를 얼마나 소중히 하는지 모릅니다.'[38] 쿨트하드는 변함없이 충성스런 복음주의자였다.

3. 회심

이 운동의 세 번째 특징은 그 구성원들이 회심을 구한다는 것이었다. 회심의 통상적인 예비 단계는 절망감이었다. 회중교인인 부모의 아들인 온타리오주의 한 10대 소년은 1885년에 '오 하나님, 저는 잃어버린 자입니다. 저는 좋은 사람이 되려고 애를 써도 아무 소용이 없습니다'라고 부르짖는 지점에 이르렀다. 그렇지만 이윽고 그에게 떠오른 생각은 성경에 따라서 그리스도가 사악한 사람들을 위해서 죽으셨다는 것이었는데, '나는 죽음에서 생명으로 옮겨갔다'고 그는 회상했다.[39] 그 시대에는 실제적인 변화는 한 사람의 삶에 초자연적인 개입이 이루어진 결과라고들 생각했다. '사람이 종교

---

38) Ernest N. Coulthard to Handley C. G. Moule, 17 March(no year), inserted in Lecture Note Book, Handley: Moule Papers, Ridley Hall, Cambridge.
39) J. J. Rouse, *Pioneer Work in Canada Practically Presented*(Kilmarnock: John Ritchie, 1935), 15.

적으로 스스로를 위해서 할 수 있는 일은 개심하는 것뿐이다'라고 1895년에 오하이오주의 한 감리교인이 썼다. '그러나 그는 자기 눈의 색깔을 바꿀 수 없듯이 자신의 영혼도 변화시킬 수가 없다.'[40] 그래서 1858년에 「미국의 선교사」(American Missionary)라는 잡지가 말한 대로, '성령에 굴복해서, 회개와 믿음으로 예수 그리스도 안에서 새로운 피조물이 되는 것은 모든 죄인의 즉각적이면서 실행 가능한 의무이다.'[41] 모든 복음주의자들이 이와 같은 방식으로 이러한 생각을 표현하지는 않았겠지만, 거의 모든 복음주의자들은 개인이 회개, 즉 의도적으로 죄에서 떠나는 것과 믿음, 즉 그리스도를 구주로 믿는 것을 실행해야 한다는 것을 인정했을 것이다. 젊은이들은 나이든 사람들보다 회심을 훨씬 더 많이 겪었을 것 같다. 1858년 초에 뉴욕에서 개최된 '실업가들의 신앙부흥 전도 집회' 동안에 13번가 장로교회의 교인이 된 일백여 명의 회심자들의 집단 가운데서 56%가 이십 세 미만이었고, 90%가 삼십 세 미만이었다.[42]

19세기 말에 천명의 사람들을 대상으로 조사를 한 또 다른 표본은 그들의 회심이 있던 때에 69%가 이십 세 미만이었고(다시금) 90%가 삼십 세 미만이었다는 정보를 산출했다.[43] 따라서 복음주의자들은 종종 어린이들의 회심을 주요한 목표로 삼았다. 1872년에 「로키 마운틴 장로교인」(Rocky Mountain Presbyterian)이라는 잡지에서 한 질문자가 주일학교 교사는 어떻게 자기가 가르치는 반에 가야 되는지 물었다. '하나님의 힘으로'라고 그 잡지의 편집인은 대답하면서 '교사는 그 반 학생들이 자신의 영혼 구원에 관심을 갖게끔 해야 한다'고 했다.[44] 그러나 어린이들이 목표로 삼은 유일한 사람들은 아니었다. 복음주의자들은 생명의 종교에 이방인인 사람들이 자신들의 신도석에 있다는 사실을 결코 잊지 않았다. 잉글랜드의 「웨슬리언 메도디스

---

40) *Methodist Review*(New York: January 1895), 131.
41) *American Missionary*(July 1858), 159.
42) *United Presbyterian Magazine*(Edinburgh: May 1858), 238.
43) Figures taken from Arthur T. Pierson, *Forward Movements of the Last Half Century*(New York: Funk & Wagnalls, 1900), 207.
44) *Rocky Mountain Presbyterian*(March 1872).

트 매거진」(Wesleyan Methodist Magazine)은 1864년에 '회심하지 않은 크리스천들에게 경종'을 울렸다.

> 당신은 당신의 시간, 당신의 부, 당신의 영향력을 내어놓는다고 주장할지도 모르는데, 이런 일은 이 세상에서 그리스도의 대의를 고취하기 위해서 백 가지 방법으로 이루어집니다. 이런 일은 하는 것은 당연한 일입니다. 그리고 당신은 어쩌면 다른 사람들에게 복음을 전할지도 모르며, 당신은 복음을 증거하는 데 '태워지도록 자신의 몸'을 내어줄 준비가 되어 있기도 합니다. 그러나 이것이 어쨌단 말입니까? 이 세상의 회심을 갈망하는 단 한 번의 기도도 아직 당신 자신의 새로워진 영혼으로부터 하나님께로 상달되지 않았습니다…그리스도는 바로 당신과 관계가 있는데, 이는 당신의 마음을 깨뜨리기 위함이고, 당신의 영혼을 녹이기 위함이며, 당신을 그분 자신의 행복한 포로로 하기 위함입니다.[45]

'명목상의 기독교'라고 불리는 것은 충분치 않았다. 즉 완전한 회심이 있어야 한다는 것이다.

회심에 가장 가까운 신학적 개념은 거듭남(regeneration)이다. 회심한 사람들은 똑같이 '거듭났다'(born again)고도 할 수 있었다. 이 같은 두 가지 발전은 때로는 동일하다고 말해졌는데, 1860년에 개최된 이즐링턴회의에서 연설한 복음주의파 국교도인 윌리엄 해리슨(William Harrison)이 그렇게 말했다.[46] 흔히 회심은 그런 과정의 인간적인 차원이라고 여겨졌으며, 거듭남은 그런 과정의 신적 측면으로 간주됐다. 영혼들을 새로운 탄생으로 이끄는 것은 바로 하나님이었다. 예를 들면, 1857년 켄터키주 브락켄 카운티에서 일정 기간 계속된 집회에서 '주님은 사용된 수단에 미소를 짓고 또한 아들들과 딸들을 낳는 것을 기뻐하셨다'고 하였다.[47] 회심과 연관된 또 다른 신학적 용어는 칭의(justification)였다. 감리교 감독교회 감독으로서 견문이 넓은 윌리엄 테일러에

---

45) *Wesleyan Methodist Magazine*(February 1860), 118.
46) *Record*(16 January, 1860), 3.
47) *American Missionary*(April 1857), 77.

따르면, 믿음으로 말미암은 칭의라고 일컬어지는 거래의 이 부분은 하나님이 죄인들이 굴복하는 것을 보시고서 그들의 죄를 무죄로 하실 때였다.[48] 그 뒤에 신자들은 비록 자신들이 이전에는 죄인이었지만 이제는 전능하신 그분에게 의롭다고 여겨진다는 것을 믿었다. 이 세기가 지나감에 따라, 이렇게 숭고한 종교개혁의 원칙은 현저히 쇠퇴했다. 1889년 잉글랜드의 회중교인인 R. W. 데일에 따르면, 비록 믿음으로 말미암은 칭의가 여전히 가슴으로 받아들여질 수 있었겠지만, 그의 동시대인들의 마음으로는 이해되지 않았다.[49] 담대한 아일랜드 장로교 신학자인 로버트 와츠(Robert Watts)가 그때보다 25년 전에 불평했듯이 회심은 크리스천들의 각기 다른 집단들에게 뚜렷한 차이를 보이는 방식들로 이해되었다. 체험이 단순히 하나님에 대한 견해들을 바로잡는 것에 지나지 않는 것이라거나 단지 목적이 바뀌는 것에 불과한 것이라는 것과 같이 체험에 대한 피상적인 관념들은 보다 교리적으로 확정된 견해들을 대신하지 못한다는 것을 와츠는 보증하고 싶었다.

당연히 회심은 웨스트민스터 총회의 소요리문답(Shorter Catechism)에 서술된 '실질적인 부르심'과 같은 현상이라고 그는 주장했다. 그는 설명하기를 '회심은 죄인이 사탄의 왕국에서 하나님의 왕국으로 옮겨갈 때 경험하는 완전한 변화를 포함한다'라고 하였다.[50] 회심은 참다운 크리스천의 생활의 시작이었다(그리고 여기서 모든 복음주의자들은 동의했을 것이다).

복음주의 공동체에서 회심에 대한 가장 큰 의견 차이는 회심의 때와 관계가 있었다. 회심은 항상 한 순간의 경험이었는가, 아니면 긴, 어쩌면 무의식적일지도 모르는 과정일 수 있었는가? 「오스트레일리언 에반젤리스트」지는 1866년에 주장하기를, 사람은 예수께로 나아올 때 구원을 받는다고 했다. '내가 죄인임을 아는 바로 그 순간에, 내가 예수 그리스도께서 죄인의

---

48) *William Taylor of California, Bishop of Africa: An Autobiography*, ed. C. G. Moore(London: Hodder & Stoughton 1897), 204.
49) Robert W. Dale, *The Old Evangelicalism and the New*(London: Hodder & Stoughton 1889), 51-57.
50) *Evangelical Witness and Presbyterian Review*(Dublin: May 1863), 171.

친구이심을 아는 바로 그 순간에, 내 모습 그대로, 내가 있는 곳에서 구원을 받는다.'[51] 감리교인들은 전통적으로 갑작스런 변화라는 개념을 선호했는데, 곧 회심자가 될 사람들에게 구원의 기쁨에 이르기 전에 영혼의 오랜 고뇌를 겪을 것을 기대했다. '나는 마침내 구원 받았어요!'라고 어느 플로리다 주 판사의 젊은 딸이 외친 것은 그녀가 개인적인 믿음에 대한 자신의 진정 어린 추구가 끝에 다다랐을 때였다.[52]

그런 결정적인 국면은 중대하지만 또한 순간적인 것이기도 하다. 신앙부흥운동가들은 오랜 추구에 대한 어떤 필요성도 반대하는 경우가 많지만, 회심의 즉각적인 이해에는 찬성했다. 신앙부흥운동가인 무디(D. L. Moody)와 관련된 시카고의 한 잡지는 1882년에, 많은 사람들이 갑작스런 회심이라는 관념 때문에 고민하고 있다고 인정했지만 이렇게 답변했다. '사람은 입대할 때 군인이 되는 것은 아니다.'[53] 그렇지만 다른 사람들은 변화란 통상적으로 지루한 오랜 일이라고 생각했다. 1859년 어느 국교회 복음주의파 신도는 '우리는 갑작스런 변화가 하나님의 말씀 속에는 극소수가 기록되어 있음을 알게 된다'고 선언했다.[54] 한층 존경할 만한 복음주의자들은 기독교 가정의 자녀들은 보통 어떤 위기도 겪지 않은 채 신자로 성장할 거라고 믿는 경향이 있었다. 따라서 국교회 사제의 딸이자 장차 찬송가 작가가 될 프란시스 리들리 하버갈은 자신의 회심이 이루어진 날짜를 확정할 수가 없었다.[55]

스코틀랜드 자유교회(스코틀랜드 국교회에서 분리된 장로교 일파로 비국교파 교회-역주)의 신학자인 제임스 데니에 따르면, 어떤 사람에게 회심이 일어난 때를 확정할 수 있을 것으로 기대하는 것은 사악하고 어리석은 일이었다.[56] 1865년에 뉴욕 침례교 신문에 실린 기사는 스무 명의 크리스천들 가운데

---

51) *Australian Evangelist*(Melbourne: 3 July 1866), 204.
52) Richardson, *Lights and Shadow*, 141.
53) *Evangelistic Record*(Chicago: May 1882), 3.
54) *Christian Observer*(London: November 1859), 730.
55) 참조. Maria V.G. Havergal, *Memorials of Frances Ridley Havergal*(London: James Nisbet, 1880), 38.
56) [James Denney], *On "Natural Law in the Spiritual World"*(Paisley: Alexander Gardner, 1885), 33.

서 오직 한 사람만이 회심이 일어난 때를 확정할 수 있었다고 말한다.[57] 시간이 지남에 따라서 즉각적인 회심을 기대하는 경향은 약해지고 있었다. 1889년 데일에 따르면, 죽음으로부터 생명에 이르는 변화의 명확한 순간에 대해서 이제는 그다지 강조되고 있지 않았다.[58] 감리교인들은 그의 의견을 반영했다. 코네티컷주의 미들타운시에 소재한 웨슬리안대학교에서 행한 한 강연에서 잉글랜드의 감리교인인 조지 잭슨은 말하기를, 감리교인들이 여전히 즉각적인 회심의 가능성을 믿었지만, 그들은 자신들이 특별한 유형의 회심은 그 어떤 것도 주장해서는 안 된다는 것을 알았다고 했다.[59] 심지어 지도적인 감리교 복음전도자인 토마스 쿡까지도 모든 회심이 갑작스러울 필요는 없다는 것을 인정했다.[60] 회심의 경험은 격변(cataclysm)은 보다 적어지고 점진적 변화(evolution)는 보다 많아지는 경향이 있었다.

1900년 미국 남부 출신인 한 감리교 순회 설교자는 '왜 사람들이 지금은 50년 전처럼 회심을 겪지 않느냐?'[61]고 물었다. 마찬가지로 영국의 「브리티시 위클리」에는 1896년에 회심의 결핍에 관한 일련의 기사가 실렸다.[62] 철저한 재정향(reorientation)은 더 적게 일어났고, 더 적게 추구되었으며, 더 적었다. 이미 1850년대 후반에, 그의 목회가 19세기 초엽까지 거슬러 올라가며, 잉글랜드의 지도적인 회중교인인 존 에인절 제임스는 다수의 비국교도의 강단들에서 '마음의 완전한 내적 변화의 필요성이 종교적 상태에 관한 모호한 일반적 관념들로 융합되고 있다'고 걱정하고 있었다. 이렇게 융합되고 있었던 것이 죄의 죽음에서 벗어나 의로운 생명에 이르는 것이 빨라진다는 것을 함축하지는 않는다.[63]

---

57) *Examiner and Chronicle*(New York: 20 July 1865).
58) Dale, *Old Evangelicalism*, , 43.
59) George Jackson, *The Old Methodism and the New*(London: Hodder & Stoughton, 1903), 37-38.
60) 참조. H. T. Smart, *The Life of Thomas Cook: Evangelist and First Principal of Cliff College, Calver*(London: Charles H. Kelly, 1913), 274.
61) Richardson, *Lights and Shadows*, 142.
62) du Plessis, *Andrew Murray*, 471.
63) Robert W. Dale, *The Life and Letters of John Angell James*(London: James Nisbet & Co,

그렇지만 19세기 후반까지는 사태가 훨씬 더 진행되었다. 1887년에 한 기자는 유력한 미국 감리교 주보의 편집인에게 도움을 청했다. 그 의뢰인은 이렇게 설명했다. '제가 교회의 신도가 된 것은 그리스도를 따르는 사람들 가운데 하나가 되려고 결심했기 때문이었습니다…그때 이후로 죽 저는 하나님의 도우심으로 참된 크리스천의 삶을 살려고 노력해 왔습니다…하지만 저는 안식이 없습니다. 저는 자신이 회심을 한 것인지를 모르겠습니다…어찌하면 좋겠습니까?' 예전에는 감리교 목회자라면 그 의뢰인에게 굴하지 말고 구원을 향해 나아가라고 강권했을 것이다. 그러나 이제 답변은 달랐다.

> 당신의 체험은 명명백백한 것이 아닐지도 모릅니다. 전에 이렇게 말한 어떤 사람이 있었습니다. '주님, 제가 믿사오니 저의 믿음 없음을 도와주소서'… 구원하는 것은 양(量)이 아니라 그런 믿음입니다. 당신은 정직하고 진실 되게 당신의 죄를 회개하셨습니까? 당신은 그리스도를 믿습니까? 만약 그렇다면 '당신의 두려움 따위는 바람에게 주어버리고서 희망을 가지십시오, 낙심하지 마십시오.[64]

재확인이 진정한 회심을 보증하려고 노력하는 것에 우선했다. 더욱 대담한 태도들이 널리 보이고 있었다. 일리노이주에 있는 알곤킨회중교회의 한 교인은 1897년에 '어떻게 목사님이 자신을 설득하여 교회의 신도가 되게 했었는지를 그리고 그녀가 목사님에게 자신은 구원을 받지 못했다고 얘기했을 때 목사님은 "걱정 마세요, 당신은 다른 사람들처럼 선합니다"라고 말했다'고 상술했다.[65] 교단 신문의 사망기사들은 전에는 주로 상세한 회심 이야기들로 구성되어 있었지만 이제는 그런 주제를 완전히 빼버리는 경우가 많았다. 1903년까지 영국의 웨슬리파 교역자 후보자들 가운데 명확한 회심

1861), 311.
64) *Christian Advocate* (6 January 1887), 4.
65) *Free Methodist* (11 January 1898), 4.

체험을 증거할 수 있었던 사람은 절반도 채 안되었으며, 대다수는 점진적인 교화나 확신에 대해 말하는 것을 선호했다.[66] 회심은, 윌리엄 제임스에 의해서 이루어진 1902년의 그의 고전적인 연구인 『종교적 체험의 다양성』(*The Varieties of Religious Experience*)에서든 아니면 나이든 형제들이 낙심하여 머리를 가로 저었던 지역 집회들에서든, 심리학적 분석을 받기 시작했다.[67] 미국의 무디의 제자들이나 영국의 스펄전의 후계자들과 같이, 더 열성적인 복음전도 집단들은 계속해서 죄인들에게 회개하고서 믿도록 권면하는 것에 대해 아무 주저함이 없었다. 다양한 복음주의 세계의 한층 관대한 분파들에 속해 있는 사람들 가운데 다수는 보다 느슨한 조건으로 크리스천의 충성의 시작을 명료하게 말하고 있었다. 그러나 회심에 대한 집착이 19세기 말 이전에 주류 교파들의 다수에서 쇠퇴하기 시작하고 있었던 것은 의심의 여지가 없다.

4. 행동주의(Activism)

복음주의자들의 마지막 표지는 일어나서 행하려는 열망이었다. 이러한 행동주의는 어떤 점에서는 회심을 경험한 자각에 대한 논리적으로 당연한 결과였다. 1868년에 유력한 「미국 침례교 신문」은 이렇게 공표했다. '그리스도로 말미암은 구원의 복음을 알고 있는 사람이 기회와 능력을 가졌을 때 복음을 알지 못하는 자신의 동료에게 그도 구원을 받을 수 있도록 복음을 말해주는 것은 그런 구원의 복음을 알고 있는 모든 사람의 의무이다.'[68]

이 이론은 지속적인 노력으로 옮겨졌다. 펜실베니아주 그린 카운티 출신인 한 나이 지긋한 기자는 위에서 언급한 신문에 이렇게 전했다. '내 영혼을

---

66) 참조. Kenneth D. Brown, *A Social History of the Nonconformist Ministry in England and Wales, 1800-1930*(Oxford: Clarendon Press, 1988), 53.
67) *Religious Herald*(13 January 1898), 2.
68) *Examiner and Chronicle*(2 January 1868).

회심시키는 것이 주님을 기쁘시게 한 후에, 나는 사람들에게 구원의 복음을 전하기 위해서 기도 집회를 개최하는 데서 일하고, 전도지를 배포하며, 회심하지 않은 사람들의 집을 방문했다. 나는 오래 살면서 218명의 교인들의 교회가 성장하도록 마음을 썼다.[69] 1873년에 발행된 「아일랜드 장로교 잡지」의 톱기사에 따르면, 크리스천의 사역은 어떤 교회에서도 힘의 한 요소였다. '인류의 위대한 마음은 자기를 부인하는 목사들과 교인들이 사람들 앞에서든 집에서든, 안식일이든 평일이든, 때를 얻든 못 얻든, 열심히 일한다는 사실을 인정한다.'[70] 이런 이상은 감리교 평신도인 호레이스 클라크의 부고기사에서 표현되었는데, 그는 1861년 뉴욕 아메니아 유니온(Amenia Union)에서 사망했다. '그는 항상 직분을 맡고 있었던, 활동적이면서 열렬한 크리스천이었다. 그는 하나님을 위해 일할 준비가 되어 있었으며, 은총의 수단에 참여하면서 그것을 즐겼다.'[71]

감리교는 특히 평신도에게 책임을 많이 맡기는데, 주일학교 교사, 가정을 심방하는 사람, 여러모로 재주 있는 사람뿐만 아니라 회단(society)의 속장(class leader), 지역 설교자 및 기도 모임 지도자들도 많이 필요했다. 존 웨슬리가 자신의 회단들에 남긴 유산들 중 하나를 형성한 일반 규칙(General Rules)은 '나약함과 쓸데없는 방종'을 경고했었다는 것이 1880년대에도 여전히 상기되었다. 「뉴욕 감리교 신문」의 한 기자는 이런 말들이 무엇을 의미하느냐고 물었다. 공식적인 대답은 그것들이 '지나치게 먹기, 지나치게 잠자기, 지나치게 옷입기, 게으름, 제멋대로 하기, 편하고 게으른 삶을 살기, 일을 악으로 간주하기 그리고 식욕과 정욕을 만족시키기' 등을 포함한다는 것이었다.[72] 활동하지 않는 것은 분명히 중대한 범죄이자 비행이었다.

만약 크리스천이 열심히 일하는 것이 평신도들에게 기대된다면, 더욱 강렬한 헌신이 목회에서 요구되었다. 1864년에 발간된 아일랜드 장로회 저널에 게재된 한 기사는 이렇게 외쳤다. '복음을 전하는 목회자들이여! 당신들

---

69) Ibid. (27 April 1865).
70) *Evangelical Witness and Presbyterian Review* (January 1873), 2.
71) *Christian Advocate and Journal* (16 January 1862), 22.
72) *Christian Advocate* (20 September 1883), 597.

제1장 세계적 복음주의자   51

은 최선을 다하고 있습니까? 모든 사람들 가운데서 여러분은 일꾼(worker)이자 노동자(labourer)가 되어야 합니다.'[73)] 3년 뒤에 호주 웨슬리파총회장이 집행한 안수식에서 동일한 사항을 강조했다. '참된 목회자들은 모두 "일꾼"입니다. 여러분은 "일꾼"이 되십시오. 게으름뱅이나 굼뜬 사람이나 편한 것을 좋아하는 사람이 되지 말고 "일꾼"이 되십시오. 주님의 포도원의 일꾼이 되십시오. 나태는 어떤 사람보다도 크리스천 목회자한테서 가장 나쁘게 보입니다.'[74)] 자신이 곧잘 그러했듯이 스펄전은 그것을 더 신랄하게 말했다. 그는 목회 훈련을 받는 자기 학생들에게 이렇게 촉구했다. '형제들이여, 무언가를 하십시오, 무언가를 하십시오, 무언가를 하십시오. 위원회들이 결단을 내려야 하는 문제들을 놓고서 시간을 허비하는 동안, 여러분은 무언가를 하십시오.'[75)]

이런 격언들은 열성적으로 실천에 옮겨졌다. 1850년 교회선교회가 인도 북부의 아그라에 있는 영어를 사용하는 대학을 경영하기 위해서 파송한 토마스 발피 프렌치는 하루에 열여섯 시간을 일하는 경우가 자주 있었다. 19세기 말에 웨슬리언 맨체스터 센트럴 홀의 감독자였던 토마스 콜리어는 밤에 잠을 겨우 세 시간 자는 게 보통이었다.[76)] 목회자들은 쇠약해지는 경우가 다반사였다. 서인도제도의 세인트빈센트에서 사역을 하던 웨슬리파의 한 목회자는 자신을 혹사한 결과로 병을 얻어서 1년간 심하게 앓은 끝에 1850년에 잉글랜드 돌아와야 했다. 그는 탄식하여 말하기를 사람들은 선교사들에게 너무 열심히 일하지 말라고 권할지도 모른다고 했다.

그는 이어서 이렇게 말했다. '그러나 여러분, 불붙은 나무들이 영원히 타오르는 것들에 대단히 가까이 있을 때, 우리는 그것들을 잡아채야 합니다.'[77)] 심지어 고령으로 퇴직할 때에도 목회자들은 기회를 붙잡을 것이다.

---

73) *Evangelical Witness and Presbyterian Review*(July 1864), 182.
74) *Christian Advocate and Wesleyan Record*(30 April 1867), 16.
75) C.H. Spurgeon, *Lectures to My Students*(London: Marshall, Morgan & Scott, 1954), 217.
76) "Thomas Valpy French, D.D.", in *Brief Sketches, C.M.S. Workers*(n.p., n.d.), 1: 4; George Jackson, *Collier of Manchester: A Friend's Tribute*(London: Hodder & Stoughton, 1923), 151.
77) *Wesleyan Methodist Magazine*(October 1850), 1113.

은퇴한 감리교 김독파 목회자인 시무엘 하우는 철도 정거장들에서 승객들에게 그들의 영혼의 구원에 관해 연설함으로써 그들이 감동해 눈물을 흘리게 하곤 했다.[78] 어떤 목회자들은 내세의 안식을 갈망한다. 그러나 어쩌면 다른 목회자들이 천국을 그들이 개탄하는 게으른 자들이 있는 곳으로 생각하지 않는 것은 놀라운 일이 아닐지도 모른다. 잉글랜드의 웨슬리파 목회자인 마이클 테일러는 1867년에 임종을 맞았을 때 이렇게 말했다. '나에게 있어 천국의 큰 매력은 내가 여전히 그분을 섬길 수 있으리라는 것이다. 그렇게 하는 것을 그만둔다는 것은 실로 타락일 것이다.'[79] 순전한 근면은 목회자의 한 특징이었다.

이 시기에 복음주의자들이 기울인 노력은 결코 복음전도에 국한되지 않았다. 티모시 L. 스미스가 미국에 대해서 보여주었고 캐슬린 히스맨이 잉글랜드에 대해서 보여주었듯이, 계속돼서 결국 개혁에 대한 압력이 된 사회사업도 마찬가지로 이 시대의 특징이었다.[80] 1872년에 미국 서부의 장로교인들 사이에서 기독교 신앙을 고백하는 것은 '그리스도의 대의를 확립하는 데 형제들과 협력하는 일에서의 부단한 활동'을 의미할 뿐만 아니라 '죄가 발견되는 곳은 어디에서든지 죄에 대한 전쟁이며 죽음에 대한 전쟁'을 의미하기도 했다는 것은 자명한 거였다.[81]

샤프츠베리 경(Lord Shaftesbury)은 도시/산업 사회의 희생자들을 위해 많은 운동을 벌였을 뿐 아니라 잉글랜드 국교회의 지도적인 복음주의파 평신도이기도 했다.[82] 그러나 그는 빅토리아 여왕 시대의 영국의 사회적 조건을 고치려고 시도했던 모든 교파들의 많은 복음주의자들 가운데 한 사람에 불과했다. 에딘버러의 스코틀랜드 자유교회의 목회자인 토마스 거스리는

---

78) *Christian Advocate and Journal*(18 March 1858), 44.
79) *Wesleyan Methodist Magazine*(November 1867), 513.
80) Timothy L., Smith, *Revivalism and Social Reform: American Protestantism on the Eve of the Civil War*(Nashville, TN: Abingdon Press, 1957); Kathleen Heasman, *Evangelicals in Actions: An Appraisal of their Social Work in the Victorian Era*(London: Geoffrey Bles, 1962).
81) *Rocky Mountain Presbyterian*, October 1872.
82) 참조. ch.3, 93-94.

스코틀랜드 도시들의 빈곤한 아동들에게 무상 교육을 제공하고 아울러 음식과 옷을 공급하기 위하여, 잉글랜드에서 샤프츠베리의 지원을 받는 학교들과 같은, 초라한 학교들의 관계망(네트워크)을 진척시키는 책임을 졌다.[83] 1862년에 사망한 런던 회중교회 목회자인 앤드류 리드는 런던 고아원, 유아 고아원, 아버지 없는 아동을 위한 보호시설, 정신박약자 보호시설 및 불치 병자를 위한 왕립 병원 등을 잇달아 설립했다.[84] 스펄전은 스톡웰에 그 자신의 번성하는 고아원을 설립했다.[85] 교회들은 그들 자신의 회중들 및 훨씬 더 광범위한, 많은 확장된 그들의 자선 사업과 관련된 가난한 사람들을 구제하기 위한 기금을 유지하는 게 일반적이었다. 1867-68년의 혹독한 겨울에 뉴욕의 가난한 사람들이 겪는 고통이 극심해졌다.

뉴욕시에서 발행되는「침례교 신문」은 이렇게 말했다. '이렇게 끔찍한 곤궁의 압박을 가볍게 하는 임무가 뉴욕의 기독교인들한테 있다. 그들은 책임을 회피하지 않아서 하나님 앞에서 흠이 없다고 생각될 수 있다.'[86] 이 도시의 한 부유한 감리교인 미망인은 5개항의 사명(Five Points Mission), 다시 말해 벗이 없는 사람들을 위한 가정과 감리교인 늙은 여성들의 가정을 후원하는 데서 그녀의 계층을 대표했다. 이런 후원은 그녀가 평생토록 행한 일이었고 그녀가 1865년에 사망했을 때 유언으로 남긴 일이었을 뿐 아니라, 사람들로 하여금 개인적으로 '가난한 사람들에 대한 자선'에 참여하게끔 만들었다.[87]

1866년 9월에 호주 멜버른의 콜린스스트리트침례교회의 기독청년회(YMCA)가 개최한 그해 상반기 사업 회의에서 그 위원회는 구성원들에게

---

83) D. K. and C. J. Guthrie, *Autobiography of Thomas Guthrie, D.D., and Memoir*, 2 vols.(London: W. Isbister, 1874), 2: ch.7.

84) Andrew and Charles Reed, *Memoirs of the Life and Philantropic Labours of Andrew Reed*, D. D, *with Selections form his Journals*(London: Strahan & Co, 1863), chs. 5, 6, 10, 16, 17.

85) 참조. Ian Shaw, "Charles Spurgeon and the Stockwell Orphange: A Forgotten Enterprise', *Christian Graduate* 29(1976), 71-79.

86) *Examiner and Chronicle*(9 January 1868).

87) *Christian Advocate*(8 February 1866), 46.

'실세적인 행동'을 촉구할 필요성을 느꼈다. 위원회에서 제안된 것은 그들이 이주민 보호시설을 방문할 수 있고 연약한 이들과 이야기를 나눌 수 있다는 것이다.[88] 사회의 그다지 복을 받지 못한 사람들에게 선을 행한다는 것은 대표적인 마음의 충동이었다. 다시 말해 빅토리아 여왕 시대의 복음주의자들에게 동기를 부여한 박애적인 사명감의 발로였다.

5. 찰스 하돈 스펄전

성경과 십자가, 회심 및 행동주의라는 네 가지 강조점을 신봉하는 전세계의 크리스천들은 자신들의 사회에서 배출된 많은 뛰어난 인물들을 열거했다. 그러나 19세기 후반기에 그런 인물들 가운데서도 걸출한 사람이 두 사람 있는데, 한 사람은 영국인이고 또 한 사람은 미국인이었다. 특히 그들이 엄청난 존경을 받았고 광범위한 모방을 일으켰기 때문에, 그들의 생애는 그 시기의 복음전도의 특징들을 설명하는 데 도움이 된다. 이 영국인은 교회나 국가의 기성 집단 출신이 아니었음에도 불구하고-또는 어쩌면 결과적으로-국가적인 명성을 얻은 인물이었다. 그는 다재다능하고 재치가 있으며 투쟁적이었는데, 신문에 크게 취급되지 않는 일이 드문 사람이었다. 그가 19세기에 영어권에서 가장 위대한 설교자였다는 데는 이의가 없다. 그의 이름은 바로 찰스 하돈 스펄전(Charles Haddon Spurgeon)이었다.[89]

1834년에 태어난 그는 에섹스의 작은 교회들에서 비상근 독립교회파 목회자로 활동함으로서 1인 2역을 한 석탄 하치장 사무원의 아들이었다. 열다섯 살 때 감리교 수구파(Wesley 등의 초기 감리교 정신으로 돌아가려고 1810년 분파함-역주)에 소속된 한 지방 설교자의 설교에 감동을 받아 회심한 스펄전은 이내 신도로서 세례를 받았으며 케임브리지 인근에 있는 한 마을 침례교

---

88) *Australian Evangelist*(18 September 1866), 288.
89) The Standard modern appraisal is Patricia S. Kruppa, *Charles Haddon Spurgeon: A Preacher's Progress*(New York: Garland Publishing, 1982.

회의 목사가 되었다. 후에 유명한 일화가 되었던 일에 따르면, 그는 자신이 훈련을 받기 위해서 지원한 스테프니대학의 학장을 만나기로 한 약속을 지키지 못했다. 그래서 그는 강단에 서기 위한 공식적인 훈련을 받지 못했다. 그는 생생한 연설이라는 자신의 스타일을 개발했는데, 꾸밈이 없으면서도 날카롭지만 강력하게 교리적이면서 엄밀하게 경험적인 연설이었다. 이런 스타일의 연설 덕분에 그는 런던 남부의 사우스워크에 있는 뉴파크스트리트침례교회를 맡게 되었다. 이 교회는 침례교에서 최고의 교회들 중 하나였다. 이곳에서 1854년에, 그는 이십 세가 되기도 전에, 수도인 런던에서 대소동을 일으키기 시작했다. 그는 경이로운 시대의 총아였는가, 아니면 단지 뻔뻔한 야바위꾼이었는가? 사람들이 그 오래된 예배당에 들어가지 못할 정도로 급속히 불어났다.

 그래서 회중은 스트랜드가(런던의 호텔, 극장, 상점이 많은 거리-역주)의 엑시터홀-큰 복음주의 단체들의 집회소-로 옮겨갔다가 다시 서리가든스뮤직홀로 옮겨갔는데, 이곳에서 잘못된 경보로 인하여 큰 혼란이 일어나는 바람에 일곱 명이 사망했다. 최종적으로 1861년에 특정 목적을 위해 세워진 메트로폴리탄태버내클로 옮겨갔다.

 거의 6,000명의 청중을 수용할 수 있었던 그 거대한 강당에서, 스펄전은 1892년에 사망할 때까지 그 강단에서 군림했다. 턱수염을 길렀고, 땅딸막하며, 턱이 두꺼운 그는 어디에서든 눈에 띄는 인물이었다. 1857년에 한 여성 찬미자는 생각하기를, '네모난 이마와 멋진 검은 눈'이 '그의 얼굴의 모든 선과 힘 있게 말하는 그의 모습'과 어우러져서 그의 얼굴이 못생겨 보이지 않는다고 했다. 8년 뒤에 그녀는 생각하기를, 그는 악화되어서 풍채와 용모가 안 좋아 추레해 보이고 심지어 뚱뚱해지기까지 했지만, '그가 말하기 시작하자마자 사람들은 똑같은 힘이 거기 있고 그 남자 자신이 변하지 않았다고 느꼈다'고 했다.[90] 극적인 몸짓이 곁들여진 낭랑한 목소리는 그가 목회를 하는 동안에 14,460명의 사람들을 설득하여 침례를 받도록 하고 교회에 출

---

90) [Mrs. F. Curtis], *Memoirs of a Long Life*(개인적으로 인쇄함, n.p., 1912), 141, 145.

석시키게 만든 메시지를 진했다. 스펄전은 런던의 명사 중 하나였다.

이 설교자는 그의 잉글랜드 동부 지방 선조들의 개혁 신앙을 유지했다. 그는 1884년 '나는 칼빈주의에서 복음주의를 떼어낼 수가 없다'고 선언했다.[91] 그가 태버내클 옆에 설립한, 침례교 목회를 위해서 학생들을 훈련하기 위한 대학에서, 그의 교단의 다른 기관들은 칼빈주의 텍스트들을 배제시켰을 때 그 학교의 커리큘럼은 당당하게 칼빈주의 텍스트들에 의거했다. 그렇지만 스펄전의 신학적 입장은 생각할 수 있을지도 모르는 것보다 훨씬 덜 엄격했다. 기독교적인 모험적 사업들은 하나님이 간청을 하지 않더라도 자금을 제공하실 거라는 토대, 다시 말해 그가 침례교 선교회에 촉구했지만 성공하지 못한 원칙에 의거해서 경영되어야 한다는 개념을 수용하기 위해서 그는 자신의 견해를 수정했다.[92]

그는 기꺼이 비칼빈주의자들-그들 가운데서도 일반 침례파인 존 클리포드와 모리슨교도인 윌리엄 랜들스가 있는데, 두 사람 모두 아르미니우스파의 교의를 옹호하는 사람들이다-에게 자신의 대학에서 강연하게 하고 자신의 강단을 차지하게 했다.[93] 스펄전은 자기가 직접 대면해본 적이 없는 동시대인들의 저서들을 추천했다. 사실 그는 대단히 책을 좋아하는 사람이었다. 그는 청교도 성도들의 저작들을 수집했으며, 12,000권이 넘는 개인 장서를 모았다. 그는 교회들에게 목회자들을 위하여 그들 나름의 장서를 수집하도록 권했고, 그의 아내는 기독교 사역자들에게 읽을거리를 공급하기 위해서 책 기금을 조성했으며, 그는 가가호호 신앙서적을 판매하려고 종교서적 보급회를 설립했다. 그는 당연히 유명한 저자였다.

그의 가장 중요한 저작인 『다윗의 보고』(The Treasury of David, 1870-85)는 여섯 권으로 구성된 시편에 대한 철저한 주석서였다. 하지만 그의 저술에

---

91) *Freeman*(London: 25 April 1884), 270.
92) 참조. Brian Stanley, C. H. Spurgeon and the Baptist Missionary Society, 1863-1866', *Baptist Quarterly* 29(1982).
93) *Annual Paper descriptive of the Lord's Work connected with the Pastor's College, 1873-4*(London: Passmore & Alabaster, 1874), 9; *The Sword and the Trowel*(London: December 1865), 515. On Morisonianism, 참조. ch. 4, 129-130.

는 눈에 익을 정도로 공리주의적인 데가 있었다. 『다윗의 보고』에는 '마을 설교자들을 위한 힌트'가 포함되어 있었으며, 그의 가장 인기 있는 저서인 『존 플루먼의 이야기』(John Ploughman's talk, 1868)는 일상생활에 대한 격언들의 수집물이었다. 그것들 중 하나는 '계란을 깎거나 대머리에서 머리카락을 뽑는 것은 힘든 일이지만 그것들은 모두 빈 호주머니에서 빚을 갚는 것보다 쉬운 일이다'이다.[94] 그의 저서로서 이와 유사한 생생한 경구들로 가득한 『나의 학생들에게 행한 강의들』(Lectures to My Students, 1875-94)도 마찬가지로 목회 사역에 대단히 실제적인 안내서가 되도록 계획되었다. 자기 학생들에게 어리석은 겉치레의 지성주의(知性主義)를 피하도록 충고하면서 스펄전은 자기가 설교하는 바를 실천했다.[95] 비록 그는 때때로 호메로스의 시 열 줄(영어 번역이긴 하지만)을 인용할 수 있었긴 하지만 자신의 학식을 자랑하지 않았다.

그가 때로는 고전을 폄하한다는 말이 들릴 수 있었는데, 대다수의 다른 신학적 동료들과는 달리, 스펄전의 학교에서는 그 구성원들에게, 그들이 언어들에 거의 재능을 보여주지 못하더라도 라틴어나 헬라어 또는 히브리어를 배우도록 요구하지 않았다. 자기 학생들은 '플라톤이나 아리스토텔레스의 사도가 아니라 그리스도의 목회자'가 되어야 한다고 그는 말했다.[96] 시인이자 문학비평가였으며 또한 고전적인 이상들의 옹호자였던 매튜 아놀드가 잉글랜드의 비국교주의 때문에 잘못되었다고 여긴 모든 사람들의 전형으로 스펄전을 꼽은 것도 어쩌면 놀라운 일이 아닐지도 모른다.

아놀드에게는, 스펄전은 시골뜨기이자 문화를 경멸하는 사람이었으며, 고대 그리스의 인문학적 가치들을 배제하는 데 종교적으로 집착해 있음을 보여주는 헤브라이풍으로 되어 버린 사람(Hebraiser)이었다.[97] 이 설교자는

---

94) C.H. Spurgeon, *John Ploughman's Talk*(Lojndon: Passmore & Alabaster, p1868], 86.
95) Spurgeon, Lectures, 232.
96) *Annual Paper descriptive of the Lord's work connected with the Pastor's College during the Year 1870*(London: Passmore & Alabaster, 1871), 9.
97) Matthew Arnold, *Culture and Anarchy*[1869], ed. J. Dover Wilson(Cambridge: Cambridge University Press, 1935), 173.

청교도 신학을 너무나 사랑했기 때문에 잉글랜드 사회의 엘리트들이 필수적인 것으로 여겼던 고전 교육이 결여되어 있었다.

스펄전은 기꺼이 그런 비난을 감내했다. 그는 자기 학생들에게 말하기를 우리는 '고상한 체하거나 세련됨을 자랑하는 사람들의 아첨꾼이 되어서는' 안 된다고 했다. 그는 예의바름과 에티켓 그리고 응접실의 관습 따위를 좋아하지 않았다. 빅토리아 여왕 시대의 잉글랜드에서 복음을 전하는 목회자들은 마르틴 루터처럼 강하고 솔직하며, 용기가 있어야 했다. 루터처럼, 스펄전도 법정 논쟁을 기꺼이 받아들였다. 1864년 그는 국교회의 복음주의파 사제들을 비판했는데, 그들이 그 공식적인 가르침에 세례의 거듭남이 포함된 기관에 남아 있었기 때문이다. 비록 그가 너무나 형제답지 않은 감정의 격발로 인하여 복음주의 연맹에서 탈퇴하지 않을 수 없었지만, 그는 자기의 의견을 철회하기를 거부했다.

이때에 경멸하는 듯한 저항의 몸짓으로 그는 새 목욕용 물쟁반으로서 자신의 정원에 세례반(盤)을 설치했다. 매튜 아놀드가 곤혹스럽게도 그는 끊임없이 국교회의 폐지를 요구했다. 로마 가톨릭교회는 훨씬 더 나빴는데, 아일랜드와 유럽 대륙에서 초래된 불행 가운데 대부분의 원인이었다. 스펄전은 자기 자신의 나라를 자유의 땅으로 찬양하는 영국인 스타일의 마음에서 우러나는 애국심을 자랑했다. 그러나 대단히 중요한 것은 그가 영국의 식민지들뿐만 아니라 미국도 그 자신의 나라와 연관시켰다는 것이다. 그는 그 위대한 공화국이 '잉글랜드 사람들'에 의해서 팽창되었다고 기술했다.[98]

스펄전은 자신이 미국과 공유하는 반엘리트주의에 심취해 있었다. 어느 누구도 빈곤 때문에 배제되지 않도록, 그의 대학에서 훈련받는 사람들은 등록금을 낼 필요가 없었다. 그가 자기 학생들이 그들의 강단 스타일을 그들의 청중들에게 적응시키도록 권했을 때, 그는 그들에게, 역설적으로, 가난한 사람의 수준으로 올라갔다가 교육 받은 사람의 수준으로 내려오라고 말

---

98) *Annual Paper*··· 1870, 16.

했다.[99] 스펄전은 그로 하여금 보통 사람의 옹호자로 보이게 만든 인류 평등주의에 관한 소견을 털어놓기도 했다.

그의 평판은 엄청나게 커졌다. 그의 조국 밖에서 발행되는 일부 잡지들은 처음에는 그가 잉글랜드에서 불경하다고 비난받는 것을 끄집어냈다. 스펄전이 그리스도의 상처들을 자세히 보는 데 영원 속에서 수천 년을 보내는 것에 대해 설교했다는 보도들에 주목하면서, 「뉴욕 감리교 신문」은 신랄하게 물었다. '이것이 종교란 말인가?'[100] 그러나 초기 단계부터 호평이 비판을 압도했다. 1857년 5월에 한 급진적인 회중교회 잡지는 '대단한 능변이고 천재이며 정신력'을 지닌 이 사람을 이미 '현대의 휫필드'라고 부르고 있었다.[101] 특히 침례교인들은 그들 가운데 한 사람이 강단의 걸출한 인물의 지위로 올라가는 것을 놀라워하며 바라보았다. 침례교인들이 주를 이루고 있는 캐나다의 노바스코샤에서, 그들의 신문은 1858년 초에 스펄전의 삶과 목회에 관한 기사와 더불어 그의 설교-첫 번째, 두 번째 및 세 번째 시리즈-를 그때 막 새롭게 공급받은 사실을 파발마처럼 보도했다.

2주일 뒤에 그 신문은 스펄전과 함께 하는 주일 오전에 관한 기사를 실었다. 그 다음 주에는 태버내클을 위한 기금을 모으려고 서리가든스뮤직홀에서 열린 바자회를 묘사했다. 4월에는 그의 '가장 위대한 저작'인 『성도와 그의 구주』(The Saint and his Saviour)를 광고했다. 그 다음 호에서는 어떻게 스펄전이 참례교인이 되었는지를 자세히 얘기했다. 그리고 2달 뒤에는 1면 전부와 그다음 면의 일부를 그해 일어난 신앙부흥운동에 관해 그가 행한 설교에 할애했다.[102] 다른 곳에서 발행되는 침례교 정기 간행물들도 그와 같이 매혹당한 모습을 보여주었다.

버지니아에서, 「릴리저스 헤럴드」는 1858년에, 그 설교자는 가는 곳마다

---

99) Spurgeon, *Lectures*, 131.
100) *Christian Advocate and Journal*(4 March 1858), 33.
101) *American Missionary*(May 1857), p. 102.
102) *Christian Messenger*(Halifax, NS: 6 January 1858), 7;(20 January 1858), 20-21;(27 January 1858), 29;(14 April 1858), 120(28 April 1858;(23 June 1858), 193-194.

엄청나게 많은 사람들을 모았다고 기록했다.[103] 뉴욕에서「이그재미너 앤 크로니클」은 1865년에 태버니클이 이제 교인이 2,881명이나 된다는 깜짝 놀랄 만한 보도를 전했으며, 3년 뒤에는 신자로서 세례를 받지 않은 사람들을 성찬식에 받아들이는 것에 대한 스펄전의 모호한 견해를 꺼렸음에도 불구하고, 그 신문은 그의 설교들이 '우리의 많은 독자들에게 영적인 위로와 힘'을 가져다주기 때문에 계속해서 정기적으로 그의 설교들을 게재할 거라고 고지했다.[104]「오스트레일리언 에반젤리스트」는 1866년에 보도하기를, 아델라이드에 있는 플린더스스트리트침례교회는 스펄전의 설교집을 배포하고 있으며, 칠십사 세가 넘은 노인이 그 설교자의 설교들을 읽음으로 말미암아 침례를 받았다고 했다.[105] 그러나 스펄전의 입장은 그가 속한 교파를 초월했다. 노스캐롤라이나주의 장로교인들은 태버니클에서 노래를 부르는 것과 복음을 전하는 것에 대한 스펄전의 조언에 관한 기사들을 받았다.

호주 뉴사우스웨일스의 감리교인들은 괴상한 설교자들에 대해 그리고 즉흥 연설 능력에 대해 그가 밝힌 견해에 관한 얘기를 들었다.[106] 스펄전이 1884년 자신의 쉰 번째 생일을 맞았을 때, 더블린의「장로회 교인」(*Presbyterian Churchman*) 지는 '그는 현대이든 심지어 고대이든 모든 시대를 통틀어서 가장 위대한 설교자'라고 조금의 과장된 느낌도 없이 결론지었다.[107]

이 사람의 영향력은 이와 상응할 정도로 엄청났다. 그의 영향력을 나타내는 것은, 스펄전의 성체 배령자(communicant)들이 자신들의 상표가 부착된 발효되지 않은 포도주를 사용했다거나 또는 그가 클랩햄 라이즈에 있는 젊은 여성들을 위한 고급 학교를 추천했다고 주장하기 위하여 광고주들이 일으킨 소동이었다.[108] 그의 가장 효력 있는 유산들 중 하나는 그가 훈련한 사

---

103) *Religious Herald*(7 January 1858).
104) *Examiner and Chronicle*(30 March 1865); 9 January 1868).
105) *Australian Evangelist*(18 August 1866), 255.
106) *North Carolina Presbyterian*(5 February 1858; 3 January 1872); *Christian Advocate and Wesleyan Herald*(1 July 1876), 63;(2 August 1876), 77.
107) *Presbyterian Churchman*(July 1884), 194.
108) *Freeman*(6 January 1888), 16;(13 January 1888), 26.

람들을 통하여 전해졌는데, 그들은 '씨족 사람이 자기 족장에 대해 느끼는 다양한 감정과 유사한' 충성을 그 설교자에게 한다고들 했다.[109]

그의 가장 큰 영향력은 런던에서 발휘되었다. 런던에서 19세기 말에 침례교 목회자를 지원하는 사람들은 대부분 스펄전의 대학에서 훈련을 받았다.[110] 영국 내의 그의 교단에서, 1897년에서 1933년 사이에 침례교연합(Baptist Union)의 총회장직에 오른 29명의 목회자들 가운데 10명이 스펄전의 사람들이었다.[111] 그러나 훈련생들은 또한 상당한 인원이 해외로 나갔다. 1880년까지 개교 이래 23년 동안 그 대학에서 교육받은 511명의 학생들 중 29명이 북아메리카, 20명은 호주와 뉴질랜드, 5명은 인도, 4명은 서인도제도 그리고 8명은 세계의 다른 곳으로 갔다.[112]

1915년 이전에 20명이 간 남아프리카도 많은 영향을 받았으며, 침례교연합은 1890년에서 1902년까지 스펄전의 사람이 사무총장이었다.[113] 1888년에 스펄전의 2,000번째 주간 설교의 출판을 기념하는 향연에서, 탐험가 데이비드 리빙스톤이 아프리카에서 사망했을 때, 그는 스펄전의 이름의 머릿글자가 찍혀있는 설교들 가운데 하나를 소지하고 있었다고 했다. 또한 러시아 교회 당국은 스펄전의 설교를 배포할 수 있도록 설교 몇 편을 승인하였다고 했다. 그리고 세르비아 정부는 특정한 경우들에 사제들이 스펄전의 설교 중 세 편을 전하도록 요구하였다고 했다.[114] 스펄전은 세계를 좌지우지한 사람이었던 것이다.

---

109) *Annual Paper*… *1876-77*, 13.
110) *British Weekly*(London: 24 January 1901), 399.
111) J.C. Carlile, C.H. *Spurgeon: An Interpretative Biography*(London: Religious Tract Society, 1933), 185.
112) *Annual Paper*… *1879-1880*, 3.
113) M.S. Blackwell, Sr, "The Influence of Charles Haddon Spurgeon on the Church in South Africal between 1870 and 1930'(unpublished MT thesis, University of South Africa, 1994), 31; K.E. Cross, *Ours is the Frontier: A Life of G.W. Cross, Baptist Pioneer*(Pretoria: UNISA, 1986), 86.
114) Freeman(13 January 1888), 17.

6. 드와이트 L. 무디

미국에서 스펄전을 가장 열렬히 찬양한 사람들 가운데 하나는 뉴잉글랜드 사람이었는데, 그는 세계 복음전도에서 또 다른 걸출한 인물이 되었다. 1867년에, 이 미국인이 처음으로 영국으로 여행왔을 때, 그가 맨 처음 향한 곳이 메트로폴리탄태버내클이었다.[115] 그는 대서양 양안에서 그 시대의 가장 유명한 복음전도자가 되었다. 그의 이름은 드와이트 L. 무디(Dwight L. Moody)였다.[116] 스펄전이 출생한 지 3년 뒤인 1837년에 태어난 무디는 메사추세츠주의 시골인 노스필드 출신이었다. 기지가 있는 그의 어머니는 벽돌공인 그의 아버지가 일찍 죽은 뒤에 그곳에서 그를 키웠다. 삼촌의 구둣가게에서 일하려고 열일곱 살 때 보스톤으로 옮긴 그는 회심하고서 한 회중교회의 신도가 되었다. 불과 2년 뒤에 그는 시카고로 갔다. 거기서 그는 구두 세일즈맨으로 성공했고, 1857년의 신앙부흥운동에 열중했으며 YMCA(기독교청년회)의 상근 직원으로서 근무했는데, 종국에 그는 YMCA의 전국 총회장이 되었다.

어린이들과 함께 한 주일학교 사역은 무디가 목사로서 사역한 초교파적인 일리노이즈스트리트교회를 1864년에 설립하는 계기가 되었다. 그렇지만 1871년의 시카고 화재가 무디의 집과 교회 그리고 YMCA 건물을 파괴했다. 그는 1873년부터 2년여에 걸쳐서 영국 제도(the British Isles: 영국, 아일랜드, 맨섬〈the Isle of Man〉, 기타의 작은 섬들을 포함함-역주)에서 일련의 복음전도 사업을 지휘하라는 초대를 기꺼이 받아들였다. 거기서 그는 자신의 소명을 깨달았다. 그는 복음성가 가수인 아이라 D. 생키(Ira D. Sankey)를 동반하고서, 자신의 단순한 복음 메시지를 전하기 위해서 열정을 갖고 방문한 도

---

115) R[obert] Shindler, *From the Usher's Desk in the Tabernacle Pulpit: The Life and Labours of Pastor C.H. Spurgeon*(London: Passmore & Alabaster, 1892), 208.
116) James F. Findlay, Jr, *Dwight L. Moody: American Evangelist, 1837-1899*(Chicago: Chicago University Press, 1969)와 L.W. Dorsett, *A Passion for Souls: The Life of D.L., Moody*(Chicago: Moody Press, 1997)은 철저히 전기적인 연구서들이다.

시들을 감동시켰다. 1874년에 글래스고에서는 3,000명이나 되는 회심자들이 있었다. 그 다음 해 런던에서는 미국의 복음전도자들이 설교하는 곳 4군데 중 한 군데에서만도 정기적으로 12,000명의 청중을 끌어들였다.

미국으로 돌아오자마자, 무디와 생키는 1875년에 브루클린에서부터 시작해서, 영국에서의 도시 선교와 유사한 일련의 도시 선교를 지휘했다. 이 선교를 위해서 주의 깊게 계획을 짰고, 신문에 광고를 냈으며, 가가호호 심방을 하기 시작했고, 영국에서 그랬던 것과 유사한 방침으로 현대 음악당으로 달려갔는데, 생키의 독창과 회중의 노래 부르기가 곁들여진 도시 선교는 많은 공통점이 있었다. 이 선교 사업에 있어서의 커다란 혁신은 질문의 방(enquiry room)이었다. 복음전도 집회가 끝난 뒤에, 구원을 찾는 사람들은 개인적인 상담을 받았는데, 이 상담으로부터 성과의 약 5분의 4가 나온다고 평가되었다.[117] 무디는 몸가짐이 활발했으며 성격도 매력적이었다. 체격이 스펄전과 다르지 않은, 키가 작고 땅딸막하며 수염을 기른 이 복음전도자는 거리낌이 없었지만, 기도 집회를 고무시키는 만큼이나 아이 같은 장난을 즐겼다. 그는 진정한 겸손을 보여주었는데, 어떤 개인숭배도 찬성하기를 거부해서 선전하기 위해 자신의 사진들을 사용하는 것을 금했다. 1875년부터 무디는 다시 한 번 노스필드에 자택을 지었다. 거기서 그는 부업으로 농사를 시작했다. 그러나 그는 시카고와의 특별한 유대를 유지했는데, 거기서 그는 1887년에 복음전도회를 설립했다. 그리고 두 번 더, 1881-83년과 1891-92년에 복음전도 운동을 위해서 영국으로 여행했다. 그는 1899년에 캔자스 시티에서 한 선교회를 지도하다가 사망했다.

무디의 연설 방식은 어린이들에게 연설한 그의 초기 경험에 의해서 형성됐는데, 스토리텔링(storytelling)에 큰 자리를 부여했다. 성경의 인물들이 그의 입술에서 되살아났다. 그는 또한 자신의 연설을 듣는 사람들 각자를 위해서 성경에서 주제를 선택하는 게 특징이었는데, 다양한 관련 구절들을 찾

---

117) 참조. A. W. W. Dale, *The Life of R. W. Dale of Birmingham*(London: Hodder & Stoughton, 1898), 319.

으려고 성경을 세빌히 소사했나. 그의 준비 작업에는 그가 여행할 때 기다란 아마포 봉투를 여러 개 소지하는 게 수반됐는데, 각각의 봉투에는 그런 주제들 중 하나를 위한 예화들이 담겼다.

그는 관련된 착상이 떠오를 때마다 종이에 적어서 적절한 봉투에 추가했다. 그는 얘기하기 전에 이야깃거리들 중 몇 개를 골라서 그것들을 정리하고, 또 몇 개를 적어 놓고서 생각들을 결부시키곤 했다. 그 결과 동일한 주제에 관한 설교들이라도 종종 매우 달랐다. 비록 한 설교를 여러 차례 할 수 있을지라도('새로운 탄생'에 관한 설교가 1881년부터 1899년 사이에 184번이나 행하여졌다), 그 설교는 항상 신선했다.[118] 모든 사람이 구원받을 수 있다는 아르미니우스파의 메시지를 전한다고 해서 딩월에 있는 스코틀랜드 자유교회 목회자인 존 케네디 같은 칼빈주의자들의 비판을 받았다. 사실 무디는 복음을 믿는 인간의 능력을 강조했다. 그러나 그는 개신교의 선택 교리를 거부하지 않았다. 그는 단지 그런 교리가 복음전도 연설에는 적합하지 않다고 생각했을 뿐이다. 무디는 자기가 광범위한 신뢰를 유지해야 한다면 아르미니우스파의 신자들이든 칼빈주의자들이든 그들의 길에 장애물을 두는 것을 피해야 한다는 사실을 알고 있었다. 그래서 그는 논란이 되는 주제들은 피했다. 그는 '나는 하나님의 주권과 인간의 자유적인 행위를 화해시키려고 노력하지 않는다'고 말한 적이 있다.[119] 그는 스코틀랜드 자유교회의 또 다른 목회자인 앤드류 보나르(Andrew Bonar)처럼 그 자신보다 신학적인 훈련을 더 많이 한 사람들한테서 지혜를 흡수하려고 노력했다. 그는 보나르에게 경의를 표하여 노스필드에 있는 2동의 건물을 각각 보나르 홀과 보나르 글렌(Bonar Glen)이라고 이름을 붙이기까지 했다.[120]

무디는 보나르와 다른 사람들로부터 그가 1880년에 시작한 노스필드 회의(Northfild Conferences)의 특징이 된, 최후의 일들에 대한 전천년왕국설의

---

[118] Henry Drummond, *Dwight L. Moody: Impression and Facts*(New York: McClure, Phillips & Co., 1900, 70; Stanley N. Gundry, *Love Them In: The Life and Theology of D.L. Moody*(Chicago: Moody Press, 1999), 126.
[119] 참조. Gundry, *Love Them In*, 141.
[120] *D.L. Moody at Home*(London: Morgan & Scott, n.d.), 14, 17.

교리를 받아들였다. 그렇지만 어쩌면 무디의 강단 설교들에서 가장 특징적인 것은 하나님의 사랑에 대한 강조였을지도 모른다. 그의 설교는 지옥을 강조하는 것이 아니라 친절하신 아버지이신 하나님의 끌어당기는 힘에 집중했다. 생키의 다소 감상적인 가사들에 의해서 강화된 무디 메시지는 가정의 미덕들을 기리는 것을 기뻐하는 시대에 아주 적합한 복음이었다.

무디의 생애를 사회 통제(social control: 사회생활의 일정 형식을 유지하기 위한 유형, 무형의 통제-역주)를 훈련시키는 것으로 보려는 시도들이 있어 왔다. 그는 엘리트들과 교제했는데, 미국에서는 사업가들과 그리고 영국에서는 귀족들과 사귀었다. 그들은 무디의 운동들에 필요한 자금을 제공했으며, 그 대신에 무디는 사회적 종속 관계를 가르치지 않으면 안 되었다라는 설이 있다.[121] 사실 1887년에 시카고의 실업가들은 그의 복음전도훈련학교를 사회주의에 대항하는 저렴한 방법으로 여겼다. 그러나 무디는 노동자에게 자기 분수를 알게 하려고 하지 않았다. 사실 영국에서 무디는 보통 사람들의 타고난 윗사람들에 맞서 그들의 옹호자로서 활동하는 위험인물이라고 생각되었다. 그런 사회 통제적 해석의 일부는 노동자들이 자신들을 조종하려는 그런 책략을 간파하고서 무디의 운동들을 피했다는 것이다. 그렇지만 하층 사회의 사람들도 그의 집회에 참석한 것으로 보인다. 예컨대, 1875년 리버풀에서 '옷차림이 꾀죄죄한 노동자들이 거기에 있었다'고 보도되었다.[122] 더욱이, 무디는 노동자 계급의 사람들의 복지에 지속적인 관심을 보였다. 그의 글래스고선교회의 유산에는 가난한 사람들을 위한 무료 아침식사, 빈곤한 아동들과 바닷가에 있는 고아원을 위한 무료 주일 저녁 식사가 포함되었다.

그는 금주 운동, 즉 그 당시의 최고의 진보적인 운동에 전적으로 공감했다. 일부 사람들이 주장하는 바와 같이, 그가 배타적으로 회심주의적인 정

---

121) 참조. John Kent, *Holding the Fort: Studies in Voctorian Revivalism*(London: Epworth Press, 1978), chs. 4-6, 9.
122) 참조. John Coffey, 'Democracy and Popular Religion: Moody and Sankey's Mission to Britain, 1873-1875', in Eugenio F. Biagini(ed.), *Citizenship and Community: : Liberals, Radicals and Collective Identities in the British Isles, 1865-1931*(Cambridge: Cambridge University Press, 1996), 97.

책을 향한 그의 후기의 생에서 사회적 문제들을 외면한 것은 아니었다. 사실 1898년에 그는 선언하기를, 사람들에게 필요한 것이 나쁜 일을 수습하는 게 아니라 거듭남이기 때문에 자기는 개혁에 대한 얘기를 듣는 데 아주 진저리가 난다고 선언했다.

그러나 그가 반대하고 있었던 것은 개혁을 복음의 동반자로 여기기보다는 오히려 복음의 대안으로 간주하는 것이었다. 그전 해에 그는 그들의 종업원들에게 기아 임금을 지불하는 것에 대해서 고용주들을 사회적 복음전도자만큼 날카롭게 비판했다.[123] 무디는 사회적 진보를 촉진시키는 데 헌신했다. 그가 항상 회심은 진보의 관건이라고 얘기했으리라는 것은 의심의 여지가 없다. 하지만 그가 노스필드에 설립한(그런 질서 속에 있는) 젊은 여성과 남성들을 위한 학교들이 예증하듯이 보완적인 방법들을 사용하는 것을 싫어하지 않았다. 이 복음전도자가 노동자 계급의 사람들을 돕고 싶었던 것은 그들을 자신들의 주인들에게 복종하게 만들려는 것이 아니었다.

그 당시에 무디에게는 그를 비판하는 사람들이 있었다. 뉴욕에서 발행되는 「크리스천 애드버킷」(Christian Advocate)의 편집인은 감리교인이자 신학박사였는데, 그는 1887년에 무디의 선교에서 구원의 방법이 회개를 부당하게 무시하기 때문에 '약간 너무 쉽다'는 견해를 표명했다.[124] 이 잡지에 기고를 한 어떤 사람은 후에, 1877년의 보스톤 부흥회 동안에 이루어진 증가 뒤에 교회들은 그 이전의 5년 동안 보다 그 다음 5년 동안 새로 모은 신자수가 더 적었다는 사실을 통계적으로 보여주었다.[125] 그러나 대다수의 보도들은 훨씬 더 호의적이었다. 사우스오스트레일리아에서 1874년에 그의 스코틀랜드 운동에 관한 소식이 들려 왔는데 그곳에서는 자기들도 그렇게 하고 싶다는 간절한 바람이 있었다. 스코틀랜드에서 벌어진 운동을 따라하는 특별예배가 아델레이드 타운 홀에서 거행되었다. 그 이듬해에는 리버풀 부흥회가 열성적으로 묘사되었다. 그리고 무디와 생키의 삶에 관한 이야기가 1면

---

123) 참조. Hundry, *Love Them In*, 97, 155.
124) *Christian Advocate*(13 January 1887), 25.
125) Ibid.(28 January 1892), 53.

특집기사가 되었다.[126]

　1877년에 모든 참석자들이 그들의 사역에 찬성한 회의는 무디와 생키 두 사람에게 남아프리카에 가도록 권유하는 일을 숙고했다. 아일랜드 장로회 잡지는 그해의 시카고 부흥회 뒤에 80,000달러라는 금액이 YMCA를 위해 모금된 사실에 깜짝 놀랐는데, 그 금액은 그때까지 기독교 집회에서 실현된 모금 중에서 의심할 여지없이 가장 큰 모금이었다. 그리고 1888년에 그들의 루이즈빌 부흥회를 위하여 거대한 장막을 세운 것과 같이, 미국에서의 이들 복음전도자의 행위들은 영국의 정기간행물들에 끊임없는 원고를 제공했다.[127] 무디와 생키의 세계적인 영향력은 엄청났다. 그 영향력은 생키의 찬송가들을 통하여 발휘된 게 많았는데, 그 찬송가들은 1873년에 처음으로 출판됐으며 이윽고 전세계에서 불렀다. 그러나 다른 측면들도 많이 있었다. 1873-74년의 무디의 운동 뒤에 스코틀랜드를 다시 방문한 앤드류 머레이는 그 나라의 '전반적인 종교적 분위기'가 바뀌었으며, 그래서 그 후에는 영적인 문제들에 대한 과묵함이 훨씬 적다는 것을 느꼈다. 남아프리카로 돌아온 머레이는 집회 후 모임(after-meeting) 제도를 도입했다.

　이 제도는 무디 모델을 따른 것인데, 그 모임에서 구원을 찾는 사람들이 그 이상의 안내를 받기 위해 머물렀으며, 네덜란드 개혁교회에 소속된 그의 적극성이 없는 동료들 중 다수를 깜짝 놀라게 했다.[128] 잉글랜드에서, 무디의 첫 방문이 낳은 효과들 가운데 하나는 윌슨 카릴리의 도시 복음전도 훈련이었다. 그는 후에 처치아미(Church Army: 잉글랜드 국교회의 전도 단체-역주)를 세웠다. 이 단체는 20세기에 잉글랜드 국교회의 가정 선교에 신선한 자극을 가져왔다.[129]

---

126) *Methodist Journal*(Adelaide: 11 July 1874; 5 September 1874; 7 May 1875; 21 May 1875).
127) *Christian Express*(1 August 1877), 2; *Presbyterian Churchman*(April 1877), 77; *Freeman*(13 January 1888), 23.
128) du Plussis, *Andrew Murray*, 303, 437; W.M. Douglas, *Audrey Murray and his Message: One of God's Choice Saints*(London: Oliphants, n.d.), 130-131.
129) 참조. George E. Morgan, *'A Veteran in Revival': R.C. Morgan: His Life and Times*(London: Morgan & Scott, 1909), 184-185.

무디의 리비풀 부흥회에 참여해서 많은 경험을 쌓은 사람이 시드니로 이주했다. 거기서 그는 개인 전도를 위해서 젊은이들을 동원하는 데 착수했다.[130] 모로코에 선교사로 파송된 제니 제이(Jennie Jay)는 간증하기를 '내가 처음 전적으로 하나님을 위한 사역에 헌신하고자 하는 욕구를 느낀 것은 무디 씨가 런던에서 벌인 부흥회가 막바지에 이르렀을 때였다'고 하였다.[131] '이 세대에 세계의 복음화'를 기치로 내걸고 1888년부터 해외선교를 채택한 학생자원봉사자운동(Student Volunteer Movement)은 그와 같은 헌신의 정신으로 노스필드 회의에서 출현했다. 미국에서는 무디의 설교와 노스필드 집단과 그가 훈련한 기독교인 사역자들을 통하여 그는 20세기까지 길게 이어지는 보수적인 복음주의의 도정을 정했다. 그의 으뜸가는 기관 유산으로서 그의 사후에 그의 이름을 딴, 시카고에 있는 성서연구소(Bible Institute)는 양차대전 사이에 근본주의의 요새가 되었다. 그러나 무디는 한 명의 미국인 복음전도자에 불과한 사람이 아니었다. 즉 그는 전세계에 걸쳐서 복음주의의 행로에 심원하고 지속적인 영향력을 발휘했다.

스펄전과 무디가 상징하는 이 운동은 활기찬 역동성을 지녔다. 이 운동의 신봉자들은 성경의 가르침에 자극을 받았다. 그들은 십자가에 못 박히신 그리스도의 메시지를 선포하기를 열망했다. 그리고 그들은 회심을 추구하는 데 지칠 줄 몰랐다. 따라서 그들은 복음의 전파에 헌신적인 활동가들이었다. 웨슬리파 원로 목회자인 로버트 영은 1854년에 '기독교는 본질적으로 공격적이다'라고 선언했다.[132] 복음주의는 시작은 미약했지만 크게 성장해서 불과 1세기만에 강력한 힘이 되었다.

잉글랜드 국교회 복음주의파의 신문에 따르면, 19세기 중엽은 18세기 중엽과는 완전히 달랐다. 그 신문은 '그때는 모든 것이 생기가 없었다—지금은

---

130) *Christian Advocate and Wesleyan Record*(3 October 1876), 108.
131) *Christian*(London: 4 March 1886), 2.
132) Robert Young, *The Southern World: Journal of a Deputation from the Wesleyan Conference to Australia and Polynesia; including Notices of a Visit to the Gold Fields* (London: Hamilton, Adams & Co., 1854), 1.

제1장 세계적 복음주의자 **69**

모든 것이 생기에 차 있다'고 말했다.[133] 그런 변화는 감리교 교인 수에서 분명히 알 수 있는데, 감리교는 18세기 신앙부흥의 활기 넘치는 정신을 가장 잘 구현한 운동이었다. 1767년, 감리교 통계가 처음 수집됐을 때, 잉글랜드의 운동에서는 교인이 22,000명이었다. 1800년까지는 96,000명이었으며, 1850년까지는 518,000명이나 되었다.[134] 미국에서는 감리교가 불과 1784년에야 조직됐는데, 1800년에 이르러서는 교인수가 65,000명이었으며, 반세기 뒤에는 1,250,000명이 넘었다.[135] 비록 다른 교파들은 통계를 간수하는데 그다지 주의를 기울이지 않았지만, 또한 복음주의파 잉글랜드 국교도들, 스코틀랜드 장로교인들과 잉글랜드 비국교도들 사이에 뚜렷한 성장이 있었던 것은 분명하다. 각각의 집단에는 미국에서 뿐만 아니라 캐나다와 호주, 뉴질랜드 및 남아프리카에서도 자신들을 대표하는 사람들이 있었다. 이미 1850년까지는 이 운동의 가치관이 사회에 퍼지고 있었다. 본서에서 앞으로 보여주려고 노력하는 대로, 그 뒤의 반세기는 복음이 영어권 세계에서 깊이 뿌리를 박는 때였다.

---

133) *Record*(3 January 1850).
134) 참조. Robert Currie, Alan Gilbert and Lee Horsley(eds.), *Churches and Churchgoers: Patterns of Church Growth in the British Isles since 1700*(Oxford: Clarendon Press, 1977), 139-141. 그것은 천 단위로 어림잡은 수치다.
135) 참조. E.S. Gaustad, *Historical Atlas of Religion in American*(New York: Harper & Row), 1962), 78.

The Dominance of Evangelicalism

제 2 장

복음주의의 다양성

    복음주의 운동 전체의 공통된 특징들은 대단히 다양한 표현들을 뒷받침했다. 비록 이 운동이 인식할 수 있을 정도로 복음주의 운동이었더라도, 그것은 또한 몇 가지 점에서 각기 다르다. 복음주의자들은 신학과 교파, 사회적 특징 및 지리적 위치 등에서 각기 달랐다. 이런 주제들 중 첫 번째 것은 후속하는 장들에서 보다 충분히 고찰하기 위해서 유보되지만, 다른 세 가지는 여기서 다루어진다.

    교파의 분열은 때로는 역사가들에 의해서 과소평가되었는데, 그들은 복음주의자들을 단일한 실제로 뭉뚱그린다. 그렇지만 실제로는 미국의 어느 변경 도시의 두 거주자 사이에는 경쟁심에 의해 강화된 현저한 차이가 있었는데, 그 두 사람은 서로 다른 기독교 단체에 속했지만 두 사람 다 복음주의자였다.

    예컨대, 콜로라도의 감리교인은 가장 효율적인 복음전도 조직에 속해 있는 것을 자랑했을지도 모른다. 그렇지만 그의 장로교인인 이웃 사람은 수의 힘이 그다지 중요하지 않다는 것을, 또한 만약 부와 지성도 계산에 넣는다면 그 자신의 교회가 '모든 우리의 교파들 중에서 가장 위풍당당하다'는 것을 알고 있었다.[1] 교회 관리의 물려받은 원칙들과 나타나는 모습 사이의 대조는, 똑같이 크리스천의 사명에 헌신하는 개인들이라도 견해가 완전히 일치하지는 않는다는 사실을 보증했다. 마찬가지로, 부와 지성에 관한 콜로라도 감리교인의 논평이 예증하는 대로, 사회적 특징들이 복음주의자들을 서로 구별 짓는다. 빅토리아풍의 대저택에 사는 사람들은 초라한 작은집에 사는 그들의 보다 비천한 동시대인들과는 같지 않다. 산업화는 19세기 후반에 새로운 생활양식들을 만들어내고 있었다. 전통적인 교단의 분열들과 더불어, 영어권 세계의 새로운 부는 필연적으로 교인들에게 영향을 미쳤다. 그래서 교회 생활의 내부적 요소들뿐만 아니라 외부적 요소들도 복음주의자들 사이에 다양성을 만들어냈다.

　복음주의자들이 서로 갈라지는 다른 주요한 방식은 지리적 위치에 의해서였다. 그들은 북극지방에서부터 열대지방에 이르기까지 대조적인 지역들에서 살았다. 그리고 비록 대다수가 빅토리아 여왕에게 충성을 다할 의무를 지고 있었지만, 그들은 각기 다른 정부들에 세금을 냈다. 역사가들은 복음주의 분열의 이런 원인을 잘 인식하고 있었다. 나라별로 교회사를 체계화하는 가운데, 한 나라에서 일어난 사건들을 밝히면서 또 다른 나라에서 이루어지는 사태의 진전들을 배제하는 것은 통례적인 일이었다. 통상적으로 유일한 예외들은 어떤 나라 출신 개인이 또 다른 나라에서 부정할 수 없는 역할을 했을 때에 관한 기사들이었는데, D. L.무디가 영국에서 복음전도 운동을 지휘하거나 잉글랜드의 회중교회 지도자인 토마스 비니가 호주를 방문했을 때가 그러하다. 그러나 일반적으로, 복음주의는 연구를 위하여 국가적인 단위들로 분할되었거나, 그렇지 않으면 한 나라보다 더 작은 단위들 -주든, 지역이든, 도시든, 마을이든 간에-로 분할되었다. 이는 전혀 잘못된 전략이 아니다. 왜냐하면 나라들-그리고 더 작은 지역들-은 확실히 독특한 종교적 성격을 지니고 있기 때문이다. 그러므로 특정한 나라들에서 겪게 되는 복음주의적 경험의 특이성이 본장에서 역점을 두어 다루어질 것이다. 하

---

1) *Rocky Mountain Presbyterian*(Denver, CO: April 1872).

지만 이전 장에서 고찰되고, 스펄전과 무디의 세계적인 명성에서 구현된 복음주의 세계의 통일성은, 나라별로 이루어진 분열이 역사가들이 일반적으로 추정하는 것만큼 전적으로 중요한 것인지의 여부에 관한 문제를 제기한다. 예를 들면, 통상적으로 스코틀랜드 장로교인들의 교회사는 마치 스코틀랜드가 연구를 위해서 단 하나의 자연스런 단위인 듯이 쓰여 왔다. 그렇지만 마찬가지로 빅토리아 여왕 시대의 각기 다른 나라들에서의 개신교 전통은, 최근 발간된 저서가 보여주는 대로, 조사를 위한 적절한 주제를 형성한다. 이 저서는 스코틀랜드 회중들을 포함시키지만, 미국의 장로교인들 및 잉글랜드의 회중교인들과 그들의 유사성을 강조한다.[2] 국가적인 역사 편찬이 영어권 세계의 여러 나라들 사이의 종교적 유대를 얼마나 불공정하게 다루어 왔는지는 물을 만한 가치가 있을 것이다. 교파별 및 사회적 차이들이 국가적으로 대조되는 것들 못지않게 현저했음이 판명될지도 모른다.

1. 주요한 교파들

교파의 다양성이 첫 번째로 검토 될 수 있을 것이다. 잉글랜드 국교회파(Anglican Communion: 잉글랜드 국교회 외에 the Church of Ireland, the Episcopal Church of Scotland, the Church of Wales, the Protestant Episcopal Church in the U.S. 따위를 포함한다-역주) 그 자체가 1867년에 그 주교들이 참석한 램버스 회의의 개회로 세계적으로 알려지게 되었는데, 실질적으로 모든 영어권 국가들에서 교회를 갖게 되었다. 그것의 두드러진 특징은 주교들이 캔터베리 대주교와 같은 종파에 속한다는 것이었다. 잉글랜드와 웨일스에서 그리고 아일랜드에서 1870년에 이르기까지 잉글랜드 국교회주의(Anglicanism)는 국립교회를 구성하는 장점이 있었다. 대영제국의 다른 곳에서도 그 시기의 처음

---

[2] 참조. C.D. Cashdollar, *A Spiritual Home: Life in British and American Reformed Con-gregations, 1830-1915*(University Park, PA: Pennsylvania University Press, 2000).

에 국교회주의는 안정된 지위의 자취가 얼마간 있었다. 그러나 미국의 감독교회는 많은 교파 가운데서 하나의 교파에 불과했다. 국교회 사제들 사이에는 세 가지 경향이 있었다. 고교회파(High Churchmen: 고교회파는 교의, 의식을 중시하는 잉글랜드 국교회의 한 파임-역주)는 교회와 교역 및 성례전에 관한 교리들을 복음주의자들보다 더 많이 강조한다. 광교회파(Board Churchmen: 광교회파는 잉글랜드 국교회의 자유주의적인 한 교파임-역주)는 교리를 현대적으로 가져가는 것을 좋다고 생각했는데, 때로는 현대적인 연구로 인한 발견들을 받아들임으로써 성경의 가르침을 수정하는 정도로까지 가져가는 것도 좋다고 생각했다.[3] 일부 복음주의자들은 의견의 이런 부분들의 각각을 향해 이끌려서 고교회파나 광교회파의 특징들을 얼마간 채택했다. 그러나 복음주의파는 이 시기의 전체에 걸쳐서 거의 모든 국교회 집단 내에서 별개의 세력을 형성했다.

잉글랜드 국교회 내에서 19세기가 시작될 때 약 500명에 불과했던 복음주의파 사제들은 19세기 중엽까지는 6,500명으로, 즉 전체 사제의 3분의 1이 훨씬 넘는 정도로까지 늘어났다.[4] 1860년에는 잉글랜드의 감독교인들의 거의 절반이 복음주의파에 동조했다.[5] 복음주의자들은 결코 교구 사제의 대다수를 형성하지 않았다. 왜냐하면 19세기 후반기에 수에 있어서 으뜸가는 증가는 옥스퍼드 운동으로부터 영감을 받은 고교회파 사람들 사이에 이루어졌기 때문이다. 주교와 하급 사제들 중 복음주의자들의 비율은 다 같이 하락했지만, 그들은 자신들이 평신도 대다수의 충성을 얻고 있다고 주장했는데, 이 주장은 타당성이 있다. 잉글랜드 밖에서는 국교회파의 복음주의파와 그 밖의 분파들 간의 균형이 각기 달랐다. 스코틀랜드에서는 복음주

---

3) 그 기간의 잉글랜드 국교회에 관한 고전적인 연구는 W. Owen Chadwick, *The Victorian Church*, 2 vols.(London: Adam & Charles Black, 1966-70)이다.

4) 참조. David W. Bebbington, *Evangelicalism in Modern Britain: A History from the 1730s to the 1980s*(London: UNwin Hyman, 1989), 106-107.

5) 참조. Nigel Scotland, '*Good and Proper Men*': *Lord Palmerston and the Bench of Bishops*(Cambridge: James Clarke & Co., 2000), 176. 니겔 스코틀랜드 따르면, 23명 중에 10명은 복음주의자였던 것으로 보지만, 그의 목록에 체스터의 주교인 존 그래함(John Graham)을 추가해야 한다.

의파의 비율이 낮았다. 이와는 대조적으로, 아일랜드에서는 그 비율이 높았다. 미국과 아프리카 남부에서는 그 비율이 낮았다. 호주의 뉴사우스웨일스에서는 그 비율이 실로 매우 높았다. 캐나다에서는 세평에 의하면 광교회파 사람들이 없었는데, 복음주의파와 고교회파 간의 균형이 엇비슷했다. 일부 나라들에서는 복음주의파가 위협받는 집단이라는 느낌이 일련의 작은 분열들을 가져왔다. 1843년에 스코틀랜드 감독교회로부터의 분리가 있었고, 잉글랜드 자유교회가 1840년대에 나타났으며, 개혁 감독교회가 1873년에 미국에서 설립됐고(혼동이 되게 이름 붙여진) 잉글랜드 국교회(Church of England)-분위기상으로는 주로 복음주의파-가 일련의 법적 투쟁 동안에 남아프리카 대교구 교회로부터 점차 분리됐다. 그러나 저교회파(Evangelical Churchmen)-그 중에서도 리버풀의 J. C. 라일(J. C. Ryle) 주교가 그 시기에 유명했다-는 16세기에 로마와 결별했던 종교 개혁 지도자들의 원칙들과 자신들이 일치한다고 주장했다. 그러므로 그들은 자신들이 모든 잉글랜드 국교도 중에서 가장 진정한 국교도라고 주장했다.[6]

　복음주의자들의 두 번째 집단은 장로교인들로 구성되어 있었다. 그들은 존 칼빈에서 비롯하는 개신교 전통을 물려받았으며, 17세기의 웨스트민스터 신앙고백에 구현된 그의 신학을 공식적으로 받아들였다. 국교도들에 맞서, 그들은 주교들은 의당 없어야 하고, 모든 교역자들은 동등하며, 감독은 교회법정에 의해서 행사된다고 주장했다. 교역자들뿐만 아니라 평신도들로부터 뽑은 장로들도 포함하는 노회는 회중들에게 권한을 행사했다. 노회 위에는 보통 종교회의(Synod)가 있고, 대부분의 나라들에서 종교회의 위에 있는 총회는 그 체제의 정점이었다.

　스코틀랜드에서 국교회는 장로교였다. 이것이 의미하는 바는 빅토리아 여왕이 잉글랜드에서 트위드 강을 건넜을 때 그녀는 스코틀랜드 국교회의 일반 교인이 되었다는 것이다. 그렇지만 국교회와 더불어 스코틀랜드 자

---

6) 국교회의 복음주의에 관해서는 특히 Kenneth Hylson-Smith, *Evangelicals in the Church of England, 1734-1984*(Edinburgh, T & T. Clark, 1988)을 참조하라.

유교회도 있었다. 이는 회중이 그들 자신의 목회자를 뽑는 권리를 주장하기 위하여 1843년의 스코틀랜드 교회분열(the Disruption) 때에 창설됐다. 또한 연합 장로교회도 있었는데, 이는 18세기에 유사한 문제들을 놓고서 갈등한 끝에 스코틀랜드 국교회에서 분리했던 주요 집단들로부터 4년 뒤에 생겼다. 더 작고, 단편적인 교파들은 17세기의 스코틀랜드 종교개혁단원들(the Covenanters)과 18세기의 스코틀랜드 장로교 신자들(the Seceders: 1733년에 스코틀랜드 국교회로부터 분리함-역주)의 원칙들을 지켰다. 이 시기의 끝에, 즉 1900년에, 자유교회는 스코틀랜드 연합자유교회를 설립하기 위해서 연합장로교회와 합쳤다. 하지만 스코틀랜드 북부의 고지에서 사는 자유교회의 가장 완강한 신자들은 단호히 분리된 채로 있었다. 이러한 집단들은 제각각 신학적 보수주의의 정도가 서로 다르지만, 복음주의 모자이크의 일부를 형성했다.

 스코틀랜드에서 벌어진 논쟁의 반향들이 영어권 세계의 다른 곳에서도 들렸다. 그래서 이를테면, 스코틀랜드의 분열들이 일시적으로 캐나다와 호주에서도 재현됐다. 그럼에도 불구하고, 19세기 후반에 장로교인들이 통합하는 경향이 있었다. 가장 중대한 사건은 신앙부흥운동가의 믿음과 실천을 수용해야 하는 정도를 놓고서 1837-38년 이래로 구파와 신파로 갈라졌던 미국 장로교의 북부지회가 1869년에 재통합한 일이었다. 그렇지만 그 누구보다도 가장 열성적인 신앙부흥운동가들인 컴벌랜드(예전의 잉글랜드 북서부의 주-역주)의 장로교인들은 계속해서 분리된 집단으로 남아있었으며, 남북전쟁은 1세기 넘게 지속될 북장로교와 남장로교의 새로운 분열을 야기했다.

 네덜란드 이주자들의 후손들은 미국 개혁파 교회에서 예배를 드렸는데, 1867년에 그 명칭에서 '더치'(Dutch)라는 말을 빼버렸다. 네덜란드에서 보다 최근에 이주한 사람들은 기독교개혁교회(Christian Reformed Church)를 설립하는 중에 있었다. 그리고 더 작긴 하지만 이에 상응하는 독일 개혁교회도 있었다. 웨일스에서는, 잉글랜드 국교회 밖에서는 가장 큰 교파인 칼빈파 감리교인들이 웨일스 장로교회로 되는 도정에 있었다. 이 명칭은 다음 세기가 되어서야 비로소 공식적으로 취득됐다. 그리고 아일랜드에서는 장로교인들이 얼스터에서 가장 강한 개신교 교파였다. 신학적으로 훈련된 목회를 주장하면서, 장로회파 및 개혁파 교회들은 복음주의 운동 내에서 지적인 은사를 받은 분파를 형성했다.[7]

회중교인들은 장로교들과 공통점이 많았다. 그들은 미국의 변경에서 장로교 분열의 시기 중에 신파 장로교인들이 회중교인들과 우애롭게 일하는 게 보통일 정도로 매우 가까웠다. 장로교인들과 마찬가지로 회중교인들도 청교도들의 개혁신앙을 물려받았다. 그렇지만 장로교인들과는 달리, 회중교인들은 외부 집단이 지역 교회에 권한을 행사해서는 안 된다고 주장했다. 따라서 모든 회중은 저마다 독립적이었다. 이는 많은 나라들에서 그 교파에 '독립교회파'(Independents)라는 대안적인 칭호를 부여한 원칙이었다. 모든 교인이 참석할 권리가 주어져 있는 교회 회의는 최고의 세속적인 권위인데, 교회 자신의 목회자와 집사를 뽑을 책임이 있었다. 비록 각각의 회중은 자기의 내부 일들을 경영했지만, 교회들은 보통 협의회라고 불리는 더 큰 집단들로 무리를 지었는데, 이는 상호 지원과 공동의 사명을 수행하기 위해서였다. 그렇지만 그렇게 독립적인 마음을 가진 사람들 사이에 이루어진, 19세기 동안에 발전한 전국연합(Unions)과 같은 공동의 모험적 사업들은 허약한 기업체들인 경우가 많았다. 북미에서 청교도 정착지인 뉴잉글랜드는 그 교파가 자기의 가장 큰 힘을 가진 곳이었으며, 1833년에는 이미 그 교파는 메사추세츠의 국립 교회가 되는 지위를 누렸다. 하지만 잉글랜드와 웨

---

7) 스코틀랜드 장로교를 A.C. Cheyne, *The Transforming of the Kirk: Victorian Scotland's religious Revolution*(Edinburgh: Saint Andrew Press, 1983)이 분석한다. R.W. Vaudry, *The Free Church in Victorian Canada, 1844-1861*(Waterloo, ON: Wilfrid Laurier University Press, 1989); M.D. Prentis, *The Scots in Australia: A Study of New South Wales, Victoria and Queensland,1 1788-1900*(Sydney: Sidney University Press, 1983) chs. To 11; 그리고 Dennis McEldowney(ed.) *Presbyterians in Aottearoa, 1840-1990* Wellington: Presbyterian Church of New Zealand, 1990)은 그들의 각 영역에서 가치가 있는 작품들이다. 미국의 교단들은 여기와 다음 단락에서 Daniel G. Rad, Reid, Robert D. Linder, Bruce L. Shelley and Harry S. Stotut(eds.), *Dictionary of Christianity in America*(Downers Grove, Il: Inter Varsity, 1990)에서 참고문헌과 함께 편리하게 목록화 되어 있다.

일스에서 회중교인들은 교회와 국가의 분리를 위한 운동에 앞장섰으며, 그들의 투쟁 정신은 다른 곳에서 모방되었다. 이 교파와 밀접한 관계가 있는 다른 집단들은 잉글랜드에서는 헌팅던 백작 부인의 코넥션(Countess of Huntingdon's Connexion)이 포함됐는데, 이는 18세기 신앙부흥운동의 위대한 후원자가 설립한, 회중들의 집단이다. 그리고 스코틀랜드에서는 복음주의 연합이 포함됐는데, 이는 자기의 신학을 수정하는 데 있어서 주류 회중교인들보다 더 많이 신앙부흥운동을 따랐다. 미국에서는 뉴욕 교외에서 활동하는 진보적인 신학적 설교자인 헨리 워드 비처(Henry Ward Beecher)가 그 교파에서 가장 잘 알려진 인물이었으며,[8] 잉글랜드에서 이에 상응하는 영향력을 발휘하던 사람은 버밍햄의 카스레인(Carr's Lane)교회의 명석하고 사려 싶은 목회자인 데일(R. W. Dale)이었다. 더 넓은 복음주의라는 그의 브랜드는 전세계에 걸쳐 있던 빅토리아 여왕 시대의 그 교파를 표상했다.[9]

   침례교인들은 교회 조직에서 회중교인들과 동일해서, 미국에서는 보통 컨퍼런스(conference)로 불리는 교회 회의에 권한을 위임했으며, 한 사람의 목회자와 여러 집사들이 신도들을 위해 일했다. 그렇지만 그들은 의식 있는 신앙을 지닌 사람들로 침례를 제한하고 세례 의식을 거행할 때 물에 완전히 몸을 담그는 것이 달랐다. 그들 가운데서 가장 큰 분파는 특수 또는 정규 침례파(Particular or Regular Baptists)였다. 그들은 칼빈주의 전통에 서서 인류의 특별한 일부, 즉 선택받은 자의 구속을 믿었다. 그들 중 일부는 너무 많은 신학적 및 실천적 양보를 그 시대의 보다 새로운 세력들에게 했다고 생각해서 분리된 공동체들이 되었는데, 잉글랜드에서는 엄격하고 특별한 침례교인들이라고 불렀고, 미국에서는 원시 또는 완고한 또는 반사명(Anti-Misson)적인 침례교인들이라고 불렀다. 그렇지만 대다수의 특수 침례교인들은 복음전도의 효율성을 위하여 전통적인 방식들을 수정할 준비가 되어 있었는데, 잉글랜드와 캐나다 및 그 밖의 다른 곳의 대부분은 심지어 성찬대를 신

---

8) 참조. ch. 5, 154-155.
9) 잉글랜드 회중교회에 관해서는 R. Tudur Jones, *Congregationalism in England, 1662-1962*(London: Independent Press, 1962)을 참조하라.

자로서 침례를 받지 않은 사람들에게도 개방하기까지 했다. 미국에서는 이 같은 관습이 알려지지 않은 것은 아니었지만 이단으로 치부되어 완강한 저항을 받았다. 미국에서는, 남침례교 총회가 교단의 일에 협력하던 남부의 백인 교회들은 제외하고, 20세기까지 북부 총회의 출현이나 1895년까지 수많은 흑인 침례교인들을 위한 전국적인 조직의 출현을 막은 중앙집중화의 뿌리 깊은 신중함이 있었다. 침례교 원칙들에서의 확고함의 또 다른 특징-이 경우에는 주로 남부와 연관된 것이지만-은 랜드마키즘(Landmarkism)의 출현이었다. 이는 침례교회들이 실행하는 침수의 배타적인 정당성을 주장하는 것이었다. 이 침수는 신약 시대 이래로 중단되지 않는 연속성을 누렸다고 주장되었다.

특수 침례파와 함께 일반 또는 자유의지 침례파(General or Freewill Baptists)가 있었다. 그들은 아르미니우스주의를 지지하여 칼빈주의를 거부했는데, 구속은 일반적이어서 인류 전체에게 유효하다고 주장했다. 노바스코샤(캐나다 남동부의 반도 내지는 이를 포함하는 주-역주)에서 활동한 사람으로서 사람을 감동시키는 신앙부흥운동 설교자였던 헨리 앨린의 추종자들의 후손인 또 다른 독특한 집단은 다른 곳에서 우세한 침례교 방식들에 점차 가까워졌다. 침례교인들의 가장 큰 확장은 미국 남부에서 이루어졌다. 그러나 그들의 가장 위대한 인물은 의심할 여지없이 영국인 C. H. 스펄전이었다.[10] 감리교인들은 이 시기에 복음주의자들의 가장 큰 단일 집단을 형성했다. 본래 18세기의 존 웨슬리의 목회에서 시작된 감리교는 미국과 캐나다 양쪽에서 가장 큰 개신교 집단이 될 때까지 성장했으며, 잉글랜드에서는 국교회의 뒤를 이어서 두 번째로 큰 개신교 집단이 되었다. 남아프리카 감리교인들은 1885년 자신들의 교회들이 '지구상에서 가장 큰 개신교 교파'를 형성한 것을 기뻐했다.[11] 감리교는 부분적으로는 설교자들을 순회시키는 것을 통해 경영됐는데, 이들은 미국에서는 종종 순회 목사(circuit rider)로 불렸다. 이들

---

10) 잉글랜드 침례교에 관해서는 John H. Y. Briggs, *The English Baptists of the Nineteenth Century*(Didcot, Oxon: Baptist Historical Society 1994)을 참조하라.
11) *South African Methodist*(Grahamstown: 20 January, 1885), I.

은 다른 종교 단체들이 도달하지 못한 외진 곳들에 복음을 전했다. 그들은 본질적으로 복음전도자들이어서, 2년 내지 3년 뒤에는 영혼을 얻기 위해서 또 다른 지역으로 옮겨갔다. 안수를 받은 이 사람들은 회심자들을 모아서 지역 예배 공동체 역할을 하는 회단(society)들과 약 열명 내지 열두 명으로 구성되는 속(class)들로 이끌었다. 적어도 이론적으로, 속은 영적 체험을 교환하기 위해서 매주 만났다. 그렇지만 평신도들이 그런 속들의 대부분을 인도했으며 또한 단연 설교의 가장 큰 몫을 담당했는데, 이는 감리교로 하여금 평신도 주도가 구현되도록 했다. 하지만 회단들의 이런 관계망(네트워크) –영국에서는 'connexion'이라 불렸다–은 교역자회(ministry)에 의해서 엄격히 규율됐는데, 교역자회의 구성원들은 감리교 신도임을 나타내는 증표인 4등분한 속표(class ticket)를 갱신하는 것을 거부할 수 있는 그들의 능력 덕분에 권한을 행사했다.

교역자들은 매년 총회(Conference)에서 만났다. 이 총회는 그들에게 강한 유대감을 부여했다. 영국 총회의 원로 인사들은 관계망 정책을 지배했다. 이 시기의 시초에, '감리교의 교황'인 야베즈 번팅(Jabez Bunting)은 자신이 웨슬리파 감리교에 권력을 휘두르고 있던 세월을 종식시키고 있었다. 웨슬리파 감리교는 예전에 존 웨슬리 자신이 지배했던 것에 못지않은 주요한 집단이었다. 총회는 영혼들을 얻기 위한 총체적인 기관이 분열하지 않도록 총회의 정책들이 시행되기를 강력히 요구했다. 아일랜드, 호주, 캐나다 및 남아프리카에는 하위 총회들이 있었다. 이들 총회는 여러모로 자율적이었지만 잉글랜드로부터의 지시들을 따랐다. 그렇지만 미국에서는 1844년 이래 북부와 남부에서 개별적으로 경영되던 감리교 감독교회 2곳은 완전히 독립적이었다. 그들의 이름이 함축하듯이, 그들의 지도부는 감독(bishop)들로 구성되어 있었다.

감독들은 다수의 분리된 총회들의 영토들 내에서 일을 지시했다. 그럼에도 불구하고 전세계의 감리교는 공통된 특성(에토스), 즉 체험된 신앙의 필요성을 주장하는 것과 존 웨슬리의 아르미니우스주의 신앙을 고백하는 것 그리고 그의 동생 찰스의 찬송가들을 부르는 것으로 맺어져 있었다.[12]

주류 감리교에서의 위로부터의 지시의 정도가 높은 것은 많은 신자들에게 넌더리나는 것이었으며 대서양 양안에서 분리 운동을 초래했다. 잉글랜드에서 가장 큰 집단은 원시 감리교(또는 감리교 수구파, Primitive Methodism: Wesley 등의 초기 감리교 정신으로 돌아가려고 1810년 분파함-역주)였다. 이렇게 불린 것은 그 단체가 그 운동의 원래의 유연성이라고 생각하는 것을 재주장하기를 원했기 때문이다.

그러므로 그 단체는 미국을 본따서 야외 집회, 다시 말해 기도와 설교를 위한 대규모 옥외 집회를 개최했다. 그것은 평신도들에게도 총회에 참석하도록 했다. 그리고 그 단체는 '시끄러운 사람들'(Ranters: 초기의 감리교 신자들의 열광적인 설교나 기도하는 태도에서 비롯된 호칭임-역주)이라는 별명을 끌어들인 신앙부흥운동의 보다 대중 영합적인 방법을 진작시켰다. 감리교뉴커넥션(Methodist New Connexion)과 연합 감리교 자유교회(United Metheodist Free Chuches)는 양쪽 다 웨슬리파총회(Wesleyan Conference)가 허용하는 것보다 더 큰 지역 평신도 관리를 좋다고 생각하는 단체들이었다. 또한 좀 더 작은 교파들도 있었는데, 잉글랜드 남서부의 바이블 크리스천스(Bible Christians), 주로 잉글랜드 북서부의 독립 감리교도파(Independent Methodists) 그리고 주로 셰필드 주위에 집중된 웨슬리파 개혁자들(Wesleyan Reformers)이 그것들이다.

그것들은 모두 일반적인 웨슬리파 감리교인들이 되지 않을 자신들의 독특한 이유들이 있었다. 기묘한 것은, 아일랜드에서는 1870대까지 내려오는 원시 웨슬리파 감리교도파(Primitive Wesleyan Methodists)의 분리된 존재를 정당화하는 것이 잉글랜드 국교회와의 더 강한 유대를 유지하고자 하는 그들

---

12) 영국의 감리교(Methodism)에 관해서는 Rupert Davies, A. Raymond George and Gordon Rupp(eds.), *A History of the Methodist Church in Great Britain*, vol. 3(London: Epworth Press, 1983)을 보라. 캐나다는 Neil Semple, *The Lord's Dominion: The History of Canadian Methodism*(Montreal and Kingston: McGill-Queens University Press, 1996) 그리고 남부 호주는 Arnold D. Hunt, *This Side of Heaven: A History of Methodism in South Australia*(Adelaide: Lutheran Publishing House, 1985)이 잘 진술한다.

의 바람이었다는 것이다. 미국에서도 이와 유사한 분열이 있었다. 미국에서 아프리카 감리교 감독교회와 아프리카 감리교 감독 시온교회는 양쪽 다 흑인 공동체를 위해서 설립됐다. 웨슬리파 감리교도파는 노예제도의 공식적인 용인을 놓고서 감리교 감독교회에서 정식으로 분리했으며 자유 감리교도파는 1860년에 탈퇴했다. 그들은 특히 공식적인 감리교가 거룩함에 관한 교리를 이해하지 못하고 있다고 우려했다. 웨슬리는 완전한 성화가 이 생에서 가능하다고 가르쳤지만, 그 메시지는 대부분의 강단에서 사라지고 있었다. 자유 감리교도파는 그것을 거듭 주장하면서 '구시대 종교'의 옹호자라고 주장했다. 그렇지만 19세기가 끝나기 전에 다른 사람들은 자유 감리교도파가 아주 멀리 가지는 않았다고 생각하기 시작했다. 분리된 그룹들은 미국과 캐나다에서 등장해서 거룩함에 관한 한층 급진적인 메시지를 전파했으며, 1890년대에 오순절운동의 최초 발흥이 있었던 것은 주로 이러한 집단들 내에서였다. 잉글랜드에서, 구세군이 도시들의 죄악과 싸우는 훈련된 세력으로 빠르게 발전했지만, 그와 동일한 기반에서 출현했다.[13] 그러므로 감리교는 20세기에 전세계를 휩쓸게 될 복음주의 기독교 내의 여러 운동들의 온상이 되었다.

19세기 이전에 창건된 다른 단체들도 복음주의 모자이크의 여러 조각을 이루었다. 16세기의 종교개혁 지도자 마르틴 루터의 유산을 물려받은 루터파 신도들(Lutherans)은 영어권 세계의 여러 지역에 존재했는데, 종종 그들의 교파 명칭에 '복음주의적' (Evangelical)이라는 말을 지녔다. 그렇지만 그것은 복음주의 신앙부흥운동이 일으킨 세계 내의 어떤 참여라기보다는 종교 개혁의 원칙들에 충실함을 나타냈다. 비록 일부 루터파 신도들이 앵글로 색슨 신앙부흥운동의 영향을 받긴 했지만, 대다수는 다른 기독교 단체들에 대해 신중하게 거리를 유지했다. 어쨌든 독일이나 스칸디나비아 출신 이주자들이나 이주자들의 후손들처럼, 루터파 신도들도 1차 세계 대전에 이르기까지 또는 심지어 그 이후까지도 예배를 위해서 통상적으로 영어가 아닌 언어

---

13) 메도디즘(감리교) 이외의 발전에 관해서는 ch. 6, 192-194을 참조하라.

를 유지했다.[14] 스위스와 네덜란드, 독일 그리고 그 나라들 너머에 있는 러시아에서 북미로 이주한 메노파 교도들(Mennonites)과 그들의 아만파(Amish: 17세기에 스위스의 목사 J. Ammann이 창시한 Menno파의 한 분파. 미국 펜실베니아에 이주하여 검소하게 삶-역주) 사촌들도 언어와 풍습에 의해서 그들의 복음주의적인 이웃들에서 격리되어 있는 게 보통이었다.[15] 그렇지만 또 다른 대륙 집단은 좀 더 명백하게 더 넓은 복음주의 연합의 일부였다. 15세기 보헤미아에 조상들이 있었지만 1720년대에 진젠도르프 백작에 의해서 재조직된 모라비아 교도들은 복음주의적인 선교의 개척자들이었다. 비록 소수였지만, 19세기 후반에 그들은 펜실베니아의 베들레헴과 같이 대서양 양안에서 그들 특유의 기독교 공동체들 가운데 몇 곳을 유지했다.[16] 일찍 세워진 다른 집단은 보통 퀘이커교도들(Quakers)이라 불리는 프렌드교파(또는 종교적 친구회, Religious Society of Friends)였다.

그들은 조지 폭스에 의해서 17세기 중엽에 잉글랜드에서 시작됐는데, 전통적으로 대단히 교파심이 강했고, 침묵 속에서 예배를 드렸으며, 검소한 옷을 입었고 오직 자신들의 집단 내에서만 결혼을 했다. 그렇지만 1860년에 독특한 증거 형태들이 영국에서는 선택적인 것이 되었는데, 부분적으로는 복음주의가 프렌드교파의 분파들에 퍼졌기 때문이다. 미국의 퀘이커교도들은 제도적으로 전통주의자와 이성론자 및 복음주의자들로 나뉘었는데, 마지막 집단은 때로는 찬송가 부르기와 공식적인 설교, 유급 목회를 채택하기도 했다. 그러므로 퀘이커교도들은 19세기 후반에 복음주의적인 사업들에서 충분한 역할을 했으며, 박애주의적인 본질을 지니고 있는 일에서

---

14) 참조. E. Clifford Nelson(ed.), *The Lutherans in North America*(Philadelphia: Fortress Press, [1980]. 잉글래드의 회중은 B.M. Robinson, *The Hill German Lutheran Church, 1848-1998*(Beverly, Yorkshire: Highgate, 2000)의 주제다.
15) 참조. Theron F. Schlabach, *Peace, Faith, Nation: Mennonites and Amish in Nineteenth Century America*(Scotdale, PA: Herald Pres, 1988).
16) 참조. J. T. Hamilton and K.G. Hamilton, *History of the Moravian Church: The Renewed Unitas Fratrum, 1722-1957*,(2nd ed. Bethlehem, PA: Interprovincial Board of Christian Education, Moravian Church in America, 1983).

도 앞장서는 경우가 자주 있었다.[17]

2. 교파의 새로움과 분열 그리고 협력

새로운 집단들은 또한 복음주의에서 두드러진 역할을 맡았다. 초기 기독교회의 특징들을 회복하려는 충동은 현저히 새로운 특징들을 지닌 두 단체를 생기게 했다. 19세기 초에 미국의 변경에서 토마스와 알렉산더 캠벨 과 바턴 스톤이 창설한 그리스도의 제자들(또는 교회들)은 매주 성찬식과 평신도 교역, 회중의 독립을 지지했다. 그들은 침수에 의한 신자의 세례를 실행했다. 그러나 그들이 그것은 구원에 필수적인 복종의 행위라고 가르쳤기 때문에 그들은 믿음으로 말미암아 의롭게 됨을 거부함으로서 복음주의 연맹에서 배제됐다. 하지만 그들의 스타일은 실질적으로 복음주의자들의 그것과 동일했으며, 그들의 다수는 점차 범복음주의 네트워크로 이끌렸다. 기독교 통합에 대한 그들의 헌신은 그들의 좀 더 진보적인 미국의 분파-점차 그리스도의 제자들로 구별된-로 하여금 19세기 말까지 교회 일치적 협력에 앞장서게 했다.[18]

또 다른 새로운 집단은 형제단(the Brethren)이었는데, 잉글랜드에서의 그들의 초기의 강점들 중 하나에서 비롯하는 플리머스 형제단(Plymouth Brethren: 1830년경 영국의 플리머스와 더블린에서 일어난 칼빈파의 분파-역주)으로 종종 불렸다. 그들 역시 초기 기독교회를 회복하기를 열망해서, 매주 성찬

---

17) Elizabeth Isichei, *Victorian Quakers*(Oxford: Clarendon Press, 1970); M.H. Bacon, *The Quiet Rebels: The Story of the Quakers in America*(Philadelphia: New Society Publishers, 1988).

18) 참조. Richard T. Hughes, *Reviving the Ancient Faith: The Story of Churches of Christ in America*(Grand Rapids, MI: Eerdmans, 1996); Michael W. Casey and Douglas A. Foster(eds.), *The Stone Campbell Movement: An International Religious Tradition*(Knoxville, TN: University of Tennessee Press, 2002); David M. Thompson, *Let Sects and Parties Fall: A Short History of the Association of Churches of Christ in Great Britain and Ireland*(Birmingham: Berean Press, 1980).

식과 평신도 교역 그리고 회중의 독립에 대해서 그리스도의 교회들과 동일한 결론들에 도달했다. 그들은 거의 항상 신자들의 침례를 실행했지만, 그것을 구원에 필수불가결한 것이라고는 생각하지 않았다. 좀 더 기꺼이 다른 복음주의자들과 협력하고자 하는 그들의 '열린' 날개는 1850년대 이후로 영국에서 비교파적 신앙부흥운동의 회심자들 가운데 다수를 거두어들였다. 통상적으로 열렬한 전천년왕국론자들, 다시 말해 그들의 보다 분열 생식적인 '닫힌' 날개는 J. N. 다비(Darby)의 지배를 받았다. 그는 20세기에 미국 근본주의에서 널리 퍼지게 될 율법적 가르침을 처음으로 주창한 사람이었다.[19] 초대 교회의 양태를 회복하려는 이상은 이런 운동들의 살아 있는 이상이었다.

일부 새로운 복음주의 집단들이 실제로 이 시기에 세워졌다. 그들은 때로는 그 시대의 특별한 필요를 충족시키기 위해서 계획됐다. 기독선교연맹(Christian and Missionary Alliance)이 적절한 예이다. 전에 뉴욕에서 장로교 목회자였던 A. B. 심슨(Simpson)이 1897년에 통합한 이 단체는 국내외에서 이루어지는 복음 사역에서 친교를 원하는 사람들을 연결시켜 주려고 계획됐다. 거룩함과 심지어 성스러운 치유(신유)까지도 가르치는 이 단체는 본디 교회들이라기보다는 지부들이 있는 유사 교회 조직이었다. 그러나 그것은 다른 단체들과 더불어 하나의 교파로 발전하게 되었다.[20] 교파에 가입하지 않은 회중들도 있었는데, 이는 그 시기에 흔히 있던 현상으로서, 때로는 특정 직업 집단들을 목표로 삼았다. 예컨대, 효율적으로 지역 교회 역할을 하는 다양한 도시선교회(City Missions)가 세운 회관(홀)들이 있었다. 미국 남부에는 '독립된' 흑인 회중들이 많이 있었다. 그리고 타운들에는 철도원들과 어부들을 위한 선교회들이 있었는데, 그들은 거기에서 모였다.[21] 뉴욕에서는 개

---

19) F. Roy Coad, *A History of the Brethren Movement*(Exeter: Paternoster Press, 1968). There is an excellent national study: N.T.R. Dickson, *Brethren in Scotland: A Social Study of an Evangelical Movement*(Carlisle: Paternoster Press, 2003).
20) 참조. Charles Nienkirchen, *A.B. Simpson and the Pentecostal Movement: A Study in Continuity Crisis and Change*(Peabody, MA: Hendrickson, [c.1992].
21) 어부들을 위한 국제적인 사역은 Ronald Kverndal, *Seamen's Missions: Their Origin and*

종한 유대인들의 새로 설립된 히브리인 기독교회(Hebrew Christian church)가 1882년에 보도됐다.[22] 조금도 주목을 받지 못한 독특한 원칙들이 있는 작은 지역 교회 집단들도 있었다. 잉글랜드의 흥미를 끄는 예는 의존자회(Society of Dependants)였는데, 종종(모호한 이유들로 인하여) 코우크러(Cokelers)라 불렸다. 전에 구두장이였던 존 서굳(John Sirgood)의 설교에 영향을 받아서 1850년대에 서섹스(Sussex)와 서리(Surrey)의 경계 지대에 있는 작은 마을들에서 나타난 그들은 그들의 창설자가 죽은 1885년까지 약 2,000명으로 늘어났는데, 주로 농업 노동자들이었다. 그들의 신학은 웨슬리의 신학에 가깝지만, 감리교에 가입하지는 않았다. 코우크러들은 예배를 드리는 동안에 꾸밈없는 간증을 하는 게 특징이었으며 원고 상태로 세대에서 세대로 전해진 단순한 찬송가들을 지었다. 그들은 그리스도와 하나가 된다는 것은 정신적 연대뿐만 아니라 경제적 연대도 의미한다고 생각해서 협동의 원칙에 의거하여 마을 가게들을 운영했다. 그들의 찬송가들 중 하나는 다음과 같다.

> 나를 위해 마련된 그리스도의 복합 가게들
> 거기서 나는 아주 잘 공급받을 수 있다네
> 거기서 나는 형제들과 하나가 될 수 있다네
> 거기서 경쟁은 무시당한다네.[23]

그렇지만 그리스도와의 하나됨은 또한 결혼을 말리는 것으로도 해석됐다. 이는 그 집단이 급속히 쇠퇴하게 된 간접적인 원인이다. 협동적인 소매업과 절조 있는 독신 생활을 지지하는 것은 코우크러들이 대단히 이례적이라는 것을 의미했다. 그러나 그들은 복음주의적인 삶의 영속적인 특징들 가운데 하나를 형성한 분파적인 집단-제한된 지역에서 강한-의 한 예로서 존

 Early Growth: A Contribution to the History of the Church Maritime(Pasadena, CA: William Carey Library, 1986)에서 연대기화 되었다.
22) *Evangelistic Record*(Chicago: March 1882), 12.
23) 인용. Roger Homan, "The Society of Dependents: A Case Study in the Rise and Fall of Rural Peculiars', *Sussex Archaeological Collections* 119(1981).

재할지도 모른다.[24]

도회풍의 감독교인들에서 시골풍의 코우크러들에 이르는 복음주의 교파들의 순전한 이질성은 경쟁이 종종 치열해질 수도 있었다는 것을 의미한다. 그런 교파들의 설립 원칙은 잉글랜드와 웨일스에서 국교도들과 비국교도를 갈라놓고 심지어 스코틀랜드에서는 개신교인들과 다른 개신교인들을 갈라놓는 장벽을 세웠다. 국교도들에 대한 정부 보조금과 같은 나머지 설립 특징들도 여러 영국 식민지들에서 문제들을 일으켰다. 국교회들 밖에 있는 사람들이 종종 국교제 폐지를 추구했기 때문에 그 긴장은 영적인 것일 뿐만 아니라 정치적인 것이기도 했다. 비록 다른 교파들을 위해서 예배를 인도할 준비가 되어 있는 잉글랜드 국교회의 복음주의파 사제들이 더러 있었지만, 사제 윌리엄 캐드먼(William Cadman)은 협력이 불가능하기 때문에 다른 강단들에서 설교를 해도 아무런 의의가 없다고 선언함으로써 복음주의파의 연례집회인 이즐링턴회의에서 1876년에 갈채를 받았다.[25]

교회 내의 분쟁은 아마도 빅토리아 여왕 시대의 잉글랜드와 웨일스에서 무엇보다도 가장 첨예한 사회적 분열이었을 것이다. 그러나 전세계에 걸쳐서 영혼들을 위한 경쟁적인 시장이 있었다. 복음을 전파하려는 욕망은 성공적인 신규 모집을 통하여 자신의 원칙들을 옹호하고자 하는 각 교파의 욕망에 의해서 우위를 점하게 되었다. 1805년 감리교 순회 목사인 사이몬 리차드슨은 플로리다의 세인트메리교회에서 열린 자신의 집회들의 결과로서 한 가정을 제외하고서 모든 감독파 가정들이 자기 교회의 신도가 되었을 때 몹시 기뻤다. 그는 반세기 뒤에 이렇게 회상했다. '나는 내가 개종시킬 수 있는 사람은 한 사람도 빼놓지 않고 항상 모두 개종시켰다. 왜냐하면 나는 그 대가로 그들에게 더 나은 교회와 더 나은 종교를 주고 있다고 생각했기 때문이다.'[26] 교회 행정에 대해서, 교리에 대해서 그리고 특히 세례 의식

---

24) 참조. Peter Jerrome, *John Sirgood's Way: The Story of the Loxwood Dependants* (Petworth, West, Sussex: Window Press, 1998).
25) *Record*(London: 21 January 1876).
26) S.P. Richardson, *The Lights and Shadows of Itinerant Life*(Nashville, TN: Publishing House of the Methodist Episcopal Church, South, 1900), 101.

에 대해서 논쟁이 있었다. 호주 브리스베인(Brisbane)의 초기 시절은 최초의 침례교 목회자가 도착한 뒤에 일어난 격렬한 논쟁에 의해서 1850년대 말에 활기를 띠게 되었다. 그의 감리교쪽 상대방은 유아 세례를 옹호하는 작은 책자를 배포했다. 침례교쪽 고위급 순회 목사가 이에 답하여 강연을 세 차례 했다. 그리고 한 반대자가 1534년에 뮌스터에서 재침례교인들이 저지른 범죄들로 침례교인들에게 오명을 씌우려고 했다. 한 신문기자는 이 사건에 대해서 다음과 같이 보도했다. '지금 브리스베인은 시끄러운 세상이다. 토론이 계속되고 있는데, 가게에서, 거리에서, 사무실에서, 부두에서, 도로에서, 농장에서, 강에서, 휴게실에서, 응접실에서 그리고 침실에서도 그러하다고 나는 믿는다.'[27] 똑같이 복음주의 신앙에 헌신하는 각기 다른 교파들 사이의 분열들은 종종 격앙된 논쟁으로 타오를 수가 있었다.

하지만 복음주의자들 사이의 협력 또한 광범위하게 이루어졌다. 잉글랜드의 종교책자협회(Religious Tract Society)와 같은 다른 많은 출판사들과 더불어 세계의 성서공회들은 통상적으로 범복음주의적 원칙에 입각하여 운영됐다. 영국 및 해외 성서공회의 위원회는 제도적으로 국교도와 비국교도를 동수로 하도록 요구됐다.[28] 복음주의 연맹은 여러 교파들을 결속시켰다. 예를 들면, 자마이카의 킹스턴에서 그 시기의 초에 독립교회파 신도들, 침례교인들, 웨슬리파 신도들 그리고 별도의 웨슬리파협의회(Weslyan Association)의 구성원들을 매혹시킨 공개 연설들이 가미된 기도 집회가 매달 있었다.[29] 해마다 복음주의 연맹은 한 주간의 연합 일반 기도회를 후원했는데, 매일 저녁 구체적인 주제들을 놓고서 기도 집회가 있었다. 노바스코샤의 핼리팩스에서 있었던 1870년의 기도 주간에 대해 이렇게 보도됐다. '여러 집회 가운데 어느 한 집회에 들어온 낯선 사람은 누가 감독교인인지 또는 누가 감리교인인지, 아니면 그 집회를 장로교인이나 회중교인 또는 침

---

27) *Christian Pleader*(Sydney: 14 May 1859), 79.
28) 참조. Leslie Howsam, *Cheap Binbles: Nineteenth-Century Publishing and the British and Foreign Bible Society*(Cambridge: Cambridge University Press,1991), 21.
29) *Wesleyan Methodist Magazine*(London: April 1850), 446.

레교인이 주재하는지 어떤지를 말할 수 없을 것이다.'[30] 다른 많은 곳에서와 마찬가지로 토론토에서도 지역 목회자 협의회가 조직한, 매년 강단을 서로 바꿔서 설교하는 행사가 있었다.[31] 도시의 일반 대중의 무종교 및 영혼의 결핍 상태와 싸우기 위해서 계획된 도시선교회(City Missions)도 교파 간 협력의 원칙에 입각하여 운영됐다. 사실 1860년에 개최된 멜버른 도시선교회의 열 번째 연례 회의에서 이 조직체가 힘든 한때를 경험하고 있다고 보도됐다. 연례 보고서를 낭독하는 사람은 다음과 같이 인정했다. '교회들이 무거운 지역적 요구들과 그들에 대해 교파적 목적을 이루기 위한 요구를 갖고 있는 새로운 나라에서 보편적 본질을 지니고 있는 목적을 위해 헌금을 걷는다는 것은 어려운 일이었다.'[32] 하지만 그런 원칙은 새로운 정착 지역들에서 뒤집어지는 일이 많았다. 미국의 변경과 대영제국의 새로운 정착지들에는 다양한 크리스천들에 부응하는 연합교회들(Union Churches)이 점점이 흩어져 있었다. 그들은 어떻게 하다보니까 거기에 함께 내던져진 사람들이었다. 예컨대, 1857년에 일리노이주의 버팔로 그로우브에 있는 한 교회는 대다수가 감리교인이었지만, 장로교인과 모라비아 교도도 몇 명 있었고, 회중교인도 두 명 있었다.[33] 마찬가지로, 1869년에 뉴질랜드의 키번 디깅스에서 문을 열었던 한 교회는 명백히 비교파적이어서 기독교의 모든 분파의 설교자들에게 개방되어 있었다.[34]

1857-58년의 미국에서처럼, 신앙부흥운동은 교파적 차이점들을 해소시키는 경향이 있었다. 무디와 생키의 조직화된 선교가 그러했다. 글래스고에서 그들이 영국에서 거둔 가장 큰 승리 뒤에 글래스고 연합 복음전도협의회가 창설됐다. 그런 모험적 사업들에서 새로운 회심자들을 얻으려는 공통의 목적은 신앙고백적 경계들을 무색하게 했다. 복음은 그 나름의 일치된 유대를 만들어내서, 복음주의 교파들의 엄청난 다양성을 초월할 수 있었다.

30) *Christian Messenger*(Halifax, NS: 17 January 1872), 18.
31) *Christian Guardian*(Toronto: 10 March 1880), 76.
32) *Australian Evangelist*(Melbourne: 3 November 1866), 335.
33) *American Missionary*(New York: January 1858), 19.
34) *Christian Observer*(Christchurch: 1 January 1870), 15.

3. 사회적 분열

그렇지만 또한 복음주의 운동의 각기 다른 지지자들 사이에 큰 사회적 차이점들도 있었다.[35] 리차드 니이버(H. Richard Niebur)는 1929년에 사회 경제적 현실이 교파의 차이점들의 진정한 토대라고 제안했다. 비록 종교적 요소들이 때로는 교파들을 생기게 하기도 하지만 '교회의 분열은 사람의 다른 어떤 주된 관심사가 미치는 영향력에 의해서보다는 경제적 요소들의 직접적 및 간접적 작용에 의해서 더 자주 일어난다'고 그는 주장했다.[36] 교파 분열의 발단과 지속성은 다양한 종교 집단들의 신봉자들이 차지하는 서로 다른 사회적 계층에 주로 기인한다. 니이버가 지적하는 현상은 19세기 후반의 복음주의 운동 내에서 명백하게 나타났다. 일부 교파들 그리고 최고로는 국교회파/감독파-그들이 전통적인 권위를 가지고 있을 때 연합한-는 대부분의 지역들에서 열등한 사람들이라고 생각됐던 다른 사람들-침례파 같은-보다 더 높은 지위에 있는 사람들의 마음을 끌었다.

그렇지만 교파들 사이의 차이가 각기 다른 사회 경제적 특징들에 항상 의거한다고 생각하는 것은 잘못된 것일 터이다. 이를테면, 잉글랜드 감리교는 사회적 이유로 분열되었는데, 웨슬리파는 중산층의 마음에 들었고, 감리교 수구파는 노동자 계급의 마음에 든다고 생각됐다. 하지만 입수 가능한 증거의 범위를 주의 깊게 조사해 보면 19세기 후반에 걸쳐서 웨슬리파는 노동자들 다수의 충성을 얻었다는 것과 그리고 감리교 수구파는 사회적 지위가 평균적으로 보다 낮긴 하지만 지위가 오르는 경향이 있었고, 자신들의 계급이 중산층인 많은 가정들이 교인이었다는 것을 알 수 있다.[37] 전체 교파들 사이에서보다 같은 교파 내의 특정한 회중들 간에 훨씬 더 많은 차이가 있

---

35) 모든 것 중에서 가장 심각했던 인종에 기초한 사회적인 분리는 ch, 7, 212-218에서 보다 상세히 논의된다.
36) H.R Niebuhr, *The Social Sources of Denominationalism*[1929](New York: Meridian Books, 1957), 26.
37) Clive D. Field, "The Social Structure of English Methodism: Eighteenth-Twentieth Centuries,' *British Journal of Sociology* 28(1977).

었다. 각기 다른 경제적 상황들이 필연적으로 지역 교회들의 특징들을 형성했다. 특히, 19세기 후반에 이루어진 산업의 발전은 도시들의 성장과 밀접한 관련이 있었다. 19세기 중엽까지는 미국 인구의 거의 4분의 1과 더불어, 영국 인구의 절반 이상이 이미 도시화됐다. 회중의 도시 스타일과 시골 스타일 간에 현저한 차이들이 나타났지만, 계급분리는 후기 빅토리아 여왕 시대 도시의 통상적인 양태가 되었다.[38] 각기 다른 지역에서 세워진 회중들은 불가피하게 자신들의 환경을 반영했다.

따라서 회중들 간의 부에는 매우 큰 차이가 있었다. 제조업과 무역의 성장에 기인하는 새로운 부는 결코 공평하게 분배되지 않았다. 가난한 사람들이 올라가는 생활수준을 공유했지만, 그들이 누리는 자원의 향상은 부유한 사람들의 향상에 비하면 작은 것이었다. 예컨대, 잉글랜드에서 사무엘 몰리는 양말 무역을 통하여 일어나서 백만장자가 됐다. 그가 다니던 회중교회 예배당인 킹스웨이하우스(King's Weigh House)는 런던에서 가장 부유한 예배당 가운데 하나였다. 그러한 도시의 회중들은 좌석료(pew rent)를 노리고 들어가서, 명시된 기간 동안 특정 좌석을 차지할 권리를 팔았다. 비판자들에 따르면 그 결과는 출석자들을 부유층으로 제한하는 것이었다. 규모가 큰 회중들은 공들여 제작한 연감에 실리는 연례 보고서를 발행함으로써 점차 자신들의 풍요로움을 광고했다.

이와는 대조적으로, 대도시의 빈곤 지역이나 불경기에 쇠락한 농업 지역, 또는 그 구성원들처럼 완전히 곤궁하게 된 새로 열린 정착지들에 있는 교회들이 있었다. 어떤 교회들은 간신히 목회자를 구할 수가 있었는데, 그에게 약간의 수당 밖에는 지불할 수가 없어서 그는 자기 가족을 부양하기 위해서 세속적인 일자리를 얻어야 했다. 또 어떤 교회들은 정말로 목회자 없이 운영됐다. 게다가, 회중들은 부채의 무거운 짐을 질 수 있었다. 그들이 자신들의 건물을 세우는 비용도 지출할 수 없는 것은 경제적 궁핍으로 인하여 주도적으로 무언가 새로운 일을 하지 못하게 하는 경우가 많았다. 따라

---

38) Hugh McLeod, *Class and Religion in the Late Victorian City*(London: Croom Helm, 1974).

서 1864년에 일단의 절망적인 북웨일스 예배당들은 자신들로 하여금 자기들의 빚을 줄일 수 있게끔 도와주도록 사무엘 몰리와 교섭해서, 각기 50파운드에서 100파운드까지 빚을 줄일 수 있었다.[39] 그 시기 내내 더 부유한 회중과 더 가난한 회중 사이에 뚜렷한 차이가 있었다.

그 결과들은 눈에 보이도록 현저했다. 사회적 지위가 낮은 회중들은 벽돌로 된 엉성한 예배당이나 함석 예배당(그 시기의 후반부에), 또는 심지어(변경에서의) 통나무집들에서 자발적으로 예배를 드리는 데 만족했을지도 모른다. 그렇지만 벼락부자들이 포함되어 있는 회중들은 원시적인 환경에 만족한 채로 있지 않았을 것이다. 그들은 그들의 건물들과 그들의 예배 스타일에서 그들의 사회적 지위를 과시하고 싶었다. 잉글랜드에서는, 중세 교구 교회들에 모든 교파들을 위한 모델이 있었는데, 이런 교회들은 좋은 교회 양식의 축도처럼 보였다.

하지만 공중 예배의 수준을 올리려는 경향은 전세계적인 것이었다. 1850년 이스턴케이프의 포트 엘리자베스에서 웨슬리파 신도들은 새로운 천장을 세우고서, '오르간-세라빔'(organ-seraphine)을 도입했으며, '더 큰 타당성과 효과'를 보장하려고 성가대를 만들었다.[40] 호주 뉴사우스웨일스의 시드니에서, 8년 뒤에 공식적인 감리교 신문은 품위 없는 건물들을 비난하면서 고딕에 대한 선호를 표명하고 있었다.[41] 1865년 뉴욕에서 5번가 침례교인들은 4만 달러의 비용을 들여서 '고딕 양식의 깔끔하고 널찍한 건물'을 열었다. 그 건물에는 목사의 서재, 탈의실, 위원회 방들이 갖춰져 있었고, 보기 흉한 화랑들(galleries)은 없지만 14개의 스테인드글라스 유리창이 있었다.[42] 그런 과정의 초기 단계들에서 그런 변화는 정당화가 필요하다는 의식이 있었다. 만약 우아한 건물들과 아름다운 소리를 내는 오르간들이 더 많은 사람들을 끌어들인다면 더 많은 사람들이 복음을 들을 거라고 주장됐다.[43] 그

---

39) Edwin Hodder, *Life of Samuel Morley*(London: Hodder & Stoughton, 1888), 230.
40) W.B. B[oyce](ed.) *Memoirs of the Rev. William Shaw*(London: Wesleyan Conference Office, 1874), 210.
41) *Christian Advocate and Wesleyan Record*(Sydney: 21 September 1858), 43.
42) *Examiner and Chronicle*(New York: 22 June 1865).
43) E.g *Religious Herald*(Richmond, VA: 11 February 1858).

렇지만 다른 사람들은 한층 공들인 건축물들은 복음의 부패를 나타내는 징후라고 생각했다. 1857년 열성적인 감리교 부흥사인 윌리엄 테일러가 예배를 드리기 위해서 메이슨앤딕슨라인(Mason-Dixon line: 펜실베니아주와 메릴랜드주의 경계로서 옛날 미국의 북부와 남부의 분계선으로 간주했음-역주)의 남쪽에 있는 유일한 감리교회로 유명한 볼티모어의 체셔스트리트(Cheshire Street)교회를 방문했을 때, 그는 회중 가운데 상인과 은행가들이 부흥회를 위해서 그들의 사무실을 떠나기를 꺼려한다는 사실을 알았다. 그들의 취향이 그들의 열심을 억누르도록 내버려 두어졌다고 그는 결론지었다.[44] 그 다음 세대에서, 미국의 자유 감리교도파는 종교가 냉정하고, 유행을 따르는 감리교 감독파 회중들한테서 쇠퇴기에 있음을 나타내는 여러 가지 징표들에 그들의 거룩한 분노를 쏟아 부었다. 특히, 예배자들은 기도를 드리기 위해서 무릎을 꿇기 위해 노력하기보다는 앞좌석의 등받이에다가 머리를 숙였다고 비난받았다.[45] 예배가 보다 품위 있기를 원하는 사람들과 보다 대중적인 방식을 원하는 사람들 사이에는 큰 간격이 있었다. 각기 다른 지위가 예배를 드리는 환경과 방식에서의 차이들을 지시했다.[46]

이와 유사한 차이들을 교육의 장에서도 발견할 수 있었다. 복음의 정력적인 전파 외에는 거의 어느 것도 소중히 하지 않았던 영웅적인 시대에 관한 추억을 소중히 하는 사람들은 학교 교육이 그들이 회상하는 순전한 열심을 망쳐놓고 있다고 생각했다. 따라서 1880년 캐나다의 나이든 한 감리교 순회 설교자는 성령에 의지하는 것을 약화시키는 세력으로 교육과 '재능 숭배'를 꼽았다.[47] 따라서 미국 남부의 원시 침례파(Primitive Baptists)의 분파들처럼 몇몇 교파들은 사람이 인본적 교육을 종교에 적용시키는 것을 비난했다. 더 많은 교파들이 학교 교육을 무시한 것은 그것이 삶이나 영원성과는 관계가 없는 것처럼 보였기 때문이다. 결국 1870년까지 잉글랜드와 웨일스에서

---

44) *William Taylor of California, Bishop of Africa: An Autobiography*, ed. C.G. Moore(London: Hodder & Stoughton, 1897), 141-142.
45) *Free Methodist*(Chicago: 9 January 1884), 4.
46) 예배는 3장, 83-90에서 충분히 다루어진다.
47) Benjamin Sherlock in *Christian Guardian*(21 April 1880), 126.

는 초등교육의 국가적인 시스템이 없었기 때문에 교회에 다니는 많은 어린 이들은 그들의 마음이 각성되지 않았다. 그렇지만 그 시기의 주도적인 경향은 모든 사람을 위한 더 높은 학식을 지향하는 것이었다. 많은 교회들에는 부속학교가 있었다. 주일 학교 교사들과 평신도 설교자 및 속장(class leader)들을 위한 더 큰 훈련이 있었다. 그리고 다수의 보다 큰 교회들은 젊은이들을 위한 상호향상회(mutual improvement society)가 있었다. 교단들은 자신들의 교육 시설들을 자랑하기 시작했다. 1856년 미국의 감리회 감독교회는 자신의 후원으로 운영되는 열 아홉 군데의 대학 및 대학교와 예순 여덟 곳의 중등학교를 목록에 올릴 수 있었다.[48] 그럼에도 교육시설에서는 장로교회들에 여전히 훨씬 뒤처져 있었다. 심지어 호주의 뉴사우스웨일스에서도, 잉글랜드의 유사한 학교들을 본으로 삼은, 라틴어와 헬라어를 가르치는 한 웨슬리파 대학교가 1863년에 파라마타 강가에 세워졌다.[49] 이내 여학생들을 위한 이에 상당하는 학교들이 세워졌다. 즉 예를 들면, 10년 뒤에 부분적으로는 여교사들을 양성하기 위해서 한 학교가 케이프의 웰링턴에 설립됐는데, 이번에는 미국 홀요크여학교를 모범으로 삼았다.[50]

교역자들은 자신들의 신도들보다 늘 한 발 앞서 있어야 한다는 믿음이 점점 커졌다. 1853년 유력한 미국 감리교 매거진에 실린 한 기사는 이렇게 말한다. '만약 목회에서 치열한 지적 열심을 요구한 시기가 있다면, 현재가 그런 시기이다. 우리의 사명에서 광범위하게 그리고 영속적으로 성공적이기 위하여 우리는 문학과 과학에서 시대에 뒤지지 않도록 하여야 한다.'[51] 따라서 예컨대, 1870년에서 1901년 사이에 잉글랜드에서 공식적인 교육을 받지 못한 침례교 교역자의 비율은 절반에서 18%로 떨어졌다.[52] 국교회

---

48) 참조. Richard Carwardine, 'Charles Sellers's "Antinomians" and "Arminians": Methodists and the Market Revolution', in Mark A. Noll(ed.), *God and Mammon: Protestant, Money and the Market, 1790-1860*(New York: Oxford University Press, 2002), 78.
49) *Christian Advocate and Wesleyan Record*(22 June 1867), 35, 37.
50) 참조. J[ohannes] du Plessis. *The Life of Andrew Murray of South Africa*(London: Marshall Brothers, 1919), 274-289.
51) Christian Advocate and Journal(New York: 20 January 1853), 9.
52) 참조. J.E. Munson, "The Education of Baptist Ministers, 1870-1900,' *Baptist Quarterly*

사제들은 항상 압도적으로 대학 졸업자였지만, 다른 교파들에서는 신학대학들 중 다수가 대학교들과의 연계를 구축하거나(특히 미국에서) 스스로를 대학교로 전환시켰다. 교육 수준을 높이려는, 그래서 각기 다른 학식의 범위를 확대하려는 그 시대의 경향은 복음주의 운동 내에서의 사회적 변화를 강화했다.

상업의 발달과 지위욕 그리고 복음주의적 종교에 이루어진 교육적 진보 등의 축적효과는 그 시기의 미국 야외 집회 전통의 발전에서 예증될 수 있다. 영혼 구원이 규범이었던, 변경에서의 원래 열광적이고 떠들썩한 행사인 야외 집회는 남북전쟁 뒤에 새로운 형태로 부활했다. 동부 연안에서는 인구의 중심지들에 좀 더 가까운 데서 열린 한층 큰 집회들이 있었다. 이들 집회는 종종 감리교의 공식적인 후원으로 개최됐는데, 성결의 책무들을 사람들에게 역설했다. 1866년에 뉴욕시 바로 북쪽에서 열린 싱싱(Sing Sing) 야외 집회에서는 이미 변화의 중대한 징후들이 있었다. 감리교 가정들은 2, 3주 일찍 도착해서, 천막을 치고서 여름휴가를 즐겼다. 영속적인 좌석의 제공은 그들의 위로를 고려해 넣은 것이었다. 설교의 일부가 낭독됐으며 과거보다 더 적은 회심자가 나왔다. 한 관찰자는 이것이 부분적으로는 '피크닉 방식의 집회'에 기인하는 결여라고 말했다.[53] 6년 뒤에 문을 연, 시클리프(Sea Cliff)라는 곳에 있는 새로운 집회터는 6,000개의 좌석을 마련할 수 있는 '장막'(Tabernacle)이 있다고 했다. 이곳에서는 예배가 교회에서 집전되는 것과 흡사하게 이루어졌다. 좋은 날씨 속에서 참석자들은 낚시나 배타기 또는 수영을 하러 갔다.[54] 성화 야외 집회를 후원하는 단체는 담배와 탄산수, 견과류 및 과자류 등을 금지하지 않을 수가 없다고 생각했다.[55] 그와 동시에, 그 교단의 신문은 메인주와 뉴저지주의 보다 전통적인 야외 집회들을 비판했는데, 그들 집회에서는 주 안에서 형제자매들이 거룩한 입맞춤을 교환했으

26(1976), 321.
53) Christian Advocate(New York: 30 August 1866), 276.
54) Ibid.(29 August 1872), 276.
55) Ibid.(26 September 1872), 307.

96   복음주의 전성기

며, 뛰고 쓰러지고 소리치는 것은 흔히 있는 일이었다. 그 편집인은 간사들이 '예의와 좋은 모양새를 거스르는 그런 행위들'이 일어나지 않도록 조심해야 한다고 주장했다.[56] 또 다시 11년이 지난 뒤에, 야외 집회에서 '감상주의가 죄의 자각을 대신하고 있고, 스타일이 진리보다 더 많이 고려되며 그리고 강한 감정을 얘기하는 것은 매우 상스럽고 세련되지 않은 것이라고 비난받는다'고 개탄됐다.[57] 그와 동시에, 부유한 사람들이 야외 집회를 편안한 휴가로 바꿔 놓으면서, 더 오래된 방식은 구식이고 저속한 것이라고 비난받았다. 체면이 종교와 결혼한 것이다.

그 시기에 다른 어떤 사람보다 더 많이 연합에 반대한 사람이 C. H. 스펄전이었다. 그는 금요일마다 오후에 자기 대학에서 학생들에게 행한 강의에서 체면에 대해 지속적으로 맹공격을 가했다. 그의 견해로는, 그것은 참된 종교를 약하게 하는 힘이었다. 그는 한 경험 많은 목회자가 자기 아들에게 주었다고 하는 조언을 좋아했지만, 실제로는 회중교인인 팍스턴 후드(Paxton Hood)의 점잖은 체 하는 목회실천에 관해 얘기한 풍자였다.

> 또한 네가 사는 읍내에 올지도 모르는 모든 유망한 사람들, 특히 부유하거나 영향력 있는 사람들을 계속해서 주의 깊게 보거라. 그리고 그들을 방문해서 응접실의 기도로써 그들을 설득하여 너의 목적을 이루려고 시도하거라… 그리고 내가 너에게 말할 것은, 신사가 되라는 것이다…우리는 우리의 종교가 양식 있고 스타일이 좋은 종교라는 것을 보여주어야 한단다…만약 나한테 당신의 첫 번째 의무가 무엇이냐고 묻는다면, '예의 바르라'(be proper)이고, 두 번째 의무도 '예의 바르라'이며, 세 번째 의무도 '예의 바르라'이란다.[58]

스펄전은 '신사'(gentleman)의 기대되는 속성들-품위, 신중함, 고전 지식,

---

56) Ibid.(22 August 1872), 268.
57) Ibid.(25 January 1885), 57.
58) C.H. Spurgeon, *Lectures to my Students*(London: Marshall, Morgan & Scott, 1954), 172-173.

'문화' 등—을 몹시 싫어했다. 신사의 이미지에 맞서 그는 남자에 대한 자신의 개념을 세웠다. 목회자들은 남자다워야 하고 보통 사람들처럼 말해야 하며, 매너가 사내답지 못해서는 안 된다는 것이었다. 많은 광교회파 사람들처럼, 스펄전도 '근육적 기독교'(muscular Christianity: 강건한 육체와 쾌활한 정신을 숭상함-역주)의 옹호자였다. 심지어 일상적인 사회의 좋은 예의범절까지도 그는 질색이었다. 왜냐하면 그것은 그의 무뚝뚝하고 허식을 좋아하지 않는 성격에 맞지 않게 너무 많은 위선의 기미가 있었기 때문이다. '대체로 나는 사회의 관습들을 혐오하며 인습 존중을 싫어한다. 그리고 만약 내가 에티켓 법칙을 통하여 발을 들여놓는 것이 최선이라고 생각한다면, 나는 그렇게 해야 하는 데 만족감을 느껴야 할 것이다.'[59] 그는 예법에 관한 증가하는 의식(意識)에서 나오는 모든 것은 복음의 평등주의적 도전에 경쟁이 되는 이상이라고 멀리했다. 스펄전의 비판의 격렬성은 뒤집어 보면 그가 억누르려고 애쓰고 있었던 사회 풍조의 힘을 나타내는 것이다. 그것은 허사였다. 다시 말해 그 시기의 체면의 진보는 움직일 수 없는 것이었다. 그것이 의미하는 바는 복음주의 세계의 일부 분파들이 계속해서 스펄전의 가치관을 지지했지만, 위안과 세련됨을 열망하는 비율은 꾸준히 오르고 있었다는 것이다.

4. 복음주의의 세계 지리

비록 교파 및 사회적 변화들이 일반적으로 복음주의적 경험에 관한 기사들에서 중요시되는 것보다 더 많이 중요시될 만한 가치가 있지만, 국가적 차이들이 무시돼서는 안 된다. 복음이 뿌리를 내렸던 나라들에는 분명한 지리적 차이들이 있었다. 이에 대한 조사는 그 시대의 가장 큰 도시인 런던이 포함되어 있는 잉글랜드에서부터 시작될 수 있을 것이다. 스트랜드(Strand)에 있는 엑시터홀(Exeter Hall)은 그런 세계적인 운동의 중심이었다. 그곳의

---

59) Ibid., 21.

5월 집회는 복음주의적인 신교 및 자선 기관들의 연례 집회였는데, 전세계에서 온 방문자들을 끌어당기는 자석을 형성했다. 대도시의 종교는 전통적으로 다른 곳에서 크리스천의 실천을 위한 분위기를 조성했는데, 높은 수준의 예법을 세우고 또한 새로운 발전들을 가져왔다. 따라서 노바스코샤(Nova Scotia) 출신으로서 런던을 방문한 어떤 이는 1850년, 고국에서의 자신의 경험과는 상반되게 예배를 드릴 때 많은 눈물을 흘리는 일이 드물었다고 말했다.[60] 그리고 도시 선교에서 이루어진 위대한 19세기 후반 웨슬리파 실험이 그것의 가장 야심찬 모험적 사업에 착수한 것이 웨스트런던에서였다.[61] 잉글랜드의 주들은 엄청난 다양성을 보여주었는데, 특히 교파의 균형이 지방마다 각기 달랐기 때문이다. 랭커셔주의 주도인 프레스톤은 국교회와 로마 가톨릭교회 그리고 비국교도가 대략적으로 3분하고 있었는데 스태퍼드셔 (Staffordshire)의 스토크온트렌트(Stoke-on-Trent)와는 전혀 달랐다. 그곳에서는 감리교 단독으로 교회 다니는 사람들 대다수의 지지를 받았다.[62]

그렇지만 그 나라의 대부분의 지역에서는 국교회가 가장 강한 세력이었다. 그것의 분열이 그 나라의 신앙생활을 형성했다. 빅토리아 여왕 시대에 고교회파의 부상은 복음주의파가 교회의 지도부에서 쫓겨났다는 것을 그리고 국교회 가톨릭파 사제들에 의해서 의식에서 점차 대담한 혁신들이 있었다는 것을 의미했다. 이와 동시에, 광교회파는 신도수가 적었지만 지적 주도권을 쥐고 있었다. 그 결과, 교회 내의 복음주의파는 수세적인 상태로 내몰렸으며, 그들 사이에서도 어떻게 공공연히 새로운 것들에 대항할 것인가 그리고 그 대신에 단순한 교구 사역에 얼마나 집중할 것인가에 대해서도 의견이 서로 달랐다. 복음주의파 비국교도들도 마찬가지로 '사제 제도' (sacerdotalism)의 진보에 의해서 당황했으며, 그들의 젊은이들을 염려했다.

---

60) *Christian Messenger*(26 April 1850), 134.
61) Philip S. Bagwell, *Outcast: A Christian Response: The West London Mission of the Methodist Church, 1887-1987*(London: Epworth Press, 1987).
62) 1851년에 잉글랜드의 타운들의 성향에 대한 수치는 Bruce I. Coleman, *The Church of England in the Mid-Nineteenth Century: A Social Geography*(London: Historical Association, 1980), 41에서 유용하게 작성되었다.

그 결과, 잉글랜드는 내부자들에게는 외부자들이 종종 잉글랜드가 그렇다고 생각하던 복음의 보루인 것 같지 않았다. 그 나라가 영어권 복음주의의 중심부였을지도 모르지만, 적대적인 세력들이 그곳을 유린하고 있는 것 같았다.

영국 제도(British Isles)의 나머지의 종교적 양상은 잉글랜드의 종교적 양상과는 상당히 달랐다. 웨일스는 잉글랜드와 흡사해서, 잉글랜드에서 자신들에 대응하는 교파들에 대부분 통합되는 같은 국교회와 비국교도의 지교회들이 있었다. 하지만 교회와 예배당(채플) 간의 균형은 결코 동일한 게 아니었다. 잉글랜드에서는 1851년에 실시된 종교 센서스에서 예배당 출석자수는 국교회 출석자수 바로 다음이었지만, 웨일스에서는 비국교도들이 국교회 신자들보다 대략 4배나 되었다. 비록 유니테리언교도도 약간은 있었지만, 예배당들은 압도적으로 복음주의적이었다. 웨일스의 다른 큰 독특성은 1891년에 여전히 인구의 절반 이상이 말하는 웨일스어였다.[63] 주로 늘어나는 체면의 징후인 그 시대의 경향은 영어가 더 많이 사용된다는 것이었다. 그러나 예배의 전달 수단으로서 토착어에 대한 애정은 많은 회중들에 깊이 뿌리를 박고 있었다. 그렇지만 스코틀랜드는 교파의 양태들에서 잉글랜드와는 완전히 달랐다. 가장 큰 교파 3곳이 모두 장로회였는데 1851년에 예배 인구의 83%를 차지했다.[64] 따라서 엄격한 칼빈주의 규범에 따르는 정도가 컸다. 예컨대, 안식일이 특히 세세하게 준수됐다. 장차 잉글랜드 비국교파 목회자가 될 사람은 오전 예배를 마치고서 거리에서 마지막 찬송가를 휘파람으로 부는 것 때문에 자신이 글래스고의 한 경찰관에게 질책을 받는다는 것을 알게 되었다.[65] 여전히 주로 게일어를 사용하는 스코틀랜드 북부의

---

63) 참조. E. T. Davies, *Religion and Society in the Nineteenth Century: A New History of Methodism*(Llandybie, Dyfed: Christopher Davies, 1981), 89. The Evangelicals in the established church are discussed in Roger L. Brown, *The Welsh Evangelicals*(Tongwynlais, Cardiff: Tair Eglwys Press, 1986).
64) Callum G. Brown, *The Social History of Religion in Scotland since 1730*(London: Methuen, 1987), 61.
65) Arthur Mursell, *Memories of My Life*(London: Hodder & Stoughton, 1915), 63.

고지는 종교적 문화가 상이했는데, 압도적으로 스코틀랜드 자유교회를 신봉했다.[66] 이와는 대조적으로, 여전히 대영제국의 일부인 아일랜드는 5분의 4가 로마 가톨릭교회에 충성했다. 1870년까지 국교회였던 아일랜드 교회는 1845년경부터 1895년까지 복음주의가 우세한 기간이었다.[67] 그리고 얼스터의 북쪽 주에는 활기찬 장로회 공동체가 있었다.[68] 그렇지만 많은 개신교도들은, 특히 1886년에 아일랜드에 별도의 의회를 부여하자는 제안 뒤에, 그들 스스로 포위 공격당하는 복음주의의 전진기지를 세워야 한다고 생각했다. 그러나 특히 아일랜드 북부는 영어권 세계 전체에 걸쳐서 교회들에 완강한 지도력을 부여하는 사람들을 낳았다.

한 대륙의 절반을 차지하는 미국도 무한한 내부 다양성의 현장이 되는 것을 피할 수 없었다. 뉴욕이 미국의 종교 내에서 위신을 구가하는 것은 런던이 미국 종교의 영국 쪽 상대방 내에서 위신을 구가하는 것과 거의 같아서, 예컨대, 교단 언론의 주요 기관지들의 본거지였다. 그럼에도 불구하고, 보스턴은 뉴잉글랜드의 여타 지역과 더불어 강력하게 유니테리언파의 영향을 받고 있었지만, 회중교인들을 위한 중심지로서의 그 식민지 지위를 얼마간 유지하고 있었다. 동부 연안 전체는 그 나라의 여타 지역의 많은 곳에는 영감과 지원의 원천이었다. 1873년에 봉헌된 콜로라도 스프링스의 어느 새 장로교회는 '동부의 친구들'이 보내준 오르간과 샹들리에 및 종 선물들에 대해 감사했다.[69] 복음주의자들은 서쪽으로의 인구 이동에 전면적으로 참여했다. 19세기가 끝나기 전에, 무디의 도시 목회의 현장인 시카고는 그 자신이 그 나라의 지주가 되어야 한다고 생각하고 있었다. 한편, 남부는 자기가 일으킨 다른 판본의 기독교 문명에 만족했다.[70] 남부의 감리교와 침례교 교

---

66) 참조. Douglas Ansdell, *The People of the Great Faith: The Highland Church, 1690-1900*(Stornoway: Acair, 1988), chs. 10, 11.
67) Alan Acheson, *A History of the Church of Ireland, 1691-1996*(Blackrock, Co. Dublin: Columba Press, 1997), 182.
68) 참조. R. Finlay G. Holmes and R. Buick Knox(eds.), *The General Assembly of the Prebyterian Church in Ireland, 1840-1990*(Belfast): Presbyterian Historical Society of Ireland, 1990).
69) *Rocky Mountain Presbyterian*(February 1875).
70) 참조. S.S. Hill, 'Northern and Southern Varieties of American Evangelicalism in the

파들은 19세기 중엽 이전에는 그들의 북쪽 상대방들과는 분리된 실재들이었다. 남북전쟁 뒤에 한 분리된 장로교회가 북쪽 상대방의 일원이 되었다. 그런 갈등은 또한 백인이 우세한 교회들로부터의 흑인 신도들의 집단적 대이동을 일으켜서 단색 회중들과 궁극적으로는 독립된 교파들을 만들어냈다. 하지만 남부도 감리파와 침례파의 대중적인 복음주의가 지배한다는 점에서 미국의 다른 지방들과 다르지 않았다. 1850년, 감리파는 종교 신자들 가운데 34%, 침례파는 20%의 지지를 얻었다고 추산된다. 감리교는 19세기의 상당 기간 동안 자기의 힘을 유지했지만, 남부에서는 1890년 이전에 침례파에 추월당했으며, 미국에서 1906년까지는 다수를 점했다. 더욱 중요한 것은, 1890년까지 인구에서 감리교인들의 비율이 이주한 로마 가톨릭교인들의 비율보다 작았다는 것이다.[71] 미국에 대한 복음주의의 헤게모니, 즉 19세기 중엽의 현실은 19세기가 끝나기 전에 사라지고 있었다.

대영제국 내에서 백인이 정착한 주요 영토들-캐나다와 호주 그리고 뉴질랜드-은 당연히 영국의 교파들의 범위와 같았으며, 그래서 복음주의가 강하게 존재했다. 원래 프랑스 영토였으며 여전히 대부분 프랑스어를 말하는 퀘벡은 예외였는데, 압도적으로 로마 가톨릭을 믿었다. 이와는 대조적으로, 온타리오에서는 1891년에 인구의 17%만이 가톨릭교도였지만, 31%는 감리교인, 21%는 장로교인 그리고 18%는 국교회 교인이었다. 토론토는 복음주의의 거점이었는데, 국교회 복음주의파는 겨룰 상대가 없는 것은 아니지만 광범위한 사회적 영향력을 누렸다. 동부의 연해주(Maritime Provinces: Nova Scotia, New Brunswick 및 Prince Edward Island의 3주-역주)는 감리교가 좀 더 약했지만, 침례교는 인구의 19%가 믿었다. 서부의 대초원과 브리티시

Nineteenth Century,' in Mark A. Noll, David W. Bebbington and George Rawlyk(eds.), *Evangecalism: Comparative Studies of Popular Protestantism In North America, the British Isles and Beyond, 1700-1990* (New York: Oxford University Press, 1994), 275-289. Samuel S. Hill(ed.), *Religion in the Southern States: A Historical Study*(Macon, GA: Mercer University Press, 1983)은 다양한 국가들의 경험을 목록화 한다.

71) 참조. Roger Frinkie and Rodney Stark, *The Churching in America, 1776-1990: Winners and Losers in our Religious Economy*(New Brunswick, NJ: Rutgers University Press, 1992), 55, 145-146.

콜롬비아에서도 장로교와 국교회에 비해서 감리교는 신도수가 다소 더 적었다.[72] 1867년에 처음으로 국가 통일을 이룬 캐나다 연방은 지배권이 넓은 교회를 만들어내는 감리교인들에 의해서 추구됐다(1874년과 1884년). 마찬가지로 장로교인들도 1875년에 자신들의 분열을 치유했다. 호주에서는 이에 상당하는 국가 건설 조치(연방)가 1901년이 되어서야 비로소 이루어졌으며, 그래서 식민지들은 독자적인 존재와 특성을 유지했다. 태즈메이니아, 사우스오스트레일리아, 웨스턴오스트레일리아 및 퀸즐랜드는 저마다 인구가 매우 적었다. 그러나 가장 큰 도시인 멜버른이 포함된 빅토리아와 시드니가 있는 뉴사우스웨일스는 상당히 더 많은 사람들이 있었다. 교파들 간의 균형은 주마다 상당히 달랐다. 따라서 1891년 뉴사우스웨일스에서는 감리파가 인구의 약 10%만을 차지한 반면에, 사우스오스트레일리아에서는 인구의 23%를 점했다.[73] 잉글랜드 국교회 신도들 사이에서 시드니 교구는 이미 복음주의 신앙의 본거지로 떠오르고 있었는데, 이런 지위는 20세기에도 계속 유지되었다.[74]

토착민들에 대한 선교는 캐나다와 호주 양쪽 모두의 특징이었지만, 뉴질랜드는 더욱더 그러하였다. 뉴질랜드에서 처음에는 선교가 보다 성공적이었다. 그렇지만 거기서 토지 전쟁들은 교회들과 관련된 마오리 사람의 수를 급격히 감소시켰다. 이들 교회는 주로 정착민을 위한 시설이 되었다.[75] 19세기 후반에 가장 큰 도시는 듀딘(Dunedin)이었는데, 남반구에서 장로회적인 에딘버러의 대응 도시로 계획됐다. 이 모든 땅에서 영국의 영향력은 강했으며, 때로는 호주 남부의 한 감리교인이 1881년에 말한 대로 '미국화 되는'

---

72) Semple, *The Lord's Dominion*, 182. 이 수치는 신앙의 충성을 고백한 자들로부터 온 것이다.
73) 참조. Walter Phillips, *Defending 'A Christian Country': Churchmen and Society in New South Wales in the 1880s and After*(St Lucia, Queensland: University of Queensland Press, 1981), 6; Hunbt, This Side of Heaven, 105.
74) Stephen Judd and Kenneth Cable, *Sydney Anglicans*(Sydney: Anglican Information Office, 1987).
75) 참조. E. W. Hames, *Out of The Common Way: The European Church in the Colonial Era, 1840-1913*(Auckland: Wesley Historical Society of New Zealand, 1972), 51-52.

(Americanised) 것을 피하려는 욕구에 의해서 강화됐다.[76] 다른 영역들에서도 그러하듯이, 제국에 충성한다는 것은 종교에서도 막강한 힘이었다.

대영제국의 다른 곳에서도 유사한 양태가 보다 작은 규모로 재현됐다. 남아프리카 교회 현장이 앵글로 색슨 모델들에 동화된 정도가 종종 과소평가되어 왔다. 영국에서 비롯된 교파들은 모국과 밀접하게 결합되어 있었다. 때로는 네덜란드어뿐만 아니라 영어로도 예배를 드렸던 네덜란드 개혁교회까지도 합동 복음주의 사업들에 이끌렸는데, 특히 앤드류 머레이의 지도하에 그러했다.[77] 인도에서 주요 유럽인 공동체들을 대상으로 목회를 하는 잉글랜드 국교회 주교와 사제들은 정부 지출로 유지되었으며, 수많은 선교사들이 종종 지역에 거주하는 국외 이주자들을 위해서 일하는 수고를 감내했다. 예컨대, 웨슬리파는 그 나라에 주둔해 있는 영국 군대에 특별한 주의를 기울였다. 더욱이, 인도 선교는 영어로 서양 문명의 가치들을 가르치는 것을 통해서 그 땅에 복음을 전하는 전략을 채택했다. 1852년 그 나라에는 영어를 사용하는 상급 주간학교가 126곳 있었는데, 거의 모두가 선교회에 부속된 학교였다.[78] 카리브해에서 많은 선교회들은 정착 교회들로 바뀌었으며, 다른 많은 식민지 주교 관구들처럼 자마이카의 주교 관구도 1880년부터 강한 복음주의자인 에노스 누탈(Enos Nuttall)을 주교로 가졌다.[79] 영국인 정착지가 더욱 희박한 제국의 다른 지역들에서는 그럼에도 불구하고 영어로 집전하는 예배가 있었다. 아프리카 서부 해안에 있는 해방된 노예들을 위한 작은 정착지인 시에라레온은 다양한 복음주의 교파들의 후원으로 영어로 예배를 드렸다.[80] 같은 해안에서 좀 더 동쪽에 있는 라고스에서는 1868년에 잉글랜드 국교회 교회가 4곳 있었는데, 요르바어로만 예배를 드리는 교회가 한 군데 있었고, 요르바어와 영어를 섞어서 예배를 드리는 교

---

76) *Methodist Journal*(Adelaide: 18 March 1881), 8.
77) du Plessis, *Murray*.
78) *Irish Presbyterian*(Belfast: July 1853), 198.
79) 참조. Frank Cundall, *The Life of Enos Nuttall, Archbishop of the West Indies*(London: SPCK, 1922), 45, 52.
80) 참조. Christopher Fyfe, *A History of Sierra Leone*(London: Oxford University Press, 1962).

회가 두 군데 있었으며, 총독과 그 수행원들이 참석하는 교회에서는 영어로만 예배를 드렸다.[81] 태평양의 피지에서는 웨슬리파 선교사들이 유럽인 농부들의 필요를 충족시켜 주었다.[82] 대영제국 밖에서는 영어를 말하는 거주자들을 위한 유사한 시설들이 미국인들에 의해서 제공되는 경우가 많았는데, 전세계에 흩어져 있었다. 따라서 카이로의 콥트선교회는 오후 영어 예배를 운영하여, 1857년에 40여 명의 예배자를 끌어들였다. 그리고 태국 방콕에 배치된 선교사들은 그 도시에 살고 있는 유럽인들과 미국인들에게 교대로 설교를 했다.[83]

1822년에 아프리카 서부 해안가에 미국에서 해방된 노예들을 위한 안식처로서 건국된 라이베리아는 토착민들에 대한 선교를 지속했을 뿐만 아니라 거기에 정착한 흑인들 가운데서 침례교인과 감리교인들을 끌어들였다.[84] 19세기 말까지 종종 선호되는 선교 목적지인 중국과 한국에서는 복음이 선교사들 자신의 언어로 들릴 수 있는 도시들이 포함됐다. 이 모든 나라들에서 영어를 통하여 설교하는 것과 다른 언어들을 사용하는 사람들 사이에서 이루어지는 복음주의 활동이 뒤섞여 일어났다. 이러한 영토들은, 범위에서는 작은 경우가 자주 있지만 활기찬 경우가 많은 다양성이라는 그 이상의 요소를 국제 복음주의 운동에 더했다.

5. 국제적인 복음주의의 유대

하지만 이 운동에 대해서 가장 두드러진 것은 이 운동의 내적 연결들보다 공간에 대해 이 운동의 이질성이 더 적다는 것이다. 그 시기에 소통의 향상 -철도, 기선, 전신, 잡지와 신문의 보급 등-은 세계의 서로 다른 지역들 간

---

81) *Religious Herald*(2 April 1868).
82) *Wesleyan Methodist Magazine*(August 1850), 880.
83) *American Missionary*(July 1857), 152; (December 1852), 268.
84) 참조. Walter L. Williams, *Black Americans and the Evangelization of Africa*(Madison, WI: University of Wisconsin Press, 1982).

의 접촉을 근본적으로 바꾸어 놓았다. 대서양을 횡단하는 연계가 특히 강했다. 영국에서 미국으로 이주하는 사람들 중 다수가 대서양을 건널 때 자신들의 신앙도 가지고 왔다. 그 결과 영국을 떠나서 미국으로 오는 교역자들-스펄전에게 훈련받은 많은 사람들 같은-의 꾸준한 흐름이 있었다. 또한 많은 교역자들이 대서양 양안에 있는 교회들 간의 관계를 공고히 하기 위해서 미국을 방문했다. 1883년 스톡웰고아원에서 열린 한 모임에서 스펄전의 아들 찰스는 최근에 미국을 여행하면서 찍은 사진 83장을 자랑스럽게 전시했다.[85] 일부 방문자들은 대단히 명예로운 대접을 받았다. 1867년의 개선 여행에서 회중교인인 뉴먼 홀은 엄청난 인기가 있는 책자인 『예수께로 나오라』(*Come to Jesus*, 1848)의 저자로서 찬사를 받았고, 상하 양원의 의원들에게 설교를 했으며, 대통령과 사적인 면담을 가졌다. 메사추세츠 부지사의 집에서 홀은 '한 위대한 영국인 가문의 양 집안'에 축복을 내려달라고 기도했다.[86] 영국 제도에서 들어온 저술과 개념들이 미국에서 널리 유포됐다. 따라서 J. C. 라일이 저술한 책자인 『부를 추구하라』(*Seek Riches*)는 1858년 「버지니아 침례교 신문」에 전재됐다.[87] 뉴잉글랜드 회중교인 헨리 트럼불 자신이 후에 편집인이 된 「선데이 스쿨 타임스」에 처음으로 쓴 기사는 런던에서 가가호호 심방한 일에 관한 기사였다.[88]

또한 대서양을 건너는 사람들의 중대한 역방향 흐름도 있었다. 미국의 크리스천들은 관광 여행과 건강을 위해서 영국을 방문해서 관찰에 의한 보고들을 입수했으며 때로는 더 중요한 것을 손에 넣기도 했다. 노스캐롤라이나의 한 장로교인이 한때 존 녹스(John Knox)가 사용한 강단을 기쁜 마음으로 스털링 캐슬(Stirling Castle)에서 본국으로 가져왔을 때가 그러하다.[89] 오하이오의 주교이자 복음주의파 감독교인들의 지도자인 C. P. 맥일베인(C. P.

---

85) *Freeman*(London: 20 April 1883), 245.
86) Newman Hall, *From Liverpool to St Louis*(London: George Routledge & Sons, 1870), 198, xviii, 27.
87) *Reliugious Herald*(4 March 1858).
88) P.E Howard, *The Life Story of Henry Clay Trumbull*(Philadelphia: Sunday School Times, 1905), 167.
89) *North Carolina Presbyterian*(Fayetteville, NC: 22 January 1858).

McIlvaine)은 아홉 차례나 대서양을 건넜다.[90] 찰스 피니와 푀베 파머(Phoebe Palmer) 그리고 성결교의 다른 저명한 인물들도 영국에서 장기간을 보냈다. 그리고 무디와 생키의 여러 차례의 방문은 영국 국민의 생활에서 중요한 일화들이었다. 지도적인 미국 회중교인이자 1886년에 영국 여행 동안 환대를 받았던 헨리 워드 비처는 런던 환영회에서 '비록 나는 미국에서 살고 있지만 나는 잉글랜드 사람'이라고 선언했다.[91] 많은 다른 사람들도 그렇게 말했을지 모른다.

이와 유사한 관계망이 복음주의적 이산(디아스포라)이 이루어진 여러 지역들 간에 만들어졌다. 이주가 다시금 종교적 상부 구조를 세울 수 있는 토대를 놓았다. 뉴질랜드의 크라이스트처치에서 1870년 1월에 발행된 초교파적인 「크리스천 옵저버」의 창간호에서, 연속적으로 사우스오스트레일리아, 뉴질랜드의 노스 아일랜드, 호주의 빅토리아주, 마지막으로 뉴질랜드의 사우스 아일랜드에서 살았던 한 해외 이주민의 사망기사 담당기자는 자신의 주제의 더 넓은 의의를 숙고했다.

> 하나님의 섭리가 이러한 새로운 나라들에 이주해 온 지도적인 경건한 가정들에 역사한 게 분명했다. 하나님은 이주의 물결을 흐르게 하셔서, 모국의 경건한 사람들 가운데 일부를 파송하도록 마음을 쓰셨다. 이는 기독교가 통상과 손을 맞잡고 가고 또한 식민지 건설이 구속자이신 그분의 나라를 확장하는 수단이 될 수 있도록 하기 위함이다.[92]

설교자들-특히 잘 알려져 있을 경우에는-은 전세계를 두루 여행했다. 미국 감리회 감독교인인 윌리엄 테일러는 초기에는 캘리포니아에서 사역했고, 후에 아프리카의 감독으로 선출됐다. 그는 한번은 시드니에 있는 한 친구한테서 잉글랜드 남부 해안가의 사우스햄프턴 부근에 사는 자기 조카를

---

90) Williams Carus, *Memorials of the Right Reverend Charles Pettit McIlvaine, D.D., D.C.L.*(London: Elliot Stock, 1882).
91) *Henry Ward Beecher in England, 1886*(London: James Clarke & Co., nd.), 8.
92) *Christian Observer*(Christchurch: 1 January 1870), 7.

방문해 달라는 부탁을 받았다. 그는 자신의 목표를 잘못 아는 바람에 그 조카와 이름이 같은 사람을 우연히 사귀게 되었는데, 그 동명이인은 후에 테일러가 인도의 콘포(Cawnpore)에 있는 한 선교회를 지도하는 길을 열었다.[93] 문헌도 마찬가지로 널리 보급됐다. 남아프리카의 앤드류 머레이는 「리바이벌」(Revival)을 구독했는데, 그 잡지가 「크리스천」(Christian)으로 바뀔 때도 계속 읽고 있었으며, 또한 「믿음의 삶」(Life of Faith)과 「브리티시위클리」(British Weekly)도 받아 보고 있었다.[94] 그도 여느 영국인처럼 이 모든 잡지들이 발행되는 영국에서의 교회의 동정에 관한 소식에 밝았을 것이 틀림없다. 마찬가지로, 노바스코샤의 침례교인들도 멜버른의 교단의 동정에 대한 최근 소식을 항상 접할 수 있었다.[95] 그리고 역으로, 시드니의 크리스천들은 뉴욕 브루클린으로부터 헨리 워드 비처의 최근 설교들 가운데 하나의 텍스트를 제공받았다.[96] 「아일랜드 장로교인」(Irish Presbyterian) 지는 1854년에, 자신의 구독자들이 1년에 4실링으로 해외에 여러 부를 보낼 수 있기 때문에 자기네 잡지가 영국 식민지의 거의 모든 지역에 도달한다고 자랑했다.[97] 이는 근거 없는 자랑이 아니었다. 영어권 복음주의 네트워크는 전세계에 걸쳐 있었다.

19세기 후반의 복음주의에 대한 어떤 전반적인 평가에서도 그 운동의 다양성이 중대하게 느껴져야 한다. 교파들은 극히 다를 수가 있었다. 즉 교파가 클 수도 있었고 작을 수도 있었으며, 권위주의적일 수도 있었고 자유론적일 수도 있었으며, 전통적일 수도 있었고 혁신적일 수도 있었다. 사회적 분위기도 각기 다를 수가 있었다. 즉 부유할 수도 있었고 가난할 수도 있었으며, 평판이 좋을 수도 있었고 모호할 수도 있었으며, 교양이 있을 수도 있었고 무지할 수도 있었다. 그리고 지리적 위치도 뚜렷이 대조를 이룰 수가 있었다. 즉 북쪽일 수도 있었고 남쪽일 수도 있었으며, 오래 전에 세워졌을 수

---

93) *Taylor of California*, 303.
94) du Plessis, *Andrew Murray*, 438, 448, 494.
95) *Christian Messenger*(6 January 1858). 7.
96) *Christian Pleader*(10 March 1860), 75.
97) *Irish Presbyterian*(April 1854), 107.

도 있었고 새로 자리 잡을 수도 있었으며, 대영제국의 일부일 수도 있었고 대영제국 밖에 있을 수도 있었다. 상황은 세 가지 변수가 뒤얽힘으로써 더욱 복잡해졌다. 여러 나라에서의 복음주의 공동체들의 차이점들은 그 자체가 부분적으로는 교파적 균형의 산물이었다. 사회적 기풍의 현저한 차이들은 교파와 관계가 있는 경우가 많았는데, 세계의 거의 모든 지역에서 잉글랜드 국교회 교인들은 우월하고, 침례교인들은 열등했다. 그리고 그것들은 회중들이 자리 잡고 있는 각기 다른 위치들-도시든 시골이든 간에-에 뿌리를 박고 있었다. 그럼에도 불구하고, 국가적-도시적/시골적에 상반되는 것으로서의-차이들은 결국 아마도 사회적 및 교파적 차이들보다 실생활로 실현된 체험에 대해서 덜 중요했을 것이다. 사우스오스트레일리아로 옮겨간 콘월(잉글랜드 남서부의 주-역주)의 한 감리교인 광부는 그가 남겨두고 왔던 예배당 생활과 실질적으로 구별할 수 없는 영적 가정을 스스로 이내 발견했다.[98]

복음주의자들을 독립된 국가적 단위들로 갈라놓는 것은 편리한 일일지도 모른다. 그러나 실제로는 다른 차이들이 동시대의 사람들에게는 더 중대하게 느껴졌을지도 모른다는 사실을 잊어버릴 위험이 있다. 더욱이, 모든 점에서 복음주의 운동의 다양성은 다른 요소들에 의해서 감소됐다. 교파들은 그들의 온갖 다양성 때문에 많은 그리고 다양한 방법으로 협력했다. 그 시기 동안에 거의 모든 사람들은 위한 사회적 경향은 더 큰 고결함을 향하는 것을 지향했다. 그리고 지리적으로 서로 떨어져 있는 집단들은 그럼에도 불구하고 상상할 수 있는 것보다 더 밀접한 접촉을 하고 있었다. 비록 잉글랜드와 웨일스에서의 교회와 채플의 분열이나 미국의 북부와 남부의 분열과 같은 일부 분열들은 깊고 지속적이었지만, 그 시대의 우세한 경향은 세계적인 운동 내에서 더 큰 동질성을 지향한다는 의식이 있었다. 교파와 사회와 국가적 분열이 지속됐지만, 그런 분열은 그 시기의 초보다 말에 더 약했다. 결국, 내부의 차이들은, 아무리 명확하더라도, 복음주의 운동의 통일성만큼 중요하지 않았다.

---

98) 참조. See Oswald Prior, *Australia's Little Cornwall*(Adelaide: Rigby, 1962), ch. 12.

제 3 장

믿음의 실천

　복음주의자들은 19세기 후반에 어떻게 자신들의 믿음을 표현했는가? 주요 방법들은 영성과 예배, 사명으로였지만, 종교의 이런 기본적인 측면들은 그리고 특히 처음 두 가지는 역사가들에 의해서 터무니없이 무시되어 왔다. 복음주의자들의 신학적 확신과 사회적 활동은 그들의 개인적 및 공동의 삶에 의미를 부여한 내적인 원동력보다 훨씬 더 잘 이해된다. 하지만 이 운동을 규정짓는 특징들, 다시 말해 이 운동이 회심과 성경, 십자가 및 행동주의와 관계가 있는 것이 이 운동의 영성에 뼈대를 공급한 것은 분명하다. 사람은 회심 없이는 진정한 영적 체험에 들어갈 수 없을 것이다.
　회심을 한 뒤에 신학자들이 성화 또는 은혜 속에서의 성장이라고 하는 과정은 성경에 의해서 자양분이 공급됐고, 구속에 초점이 맞춰졌으며, 크리스천의 봉사로 증명됐다. 적어도 개신교 전통에 빚지고 있는 교회들에서는, 성화는 영혼을 변화시켜서 천국을 차지하기에 합당한 존재로 되게 하는 점진적인 과정이었다. 감리교인들은 완전한 성화의 상태로 도약하는 기회가 있다고 주장했을지도 모르지만, 그들 역시 꾸준한 영적 향상의 여지가 많이 있다고 생각했다. 적어도 이상적으로는, 삶 전체는 영원을 위한 자의식이 강한 훈련이었나. 따라서 스톡포트(Stockport) 인근에 있는 한 잉글랜드 마을 출신인 68살의 어느 병든 웨슬리파 여성은 19세기 중엽에 죽음이 두렵지 않느냐는 질문을 받았을 때 이렇게 대답했다. '왜 내가 두려워해야 하나요? 사십여 년 동안 나는 이것에 대비해 왔답니다.'[1] 그리스도의 인격에 더욱더 가까워지기 위한 부단한 추구가 이 운동의 핵심이었다. 많은 사람들이 죄악에 빠져들어서, '배교자'가 되곤 했다. 어떤 사람들은 분간할 수 있는 진보를 이루지 못해서, 항상 최소한도로 헌신적인 사람들 가운데 남아 있곤 했다. 그러나 어떤 사람들은 자기의 책무를 마음에 새겼으며, 그래서 늘어난 헌신으로 자신의 순례의 길에 올랐다. 그들의 개인적인 헌신은 복음주의 운동을 특징짓는 활기찬 선교사 기질의 근저에 있었다.

1. 복음주의의 영성

기도는 복음주의자들이 자신들의 믿음을 실천하는 가장 명백한 방법이었다. 기도 집회에 관한 어느 미국의 교과서가 인정했듯이 '기도를 하지 않는 크리스천들'이 존재했다.[2] 그러나 다른 사람들로 하여금 남을 위하여 기도를 하게 하는 것은 이상하게 보였는데, 이는 심각한 영적 타락의 징후였다. 기도는 기쁨이 되어야 한다고 주장됐다. 엘리자베스 이어콧(Elizabeth Eacott)은 잉글랜드의 버킹엄 근처 출신인 웨슬리파 기혼 여성으로서 1869년에 사망했는데, 그녀는 '경건 훈련을 기뻐하였다'고 했다.[3] 앞에서 언급된 미국 교과서는 경건한 성경 읽기와 더불어 개인기도를 위해 하루에 30분을 할애할 것을 권했다. 그 교과서는 설명하기를, 30분이 그다지 적지 않겠지만, '그

---

1) *Wesleyan Methodist Magazine*(London: March 1850), 319.
2) L. O. Thompson, *The Prayer-Meeting and Its Improvement*(Chicago: F.H. Revell, 1881), 41.
3) 참조. Linda Wilson, *Constrained by Zeal: Female Spirituality amongst Noncomformists, 1825-1875*(Carlisle: Paternoster Press, 2000), 106. 이 책은 서로 다른 교단들과 성을 비교하면서 복음주의적인 영성을 고찰하는 통찰력 있는 연구서다.

제3장 믿음의 실천   111

30분이 하나의 습관이 되면 그런 기도의 계절이 대단히 소중하다는 것을 알 것이며 기도 시간이 꼬박 1시간이 가까워질 정도로 크리스천의 삶을 지탱하는 데 매우 필요하다는 사실을 깨닫게 될 것'이라고 했다.[4] 그 교과서의 특징은 하루의 처음 30분이 이상적으로 이런 방식으로 사용되어야 한다고 권하는 데 있었다. 이런 표준적인 조언은 복음주의자들이 일찍 일어나는 그들의 습관이 알려지게 된 주된 이유였다.

그런 습관은 자의적인 형태의 자기훈련이라기보다는 경건의 실천을 위한 새로움을 보장하는 수단이었다. 그러나 하루의 어떤 때를 택하든지 간에, 모든 권위자들에 따르면, 개인기도는 적어도 날마다 준수되어야 한다. 한층 모범적인 일부 사람들은 좀 더 자주 하나님과의 친교를 추구했는데, 때로는 하루에 두 번이나 세 번 혹은 그 이상으로 정해진 시간에 그러했다. 시간을 마련하는 일은 어려운 경우가 많이 있었는데, 특히 고용인과 어머니들에게 그러했다. 1850년 런던 어머니회의 한 모임은 '어떻게 하면 크리스천 어머니가 날마다 그리고 매시간 그녀에게 맡겨지는 수많은 임무들 가운데서 높은 정도의 경건에 가장 잘 도달해서 그 경건을 유지할 수 있느냐'고 물었다.[5] 규칙성은 다른 교파들 중 다수 교파의 여성들한테보다는 그 구성원들이 대개 가사 도움을 누릴 보다 풍요로운 교파인 회중교회의 여성들에게 좀 더 쉬운 일이었던 것 같다. 인쇄된 안내는 그것을 원하는 사람들에게 점차 입수 가능했다. 즉 예를 들면, 1878년부터 매일기도와 찬양을 위한 제안들을 내는 감리교 성경과 기도연합이 잉글랜드에 존재했다.[6] 개인기도는 복음주의 영성의 필수불가결한 특징이었다.

공동기도도 회중에 불가결한 것으로 생각됐다. '매주 열리는 기도회는 교회의 맥박'이라고 했다.[7] 만약 기도회가 열성적이고 참석하는 사람이 많다면, 회중의 활력이 보장될 수 있었다. 통상적으로 평일 밤에 열리는 기도회

---

4) Thompson, *Prayer-Meeting*, 43.
5) Wilson, *Constrained by Zeal*, 112에 의한 인용.
6) *Methodist Bible and Prayer Union Monthly Letter*(January 1881).
7) A.E. Kittredge in Thompson, *Prayer-Meeting*, ix.

는 평신도들이 자발적인 기도를 드릴 기회를 제공했다. 그런 기도회의 최고 지지자는 낮은 계급의 사람들인 경우가 많았는데, 다수의 주일 예배자들은 참석하지 않았다. 1867년 시드니 웨슬리파 교인들 가운데서 출석한 사람들은 가난한 사람들이라고 보도됐는데, 오직 교회 임원들과 몇몇 경건한 여성들만이 빠지지 않고 출석했다.[8]

영속적인 문제는 베테랑 기도 전사들이 오랫동안-어쩌면 15분 또는 20분일지도 모른다-광범위한 간구를 입 밖으로 내곤 하는 것이며, 젊은이들은 할 말을 찾아낼 가망이 없어서 출석하는 것을 포기하곤 한다는 것이었다. 개혁이 필수불가결하며, '그렇지 않으면 기도회는 이내 이집트 미라처럼 시들어서 죽어버릴 것'이라고 1876년에 미국에서 주장됐다.[9] 가능한 치유책은 기도회가 열리는 방을 다시 꾸미고, 가까이 함께 앉아서 마음으로부터 찬송하며 모두가 참여하는 것이었는데, 중요한 것은 개인적인 용도의 오랜 기도는 제외시키는 것이었다. 목사도 치유책을 손에 쥐고 있었는데, (표준적인) 자신의 설교를 간결하게 함으로써 그리고 기도는 5분 넘게 하지 말도록 강조함으로써 그러했다. 1870년대 후반에 이러한 방침들을 따라서 한바탕 기도회 개조(리모델링)가 있었다. 그런 개조 가운데 많은 부분이 무디의 모범에 기인한다. 그의 영향력이 스코틀랜드에서 느껴졌을 때에는 5분 기도를 위하여 긴 기도는 금지됐다. 다른 곳에서도 때로는 기도회를 더 밝게 하고 더 활발하게 함으로써 기도회가 생기가 회복되어서 출석자 수와 중보기도의 양 그리고 교회 생활의 일반적인 경향에 유익한 결과를 가져왔다. 기도회는 복음주의적 단체정신을 나타내는 좋은 지표였다.

기도는 또한 통상적으로 복음주의 가정들을 거룩하게 했다. 보통 가정의 수장이 인도하는 매일기도는 전 가족을 위한 생활의 초점이었으며, 친척뿐만 아니라 하인과 방문자들도 아울렀다. 가장은, 특히 그가 국교회 교인일 경우에는, 『가정 기도』(Family Prayers, 1834)와 같은 전례에 관한 책을 이용

---

8) *Christian Advocate and Wesleyan, Record*(Sydney: 28 May 1867), 30.
9) *Christian Advocate*(New York: 31 August 1876), 278

할 수도 있었는데, 이 책은 클랩햄파(Clapham Sect)의 담대한 신도인 헨리 손턴(Henry Thornton)이 편찬하고 그가 죽은 뒤에 출판됐다. 이 저작은 20년도 채 안 되어서 31판을 거듭할 정도로 대단히 인기가 있었다.[10] 많은 가족들 속에서 가장인 아버지 외에는 아무도 말하지 않았다. 하지만 때로는 다른 사람들이 참여는 하되 들을 수만 있을 여지는 있었다.

이러한 경우들에는 과시의 요소가 있을 수 있었다. 다시 말해 복음주의적인 자격 증명서를 과시하고자 하는 욕망이 있을 수 있었다. 따라서 한 집안의 구성원들은 심방하는 목회자나 크리스천 사역자들을 대접할 때에만 아침과 저녁기도를 드릴 수도 있었다. 그럴 때, 미국에서 말하여진 대로, '그들은 자신들의 성경의 먼지를 닦고, 무릎에 기름을 바르며, 가정 제단에 불을 밝힌다.'[11] 다른 한편으로는, 하루에 한 번 또는 두 번 이상 정례적인 기도가 있을 수도 있었다. 예컨대, 19세기 말경 성결교회의 열성적인 신자들은 가정에서 세 차례의 매일기도 시간을 정해 놓고 있었다.[12] 고교회파 사람들 사이에서의 우세한 견해와는 대조적으로, 복음주의자들 사이에서는 가정에서 날마다 기도를 드리는 것이 교회의 매일 예배에 참석하는 것보다 나은 것으로 여겨지는 것이 확실했다. 가정은 다양한 형태의 절제-특히 안식일에-가 특징이었지만, 기도를 위한 집회들은 대단히 많은 점들에서 복음주의 종교의 발전소인 가정을 성화하도록 계획됐다.

영적 생활의 핵심은 하나님과의 교제를 실천하는 것이다. 따라서 웨일스의 나이 든 한 침례교 목회자는 '하나님과의 많은 풍성한 교제'를 누리는 것에 관해 얘기했다.[13] 복음주의자들은 성부보다는 오히려 예수님과 맺은 그들의 관계를 강조하는 경향이 있었다. 1850년부터 1875년까지의 기간 동안 잉글랜드에서 나온 비국교도 사망기사들의 표본을 살펴보면 남성 사망기사의 8%와 여성 사망기사의 11%만이 하나님 아버지를 언급하고 있다는

---

10) Elisabeth Jay, *The Religion of the Heart: Anglican Evangelicalism and the Nineteenth-Century Novel*(Oxford: Clarendon Press, 1979), 145.
11) Thompson, *Prayer-Meeting*. 40.
12) *Christian Guardian*(Toronto: 15 February 1893), 99.
13) *Baptist Magazine*(London: March 1850), 138.

사실을 알 수 있다. 이와는 대조적으로, 남성의 40%와 여성의 52%에 대해서는 그리스도에 대한 언급들이 있었다. 성령에 대해 언급한 횟수는 성부에 대한 언급과 엇비슷하다.[14] 경건한 사람들-명백히 삼위일체 교리를 믿는 사람들이지만-이 명확히 그리스도 중심적이었던 것은 분명하다. 사실 19세기가 경과함에 따라 이런 양태가 더욱 두드러졌음을 나타내는 것들이 있다. 1895년 한 관찰자는 기도가 성자를 통하여 성부에게 드려지기보다는 오히려 주 예수님에게 드려지는 점증하는 경향이 있는 데 주목했다.[15] 이 논평이 성경 읽기와 총회-잉글랜드 국교회의 신도들이 참석할 가능성이 훨씬 컸던-에 대해 이루어졌기 때문에, 이런 과정이 잉글랜드 국교도들 사이에 가장 분명할지도 모른다. 어쩌면 이는 다른 교파들의 신자들은 보다 배타적으로 그리스도 중심적인 접근을 오랫동안 지켜왔었기 때문일지도 모른다. 그렇지만 일반 복음주의자들에게는 그리스도는 '반석', '모든 것', '만병통치약'이었다. 어쩌면 가장 일반적일지도 모르는 것은, 베드로전서 2:7을 가리키면서, 그분은 '보배'라고 했다는 것이다. 복음주의자들은 예수님이 자신들의 개인적인 구주라는 확신을 소중히 했다.

그리스도와의 친밀함에 대한 점점 커지는 감사가 경건생활의 하나의 차원이었다면, 또 다른 차원은 죄와의 갈등이었다. 성화의 표준적인 징후는 '수치심'(humiliation)이었다. 즉 신자들이 자신들 안에서 발견하는 죄악됨에 대한 뿌리 깊은 혐오였다. 따라서 나이 지긋한 한 침례교 목회자는 자신을 '불쌍한 피조물'이라고 생각했으며 한 저명한 리즈(Leeds) 회중교회 평신도는 자신의 '자기 불신'에 관해 얘기했다.[16] 영혼의 안녕을 위협하는 것은 나약한 자아뿐만 아니라 강력한 사탄도 있었다. 19세기 중엽에 보통 크리스천들-특히 감리교인들-에 관한 사망기사는 '원수'나 '적' 또는 '어둠의 권세들'과의 싸움에 대해서 말하는 경우가 많았다. 시험 역시 이 세상으로부터 왔는데, 신자를 끌어들여서 악행을 범하게 하는 유혹들이 그것이다. 따라

---

14) 참조. Wilson, *Constrained by Zeal*, 101-106.
15) *Christian*(London,: 18 July 1895), 16.
16) *Baptist Magazine*(July 1850), 402; *Christian Witness*(London: 1851), 319.

서 1890년대에, 우리가 앞으로 살펴보는 대로 이런 교리를 다른 교파 사람들보다 더 깊이 받아들였던 성결교회 사람들은 '담배와 연극'과 더불어 '남아도는 옷'도 정죄했다.[17] 복음주의자들이 종종 매우 기꺼이 인정한 의심도 견뎌내야 할 또 다른 시험이었다. 잉글랜드의 데번에서 사역하는 한 침례교 목사의 아내는 경건한 확약을 몇 가지 한 뒤에 잠시 멈췄다가 물었다. '그러나 그것이 모두 망상임이 틀림없다고 생각하세요?'[18] 마찬가지로, 한 회중교 목회자는 자기 방안에 어두운 구름이 많다고 고백했다. '주님, 제가 믿습니다! 저의 믿음 없음을 도와주소서!'하고 그는 부르짖었다.[19] 좀 더 보수적인 장로교인들 사이에 가장 흔한 염려도 있었는데, 자신들이 선택받은 자들에 포함되느냐에 대한 것이었다. 구원의 보장은 결코 자동적인 것이 아니었으며, 그런 보장의 부재는 장기간의 불안을 야기할 수 있었다. 고난도 걱정의 또 다른 원인이었다. 진통제가 없던 시대에, 고통은 종종 격심할 수가 있었다. 그러나 그것은 영혼을 위하여 의도된 것으로 해석되는 게 다반사였다. 한 웨슬리파 여성은 자신이 겪는 고난들을 '그녀로 하여금 그분의 거룩함에 동참하는 자로 삼기 위해서 계획된, 그녀의 천부의 연단하심'으로 여겼다.[20] 이렇듯 삶이란 힘든 일이었다. 다시 말해 좁은 길의 길가에 많은 위험이 도사리고 있는 순례였다. 존 번연의 『천로역정』(Pilgrim's Progress, 1678)이 크리스천의 체험의 양태를 해석하기 위한 수단으로 여전히 널리 사용됐던 것은 놀라운 일이 아니다. 절망의 수렁과 의혹성은 17세기에 그러했듯이 19세기에도 실제적이었다.

영성의 가혹한 시험은 죽음의 접근과 함께 왔다. 복음주의자들은 '선한 죽음'이라는 이상을 키웠는데, 임종을 앞둔 성도가 여러 가지 일을 서두르지 않고 정리하고 신앙에 대한 조용한 확신을 증거하는 침실 현장이 그것이었다. 팻 잘란드는 수치스러운 행위를 모조리 제거하기 위해서 발표된 기

---

17) *Christian Guardian*(15 February 1895), 99.
18) *Baptist Magazine*(February 1850)), 101.
19) *Christian Witness*(London: 1852), 256.
20) *Wesleyan Methodist Magazine*(February 1850), 203.

사들이 편집되는 경우가 자주 있다면서, 그런 이상은 종종 현실과 달랐다는 사실을 보여주었다.[21] 잘란드가 조사한 상류 및 중류 계급 국교도들의 집단들과는 다른 집단들에서 비롯하는, 이런 관행이 광범위하게 이루어지고 있었다는 증거가 있다. 그럼에도 불구하고, 1870년대까지 내려오는 복음주의적 문헌의 주요한 특징이었던 임종 현장에 관한 보도들은 그들에게 진정한 울림을 주는 경우가 많이 있다. 그런 보도들은 때로는 훌륭한 인물들이 작별 인사를 하고 가족들의 안녕을 위해서 적절한 준비를 하는 것을 보여준다. 『리즈머큐리』(Leeds Mercury)의 회중교회 소속이면서 하원의원을 지낸 에드워드 베인스(Edward Baines)는 자기 가족을 모두 불러서 그들 각자에게 '가장의 위엄'으로 개별적으로 얘기했다.[22] 다시금, 특별한 언설들을 완벽하게 만들어낼 수 있는 경우는 거의 없었다. 예컨대, 호주에서 한 장로교회를 초기에 담임했던 한 목회자의 아내는 천국에 도달했지만 그런 뒤에 되돌아온 느낌이 들었던 것 같다. '내가 그런 영광을 잃어버렸으니 이 얼마나 불쌍한 일이란 말인가!' 하고 그녀는 소리쳤다.[23] 그런 보도들의 전반적인 인상은 피안에 있는 것에 대한 각기 다른 정도의 확신이 뒤섞여있지만 종종 높은 정도의 평온이나 생생한 승리감을 포함하는 죽음에 대한 자연스런 염려이다. 마지막 말은 주의 깊게 기록됐다. '만사가 제대로다.' 또는 '하나님은 미쁘시다.' 그러나 주목할 만한 것은 1870년대 이후에 그런 현장들을 기록하는 것에 대한 반발이 있었다는 사실이다. 잘란드는 그런 변화를 부분적으로는 부유한 국교도들 사이에서 복음주의가 쇠퇴한 탓으로 돌렸다. 그러나 그와 같은 변화가 여전히 복음주의자인 비국교도들 사이에서도 일어났다. 체면이 죽음을 다루는데 밀고 들어갔다. 1880년 『뱁티스트 매거진』(Baptist Magazine)에 기고한 사람은 선언하기를, '죽음의 방의 조용한 말들이 널리 퍼지고 무례한 종교적 열변의 주제가 된다는 것은 세련된 감정에는 매우 유

---

21) Pat Jalland, *Death in the Victorian Family*(Oxford: Oxford University Press, 1996), ch. 1.
22) *Christian Witness*(1851), 319-321.
23) Ibid., 593.

쾌하지 않은 일'이라고 했다.[24] 이제는 죽음 앞에서 침묵하는 것이 좀 더 합당한 것 같았다.

　죽음을 앞둔 신자들이 입에 올리는 주요한 화제들 중 하나는 내세였다. 천국은 그 시기 복음주의 경건의 중심적인 주제로 최근에 인정됐다.[25] 흑인 영가들이 시사하는 대로, 아프리카계 미국 흑인의 신앙심에는 죽은 뒤에 신자에게 찾아올 속박으로부터의 해방을 기대하는 것에 대한 특별한 자리가 있었다. 그러나 런던 회중교회의 인기 있는 설교자인 알렉산더 랠리도 마찬가지로 1870년대에 그의 아내가 '천국의 신비로운 매력'이라고 일컫는 것에 대해서 그의 설교들에서 자세히 설명하려고 노력했다.[26] 내세는 다양한 방식으로 묘사됐다. 현세와의 대조에 의해서, 그것은 밝거나 걱정이 없거나 영광스러운 곳이었다. 천국에 거하는 자들은 안식과 평안, 행복을 누릴 수가 있었다. 그렇지만 스펄전은 활기찬 젊은 시절에 천국을 나태한 자들에게 적합한 안식처가 아니라 '부단한 섬김이 이루어지는 곳'이라고 했을 때 미래의 상태의 '근대적인' 개념이라고 일컬어지는 것을 수용했다.[27] 복음주의자들이 흔히 예상하는 내세의 또 다른 '근대적인' 측면은 친구들과 가족과의 재회이다. 웨일스의 임종을 앞둔 한 침례교 목회자는 어느 교인에 관해서 이렇게 말했다. '나는 요단강 이쪽에서는 결코 다시는 그녀를 보지 못할 것입니다. 그러나 우리는 곧 천국에서 만날 것입니다.'[28] 이러한 기대는 빅토리아 여왕 시대의 가정생활의 신성화한 판본(version) 이상의 것이었다. 왜냐하면 그것은 내세에 경험하게 될 신자들의 친교의 연대를 표현하는 것이었기 때문이다. 그러나 내세를 기대하는 것의 가장 공통된 특징은 하나님의 임재하심 안에 있기를 고대하는 것이었다. 때로는 중심적인 주제가 천부로

---

24) *Baptist Magazine*(January 1880), 34.
25) 참조. Wilson, *Constrained by zeal*, 59-63.
26) Mary Releigh, *Alexander Raleigh: records of his Life*(Edinburgh: Adam & Charles Black, 1881), 271.
27) Quoted by Colleen McDannel and Bernhard Lang, *Heaven: A History*(New Haven: Yale University Press), 278-279.
28) *Baptist Magazine*(March 1850), 138.

부터의 환영이었다. 대개는 중심적인 주제가 구주와 함께 거함이었다. '주 예수여, 오소서'라는 기도는 통상적으로 그리스도의 재림에 적용되는 게 아니라 그리스도가 임종을 앞둔 신자를 데려오는 데 적용됐다. 천국은 복음주의자들에게 가까운 것 같았다. 다시 말해 런던의 안개 속을 더듬어 나아가거나 미국의 평원을 경작하면서, 그들은 이미 뿔라 땅(Beulah land)을 힐긋 볼 수 있었다.

2. 예배의 형식

예배는 천국을 미리 경험한다는 이상에 좀처럼 가깝지 않지만, 크리스천의 의무의 정례적인 일부라고 생각됐다. 어떤 교파들은 그들 나름의 특별한 방식들이 있었다. 가장 두드러지게 독특한 것은 『공동기도서』(*the Book of Common Prayer*)를 통하여 잉글랜드 국교회파의 여러 분파들에 의해서 유지되는 전례 예배였다. 그렇지만 잉글랜드 국교회와 그 자매 집단들에 속한 복음주의자들은 그 당시에 다른 국교도들이 따르는 예배 방식을 무턱대고 따르지 않았다. 그들은 옥스퍼드 운동의 제자들에 의해서 이 시기에 꾸준히 도입된 혁신들에 대한 저항으로 눈에 띄었다. 복음주의파 사제들은 예복을 입은 성가대를 허용하거나, 설교를 위해서 중백의(中白衣, surplice)를 입거나, 성찬식 때 동쪽에 자리를 잡는 것을 거부했다. 다른 한편, 다른 복음주의 집단들은 공식적인 전례를 총체적으로 반대하는 것으로 유명했다. 퀘이커 교도들은 예배를 위한 자신들의 전통적인 집회를 유지했는데, 예배를 드릴 때 참석자들이 성령의 감동을 받아서 말할 때에만 침묵이 깨졌다. 형제단도 유사한 방식을 채택했지만, 성찬식에 초점을 맞췄다. 성찬식에 의해서 개인들은 인도를 받는다는 느낌이 들어서 기도나 찬송을 드리거나 권면을 할 수가 있었다. 그렇지만 양쪽 집단들은 모두 감리교인들이나 장로교인들, 회중교인들, 또는 침례교인들의 저녁 예배와 실질적으로 구별할 수 없는 저녁 예배를 드렸다. 이런 비국교파 교회들의 전형적인 예배 순서는 1875년 아델라이드에서 또는 그 부근에서 사는 한 감리교인에 의해서 보고됐다. 찬송(7분에서 10분), 기도(15분), 성가대 찬양(긴), 두 번의 성경 봉독, 찬송, 광고(긴), 설교(45분), 찬송, 기도.[29] 어떤 사람들은 예배를 1시간으로 제한해야 한다고 주장했다. 왜냐하면 예배를 그처럼 짧게 드리는 것은 예배 참석을 게을리 하는 사람들의 마음에 들었기 때문이다. 그러나 예배 시간 전체-길이에 대한 이런 논평들이 제안하는 대로-는 1시간 30분 동안 또는 더 오래 계속되는 경우가 많았다. 19세기 중엽에 오전 예배는 유사한 성격의 오후 집회로 보완되는 게 보통이었지만, 점차 그 시기에 비교적 소수의 낯선 사람들이 참석했을 때는 오후 집회를 저녁 집회로 대체하는 경향이 있었다. 그런 변화가 점차 뉴잉글랜드의 마을들에 닥쳐오고 있었지만 일부 도시 회중들과 시골의 모든 회중들한테서 저항을 받고 있었다고 1871년에 언급됐다.[30] 이런 변화의 동기는, 젊은이들과 특히 가정의 하인들이 참석할 가능성이 클 때에 복음전도의 목적들을 위해서 계획된 예배를 제공하려는 것이었다. 예배의 스타일은 다소 덜 공식적일 수 있었으며 설교는 불신자들을 목표로 정하곤 했다. 그 결과는 20세기로 계승되는 예배 형식이었는데, 성도들은 오전에 예배를 드렸고 죄인들은 저녁에 예배를 드렸다.

그 시기에는 예배에서 적응하게 된 다른 것도 많이 있었다. 한편으로는, 감리교의 비공식성이 점차 한층 질서가 잡히게 됐다. 예배자들은 압박을 받아서 제시간에 도착하게 됐고, 기도를 하기 위해서 무릎을 꿇는 것은 그다지 흔치 않은 일이 되었으며, 갑자기 지르는 소리는 더 드물어졌다. 예컨대, 랭커셔의 프레스톤에 소재한 사울스트리트 감리교수구파채플(Primitive Methodist Chapel)에서 한 관찰자는 1869년에 말하기를, '아멘'과 '예' 그리고 '주님을 찬양하라'는 외침들이 과거에는 자주 있었지만 지금은 '몇 명밖에 안 되는 시대에 뒤지면서도 한층 열렬하게 헌신적인 교인들'에 의해서 발화

---

29) 'A Methodist Layman' in *Methodist Journal*(Adelaide: 16 April 1875).
30) *Examiner and Chronicle*(New York: 5 January 1871).

된다고 했다.³¹⁾ 그와 동시에, 성경에 규정되어 있지 않은 것은 모조리 백안시했었던 개신교 전통 속에 있는 교파들의 예배에 예전적 요소들이 점차 슬그머니 들어왔다. 특히 형편이 좋은 도시의 회중들에게는 인쇄된 기도문과 회중의 답창 그리고 더 많은 수의 음악에 관한 항목들이 있었다. 레크리에이션의 기회들이 점점 커지고 음악당이 늘어나는 시대에, 교회들은 자신들이 회심하도록 하기를 원하는 사람들을 끌어들이려고 한다면 순응해야 했다. 성례전을 비교적 중요시하는 것도 일부 집단들에서 증가했다.

스코틀랜드 자유교회(장로파 국교회에서 분리한 비국교파 교회-역주)는 1843년에 시작할 때부터 매년 제공되는 성찬식의 횟수를 2번에서 4번으로 배가했었다. 양쪽 경향-자발성을 지양하고 한층 예전적인 예배를 지향하는-은 동일한 문화적 발전들, 다시 말해 미국의 한 감리교인 주석자가 1892년에 '이른바 세련되고 교양 있는 사회의 의견들과 취향들'이라고 확인한 것에 의해서 뒷받침됐다.³²⁾ 특히 중산층에서의 체통의 향상은 예배에서 소리를 지르는 것이 퇴출되고, 좀 더 점잖은 예배가 도입되었다는 것을 의미했다. 교회에 꽃을 들인 것은 그런 과정의 상징이었다. 이전에는 꽃이 주의를 딴 데로 돌린다고 해서 영적인 사람들한테서 배척당했다. 그러나 브루클린(Brooklyn)의 도량이 큰 회중교 목회자로서 자연에 대한 강렬한 낭만적 사랑을 지닌 헨리 워드 비처는 1852년에 오전예배를 위해서 자기 곁에 화분을 두었다. 비난에도 불구하고 그는 꽃을 그대로 놔두도록 고집했으며 회중은 이내 꽃을 사랑하게 되었다.³³⁾ 점차 교회 안에 꽃을 놓는 풍습이 확산됐다. 예배는 당대의 선호하는 것들에 적응되고 있었던 것이다.

거의 모든 복음주의 집단들에서 설교는 예배의 정점이었다. 말씀을 전하는 것은 성경을 설명하고, 십자가에 못 박히신 그리스도를 선포하며, 회심

---

31) 참조. Anthony Hewitson, *Our Churches and Chapels*(Preston: Chronicle Office, 1869), 74.
32) *Christian Advocate*(q4 January 1892), 17.
33) 참조. Charles D. Cashdollar, *A spiritual Home: Life in British and American Reformed Congregation, 1830-1915*(University Park, PA: Pennsylvania State University Press, 2000), 41; 이 책의 3장은 예배의 변화에 관한 가치 있는 논의를 담고 있다.

으로 이끄는 것이었다. 1875년 사우스오스트레일리아의 감리교인들 사이에서처럼 그 밖의 것은 모두 무색하게 된다는 불만이 있을 수도 있었다.

> 설교는 예배의 가장 두드러진 부분이다. 모든 것이 이것에 굴복하게 된다. 찬양과 기도, 성경 봉독이 때로는 너무 단축돼서 그것들이 공중 예배의 매우 하찮고 비교적 중요치 않은 부분들로 여겨진다는 인상을 마음에 줄 정도이다.[34]

그러나 설교는 대다수의 사람들이 예배에 오는 이유였다. 그래서 그들은 설교 전의 예배의 여러 부문들, 즉 종종 '예비 단계'(the preliminaries)라고 일컬어졌던 것 동안에 표류하는 경우가 많이 있었다. 설교는 그것의 우월함에 합당한 시간대를 부여받았다. 1857년부터 1884년까지 리폰의 복음주의파 주교였던 로버트 비커스테스(Robert Bickersteth)는 보통 55분간 설교했다.[35] 1880년 브리스톨의 기드온 회중교회에서 오전 설교는 37분간 계속됐고, 저녁 설교는 40분간 계속됐다.[36] 1875년에 개혁을 위한 사우스오스트레일리아 감리교의 설교 권고 조항에는 약간의 가외의 연구로 목회자들은 자신들의 생각을 30분으로 압축할 수 있다고 제시했다. 그러나 16년 뒤에, 장차 예배를 단축하려고 하는 호주의 또 다른 목회자는 45분에서 50분까지 계속되는 설교에 대한 선호를 여전히 표명했다.[37] 25분간의 연설은 전혀 '진짜 설교'가 아니라 한낱 '강단의 담화'라고 1888년 잉글랜드의 한 침례교인에 의해서 배척됐다.[38] 주로 잉글랜드의 비국교도들과 스코틀랜드의 장로교인들 사이에 배포되는 초교파적인 신문인 「브리티시 위클리」의 매우 진취적인

---

34) *Methodist Journal*(9 April 1875)에서의 'Amicus secundus.'
35) M.C. Bickersteth, *A Sketch of the Life and Episcopate of Right Reverend Robert Bickersteth, D.D., Bishop of Ripon, 1857-1884*(London: Rivingstons, 1887), 45.
36) R.D. Robjent, *The British Noncomformist Sunday Services*(Bristol, n.d.), 10-11.
37) 'X' in *Methodist Journal*(23 April 1875); 'Suggestor' in *Spectator*(Melbourne: 23 January 1891), 94.
38) *Freeman*(London: 13 January 1888), 17.

편집자인 로버트슨 니콜은 1896년 그 신문의 독자들이 보고한 설교 길이에 관한 조사를 발표했다. 랭카셔에 있는 클리드로 원시 감리교 채플을 담임하는 G. 비체노 목사가 행한 가장 짧은 설교는 5.75분밖에 걸리지 않았다. 더비셔에 있는 클레이크로스 메도디스트 뉴코넥션채플(Clay Cross Methodist New Connexion Chapel)을 담임하는 어떤 감독이 행한 가장 긴 설교는 놀랍게도 1시간 28분이나 계속됐다.[39] 듣는 사람들은 놀랄 만한 집중력을 발휘하지 않으면 안 되었다.

복음주의자들 사이에는 설교 기술의 몇 가지 기본 사항들에 대한 합의가 있었다. 호주 웨슬리파총회장인 헨리 거드는 1867년에 거행된 안수식에서 말씀에 관한 설교를 권하는 가운데 그런 사항들 중 대부분, 즉 '공상과 추측'보다는 '하나님의 진리', 복음에 대한 집중, '평이하고 명쾌한' 스타일, 듣는 사람들의 양심을 감동시키려는 노력 등에 대해 얘기했다.[40] 그렇지만 이 운동에 참여한 모든 설교자가 강단에서 위대한 일들을 이루었던 것은 아니다. 예를 들면, 1850년에 사망한 잉글랜드의 일반 침례파 목회자인 윌리엄 버틀러는(심지어 그에게 호의적인 사망기사 담당기자에 따르더라도) '확실히 훌륭하지만, 뛰어나지는 않은' 재능을 지니고 있었다. 그의 설교는 '사유의 독창성이나 준비'가 결여됐다. 그의 설교투는 때때로 '다소 지루했다.' 그리고 그는 '큰 소리로 단조롭게' 얘기했다.[41] 그처럼 더 약한 형제들에 대한 문제의 일부는, 많은 회중들이 쓰여진 강론들이나 때로는 심지어 강단에 갖고 올라가는 초고까지도, 그것들을 설교할 때 성령의 도우심을 거부하는 것으로 간주하면서, 반대한다는 것이었다. 19세기 중엽에 미국 감리교는 쓰여진 텍스트를 읽는 데 특히 적대적이었다. 하지만 일부 설교자들은 관습을 거부했다. 주요한 교단 신문에 실린 한 기사는 1872년 이렇게 선언했다. '만약 어떤 사람이 설교를 써놓지 않고서는 설교를 할 수 없다면, 그는 자신의 소명을 잘못 알고 있는 게 아닐까 염려할 이유가 있다….'[42] 그렇지만 일반적으

---

39) *British Weekly*(London: 19 March 1896), 356.
40) *Christian Advocate and Wesleyan Record*(10 April 1867), 16.
41) *General Baptist Magazine*(London: October 1850), 446.
42) *Christian Advocate*(29 August 1872), 275.

로, 해석할 성경 본문들을 택하는 데 있어서 어떠한 의도적인 불명료함도 있었던 것 같지 않다. 앞에서 언급된 1896년의「브리티시 위클리」조사는 어느 특정한 주일에 행해지는 설교들의 4분의 3은 신약의 본문들에 기초해 있는데, 요한복음이 가장 좋아하는 출처이고, 요한일서가 그 다음이며, 다른 3복음서가 그 뒤를 잇는다는 사실을 발견했다. 구약 텍스트의 5분의 1은 시편에서 나왔다.[43] 스타일의 견지에서, 감리교인 윌리엄 몰리 펀숀(Morley Punshon)과 같이 19세기 중엽에 강단에서 설득력 있게 설교하는, 가장 훌륭한 모범들은 뚜렷하게 찬란했다. 펀숀은 공들인 문장들로 얘기하고, '교양 있는 회중'의 마음에 와닿는 '문학적 재능'을 지녔다(고들 했다).[44] 그러나 그 뒤에 경향은 19세기 말의 감리교 강단 스타일 휴 프라이스 휴이스(Hugh Price Hughes)의 설교에서 예증되는 바와 같이 한층 단순한 어법을 지향했다. 그의 평이성은 좀 더 근대적인 울림이 있었다. 매너는 바뀔 수도 있었지만, 목적은 항상 복음을 대한 경청을 보장하려는 것이었다.

예배의 음악적 차원은 그 시기에 더 활기차지는 경향이 있었다. 그런 발전은 이미 일부 방면들에서 일어났다. 감리교인들은 활기찬 찬송으로 앞장을 섰으며, 복음주의파 국교도들은 전통적으로 늘 제공되는 운율적인 시편에 찬송가 연주곡목(레퍼토리)을 더함으로써 그 뒤를 이었다. 19세기 후반에 잉글랜드 국교회의 복음주의파는 고교회파 사람들에 맞서 '마음에서 우러나는 예배와 회중의 찬송가 부르기'에 대한 자신들의 선호를 고집했다.[45] 아프리카계 미국 흑인들은 자신들의 예배에서 제약받지 않은 충만을 더 이상 늘릴 수가 없을 정도였다.

> 그들 예배의 완전한 자유분방은 놀랄 만한 것이다…노래를 부르면서, 그들 중 한 사람 이 자리에서 일어나서 완벽한 단조로운 목소리로 찬송가의 한 줄 내지 두 줄을 되풀이한다. 그럴 때 모두가 일치하여 즉흥적인 곡조를 부른다…어떤

---

43) *British Weekly*(26 March 1896), 379.
44) *Methodism in 1879*(London: Haughton & Co., 1879), 30.
45) 참조. Bickersteth, *Bickersteth*, 79.

사람은 다른 사람의 손을 잡고서 흔들기 시작한다. 이것은 온 청중이 그렇게 동참할 때까지 계속된다-노래 부르기는 여전히 계속된다. 그와 동시에 각 사람은 마치 박자를 맞추듯이 정연하게 좌우로 움직이거나 음악을 동작으로 전환한다…[46]

그렇지만 개신교 전통의 영향을 강하게 받은 사람들 가운데서 그리고 누구보다도 장로교인들 사이에서 예배 스타일의 변화가 있었다. 그들의 관습은 성경이 보증하는 것만을, 다시 말해 신약의 분명한 재가를 받은 것만을 자신들의 예배에 받아들이는 것이었다. 기악을 배제하고 노래부르기를 성경 구절들-실제로는 시편을 의미했다-로 제한할 것을 분명히 지시하는 이런 원칙은 그 시기에 변화에 대한 압력이 점점 증가하게 되었다. 따라서 1869년 뉴질랜드에서 듄딘(Dunedin)노회는 그 상위 기관인 오타고 및 사우스랜드종교회의(synod)에 '잘 선곡된 찬송가들'을 도입하는 것을 허락해 주도록 요청했다. 교회의 '전통 있는 찬송가'를 옹호하는 한 목회자의 저항에도 불구하고, 그 요청은 수락됐다.[47] 그런 결정들의 결과로서 아이작 와츠와 찰스 웨슬리의 영감을 주면서도 심원한 작품들을 비롯한 영어 찬송가의 풍부한 축적은 일반 복음주의자들의 공동 재산이 됐다.

많은 교회들도 자신들의 노래부르기 방식을 바꾸었다. 강한 칼빈주의적 유산이 있는 교파들의 관습은 시편이 음조를 조율하기 위해서 소리굽쇠를 가지고 있는 선창자에 의해서 시작된다는 것이었다. 에딘버러에 있는 다수의 교회들처럼 번창하고 있는 교회들은 특별한 음악적 재능을 지닌 유급 선창자들이나 심지어 한 무리의 가수들까지도 고용하기 시작했다. 뉴욕 교회들에서는 찬양을 이끌기 위해서 '유행하는 4중창단'을 고용하는 것이 규범이 되었다.[48] 또한 교인들을 고무하여 평일 저녁에 음악회에서 그들의 노래하기를 실천하게 하려는 시도도 있었다. 아일랜드 장로교회의 찬송가 위원

---

46) *Examiner and Chronicle*(27 April 1865)(on the 'colored' Baptists of Richmond, VA).
47) *Christian Observer*(Christchurch: 1 January 1870), 14.
48) *Examiner and Chronicle*(9 January 1868).

제3장 믿음의 실천   125

회는 1866년 그런 단체들의 일반적인 결성을 권하면서, 그런 단체들을 조직하는 사람들은 '오로지 가장 거룩한 음악만'을 재가해야 하며, 많은 사람들이 좋아하는 가볍고 불경한 시끄러운 노래들은 모두 엄격하게 배제해야 한다고 주장했다.[49)]

기도는 서서 하지만 노래는 앉아서 부르는 전통적인 자세는 대다수의 회중들한테서 뒤바뀌었는데, 부분적으로는 마음으로부터의 노래하기가 일어서 있는 사람들에게 더 쉬웠기 때문이다. 19세기 중엽에 속도가 붙은 이런 발전이 보편적으로 환영을 받은 것은 아니었다. 인버니스에 있는 프리 하이 교회에서 목회자가 그것을 도입하려고 했을 때, 일단의 회중으로부터의 항의가 지역 노회가 개최한 11시간 동안의 토론 뒤에도 계속됐다.[50)] 그렇지만 또 다른 변화가 그 시기에 거의 모든 교회에 받아들여졌다. 문맹자의 요구에 응하는 전통적인 관습은, 찬송가를 부르기 전에 회중이 기억할 수 있는 것이 무엇이든지 간에 한 문장 내지 두 문장을 읽음으로써 찬송가를 '따라 부르게 하는' 것이었다. 하지만 읽을 줄 아는 능력이 증가하면서, 그런 관습은 바뀌거나 중단됐다. 미국에서 그런 관습은 19세기 중엽 이전에 대부분 사라졌지만, 1868년 메트로폴리탄태버내클에서 각각의 찬송가는 부르기 전에 여전히 통독을 한 다음에 이에 더하여 각각의 절을 읽었다.[51)]

사우스오스트레일리아에서는 찬송가를 따라 부르게 하기 위해 한 줄 한 줄 읽는 것은 그 후에도 오랫동안 계속됐다. 그곳에서는 그런 관습이 잉글랜드에서 갓 이주해온 한 감리교 목회자에게 처음으로 도전받았다. 그는 한 번에 한 줄 내지 두 줄보다는 오히려 절(verse) 전체를 낭송함으로써 모국의 젊은이들을 모방했다. 1880년대 초가 되어서야 비로소 그 식민지에서는 말에 의한 방해를 조금도 받지 않은 채 찬송가를 불러야 한다는 요구가 있었다.[52)] 19세기 말경 교회가 신도석을 위해서 찬송가집 세트를 구입하는 것이

---

49) *Evangelical Witness and Presbyterian Review*(Dublin: December 1866), 331.
50) *Presbyterian churchman*(Dublin: May 1877), 95.
51) *Examiner and Chronicle*(6 February, 1868).
52) Thomas Lloyd in *Methodist Journal*(25 February 1881), 7.

규범이 됐을 때, 옛 관습은 완전히 사라져 버렸다. 중단 없이 찬송가를 부를 수 있다는 것은 커다란 위안이 되었음이 틀림없다.

더 활발하게 노래하는 방법의 채택을 고무하는 한 가지 요소는 복음성가(gospel songs)의 도래였다.[53] 비록 무디의 파트너인 아이라 D. 생키가 결코 그 장르의 유일한 대표자는 아니었지만, 그는 단연 가장 인기가 있었다. 생키의 거룩한 노래와 독창곡(Sacred Songs and Solos)은 직접적으로 전세계에 영향에 끼쳤는데, 예컨대 1873년에 그것이 처음 출판되고 나서 2년밖에 되지 않았는데도 사우스오스트레일리아의 복음주의 연맹 기도회들에 채택됐다.[54] 찬송가 작가인 프란체스의 자매인 마리아 하바갈(Maria Havergal)은 생키(Sankey)의 곡들의 화음이 약하다는 것을 인정했다. 하지만 그녀는 '그 곡들이 잉글랜드의 일반 대중을 감동시킨다'고 정당하게 주장했다.[55] '안전하게 누워 있는 아흔 아홉 있었네'(There were ninety and nine that safely lay)라는 노래는 강렬한 리듬과 선한 목자이신 그리스도가 방황하는 양을 찾으려고 오셨다는 환영 메시지가 있는데, 주일학교 레퍼토리의 주요곡들의 일부가 된 생키의 작품 가운데 하나였다. 하지만 그 시기에 이루어진 변화의 우세한 방향은 더 잘 훈련된 성가대와 좀 더 까다로운 성가들과 더불어, 한층 품위 있는 음악을 지향했다.

1850년대와 1860년대에 잉글랜드와 호주에서는 심지어 고교회파 방식으로 부르는 것까지도 그것이 더 큰 참여를 보장한다는 이유로 가장 유행을 따르는 비국교도 교회들의 일부에서 도입됐다. 그렇지만 무엇보다도 가장 큰 음악적 변화는 오르간의 도입이었다. 그런 과정은 1850년 이전에 많은 더 큰 도시 회중들에서 시작됐다. 그러나 심지어 기악이 오랫동안 받아들여졌던 잉글랜드 교구에서도 그것은 통상적으로 아마추어 밴드에 의해 제공됐다. 처음에, 칼빈주의적 금지는 새로운 악기에 대한 힘찬 저항을 보장했

---

53) 참조. Sandra S. Sizer, *Gospel Hymns and Social Religion: The Rhetoric of Nineteenth-Century Revivalism*(Philadelphia: Temple University Press, 1978).
54) *Methodist Journal*(21 May 1875), 2.
55) *The Autobiography of Maria Vernon Graham Havergal, with Journals and Letter*, ed., J. Miriam Crane(London: James Nisbet, 1888), 190.

었다. 따라서 캐나다에서 자유교회 회중은 1855년에 오르간을 들여 놓았지만 즉시 그것을 없애도록 지시를 받았을 뿐이다.[56] 스코틀랜드의 반대는 격렬했으며, 스코틀랜드 북부의 고지에서는 굽히지 않았다. 그럼에도 불구하고 대다수 나라들에서 오르간은, 파이프들이 배열되어 있는 공들인 악기이든 초라한 소형 오르간이든 간에, 19세기 후반의 어떤 시점에는 대부분의 교회들에 도입됐다. 오르간은 회중이 노래부르는 것을 지원했고, 오르간 연주자에 의한 대가의 연주를 허락했으며, 참석자들의 좋은 취향을 확인해 주었다. 다시 한 번 말하지만 변화의 현저한 경향은 예배자들의 점점 커지는 체면에 영합하는 것을 지향했다.

3. 전도의 방법들

마찬가지로 이 시기에 사용된 복음전도의 방법들에는 많은 유연성이 있었다. 책임의 많은 부분이 목회자들에게 지워졌다. 1878년 사우스웨일스의 한 목사는 '심방하는 교구 목사는 교회에 다니는 사람들을 만든다'고 회상했다.[57] 목회자들은 또한 집 이외의 곳들에 침투할 수도 있었지만 성공의 정도는 각기 달랐다. 1858년 한 목사는 그와 그의 부목사가 맨처스터의 한 술집을 방문해서 주일 저녁에 가게 문을 여는 것에 대해서 주인에게 타일렀다고 보고했다. 그 주인은 대단히 정중했으며, 자신들이 '메시아'(The Messiah)를 공연하고 있다고 설명했다. 그 목사는 이렇게 말했다. '나는 그에게 거룩한 음악은 설교에 적합한 서론이라고 말했으며, 그의 허락을 받아서 나는 그들에게 가서 설교를 하려고 했다. 그가 그렇게 하라고 했지만 오히려 나는 그렇게 하지 않고서 그를 떠났다….'[58] 그렇지만 그 시기에 대해서 주목할 만한 것은 전도를 위해서 목회자들뿐만 아니라 평신도도 동원할 수 있는

---

56) 참조. Richard W. Vaudry, *The Free church in Victorian Canada-1844-1861*(Waterloo, Ont: Wilfrid Laurier University Press, 1989), 93.
57) *Occasional Paper* 113(London: Church Pastoral Aid Society, 1878), 11.
58) *Occasional Paper* 53(London: Church Pastoral Aid Society, 1858), 5.

교회의 능력이었다. 따라서 뉴욕에 있는 한 침례교회는 교회의 젊은이들 중 일부를 조직해서 '목사의 조력자들'이라는 단체를 만들었는데, 그들은 책자를 배포하고 교회가 소재한 지역에 사는 가난한 사람들을 심방했다.[59] 영적인 목적들을 위하여 사람들의 집을 심방하는 것은 성장하는 도시들에서의 크리스천의 의무의 정규적인 특징으로 바뀌었다.

이상적으로는, 하나의 국교회 교구는 20가구 이하의 작은 지역들로 나눌 수 있으며, 이 가구들은 제각기 회중의 한 구성원의 심방을 매주 받을 수가 있었다. 이렇게 거대한 무리의 분교구 자원봉사 심방자들은 교회 스태프로 있는 유급 평신도들에 의해서 보충될 수가 있었다. 따라서 1850년대 중반에 런던 중심부에 있는 블룸스베리(Bloomsbury)의 세인트 자일스(St. Giles)에는 사제 7명과 더불어 11명의 성경 봉독자와 도시 선교사들이 있었다.[60] 이러한 고용인들은 광범위한 조직체들-그것들 가운데 다수는 젊은이들을 목표로 삼았다-을 감독하는 임무를 맡는 경우가 많이 있었다. 1890년대에 이즐링턴의 세인트메리교회는 연소자 금주 동맹(Bands of Hope), 교회 청년단(Church Lads' Brigde), 젊은 여성들을 위한 주중 성경반, 그런 그룹에 레크리에이션과 훈련 그리고 클럽의 급부금을 제공하는 연구소, 종지기 길드(Bellringers' Guild), 축구 클럽, 합창단 및 그 밖의 조직체들을 제공했다.[61] 그와 동시에, 바로 도로를 끼고 있는 회중교회인 이즐링턴의 유니온 채플은 그 지역의 좀 더 가난한 곳들에 지선교교회 3군데를 후원했다.[62] 인근에 복음을 전하는 것은 모든 회중의 과업으로 간주되었다.

그렇지만 국내 전도 사역은 교회가 있는 동네를 훨씬 넘어서 확장됐다. 도시들에서는 옥외 집회, 임대한 홀에서의 전도, 극장 예배 등이 있었다. 시골이면서 갓 정착이 이루어진 지역들에서는 다른 방법들이 있었다. 미국의

---

59) *Examiner and Chronicle*(19 March 1868).
60) 참조. See Bickersteth, *Bickersteth*, 68.
61) Margaret Barlow(ed.), *The Life of William Hagger Barlow, D.D.*(London: George Allen & Sons, 1910), 74.
62) W.H. Harwood, *Henry Allon, D.D: Pastor and Teacher*(London: Cassell & Co., 1894), 28, 29, 63.

감리교인들은 설교를 위해서 인구가 적은 지역들의 사람들을 모으려고 야외 집회를 개척했다.[63] 그런 집회들은 좀 더 계획적인 경우가 많이 있었지만 여전히 강렬하게 신앙부흥운동적인 정신이 특징이었는데, 그 시기에 계속됐으며, 세계의 다른 지역으로-그런 집회들이 원시 감리교인들에 의해서 운영된 잉글랜드로 그리고 원시파 뿐만 아니라 웨슬리파도 참여한 호주로- 확장됐다. 독창적인 방법들이 멀리 떨어진 지역들에서 관심을 끌기 위해서 고안됐다.

노래 지도에 대한 요구를 알아챈 테네시주의 한 침례교인 설교자는 한 지역에 음악 교습소를 차리고서 그곳을 기도 집회로 바꾸었는데, '통상적인 결과는 결실이 풍부한 신앙부흥이었다.'[64] 새로운 영토에서 가장 이른 시기에 활동하던 설교자들은 첫 정착민들이 도착한 뒤 이내 도착하는 경우가 많았다. 19세기 중엽의 이스턴케이프에서처럼, 그들은 그 사람들의 가정에서 예배를 드리기 위해서 장거리를 여행할 필요가 있을 수도 있었는데, 그 사람들을 모아서 회중으로 만들 가망이 없었기 때문이다.[65] 또는 1850년대의 미네소타에서처럼, 목회자들은 예배에 참석하는 것이 인디언의 공격을 받을 위험에 의해서 제한받는다는 사실을 알 수가 있었다.[66] 변경의 조건은 개척자적인 설교자들이 두 가지 직업을 가져서, 가족을 부양하기 위해 가르치거나 경작하는 데 종사해야 한다는 것을 지시하는 경우가 많았다. 상황은 또한 그들을 유도하여 필사적인 조치를 채택하도록 만들 수도 있었다. 플로리다 순회 목사인 사이몬 리차드슨이 그를 숨어서 기다리고 있는 패거리가 그를 해치우기 전에 그들을 가급적 많이 죽일 계획을 세웠을 때처럼 말이다.[67] 그런 임시변통의 인물들은 그들의 이웃들의 생활 방식에 완전히 통합

---

63) 참조. C. A Johnson, *The Frontier Camp Meeting: Religion's Harvest Time*(Dallas, TX: Southern Methodist University Press, 1955).
64) *Examiner and Chronicle*(27 February 1868).
65) *Wesleyan Methodist Magazine*(February 1850), 216.
66) *American Missionary*(New York: January 1857), 6.
67) S.P. Richardson, *The Lights and Shadows of Itinerant Life*(Nashville, TN: Publishing House of the Methodist Episcopal Church South, 1900), 129.

되어서 영어권 세계의 구석구석에 복음을 전했다.

많은 조직체들이 이 시기에 신앙을 전파하기 위해서 존재했다. 잉글랜드 국교회 사제로서 복음전도자인 헤이 아이트켄(Hay Aitken)은 특별한 복음전도 노력의 일환으로 기꺼이 교구를 심방하는 그 자신과 같은 사람들의 사역을 조율하기 위해서 1881년에 교회교구선교회(Church Parochial Missions Society)를 설립했다. 4년 뒤에 이 선교회(CPMS)에서 갈라진 유사한 단체인 처치아미(Church Army: 잉글랜드 국교의 전도 단체-역주)는 그 조직체가 더 광범위하게 사람들의 마음에 들도록 하기 위하여 그 위원회에 의도적으로 비복음주의파를 포함시켰다.[68]

웨슬리파는 얼마 전에 분교구 선교사들을 임명하기 시작했으며 그리고 이내 토마스 챔프니스는 그가 발행하는 신문인 「조이풀 뉴스」와 연관된 복음전도자들의 네트워크를 창설하고 있었다. 1889년까지 그들은 89명이었다.[69] 백만장자 양말 장수인 사무엘 몰리는 회중교 국내선교회를 부활시키기 위해서 1858년부터 책임을 맡았다. 그의 후원으로 이 단체는 평신도 복음전도자와 성서보급원들을 채용하는 것을 전문으로 했다. 그들은 종종 주민(州民)협의회(county associations)에 근무했다.[70] 스펄전의 목사대학은 잇달아 국내 심방회, 복음전도자회, 개척자 전도단 등을 세웠다. 이 대학은 스스로가 '새로운 터를 일구는 것과 새로운 교회들을 모으는 것'과 관계가 있는 국내선교의 한 유형이라고 매우 정당하게 주장할 수 가 있었다.[71] 지역 교회 이외의 많은 단체들을 경멸한 엄격한 침례파(Strict Baptists)까지도 1851년에 런던 복음전

---

68) 참조. Anne Bentley, "The Transformation of the Evangelical Party in the Church of England in the Later Nineteenth Century"(unpublished PhD thesis, Durham University, 1971), 311-324-325, 328.

69) 참조. Eliza M. Champness. *The Life Story of Thomas Champness*(London: C. H. Kelly, 1907), 189, 215-243.

70) 참조. Edwin Hodder, *Life of Samuel Morley*(London: Hodder & Stoughton, 1888), 95-98.

71) *Historical Tablets of the College founded by Charles Haddon Spurgeon in 1856 and in first called the Pastor's College*, ed. G. W. Hare(Southport: Thomas Seddon, 1951), 39, 45, 51; *Annual Paper descriptive of the Lord's Work connected with the Pastor's College, 1879-80*(London: Alabaster & Passmore, 1880), 3.

도단협의회를 그리고 9년 뒤에 국내복음전도단을 설립했다.[72] 교단의 모험적 사업들과는 별도로, 신앙고백적 범위를 분명히 하지 않는 협력적인 단체들도 많이 있었다. 런던도시전도단과 다른 도시들의 그것에 상당하는 단체들은 전략적으로 배치된 활동가들을 통하여 노동자들에 도달하는 데 집중했는데, 어쩌면 초교파적인 조직체들 중에서 가장 뛰어난 단체였을지도 모른다.[73] 여기서 언급된 모든 단체들은 잉글랜드에 있었지만, 다른 곳에서도 이와 유사한 단체들이 있었다. 종종 잉글랜드 단체들을 그대로 닮은 단체들이었으나 때로는 1895년 사우스오스트레일리아에 설립된 성경크리스천의복음전위대(Bible Christian's Gospel Van Mission)가 그러하듯이, 말로 여행하는 것이 허용되지 않은 황량한 오지와 같은 조건에서는 현지조건에 맞는 자주성을 보였다.[74] 그것은 활기찬 국내 전도 활동의 시대였다.

복음전도사역은 그 시기의 사회적 관심과 밀접하게 관련되어 있었다. 그것의 위대한 모범이 샤프츠베리(Shaftesbury) 경이었다. 그는 당대의 지도적인 복음주의파 잉글랜드 국교회 평신도였으며 또한 걸출한 사회개혁가였다.[75] 그가 가장 흔히 연관되는 운동, 즉 공장에서의 노동 시간을 하루 10시간으로 제한하자는 운동은 이미 과거 속에 있었다. 다시 말해 아동에 대해서 이러한 제한을 시행하는 의회의 조치를 통과시킴으로써 그는 1833년에 주목할 만한 승리를 거뒀으며 또한 그는 그 운동이 1847년에 성공을 거둘 때까지 계속해서 그 운동을 옹호했다. 그러나 샤프츠베리는 일련의 다른 문제들에 대한 지도자였다. 그는 위생 개혁을 진척시켰고, 하숙집 검사를 도입했으며, 정신질환자 요양소에 관한 규정을 확실하게 했다. 그는 노동자 계급에게 개선된 주택을 공급할 것을 주창한 사람들 중에서 가장 유명한 인

---

72) 참조. Ian J. Shaw, *High Calvinist in Action: Calvinism and the City: Manchester and London, 1810-1860*(Oxford: Oxford University Press, 2002), 265-266.
73) 참조. D. M. Lewis, *Lighten their Darkness. The Evangelical Mission to Working – Class London, 1828-1860*(Westport, CN: Greenwood Press, 1986).
74) 참조. Arnold D. Hunt, *This Side of Heaven: A History of Methodism in South Australia*(Adelaide: Lutheran Publishing House, 1985), 114.
75) 표준이 되는 전기는 G.B.A.M. Finlayson, *The Seventh Earl of Shaftsbury*(London: Eyre Methuen, 1981)이다.

물이었다. 그는 일련의 자원봉사회들의 후원자였는데, 그 단체들 중에서 그가 심혈을 기울인 두 단체는 빈곤한 아동들을 대상으로 한 빈민 학교들과 과일·생선 행상인들에게 복음을 전하는 황금길 전도단이었다. 그는 이 행상인들이 사용할 수 있도록 하기 위해서 그의 문장이 박힌 길거리용 손수레를 제공했다. 복음주의 세계의 선교 및 자선회들의 연례 집회인, 엑시터홀의 5월 집회에서 샤프츠베리보다 더 자주 연설하는 사람은 없었다. 그의 동기들은 복합적이었다.

그가 1840년대에 로버트 필(Robert Peel) 경에게 공언했던 대로, 그의 목적의 일부는 '많은 사람들의 마음에 들어서 우리의 축복받은 조직으로 끌어들이려는 것'이었다.[76] 그것은 마르크스주의자가 바랄 수 있었을 것과 같은 사회 통제를 목적으로 하는 명확한 진술이었다. 샤프츠베리는 보수당 귀족으로서 사회적 계급을 인정하는 그 시대의 전통적인 귀족적 가치관, 즉 불평등과 차별을 불가피하게 지지했다. 하지만 강력한 크리스천의 책무감도 있었다. 그는 1857년도 자신의 일지에서, 마태복음 25장의 심판 장면에서 염소들은 그것들이 저지른 죄에 대해서가 아니라 그것들이 게을리 한 의무에 대해서 정죄를 받는다는 데 주목했다. 그리스도는 요컨대 이렇게 물으셨다. '너는 너와 같은 죄인들의 육체적 및 영적 안녕을 위해서 수고했느냐?' 샤프츠베리는 야고보서 4:17의 말씀으로 결론지었다. '이러므로 사람이 선을 행할 줄 알고도 행치 아니하면 죄니라.'[77] 이 귀족은 불우한 사람들을 위해서 끊임없는 수고를 바쳤는데, 그가 성경에 민감한 양심의 자극을 받았기 때문이다.

또한 샤프츠베리는 당대의 복음주의 공동체에서 이례적인 사람이 아니었다. 다른 저명한 인물들도 주요한 자선사업들을 진척시켰다. 브리스톨의 조지 뮬러, 런던의 토마스 바르나도, 글래스고의 윌리엄 쿼리어(William Quarrier)도 모두 대규모 고아원들을 창설하는 책임을 맡았다. 우리가 이미 살펴본 대로 스펄전도 그러했다. 마찬가지로 D. L. 무디도 그의 인도를 기

---

76) 참조. D. L. Edwards, *Leaders of the Church of England, 1828-1944*(London, 1971), 129.
77) G. F. A. Best, *Shaftsbury*(London: B.T. Batsford, 1964), 54-55에 의해 인용된 Diary, 1 October 1857.

대하고 있는 사람들 사이에서 사회적 관심을 불러일으키는 모험적 사업들을 권했다. 그는 가난한 사람들을 위한 더 나은 주택 공급을 위해서 얘기했으며 그가 글래스고를 방문한 뒤에 사회 개혁의 물결이 일었다.[78] 미국에서 YMCA는 복지 사업에 착수했으며, 남북전쟁 중에 기독교 위원회는 군대에 대한 연민을 구체화했고 1870년대부터 빈민가에서 활동하는 독립적인 구제 선교회들은 무료 음식과 숙박을 성실한 복음전도와 결합시켰다. 영어권 세계 전체에 걸친 수많은 교회들과 교회가 후원하는 단체들이 사회적 빈곤의 여러 측면과 씨름했다.[79]

1859년에 찰스 켐블이 개설했듯이, 도시 교구의 이상적인 패턴에는 다음과 같은 것들이 포함됐다. 고기, 빵, 석탄, 포도주, 맥주, 칡가루, 사고(sago: 사고야자의 나무 심에서 뽑은 녹말 모양의 식품—역주), 쌀, 차 등의 구제 물품이 있는데, 이 모두가 주일에 가게 문을 닫는 소매상인들을 통해서 공급됐다. 병원 시설에의 접근, 예금에 이자를 제공하는 공제 기금(Provident Fund), 값싼 수프와 겨울에 빌려주는 담요 그리고 머지않아 엄마가 될 여성들에게 제공되는 양철 상자들이 있는데, 각각의 상자에는 성경, 기도서, 오트밀, 설탕, 비누 등과 때로는 아마포(리넨)가 들어 있었다.[80] 기초가 되는 전제는 1860년 빅커스테스 감독이 리즈철학협회에서 행한 연설에서 명확히 표명됐다. 그는 가난한 사람들이 그들의 물질적 환경 속에서 도움을 필요로 한다고 주장했다. 초라한 주거는 성직자의 사역을 무력하게 할 수가 있었다. '마음과 물질은 밀접하게 연결되어 있다'고 그는 결론지었다. '그리고 정신적 체질과 마찬가지로 도덕적 체질도 그것이 끊임없이 노출되는 물질적인 영향

---

78) 참조. I. G. Hutchison, *A Political History of Scotland, 1832-1924, Elections, Issues*(Edinburgh: John Donald, 1986), 136-138.
79) 미국에 대해서는 Norris Magnuson, *Salvation in the Slums: Evangelical Social Work, 1865-1920*(Grand Rapids, MI: Baker Book House, 1990); 영국에 대해서는 Kathleen Heasman, *Evangelicals in Action: An Appraisal of their Social Work during the Victorian Era*(London: Geoffrey Bles, 1962)을 참조하라.
80) 참조. Charles Kemble, *Suggestive Hints on Parochial Machinery*(London: David Batten, 1859), 24-26.

에 따라서 향상될 수도 있고 약화될 수도 있다.[81] 즉 인간들은 하나의 통일체를 형성한다는 것이다. 몸을 돌보는 것을 영혼에 자양분을 공급하는 것과 결합시키는 전인적인 사명은 자연스러운 반응인 것 같았다.

문헌은 복음주의자들이 그들의 동시대인들에게 전도하는 데 종사하는 또 다른 수단이었다. 간결한 소책자이거나 심지어 낱장짜리이기도 한 소책자(tract)가 복음을 전파하기 위해서 널리 사용됐다. 분교구(district: 큰 교구[parish]를 나눈 한 구역-역주) 심방자들의 주요 목적은 각 가정에 매주 발행되는 책자를 가져가는 것인 경우가 많았다. 이렇게 나눠준 자료의 양이 엄청나게 많았다. 따라서 주로 '그 도시의 가장 경시되는 지역들에서 활동하는, 멜버른의 콜린스스트리트침례교회의 책자협회(Tract Society)는 1861년 6월에 보고하기를, 그 전해에 그 단체는 「오스트레일리언 에반젤리스트」 540부와 중국어 성경 및 책자 120권과 더불어 63,500부나 되는 표준 사이즈 책자를 배포하였다고 했다.

이에 더하여, 돈을 빌려서 매주 평균 300부의 책자를 배포했다. 5년 뒤에 그 단체는 책자를 총 96,000부까지 늘렸다.[82] 영국에서는 노샘프턴셔의 작은 교회 두 곳을 담임하는 목회자가 1887년 12월에 『늙어가는 것에 대하여』(On Growing Older)라는 책자 36부, 『길가에서 들리는 종소리』(Wayside Chimes) 24부, 『성탄절을 맞아서 가정을 위한 말씀』(Home Words for Christmas) 96부, 『1888년도 평판 달력』(Tablet Almanac for 1888) 4부, 『난롯가』(Fireside) 크리스마스 특집호 2부, 『고통의 시간들을 위한 마음을 밝게 하는 노래들』(Songs of Cheer for Hours of Pain) 12부를 받았다는 것을 인정했다.[83] '당신은 영혼들을 구원받도록 하기를 원하십니까?' 하고 1898년에 미국의 한 광고는 물었다. '그렇다면 『화살들』(Arrows) 10,000부를 주문해서 널리 뿌리십시오. 그것들은 영혼을 얻는 것입니다. 10,000부: 5달러.'[84] 노샘프턴셔의 경우가 제시하듯이, 점점 더 잡지들이 책자를 보충하고 또 대신하기 시작

---

81) *Bickersteth, Bickersteth*, 61.
82) *Australian Evangelist*(Melbourne: 18 June 1861), 43;(18 December 1866), 380.
83) *Freeman*(6 January 1888), 14.
84) *Evangelistic Record*(Chicago: June 1898), 282.

했다. 이미 1858년에「가정에서 맞는 주일」(Sunday at Home)과 「레저 시간」 (Leisure Hour)은 신앙심이 없고 풍기를 문란케 하는 문헌에 대한 치유책으로 여겨지고 있었다.[85] 좀 더 실질적인 책들 또한 복음전도 목적으로 사용됐다. 19세기 중엽에 보급된 어느 잉글랜드 회중교 목회자의 저작은 얼레인의『회심하지 않은 자들에게 울리는 경종』(Alarm to the Unconverted), 백스터의『회심하지 않은 자들을 부르심』(Call to the Unconverted), 백스터의 지금이야말로『예수께서 자비를 베푸실 절호의 기회이다』(Now or Never, Jesus showing Mercy), 파이크의『영원한 생명』(Eternal Life), 두리틀의『회심하지 않은 자들은 부르심』(Call to the Unconverted), 제임스의『걱정스러운 질문자』(Anxious Enquirer), 도드리지의『종교의 발생과 진보』(Rise and Progress of Religion)-이 책들의 절반이 17세기에 나온 것이라서 흥미를 끄는 목록-등을 추천했다.[86] 성경전서 및 신·구약과 더불어, 이렇게 방대한 문헌들은 복음주의 신앙의 문화적 우세를 설명함으로 먼 길을 가야만 한다.

4. 젊은이들에 대한 선교

또 다른 설명이 젊은이들 사이에 이루어지는 헌신적인 사역에 있다. 스코틀랜드 북부 고지 외에도, 어린이들을 문답식으로 가르치는 전통적인 기법을 사용하는 곳들이 있었다. 노스캐롤라이나의 장로교인들 사이에서는 17세기 웨스트민스터회의의 소요리문답이 19세기 말에도 그리고 실로 그 후로도 오랫동안 여전히 목회자에게 암송되고 있었다.[87] 그렇지만 19세기 후반에 젊은이들 사이에서 신앙을 고취하는 으뜸가는 방법은 주일학교였다.[88] 거의 모든 도시 교회들과 많은 시골 회중들은 자원봉사자들이 성경으

---

85) *Occasional Paper* 53(London: Church Pastoral Aid Society, 1858), 4.
86) George Redford, *The Great Change: A Treatise on Conversion*(London: Religious Tract Society, n.d.), 42.
87) *North Carolina Presbyterian*(Charlotte, NC: 13 January 1898), 6.
88) 이전의 시기들을 망라하고 있을지라도, 영국에 관한 기본적인 작품은 T.W. Laquer,

로 어린이들을 가르치는 정례적인 주일학교를 열었다. 이러한 조직체들은 대단히 인기가 있게 되었다. 1857년 코네티컷에서는 다섯 살에서 열두 살까지의 연령 집단의 약 38%가 주일학교에 등록됐다.[89] 1891년 글래스고에서는 장로교 주일학교들에만도 다섯 살에서 열다섯 살까지의 어린이들의 52%가 그 명부에 올랐다.[90] 바꿔 말하면, 이러한 기관들은 교회들이 일반 주민들로부터 끌어들이는 것보다도 훨씬 더 높은 비율로 목표로 삼은 연령 집단을 모을 수가 있었다.

1850년대의 미네소타와 20년 뒤의 로키 산맥을 낀 미국의 제주(諸州)와 같이, 새로운 정착지들에서 주일학교는 예배가 시작되기도 전에 세워지는 경우가 많았다.[91] 그 인기는 원래 부분적으로는, 주간 학교들이 초등교육을 하면서도 수업료를 받을 때, 주일학교에서는 읽고 쓰는 것을 공짜로 교육을 받을 수 있는 데 의거했다. 그러나 1870년대에 이르러서는, 공공교육시설의 향상으로 커리큘럼에서 세속적인 내용은 실질적으로 사라졌다. 주일학교가 어린이들에게 기본적인 도덕을 가르치는 수단으로서 부모들의 마음에 들었던 것은 의심할 여지가 없다. 그리고 주일학교는 특별한 매력들 때문에 어린이들을 끌어들였다. 예컨대, 1861년 퀸즐랜드(Queensland)의 한 침례교회가 문을 열었을 때 수요일 저녁 주일학교 오락회가 있었는데, 그때 '어린이들은 자신들에게 제공된 것이 너무 많은 나머지 막대한 양의 좋은 것들을 버릴 정도였다.'[92] 출석을 잘 하면 상을 주었으며 해마다 시골이나

Religion and Respectability: Sunday Schools and Working Class Culture, 1780-1850(New Haven: Yale University Press, 1976)이다. P.B. Cliff, *The Rise and Development of the Sunday School Movement in England, 1780-1980*(Nutfield, Redhill, Surrey: National Christian Education Council, 1986)이 그 작품을 보충한다. 미국에 대해서는 Anne A. Boylan, *Sunday School: The Formation of an American Institution*(New Haven: Yale University Press, 1982)이 있다.

89) P.E . Howard, *The Life of Henry Clay Trumbull*(Philadelphia: Sunday School Times, 1895), 155.
90) 참조. Callum G. Brown, *The Social History of Religion in Scotland since 1730*(London: Methuen, 1987), 85.
91) *American Missionary*(January 1851), 6; *Rocky Mountain Presbyterian*(March 1872).
92) *Australian Evangelist*(3 December 1861), 22.

바닷가로 소풍을 갔다. 이러한 소풍은 거의 모든 시간을 도시의 불결함 속에 갇혀 있는 어린이들에게는 대단히 즐거웠다. 무엇보다도, 주일학교 기념일은 한 해의 중대한 시점이었다. 노래와 암송, 새 옷과 사람들의 박수갈채, 특별한 강연자, 기금 모금에 기울이는 많은 노력, 옛 친구들의 귀환 등이 있었다. 사흘 내지 나흘 동안 주일학교는 중요성에서 교회를 훨씬 능가했다. 이 기념일은 젊은이들의 충성을 확인하는 데 크게 도움이 됐다.

주일학교의 정규 패턴은 훨씬 덜 재미있었다. 통상적으로 오전 예배 전에 수업이 있었으며 오후 2시 내지 3시에 두 번째 수업이 있었다. 오전에는 작은 반들에서 구약 공과를 가르치는 것과 더불어 이전에 외운 찬송가나 성경 본문을 되풀이하는 것일 수 있었다. 오후에는(잉글랜드 국교회 학교에서는) 본기도(本祈禱: 말씀의 전례 직전의 짧은 기도-역주)를 암송하고, 신약 공과를 가르치며, 배웠던 것에 대해서 주일학교 전체가 감독자가 내는 30분간의 시험을 치를 수가 있었다.[93] 1868년 조지아주 애틀란타 출신의 어느 침례교 신문 기자는 노래하기가 북돋아지고 기도는 짧아야 한다고 주장했다. 칠판의 도입은 수업을 활기차게 하곤 했다.

'질문의 책(Question Book) 수업을 진행하면서 아동들을 억지로 1시간 동안이나 앉아 있게 하는 관습은 좋은 관습이 아니다.'[94] 주일학교를 담당하는 사람들은 전문적인 훈련이 결여 되어 있었으므로 평일에 어린이들이 만나는 교사들보다 현저하게 덜 효율적인 경우가 많았다. 하지만 수준을 높이려는 노력이 있었는데, 특히 영국의 주일학교 연합과 미국의 이에 상당하는 단체를 통하여 그러했다. 양 단체는 널리 쓰이게 된 동일한 공과들을 출판했다. 1857년 시드니에서 주교의 후원으로 설립된 국교회주일학교연구소와 같은 교단의 기관들도 기독교 교육의 질을 향상시키기 위해 노력했다.[95] 비록 복음주의적인 주일학교에서 그 목적은 어린이들을 인도하여 회심의 지점에 이르게 하려는 것이었지만, 그런 노력이 성공적이지 못하다는

---

93) Kemble, *Parochial Machinery*, 201.
94) 'G.C.C.' in *Religious Herald*(Richmond, VA: 23 April 1868).
95) *Church of England*(Sydney: 1 May 1857), 153.

불만이 있었다. 1871년 캐나다 온타리오주 런던에서 개최된 주일학교 사역자 대회에 참석한 형제단의 한 구성원은 형제단이 주일학교의 조직에 대해서는 강하지만 회심은 간과한다는 생각했다.[96] 확실한 것은 주일학교가 자신들이 맡고 있는 학생들을, 특히 소년들을, 교회 자체로 데려오고 있지 않다는 끊임없는 우려가 있었다는 것이다. 십대 시절에 그들의 출석이 뚝 떨어지곤 했다. 따라서 주일학교는 아마도 젊은이들을 끌어들여서 교회 신도가 되게 하는 것보다 일반 주민한테 기독교 가치관을 심어주기 위해 더 많은 일을 했을 것이다.

그렇지만 젊은이들에게 영향을 미치는 다른 기관들이 있었다. 세계의 많은 지역의 주간 학교들은 기독교의 가르침을 전달하기 위한 수단이었다. 그것들 가운데 다수가 교회에 의해서 제공됐다. 1867년 리폰의 주교 관구에서는 407곳이나 되는 교구들에 교회 초등학교가 있었으며 단지 23곳의 교구만 그런 학교가 없었다.[97] 교구 사제는 종교 교육을 하기 위해 매주 또는 심지어 날마다 방문했다. 심지어 3년 후에 초등교육법이 통과되고 나서 잉글랜드가 처음으로 전국적인 교육 체계를 갖추었을 때에도, 이 법에 의거해서 제공된 공립학교들은 계속해서 그들의 커리큘럼에 기독교의 가르침을 포함시켰다. 공립학교는 어떤 교파든지 교파의 독특한 교리들을 가르치는 것이 금지됐다. 그러나 제공되는 것으로서 성경에 바탕을 둔 교육은 복음주의 교회들의 공통된 메시지에 가까웠다. 마찬가지로, 비분파적인 기독교의 가르침은 미국 공립학교의 커리큘럼에 정식으로 포함됐다. 따라서 어린이들이 평일에 배우는 것은 주일에 배우는 그들의 공과를 강화했다. 더욱이, 교회들은 젊은이들을 가르치고 동원하기 위해 새로운 조직체들을 창설했다. 1881년 메인주 포틀랜드의 회중교 목회자인 프란시스 E. 클라크 박사는 기독교면려회(Christian Endeavor Society)를 발족시켰는데, 이는 빠르게 전세계로 퍼진 운동이었다. '그리스도와 교회를 위하여'라는 표어 아래 운

---
96) *Donald Munro, 1839-1908: A Servant of Jesus Christ*(Glasgow: Gospel Tract Publications, 1987), 60.
97) Bickersteth, *Bickersteth*, 221.

영되는 이 단체는 그 사역의 여러 측면에 대해 젊은이들에게 책임을 부여함으로써 그들에게 크리스천의 제자직을 가르치기 위해 계획됐다.[98] 따라서 1891년 빅토리아주 지롱(Geelong)에 있는 야라(Yarra) 스트리트 웨슬리파 주일학교에서 기독교면려회는 집행위원회와는 별도로 8개의 위원회를 임명했는데(방문자와 결석자들을 위한), 돌봄위원회, 기도회위원회, 사회위원회, 주일학교와 부름위원회(결석자들에 주의를 기울이고 새로운 학생들을 데려오기 위해), 금주위원회, 좋은 말 쓰기위원회(무익하거나 불친절한 말을 쓰면 그 구성원들에게 반 페니의 벌금을 부과함), 구제위원회(병자들을 심방하기 위해), 문헌위원회 등이 그것들이었다.[99] 1867년에 설립된 아동특별봉사선교회는 잉글랜드에서 해변선교회를 조직했다. 그 분회인 성경연합은 성경연구주해서를 발행했다. 그리고 1883년 글래스고에서 설립된 기독교 소년단(Boy's Brigade)은 그 단원들에게 훈련과 제복을 줌으로써 새로운 모범을 보였다. 그 시기 전반에 걸쳐서, 기독교청년회(YMCA)는 기독교적인 분위기 속에서의 자기 개선을 위한 편의를 제공했다. 이 모든 단체들은 다른 단체들과 더불어 젊은이들 사이에서 크리스천의 삶과 노력을 함양했다.

5. 신앙부흥운동

교회 성장을 가져온 또 다른 방식은 신앙부흥운동이었는데, 그 시기의 복음주의자들에게 소중한, 강렬한 종교적 각성의 시대였다. 1853년 「아일랜드 장로교인」(*Irish Presbyterian*)지는 이렇게 설명했다. '종교의 부흥은 종교가 얼마 동안 그래왔던 것보다 더 융성하게 될 때는 언제든지 일어난다. 그것은 죄 안에서 죽은 자들에게 영적인 생명을 나누어 주는 것이며 신자들의 은혜들을 속히 임하게 하고 북돋우는 것이다.'[100] 장로교 성찬식 절기와 관

---

98) 참조. W.K. Chaplin, *Francis E. Clark: Foundation of the Christian Endeavour Society*(London: British Christian Endeavour Union, n.d).
99) *Spectator and Methodist Chronicle*(Melbourne: 13 February 1891), 154.
100) *Irish Presbyterian*(Belfast: June 1853), 145.

련된 전통적인 형태의 신앙부흥운동이 있었다. 이는 사유가 죄와 구원의 궁극적인 문제들에 집중되어서, 많은 참석자들을 감동시켜 새로운 서약을 하게 하는 흔치 않은 사건이었다. 목회자들은 개인적인 인도를 제공하고, 기도회를 조직하며, 장시간에 걸쳐서 평일 예배를 추가로 드리곤 했다.[101] 성찬식의 거행으로 촉진된 신앙부흥운동이 19세기 중엽에도 여전히 때때로 일어났는데, 1857년 12월 오하이오주 스트레이트크리크교회의 회중교인들 사이에서 그러했다.[102]

감리교인들은 새로운 방식의 신앙부흥운동-감정적이고, 종종 평신도가 이끌며, 보통 밤늦도록 계속되고 예의범절 따위는 대담하게 버렸다-을 도입했다. 조지아주의 한 순회 목사에 따르면, 감리교인의 10분의 9가 이러한 신앙부흥운동 덕분에 회심을 하게 됐다고 한다.[103] 따라서 감리교의 성장은 부흥이 흔히 일어나던 시절에 고도의 성장이 있는 맥박의 패턴에 의해서 특징지어졌다. 잉글랜드에서는 1848-50년, 1858-60년, 1875-77년, 1881-83년 그리고 1904-06년에 그런 절정이 있었다.[104] 19세기 초엽에 찰스 피니는 세 번째 접근법을 더하면서, 신앙부흥은 질서정연한 우주의 자연스러운 현상으로서 과학적으로 이해될 수 있다고 가르쳤다. 따라서 특별한 조치가 제대로 계획되었다면, 신앙부흥이 아주 확실히 뒤따랐을 것이다. 그러나 신앙부흥운동, 특히 감리교 및 피니 유형의 신앙부흥운동은 복음주의 진영 외부뿐만 아니라 내부로부터도 비판을 끌어들였다. 좀 더 냉정한 한 회중교 선교사에 따르면, '질식할 것만 같은, 사람들이 꽉 찬 집에서 완전히 동시에 이루어지는 노래하기, 소리 지르기, 뛰기, 말하기, 기도하기' 등은 사람들로 하여금 감정이 복받쳐서 자신들의 이름을 회심자로 제출하게 했지만 그런 흥

---

101) 참조. Leigh E. Schmidt, *Holy Fairs: Scottish communions and American Revivals in the Early Modern Period*(Princeton: Princeton University Press, 1989).
102) *American Missionary*(March 1858), 62.
103) Richardson, *Lights and Shadows*, 143.
104) R.B Walker, "The Growth Rate of Wesleyan Methodism in Victorian England and Wales", *Journal of Ecclesiastical Historical* 24(1973), 268.

분이 끝나자마자 그들은 시들해졌다.[105] 사실 이런 방법으로 회심을 고백하는 사람들의 서약은 일시적인 것으로 판명되기 일쑤였다. 그러나 이런 사건들이 온 공동체들의 눈앞에 현저하게 복음주의 신앙을 가져오고 뿌리 깊은 도덕적인 변화를 자주 초래했다는 것도 마찬가지로 사실이다.

이 시기의 가장 큰 움직임은 1850년부터 1860년 사이에 일어났다. 에드윈 오르는 주장하기를 이때의 신앙부흥은 적어도 영국 제도에서는 '제2차 복음주의 각성'(Second Evangelical Awakening)이라고 적절히 불릴 수 있는 반세기를 열었다고 했다.[106] 비록 그런 주장이 과장된 것이더라도, 1858-60년의 신앙부흥은 그 범위가 대단히 넓었으며 그 영향이 강력했다. 1858년 1월 초순에 미국 북부에서 이례적으로 많은 지역적 각성이 있었으며, 2월 하순부터는 그런 신앙부흥이 뉴욕을 장악했다. 그 신앙부흥의 두드러진 특징들이 그 도시의 감리교 신문에 의해서 목록으로 만들어졌다. 즉 그 신앙부흥운동은 특별한 신앙부흥운동가들에 의해서 시작된 게 아니라 보통의 예배에서 시작됐다.

그것은 미국의 북부에서 널리 퍼졌다. 그것은 북부의 도시들의 '유능한 실업가들'을 끌어들였다. 그것은 조용했으며, 어떤 육체적 현상들도 거의 없었다. 그리고 그것은 기독교적 자선이 특징이었으며, 그래서 연합 집회들이 있었다.[107] 적어도 뉴욕과 같은 곳들에서 그런 양상은 대체적으로 보다 조직적이었고 좀 더 차분했으며, 미개척지의 부흥운동들이 전통적으로 그러했던 것보다 더 평화적이었다. 대량의 파산을 일으킨 경제의 불황으로 몹시 괴로웠던 사업가들이 정확히 한 시간 동안 계속되는 데 맞춰서 그리고 일정으로 빽빽한 일지와 양립하는 정오 기도회에 밀어닥쳤다. 이런 일화 전반은 '사업가들의 신앙부흥'으로 알려지게 되었다.[108] 이 신앙부흥에는 젊은이들

---

105) J.H. Jones in *American Missionary*(June 1858), 136.
106) Edwin Orr, *The Second Evangelical Awakening in Britain*(London: Marshall, Morgan & Scott, 1949), 262-263.
107) *Christian Advocate and Journal*(New York: 11 March 1858), 38.
108) Kathryn T. Long, *The Revival of 1857-58: Interpreting an American Religious Awakening*(New York: Oxford University Press, 1998)은 당시에 그리고 이후에 진행되었던 이미지 세우기를 강조한다.

이 깊이 관여했다. 즉 YMCA는 종종 일단의 헌신적인 사역자들을 제공했으며, 예일대에서는 111명이 회심을 고백했다.[109] 그 이듬해에 부분적으로는 미국에서 전해져온 소식에 고무되어서 얼스터에서 신앙부흥운동이 일어났다.[110] 다시금 그 운동은 헌신적인 기도와 복음주의적 협력 그리고 젊은이들의 참여가 특징이었다. 그렇지만 얼스터에서는 죄의 자각과 연관된 '육체적 엎드림'의 사례들이 다소 더 많았다. 어떤 사람들은 이런 현상들을 이용해서 지방 전역에 미치는 신앙부흥 전체를 병적 흥분(hysteria)의 분출이라고 치부했다. 그러나 다른 사람들은 그것은 순히 '우연히 수반된 것'이라고 주장했다. 신앙부흥은 얼스터에서 웨일스와 스코틀랜드로 옮겨갔는데, 거기에서 그것은 특히 다채로웠다.[111] 하지만 잉글랜드로는 거의 옮겨가지 않았다. 신앙부흥의 조류는 마침내 인도의 마드라스와 라이베리아의 몬로비아까지 도달했다.[112] 수많은 회심만 있었던 것은 아니다. 또한 복음을 전파하려는 세계적인 노력의 속도를 명백히 빠르게 하는 것도 있었다.

그렇지만 그 후 19세기 후반에는 그와 유사한 국제적인 각성이 없었다. 그 대신에 많은 지역적 분출이 있었는데, 특히 어부와 광부들 사이에 그러했다. 이 양 직업군은 죽음의 위험이 상존했다. 잉글랜드 내에서 신앙부흥운동이 가장 드세었던 주는 콘월(Cornwall)이었다. 이곳에서는 어업과 광업 양쪽이 강했다. 이곳과 다른 곳에서 신앙부흥운동은 계속해서 자발적인 일이었는데, 보통 기도와 기대가 연관되었다.

> 신앙부흥운동은 일반적으로 교회에서 시작된다[고 사우스오스트레일리아에서는 말했다]. 몇 사람 내지 많은 사람들이 연합해서, 영혼의 깊은 부끄

---

109) *Christian Advocate and Journal*(22 April 1858), 63.
110) 참조. David Hempton and Myrtle Hill, *Evangelical Protestantism in Ulster Society, 1740-1890*(London: Routledge, 1992), ch. 8.
111) 참조. Kenneth S. Jeffrey, *When the Lord Walked the Land: The 1858-62 Revival in the North East of Scotland*(Carlisle: Paternoster Press, 2002).
112) 참조. J. E. Orr, *Evangelical Awakenings in Southern Asia*(Minneapolis, MN.: Bethany Fellowship, 1975), 59-60; *Wesleyan Methodist Magazine*(January 1860), 77.

러움과 마음의 참다운 성실성으로 '높은 데서 임하는 권능'을 하나님께 간청한다. 그들은 그분의 약속들에 의지해서 자신들의 간구를 계속하며, 하나님은 들으시고서 응답하신다.[113]

예컨대, 온타리오주의 성결교 신앙부흥운동에서는 엎드러지는 것이 19세기 말경에도 여전히 알려져 있었다.[114] 그러나 더 큰 자제를 지향하는 것이 일반적인 경향이었다. 점차 신앙부흥운동은 반(半)직업적으로 된, 때로는 무디를 모방하는 순회 강연자들에 의해서 미리 기획됐다. 1874년 미국 신문은 헨리 C. 피시(Henry C. Fish)가 저술한 신앙부흥운동 편람(Hand-Book of Revivals)에 대한 광고를 실었는데, '모든 크리스천 사역자들을 위한 책'이라고 했다.[115]

1888년까지 버지니아의 한 복음전도자는 속이는 기술들이 너무나 흔해 빠진 세태 속에서 '속임수가 전혀 없다'는 칭찬을 받았다.[116] 미국의 일부 지역에서는 그리고 특히 남부에서는, 조직적인 연례 신앙부흥운동을 고지하고 개최하는 것이 표준적인 관행이 되었다.[117] 1904-05년이 되어서야 비로소 웨일스 신앙부흥운동이 확 타오르면서 관례화되어 버린 경향이 깨져 버렸다.[118] 비록 지역의 신앙부흥운동이 영혼들을 수확할 수 있는 기회로서 여전히 기능했지만, 19세기 말에 이르러서는 자발성이 그런 운동들의 대부분에서 사라져 버렸다.

---

113) *Methodist Journal*(11 July 1874).
114) S. Crookshanks on the work of R. C. Horner, an Ontario holiness revivalist, in *Christian Guardian*(30 September 1891), 612.
115) *Examiner and Chronicle*, 5 February 1874.
116) *Religious Herald*(5 April 1888)에서 J. E. Hutton에 관한 R. H. Pitt.
117) *Christian Advocate* (28 January 1897), 59 *Free Methodist* (4 January 1898), 1. 참조. Helen C. A. Dixon, A. C. Dixon: *A Romance of Preaching* (New York: G. P. Putnam's Sons, 1931), 55.
118) 참조. R. Tudur Jones, *Faith and the Crisis of a Nation: Wales, 1890-1914*(Cardiff: University of Wales Press, 2004), chs. 12-14.

6. 해외선교

구원의 메시지를 전파하려는 충동은 언어나 인종, 거리의 제한을 받지 않았다. 해외선교는 19세기 후반의 복음주의적 삶의 두드러진 특징들을 형성했다. 영국인의 일부와 심지어 미국인의 일부까지도 유럽 대륙을 향하여 노력을 기울였다. 복음주의 연맹에서 발행하는 정기 간행물의 1850년 1월호는 프랑스, 벨기에, 스위스, 바바리아, 슐레스비히, 오스트리아 및 헝가리에서 이루어진 사역을 상세히 보도했다.[119] 그 목적의 많은 부분은 지역 복음전도자들에게 문헌과 금전 그리고 (필요할 때는) 외교적 보호를 제공하려는 것이었다.

그러나 때로는 영어를 말하는 요원들도 관여했다. 가장 유명한 인물은 아마도 라드스톡 경이었을텐데, 그는 진정한 잉글랜드 귀족이었다. 그는 1870년대에 상트페테르스부르크의 '러시아 귀족정치의 바로 그 엘리트들'에게 복음을 전하면서, 후에 그 나라에 복음주의 공동체들을 꽃피우기 위해서 씨앗을 얼마간 심었다.[120] 그러나 해외선교 사업의 대부분은 열대 지방에 집중됐다. 영미 선교단체들 중 첫 번째로서 1792년에 창설된 침례교선교회에서 발행하는 잡지의 1850년 호에는 전세계적으로 이루어지는 활동들에 관한 보도들이 포함됐다. 브리타니의 모를래앙(Morlaix)에 있는 한 센터만 유럽에 있었다. 아프리카에서 선교사들은 카메룬(Cameroons), 페르난도 포(Fernando Po) 및 빔비아(Bimbia)에서 사역했다. 아시아에서 그들은 바리살(Barisal), 베나레스(Benares), 캘커타(Calcutta), 실론(Ceylon), 치투라(Chitoura), 다카(Dacca), 델리(Delhi), 디나게포레(Dinagepore), 둠둠(Dum Dum), 호우라(Howrah), 인탈비(Intalvy), 예소레(Jessore), 마드라스(Madras), 몽히르(Monghir), 나르시그다르초케(Narsigdarchoke), 사고르(Sagor), 세람포레(Serampore), 세우리(Sewry) 등지에 배치됐다. 서인도제도에서 그들은 바하

---

119) *Evangelical Christendom*(London: January 1850), 8-28, 참조. N.M. Railton, *No North Sea: The Anglo-German Evangelical Network in the Middle of the Nineteenth Century*(Leiden: Brill, 2000).
120) *Evangelical Christendom*(July 1874), 202.

마스(Bahamas), 하이티(Haiti), 자마이카(Jamaica), 트리니다드(Trinidad) 등에 있었다.[121] 그와 동시에 1799년 이래로 복음주의파 잉글랜드 국교도들의 후원을 받는 교회선교회는 더욱 광범위한 규모로 운영됐다. 즉 서아프리카(시에라리온), 요루바랜드(Yorubaland), 시리아(Syria), 스미르나(Smyrna)와 카이로, 동아프리카, 봄베이(Bombay)와 인도 서부, 캘커타와 인도 북부, 마드라스와 인도 남부, 실론(Ceylon), 중국, 뉴질랜드, 서인도제도와 북서 아메리카(캐나다 평원) 등지에서 운영됐다.[122] '교회의 선교 시대가 의심의 여지없이 출현했다'고 1851년 한 미국의 주석자는 결론지었다.[123]

이렇게 방대한 모험적 사업을 위한 모국의 지원은 다양한 방식으로 모였다. 뉴욕 감리교 주간지는 1883년에 설명하기를, 선교를 돕는 교회 사역에는 각기 다른 선교지들에 관한 연구, 선교사들에 대한 개인적인 공감, 목사 및 선교사 위원회가 관심을 적극적으로 부탁함, 주일학교에서 매달 선교사 주일을 지킴, 아낌없이 베풂, 다양한 선교지들을 위한 명확한 기도, 교회에서 월례 집회(미국의 용어는 '선교 콘서트'[Missionary Concert]였다.) 그리고 특별한 구역 모임 등이 포함될 수 있다고 했다.[124] 한 잉글랜드 국교도는 잉글랜드의 교회들에게 분기마다 또는 분기에 2번 또는 달마다 선교회의를 열도록 권했다.[125] 휴가 중에 모국에 있는 그리고 멀리 떨어진 곳들에 관한 매혹적인 이야기들을 하는 선교사 자신들이 보통 그 대의에 대한 최고의 광고였다. 그렇지만 모든 복음주의 회중들이 선교를 후원한 것은 결코 아니었다. 1850-51년에 잉글랜드의 특수 침례파 교회들의 44%만이 그리고 독립 교회들의 46%가 자신들이 속해 있는 교단의 선교회에 기부를 했다.[126] 하지만

---

121) *Missionary Herald*(London: 1850), index.
122) *Proceedings of the Church Missionary Society for Africa and the East, 1849-50*(n.p.n.d.), iii.
123) Charles Adams, *Evangelism in the Middle of the Nineteenth Century*(Boston: Gould & Lincoln, 1851), 30.
124) *Christian Advocate*(18 January 1883), 45.
125) Kemble, *Parochial Machinery*, 18.
126) Brian Stanley, 'Home Support for Overseas Missions in Early Victorian England, c. 1838-1873'(unpublished PhD dissertation, Cambridge University, 1979), 194.

교회들은 그 사업에 대해 아낌없이 후원할 수 있었다. 켄징턴(Kensington)에 있는 알렌스트리트회중교회는 1868년까지 25년 동안에 32,821파운드를 모금했다. 그 모금액의 많은 부분이 목회를 유지하는 데 지출됐고, 약 5,500파운드는 교육과 가난한 사람들을 구제하는 데 썼지만, 거의 9,000파운드나 되는 돈은 선교 사역에 지출됐다.[127] 1860년부터 1884년 사이에 모든 교파 중에서 국교도들에 의해 이루어진 총지출의 약 12%는 선교 사역에 대한 것이었다. 복음주의파 사이에서 그 비율은 의심할 여지없이 훨씬 더 높다.[128] 심지어 남북전쟁조차도 미국 북부의 감리교인들로 하여금 그들의 해외 책임을 멈추게 하지 못했다. 볼티모어 동부 회의에 참석한 한 목회자는 이렇게 선언했다. '우리는 선교의 대의가 뒤처지게 하지 않기로 작정했다. 우리는 동시에 반란군과 악마와 싸우면서도 양쪽에 우리의 돈을 거저 주기로 결심했다.'[129] 그 시기가 끝날 무렵에, 선교 기부는 상당한 비율이 모금함들에서 나왔는데, 이것들은 가정의 충성을 나타내는 상징으로서 거실 벽난로 선반에 두는 경우가 많았다. 1895년, 교회선교회의 지역 협의회에 납부된 기부금의 21%는 이런 원천에서 왔다.[130] 선교의 대의가 광범위한 민중의 후원을 얻었던 것이다.

이미 19세기 중엽에 선교 사역은 평생의 직업으로 생각됐는데도, 상당한 수의 지원자를 끌어들였다. 1857년, 미국은 570명의 남녀 조력자들과 더불어 450명의 전도 선교사를 파송했다고 어림잡았다.[131] 심지어 뉴잉글랜드의 자유의지 침례파와 같은 작은 교파까지도 선교회를 유지했는데, 자기네가 인도의 오리사(Orissa)에 세 번째 선교사를 파송했다고 1851년에 자랑

---

127) John Stoughton, *Congregation in the Court Suburb*(London: Hodder & Stoughton, 1883), 90.
128) Steven Maughan, "Mighty England do Good": The Major English Denomination and Organization for the Support of Foreign Missions in the Nineteenth Century", in R.A. Bickers and Rosemary Seton(eds.) *Missionary Encounters: Sources and Issues*(Richmond, Surrey: Curzon Press, 1996), 15.
129) J.A. Coleman in *Christian Advocate and Journal*(2 January 1862).
130) Maughan, "Mighty England do Good", 23.
131) *American Missionary*(March 1857), 59.

스럽게 고지했다.¹³²⁾ 적어도 잉글랜드에서는 파송 인력의 다수를 하류 중상층 및 기술공 계급에서 끌어들였으며, 대학 교육을 받은 전문가들이 그들의 필요를 충족시키려고 서서히 나타났다. 따라서 런던의 할리하우스(Harley House)는 1896년까지 24년간 선교지를 위해 900명 이상의 남녀를 준비시켰다.¹³³⁾ 1880년대 중반부터 해외 사역에 대한 관심이 급등했다. 그런 관심의 급등은 일단의 재능 있는 젊은 남자 대학생들-7명의 케임브리지 대학생(Cambridge Seven)-이 중국내륙선교회에서 일한다는 감동적인 소식에 응하는 것이 많았다. 이제 더 높은 사회적 지위에 있는 사람들이 해외선교에 참여하는 것은 훨씬 더 흔한 일이 되었다. 그와 동시에, 선교회들은 독신 여성들을 받아들이기 시작했다. 이는 그 단체들이 통상적으로 과거에는 피했던 정책이었다.

따라서 1897년 교회선교회는 빅토리아 여왕 치세의 처음 50년간 900명의 선교사를 파송한 반면에 1887년 이래 10년 밖에 안됐는데도 700명을 선교사로 임명했다고 보고할 수 있었다.¹³⁴⁾ 6장에서 살펴본, 신앙의 원리에 따라 운영되는 새로운 선교회들-그 중에 중국내륙선교회가 첫 번째이자 가장 큰 선교회였다-이 특히 매력적으로 되고 있었다.¹³⁵⁾ 20세기가 시작될 때까지, 잉글랜드와 웨일스는 선교지에 총 8,197명의 선교사가 있었으며, 스코틀랜드는 666명, 아일랜드는 27명, 미국은 4,159명의 선교사를 파송했다. 미국은 선교회 수에서 영국을 앞섰지만(52대 45), 선교 인력에서의 영국의 전통적인 선도는 여전히 유지되고 있었다.¹³⁶⁾ 이와 동시에 영국의 선교사들은 회계사들이나 건축가들과 같이 구성원이 적은 직업의 총인원수 만큼 많았다.¹³⁷⁾

---

132) *Free-Will Baptist Register*(Dover, NH: 1851), 81.
133) *Christian*(2 July 1896), 12.
134) *Record*(London: 7 May 1897), 465.
135) 참조. ch. 6, 177-179.
136) J.S. Dennis, *Centennial Survey of Foreign Missions*(New York: Fleming H. Revell Co., 1902), 257.
137) Andrew porter, 'Religion and Empire: British Expansion in the Long Nineteenth Century, 178-1914', *Journal of Imperial and Commonwealth History* 20(1992), 372.

그 시기의 원형적인 선교사는 또한 가장 뛰어난 사람이기도 했다. 데이비드 리빙스턴은 1813년 스코틀랜드의 서부 산업지대의 한 마을인 블랜타이어(Blantyre)에서 태어났다. 그는 열 살까지 방적 공장의 직공이었는데, 그의 이야기는 스코틀랜드 사람이 근면함으로 자신의 초기의 역경을 극복하는 고전적인 사례이다. 그는 마침내 의학 학위를 갖추고서 독립교회파 신도로서 런던선교회에 가입했으며 1841년에 남아프리카로 떠났다. 그는 오지의 츠와나(Tswana) 부족 속에서 경험 많은 선교사인 로버트 모팻(Robert Moffat)과 함께 봉사했다.

그러나 그는 복음을 전하기 위해 새로운 지역들을 발견하기를 열망해서, 북쪽에 대한 일련의 탐험적인 조사를 했다. 1852년 그는 4년간의 대단한 여행을 떠났다. 케이프타운을 출발해서 중앙아프리카의 마콜로로(Makololo) 부족으로 갔으며, 서쪽으로 방향을 틀어서 루안다의 대서양 연안까지 간 다음에 동쪽으로 되돌아서 아프리카 대륙을 횡단하여 인도양에 도달했다. 그의 저서 『남아프리카에서의 선교여행과 조사』(*Missionary Travels and Researches in South Africa*, 1857)에 기록된 그의 업적은 그에게 개인적인 명성과 그의 견문을 들려줄 많은 기회를 가져다주었다. 1857년에 케임브리지에서 행한 유명한 연설에서 그는 이렇게 주장했다. 그가 복음을 전하기 원했던 지역의 여러 민족을 위해서 노예무역은 근절되어야 한다. 최상의 방법은 상업을 장려하는 것이다. 그리고 한정된 수의 유럽인들이 아프리카에 들어가서 제반 기술을 가르쳐야 한다. 하지만 무엇보다도 그의 부름은 더 많은 선교사들을 위한 것이었으며, 중앙아프리카대학선교(Universities Mission to Central Africa)를 설립한 고교회파 사람들을 비롯한 많은 사람들이 그 소환에 응했다. 1858년부터 1864년까지 그는 탐험대를 이끌고 잠베지강(Zambesi river)을 올라갔는데, 이 탐험대는 여러 난관에 시달렸으며, 그가 자초한 것도 일부 있었다. 1862년에 그의 여행들에서 그와 함께하던 아내가 죽었다. 그럼에도 불구하고 1866년부터 그는 영국왕립지리학회의 후원을 받아서, 나일강의 수원을 발견하기 위해 아프리카로 돌아갔다. 그의 생애의 만년에,

비록 더 이상 런던선교회의 지원을 받지 않았지만, 리빙스턴은 여전히 스스로를 '선교사-탐험가'로 여겼으며 자기가 방문하는 마을들에서 습관적으로 설교를 하곤 했다. 그가 1873년에 사망했을 때, 그의 육체는 헌신적인 추종자들에 의해 해안으로 운반되어서 웨스트민스터사원에 묻히기 위해 송환됐다. 이 의지가 강한 사람은 그를 다음 세대들에서 널리 퍼진 각기 다른 태도들과 관련시키는 신화들 속에서 오래 기억에 남게 됐다. 하지만 그를 기념하여 후에 말라위가 될 곳에 스코틀랜드 국교회 및 비국교파 교회선교회들을 설립한 것은 그의 지고한 야망, 즉 아프리카의 복음화가 여전히 그의 영속적인 유산의 주요 부분임을 보증했다.[138]

후대의 전설에서 리빙스턴을 잘못 전한 것들 가운데 하나는 그가 19세기 말엽에 나타난 제국 유형의 옹호자라는 것이었다. 그런 믿음은 선교 사업을 대영제국의 확장과 더 넓게 관련시키는 것의 일부인데, 이는 진부한 말이 되었다. 선교는 그 시기에 영토 확장의 이념적 무기였다고 주장된다. 확실히 복음주의자들은 제국의 진출을 복음을 위한 기회로 봤다. 이를테면, 영국의 웨슬리파는 '위대한 프로테스탄트 제국의 기초를 놓은' 것에 대해서 1860년에 호주에 있는 자신들과 같은 교파의 신자들을 찬양했다.[139] 더욱이, 노예무역과 그 밖의 형태들의 억압으로부터 토착민들을 보호하는 것은 합병을 위한 훌륭한 인도주의적 동기로 보일 수가 있었다. 하지만 선교와 제국 사이에는 단순한 상관관계도 없었다. 때로는 19세기 말의 나이지리아 북부에서처럼, 영국 당국은 복음전도 노력이 공공의 무질서를 일으킬 수 있다는 이유로 그런 노력을 방해하기도 했다. 선교사 자신들도 종종 식민지 당국을 경계했다. 왜냐하면 식민지 당국이 그들의 돌봄을 받고 있는 여러 민족을 보호하는 만큼 그 민족들을 부패시킬 수가 있었기 때문이다. 영국 영토 내에서, 복음주의 단체들의 진출은 정부의 보호를 거의 받지 않거

---

138) 리빙스턴에 관해서는 Tim Jeal, *Livingstone*(London: Heinemann, 1973)과 A.C. Ross, *Livingstone: Mission and Empire*(London: Hambledon & London Books, 2002)을 참조하라.

139) *Minutes of the Methodist Conference*, vol. 14(Londoin: John Mason, 1862), 536.

나 전혀 받지 않은 게 보통이었다. 이런 정부 보호는 공식적인 의미에서는 19세기 중엽에 이르러 거의 사라졌다. 이와는 반대로 영국의 크리스천들이 영국 영토 밖에서 그리고 심지어 영국의 세력권 밖에서까지도 번성하는 선교회들을 설립한 경우들도 있다. 콩고의 침례교선교회가 적절한 예인데, 이 단체는 벨기에 사람들의 왕의 개인적인 부속물이 되었다. 제국의 확장에 대한 결점들을 좀처럼 보지 못하는 국교도들과 해외에서 평화적인 정책에 기울어 있어서 통상적으로 제국 전쟁들에 반대하는 비국교도들 간에는 현저한 차이가 있었다. 따라서 인도의 북서쪽 변경에서 자행된 학살은 1897년 비국교도 신문인「크리스천 월드」에 의해서 '국가적인 범죄'라는 비난을 받았다.[140] 비록 복음주의 내에서의 두 파의 차이는 19세기의 마지막 몇 년 동안에 줄어들었지만, 많은 비국교도들이 그 시대의 대중 제국주의에 사로잡혔을 때, 그들 사이에서도 제국의 성장에 대한 저항의 자취는 남아 있었다. 따라서 선교와 제국의 관계는 통상적으로 생각하는 것보다 훨씬 더 모호하다. 복음주의자들은 대영제국의 영토를 확장하는 것에 대해 한결 같은 옹호자들이 결코 아니었다.[141]

전세계 선교의 우선적인 결과는 제국의 성장이 아니라 새로운 땅들에 기독교 신앙을 심은 것이었다. 사실 복음전도의 대부분은 파송된 활동가들에 의해서 수행된 게 아니라 지역민들에 의해서 수행됐다. 19세기 중엽에 교회선교회의 서아프리카 사업부는 유럽인 스태프는 19명만 채용했지만 아프리카인 선교사와 전도사 및 교사들은 59명이나 채용했다.[142] 그렇지만 토착 크리스천들에게 사역을 위임하는 것은 오랫동안 대부분의 선교의 목적이었다.[143] 그럼에도 불구하고 그 결과는 언어를 제외하고는 선교사들이 모

---

140) *Christian World*(London: 25 November 1897), 10-11.
141) 선교와 제국에 관해서는 Brian Stanley, *The Bible and the Flag: Protestant Missions and British Imperialism in the Nineteenth and Twentieth Centuries*(Leicester: Apollos, 1990); Porter, 'Religion and Empire' 그리고 Andrew porter(ed.), *The Imperial Horizons of British Protestant Missions, 1880-1914*(Grand Rapids, MI: Eerdmans, 2003에서 D.W. Bebbington, 'Atonement, Sin and Empire'을 참조하라.
142) *Proceedings of the Church Missionary Society, 1849-50*, iii.
143) 선교전략에 관해서는 ch 4, 132-135 그리고 ch 6, 177-179을 참조하라.

국에서 알았던 것과 실질적으로 구별할 수 없는 종교적 문화를 만들어내는 게 보통이었다. 1857년에 샴(Siam, 태국의 옛 이름-역주)을 방문한 한 미국인 은 예배가 샴어로 집전됨에도 불구하고 자신이 주일에 모국에 있는 느낌이 들었다. 그는 이렇게 전했다. '나는 미국의 안식일 예배에서 보통 준수되는 것과 같은 순서를 이들 예배에서 보게 된다.'[144] 마찬가지로 이스턴케이프의 안쇼(Annshaw)에 있는 웨슬리파 예배당에서 맞은 1876년 주일학교 기념일 은 잉글랜드에서 일어날 수 있었을 것과 동일했다. 그 지역 목회자가 주일 의식을 주관했다. 그 지역 읍내에서 온 순회 설교자가 집전하는 주일 예배 가 두 차례 있었다. 틈틈이 어린이들은 자신들의 성경 지식에 대해서 질문 을 받았다. 그리고 세 차례 의식 모두에서 어린이들은 신나게 찬송가를 불 렀다면서, 그 보고자는 '노래는 대부분 품위 있게 불렀다'고 아주 난해하게 말했다.

휴일로 지키는 월요일에 각기 다른 주일학교 열 곳이 야외에서 분열 행진 하면서, '깃발들이 펄럭이는 가운데 노래를 불렀다.' 한 저명한 웨슬리파 평 신도가 그 어린이들에게 적절한 연설을 했으며, 그 강연자와 그의 어머니 를 위한 환호와 갈채가 뒤따랐다. 그 지역 행정 장관이 '어린이들에게 친절 하고 격려하는 말을 했다.' 여왕을 위하여, 행정 장관을 위하여, 그들의 목 회자들 '등등'을 위하여 만세 삼창이 있었다. 그런 다음에 방망이와 공을 가 지고 하는 노는 시간이 있었으며, '건포도를 넣은 달고 둥근 빵을 아이들에 게 한 개씩 주었다.' 저녁에 예배당에서 연설과 노래와 암송이 있는 최종적 인 클라이맥스가 있었다. 그 웨슬리파 평신도를 수장이라고 하고, 아이들이 코사어(Xhosa)로 노래를 하며, 11월에 날씨가 화창한 것을 제외하면, 이러한 묘사 전반은 랭커셔의 기념일에 적합했을 것이다.[145] 비록 그런 절차에 관한 세부 묘사의 일부가 그 문화적 환경에 얼마나 적합한가에 대해서는 의심의 여지가 있지만, 잉글랜드 복음주의의 한 브랜드가 또 다른 반구(半球)에 성 공적으로 수출됐다는 것은 분명하다.

---

144) Dr Bradley in *American Missionary*(December 1857), 268.
145) *Christian Express*(Lovedale, South Africa: 1 December 1876), 7-8.

선교 노력에 대한 지원이 모국에서 이루어지는 사역에 대한 교회들의 정력을 낭비하는 것이 아니라 오히려 교회들의 활력을 강화했다는 것이 일반적으로 인정됐다. 1890년 잉글랜드의 한 교구 목사에 따르면, '해외선교에 대한 관심이 이교국 출신 개종자들의 모범에 주의를 환기시킴으로써 크리스천의 삶을 자극하고, 고무하고, 지도한다.'[146] 선교의 이러한 반사 효과는 19세기 후반의 복음주의 회중들의 지속적인 활력을 설명하는 요소들 가운데 하나에 불과했다.

개인을 위한 것이든, 가정을 위한 것이든, 교회를 위한 것이든 간에, 기도의 중심됨은 영적 추구의 우선 사항임을 보장했다. 죄와 회의 및 염려와의 투쟁이 심지어 죽음에 직면했을 때에도 인간의 조건에 의미를 부여하는 것은, 천국에 대한 약속이 엄청난 위로가 될 수 있었을 때였다. 예배가 교파들 간에 각기 다르긴 하지만 거의 모든 교파들에서 설교에 초점이 맞춰졌다. 많은 교파들에서, 음악 스타일은 혁명적인 변화를 겪었는데, 찬송가와 복음성가, 오르간이 도입됐으며 각각의 교파는 시대의 취향에 대해서 각기 다른 방식으로 영합했다. 각각의 회중의 복음주의는 수많은 단체들의 전도로 보충됐고 샤프츠베리 경에게서 가장 두드러지게 구현된 사회적 관심으로 보완됐다. 문헌과 청년 단체들 그리고 특히 주일학교는 그 시기에 신앙을 전하기 위한 추가적인 수단들이었다. 특히 1858-60년의 신앙부흥운동들은 영적 온도를 올리고 사람들을 회심의 지점까지 데려가는 데 주요한 역할을 했다. 그리고 해외선교는 모국의 선교 수금원들에게 직업을 제공했으며 아프리카의 데이비드 리빙스턴과 같은 사람의 모험 정신에는 출구를 제공했다. 파송하는 나라들에서의 해외선교의 효과는 차치하더라도, 선교적 노력은 영어권 세계의 기독교 문화를 새로운 땅들에 전해 주었다. 여기에는 교회들의 계속적인 활력을 보장하는 정교한 패턴의 헌신과 사명이 있었다. 융통성 있는 예배 방식들과 더불어 강건한 영성은 복음주의에 강력한 동력을 부여해서, 점차 세계를 아우르는 운동이 되게 했다.

---

[146] Herbert James, *The Country Clergymann and his Work*(London: Macmillan & Co., 1890), 156.

제 4 장

계몽주의의 유산

　19세기 후반의 복음주의자들의 사상은 계몽주의(Enlightenment)로 알려진 서양 사상의 좀 더 초기 단계의 가설들에 의해서 깊이 형성됐다. 18세기의 진보적인 사상가들은 그 시기를 '이성의 시대'라고 칭하도록 인간의 지력의 능력을 찬양했다. 과거의 편견들을 내던져버림으로써 인류가 더 나은 미래로 전진하는 것이 가능할 것이라고 주장됐다. 마음의 능력이 당대의 문제들에 성공적으로 적용될 수 있어서, 무지를 추방했고 고뇌를 제거했으며, 통치를 깨끗하게 했다.

　그 시대의 고상한 문화에서는 인류의 진보를 방해하는 것은 그 어떤 것도 -반계몽주의든, 억압이든, 부패이든지 간에-반대하는 경향이 있었다. 목표는 고통의 감소와 즐거움의 증가를 수반하는 더 큰 행복이었다. 특징적인 방법은 세계가 정말로 어떻게 작동하는가를 아는 지식에 대한 성실한 탐구였다. 쓸모없는 형이상적 토론들의 종식과 그 대신에 경험적인 기술들에 대한 집중이 있어야 한다. 사실들은 자유로운 질문에 의해서 확립되어야 하고 우주는 그 비밀들을 밝힐 것이며 그리고 인류는 새로운 이해로부터 큰 유익을 얻을 것이다. 과학, 탐험 새로운 자료로부터 얻은 지혜를 특별히 장려했다. 처음에는 교육받은 엘리트만이 인류의 운명을 향상시키는 방법을 이해할 수 있었지만, 결국 더 빛나는 이상들이 일반 대중에게 스며들면서 계몽은 일반적인 것이 되었다. 무엇보다도 프랑스의 철학자들과 연관된 이러한 사상의 움직임은 종종 근대의 여명으로 묘사된다.

1. 계몽주의 이상들과의 유사점

복음주의자들은 계몽주의에 단호하게 적대적이었다고 생각하는 게 보통이다. 계몽주의의 지적 태도는 불신앙이나 기껏해야 성경적 믿음을 버린 형태의 종교를 조장하는 것 같았다. 프랑스 계몽주의의 선각자인 볼테르, 디드로와 파리의 살롱들을 드나드는 그들의 동료들은 조직화된 종교를 경멸했다. 스코틀랜드에서는 데이비드 흄, 잉글랜드에서는 에드워드 기번(Edward Gibbon)과 같은 사람들은 크리스천의 믿음을 비아냥거렸다. 잉글랜드 국교회의 광교회파 사람들과 비국교도의 아리우스파 사람들은 자신들이 기독교의 보다 합리적인 형태라고 생각하는 것을 지지하기 위해서 정통주의를 버렸다. 다른 한편, 18세기 신앙부흥운동은 그 시대의 지적 제한에 대한 항의로 보는 경우가 많다. 감정으로 고무된 사람들은 종교는 합리성의 범위에 의해서 제한되어야 한다는 관념에 대하여 반란을 일으켰다.

존 웨슬리와 조지 휫필드는 머리에 설교를 하는 사람이 아니라 가슴에 설교를 하는 사람으로 보인다. 그렇지만 역사적으로 더 깊이 조사해보면 복음주의와 계몽주의의 대립이 지나치게 과장되었다는 것을 알게 된다.[1] 비록 18세기 복음주의자들이 흄과 기번의 반종교적인 결론들을 비난하고 광교

---

1) 참조. Bruce HINDMARSH, *John Newton and the English Evangelical Tradition between the Conversions of Wesley and Wilberforce*(Oxford: Clarendon Press, 1996), 330; G.M. Ditchfield, *The Evangelical Revival*(London: UCL Pr ess 1998), 31-32; 그리고 Andrew Walker and Kristin Aune(eds.), *On Revival: A Critical Examination*(Carlisle; Paternoster Press, 2003)에서 D.W. Bebbington, 'Revival and Enlightenment in Eighteenth-Century England.'

회주의와 아르미니우스주의 양쪽 모두에 반대했지만, 그들은 이성의 시대 전반에 대한 반대자는 아니었다. 예컨대, 웨슬리는 과거의 형이상학적 사변들을 싫어해서 자기를 따르는 사람들에게 전기요법의 최신 기술들을 채택하도록 권했다. 웨슬리와 그와 같이 신앙부흥운동을 지도하는 사람들은 학습을 장려하고 대중에게 문명화된 가치관을 전파하기를 원했다. 웨슬리는 자기가 '이성에 바탕을 둔 종교라고 일컫는 것과 그것과 합치하는 모든 방법'[2]을 권했다. 실제로 계몽주의의 이상들의 다수와 복음주의파 부흥운동을 이끄는 지도자들의 태도 사이에는 유사점이 있었다.

이 두 운동 사이의 유대는 그 뒤에 더 탄탄해졌다. 양 운동이 시간이 지남에 따라 서서히 대중성이 증가하면서, 상호작용했고 여러모로 융합했다. 19세기 초엽의 복음주의 사상가들 중에서 가장 영향력이 컸던 토마스 찰머스는 그의 신학에서만큼 그의 사회 이론에서도 복음주의 주제와 계몽주의 주제를 결합시켰다. 싹트기 시작한 금주운동 및 국제 평화 운동과 같이, 사람들 사이의 새로운 운동들은 한 운동의 열정을 다른 운동의 합리적인 계산과 섞었다.

미국에서는 계몽주의 이론가들이 세운, 젊은 공화국의 가치관이 진보적인 복음주의자들의 가치관과 기꺼이 조화를 이뤘다. 스코틀랜드 분리교회파에 속한 교회의 신도인 토마스 딕은 대서양 양안에서 대단히 인기가 있었던 자신의 저서『기독교 철학자』(The Christian Philosopher, 1823)에서 '이성을 종교 과학에서 응당 버려야 한다는 것은 대단히 위험하고 기만적인 잘못'이라고 주장했다. 그는 자연의 빛이란 전적으로 부적절한 안내자임을 인정했다. 다시 말해 도움이 없는 이성은 계시가 없으면 무력하다는 것이다. 하지만 크리스천은 물질세계의 창조주를 이해하기 위해서, 그래고 물질세계를 조사하기 위해 이성을 사용해야 한다는 것이다. 딕은 우쭐대지 않고 '계몽된 크리스천'에 관해 기술할 수 있었다.[3] 19세기 중엽까지는 복음주의자들

---

2) G.R. Cragg(ed.) *The Works of John Wesley*, vol. 11(Oxford: Clarendon Press, 1975), 55.
3) Thomas Dick, *The Christian Philosopher*, 2 vols.(2nd ed., Glasgow: William Collins, 1846), 1: 19, 24.

이 기독교 신앙의 가치관과 진보적인 사상의 가치관은 동일하다고 생각하는 것이 보통이었다. 사실 예외도 있었는데, 복음의 대의가 근대 사상에 투항함으로써 배반당했다고 생각하는 사람들이 그것이었다. 이런 전통주의자들 가운데 일부의 견해들이 본장에서 언급되고, 다른 사람들의 견해들은 제6장에서 논의될 것이다. 그럼에도 불구하고, 1850년경 복음주의 내의 사상의 지배적인 학파는 근세를 특징지었던 지식의 진보는 기독교 진리와의 전적이 조화 속에서 이루어졌다고 주장했다. 신앙과 이성의 이혼 가능성은 없었다.

19세기 후반의 계몽주의의 유산에 대한 복음주의자들의 사상의 유사성은 그들이 막강한 지적인 적으로 간주하는 것에 대한 그들의 지속적인 논박으로 모호해지는 경우가 많았다. 특히 고등비평 쪽에서 겸손하게 성경의 가르침에 복종하기보다는 오히려 그 가르침을 기꺼이 수정하는 것은 그들이 '합리주의'라고 부르는 현상의 주요한 특징이었다. 1856년 샤프츠베리 경에 따르면, 이런 세력의 진출은 '빠르고, 무섭고, 저항할 수 없는'[4] 것이었다. 그것은 1850년대부터 1870년대 사이에 복음주의 신학자들의 비난을 끊임없이 받았다. 케임브리지대학교의 도덕철학 교수이자 지도적인 복음주의자인 T. R. 버크스(T. R. Birks)는 이렇게 선언했다. '합리주의는 하나님의 계시의 요구들을 다루는 데 있어서, 인간 이성의 남용과 곡해로 규정될 수 있을 것이다.' 합리주의를 향한 비난 공세는 복음주의자들이 일반적으로는 마음에 관한 문제들에, 특히 이성의 시대에서 시작된 지력의 그 어떤 비판적 사용에도 적대적이라는 인상을 주었다. 그렇지만 버크스는 이성의 사용에 반대하고 있었던 것이 아니라, 이성의 남용에 반대하고 있었다.

그는 이어서 이렇게 말한다. 합리주의의 치유를 향한 첫걸음은 이성의 진짜 존엄성을 인식하는 것이다. 어떤 신학진영의 어느 누구도 그 시기에 버크스만큼, 다른 분야들에서처럼 신학에서도 올바른 접근법을 채택해야 한

---

4) G.B.A.M. Finlayon, *The Seventh Early of Shaftesbury, 1801-1885*(London Eyre Methuen, 1981), 378에 의해 인용된 Lord Shaftesbury's Diary, 28 May 1856.

다고 주장하기를 열망하지 않았다. 그 올바른 방법이란 그가 '베이컨의 귀납법'이라고 칭하는 것이었는데, 이는 자연과학에서 대단한 진보를 이뤘던 것으로서 프란시스 베이컨이 권한 자유 해답식의(open-ended) 질문 기술이다. 버크스는 다름 아닌 지적 방법의 계몽주의 이상에 찬성하고 있었던 것이다.[5] 복음주의자들이 시작한 비난이 격렬하고 지속적이었지만, 성경적 가르침을 무시하거나 호도하는 이론에 집중됐다. 그들이 반대하는 것은 본질적으로 이성이 아니라, 이성이 계시의 본령(本領)에 침입하는 것이었다.

2. 공통된 지적 시각

따라서 백년 전의 계몽주의의 특징적인 선입관들은 19세기 후반 복음주의자들의 저술들에 여전히 매우 분명하게 나타났다. 첫째로 명백한 이성에의 호소가 있었다. 스코틀랜드 자유교회의 지도적인 신학자인 윌리엄 커닝햄(William Cunningham)은 계시를 받아들이는 사람들과 받아들이지 않는 사람들 사이의 공평한 중재자로 이성을 봤다. 그는 주장하기를, 만약 우리가 성경의 권위를 인정하지 않는 사람들과 자연종교(natural religion: 기적이나 하늘의 계시를 인정치 않음-역주)의 입장을 논의하고 있다면, '우리는 그들이 인정하는 이성의 원칙들로부터 그런 입장을 증명해야만 한다'고 했다.[6] 합리성이 인류와 동물계를 구별하는 것이라고 보편적으로 주장됐다. 신앙을 고양시킨다는 명목으로 이성의 능력을 제한하는 장난을 쳐서는 안 된다. 따라서 1858년 뱀프턴 강연(Bampton Lectures)에서의 H. L. 만셀의 가르침, 즉 절대자 하나님은 인간의 마음이 파악할 수 있는 능력 너머에 있다는 것은, 비

---

5) T.R. Birks, *Supernatural Revelations: Or First Principles of Moral Theology*(London: Macmillan, 1879), 214, 237, 203.
6) William Cunningham, *Theological Lectures on Subjects connected with Natural Theology, Evidences of Christianity, the Canon and Inspiration of Scripture*(London: James Nisbet & Co., 1878), 111.

록 그것이 정통주의를 옹호하려고 준비됐지만, 복음주의자들의 마음에 와 닿지 않았다.[7] 이성은 어떤 종류의 제한이든지 그런 제한에 의해서 구속되어서는 안 되는 것이다. 복음주의자들은 대체로 자유로운 탐구라는 이상, 즉 진리에 대한 제약받지 않는 탐구에 대한 믿음을 고백했다. 따라서 미국의 신앙부흥운동가인 찰스 피니(Charles Finney)가 오벌린대학(Oberlin College)에서 행한 자신의 신학 강의를 요약했을 때, 그는 종교의 진리들에 대한 '탐구의 정신'을 기뻐했다.[8] 마찬가지로 1879년 런던의 회중교 원로 목회자인 알렉산더 롤리(Alexander Raleigh)는 종교에서 권위의 원칙이 자유로운 탐구로 올바르게 대체됐다고 주장했다.[9] 롤리는 복음주의 사상가들의 범위 내에서는 보다 진보적인 사람들 중 하나였으며, 많은 다른 사람들은 롤리에 맞서 성경의 영속적인 권위를 주장했다. 그럼에도 불구하고, 롤리의 주장은 그 운동 내에서의 강력한 사조(思潮)에 찬성하는 것이었다. 계몽주의는 복음주의자들에게 이성은 무지의 경계를 되돌리도록 배치되어야 한다는 확신을 남겼다.

계몽주의가 가르쳤듯이 탐구가 진행되어야 하는 원칙은 사태가 실제로는 어떠한가에 대한 조사였다. 일반적으로 복음주의자들은 그들의 좀 더 자유주의적인 신학적 반대자들의 궤변에 대한 치유책으로서 부정할 수 없는 엄연한 사실을 좋다고 생각했다. 1863년 복음주의파 국교회 신문인 「레코드」(Record)의 사설은 이렇게 선언했다. '우리는 사실을 다루지, 근본 가설(first principle)을 다루지 않는다.'

> 이제, 잉글랜드의 양식(good sense)이 꾸며낸 이야기를 하는 합리주의자들의 헛된 공론에 더 이상 기만당하지 않아야 할 바로 그때이다. 우리가 사실의 대지 위에서 있는 한 우리는 안정을 유지할 수 있다. 그러나 우리가 이상의

---

7) 참조. Birks, *Supernatural Revelation*, 2.
8) Charles Finney, *Lectures on Systematic Theory*, ed. George Redford(London: William Tegg & Co., 1851), viii.
9) Mary Raleigh(ed.), *Alexander Raleigh: Records of his Life*(Edinburgh: Adam and Charles Black, 1881), 282.

세계에 들어가자마자, 우리가 사실(FACTS)을 고수하지 않는다면, 우리는 키나 나침반도 없이 바람에 좌우된다.[10]

마찬가지로, 연례 이즐링턴복음주의자회의의 고정 강연자들 가운데 한 사람인 사제 에밀리어스 베일리 경(Sir Emilius Bayley)은 19년 뒤에 '사실들-잘 입증된 사실들'에 호소했다.[11] 스코틀랜드 자유교회 신학자인 제임스 데니는 '물리학자가 다루는 사실들'과 '신학자가 다루는 사실들'을 비교하면서, '과학적인 방법이 양쪽 경우 모두에서 요구된다'고 주장했다.[12] 사실들로부터의 귀납이라는 과학적인 기술은 새로운 지식을 획득하는 표준적인 방법으로 인정됐다. 1868년부터 1888년까지, 뉴저지의 프리스턴대 총장으로 봉직한 스코틀랜드 사람인 제임스 맥코시에 따르면 자연 신학자(자연 신학은 신의 계시에 의하지 않은 인간 이성에 의거한 신학 이론임-역주)는 다른 어떤 조사에서도 그러는 것처럼 착수한다. '그는 사실들을 찾기 시작한다. 그는 그것들을 정리하고 조정하며 그리고 그것들의 원인으로 나타나는 현상들로부터 착안하여, 통상적인 증거의 법칙들을 가지고 모든 하위 원인들을 발견한다.'[13] 즉 심지어 신학적인 영역에서도 복음주의자들은 18세기의 여느 철학자들처럼 경험적인 방법에 전념했다. 복음주의자들은 이런 기술을 사용함으로써 자신들이 새로운 지식을 발견할 수 있다고 생각했다. 성경은 궁극적인 문제들에 대한 정보의 최고의 원천이었다. 그러나 성경은 자연계에 대한 새로운 정보와 결코 모순될 수 없었다. 그러므로 우주에 관한 보다 충분한 이해는 성경의 메시지를 이해하는 데 도움이 되곤 했다. 더욱이 T. R. 버크스가 설명했듯이, 성경 그 자체가 시간이 지나도 더 많은 진리를 낳을 것으로 기대될 수 있었다.

---

10) *Record*(London: 2 January 1863).
11) *Record*(18 January 1882).
12) 'A Brother of the Natural Man'[James Denney] *On 'Natural Law in the Spiritual World'*(Paisley: Alexander Gardner, 1885), 17.
13) James McCosh, *The Method of the Divine Government Physical and Moral*(11th ed., London: Macmillan and Co., 1878), 17.

하나님의 이름과 특성에 관한 점점 커지는 빛과 늘어나는 지식에는 어떠한 한계도 설정 되지 않는다… 크리스천은 그런 빛과 지식을 그러한 하나님의 성서를 끈기 있게 연구함으로써 얻을 수 있으며, 그런 빛과 지식은 성령 하나님께서 인류의 계속되는 세대들에 베푸시는 가장 고귀한 선물이다.[14]

따라서 신학의 진보를 기대할 수가 있었다. 피니에 따르면, 신학자들은 기꺼이 자신들의 마음을 바꾸지 않으면 안 된다. 그렇지 않으면 '모든 진보가 차단될 것이다.' 인간의 일들뿐만 아니라 하나님의 일들에 관한 지식도 진보를 할 것으로 기대할 수 있었다. 일부 복음주의자들의 생각으로는, 으뜸가는 장애물은 과거의 반계몽주의였다. 피니는 복음의 진리들이 '거짓된 철학 밑에 감추어져' 있었다고 생각했다.[15] 초기의 교리 체계에서 비롯하는 전문 용어가 성경 말씀의 단순한 이해를 막을 수가 있었다. 청교도 유산에 대한 피니의 혐오를 공유하지 않은 스펄전까지도 기독교 사상은 '형이상학의 꿈나라'를 피해야 한다고 주장했다.[16] 만약 종교적 지식이 과거의 무거운 짐에 방해받지 않는다면 종교적 지식에도 진보가 있을 수 있다는 강력한 의식이 있었다. 이런 태도들은 한 세기 전의 계몽주의 사상가들에게는 친숙한 것이었을 터이다.

계몽주의로부터의 구체적인 유산은 상식적인 철학이었다. 여기서 일단의 스코틀랜드 사상가들에게 신세를 지고 있는데, 그들 중에서 가장 유명한 사람은 1764년부터 1796년까지 글래스고에서 도덕철학 교수였던 토마스 리드였으며, 가장 영향력 있는 사람은 1785년부터 1820년까지 에딘버러에서 리드의 맞상대였던 두갈드 스튜어트(Dugald Stewart)였다. 리드는 불합리가 없으면 부정될 수 없는, 모든 인간이 지니고 있는 직관적인 믿음("상식")이 있다고 가르쳤다. 직관적인 믿음은 외부 세계의 존재를 받아들이는 것과

---

14) Birks, *Supernatural Revelation*, 36.
15) Finney, *Systematic Theology*, x, vii.
16) *Annual Paper concerning the Lord's Work in connection with the Pastor's College, Newington, London, 1886-87*(London: Alabaster, Passmore & Sons, 1887), 7.

중요하게는 하나님에 대한 믿음을 포함한다. 이런 입장은 데이비드 흄의 회의론에 대한 철학적 대답을 제공하기 때문에 특히 매력적이었는데, 19세기에 복음주의자들이 널리 찬성했다. 당연히 스코틀랜드 출신 장로교인들은 이런 견해를 해외로 가지고 갔다. 따라서 19세기 중엽에 토론토의 녹스대 교수였던 로버트 번스는 흄을 논박하고 '하나님의 준비 속에 있는 궁극적인 사실들로서의 인간의 믿음의 주요 원리들'에 성공적으로 호소한 것에 대해서 리드와 그의 학파를 칭송했다.[17] 그렇지만 이러한 견해는 19세기 후반에 이르러 개신교 전통 안에 있는 사람들뿐만 아니라 감리교인들도 포함하여 실질적으로 미국의 모든 복음주의 교파들에 퍼졌다.[18]

하지만 그런 견해가 잉글랜드의 복음주의자들 사이에서는 그다지 널리 퍼지지 않았다는 사실은 거의 주목받지 못했다. 국교회 신도들을 위해 「레코드」는 '리드의 "상식"'을 독일 합리주의에 대한 예방약이라고 칭찬했다.[19] 그 시대의 지도적인 감리교 신학자인 W. B. 포우프는 하나님에 관한 관념은 본유적(本有的, innate)이라고 가르쳤다.[20] 스펄전이 설립한 목사 대학에서, 데이비드 그레이시는 주장하기를 '경험에서 비롯하는 게 아니라 우리 자연의 구성에서 비롯하는 그런 자명한 진리들이 상정해야 하는 제1원리'라고 했다.[21] 영어권 세계의 그 밖의 지역들은 선례에 따랐다. 따라서 남아프리카에서는, 두갈드 스튜어트가 제의한 스코틀랜드 상식철학의 보다 대중적인 판본인 제임스 맥코시판(edition)은 1887-88년의 웨슬리파 목회 후보자들에게 권해졌다.[22] 상식적인 입장은 존 스튜어트 밀이 상술한 당대의 철

---

17) Richard W. Vaudry, *The Free Church in Victorian Canada, 1844-1861*(Waterloo, Ont., Wilfrid Laurier University Press, 1989), 51.
18) 참조. Mark A. Noll, *America's God: From Jonathan Edwards to Abraham Lincoln*(New York: Oxford University Press, 2002).
19) *Record*(2 January 1863).
20) W.B. Pope, *A Compendium of Christian Theology*, 3 vols.(2nd ed., London: Wesleyan Methodist Book Room, 1880), 1:234.
21) David Gracey, *Sin and the Unfolding of Salvation*(London: Passmore & Alabaster, 1894), 16.
22) *Minutes of the Fifth Conference of the Wesleyan Methodist Church of South Africa*(Cape Town: W. A. Richards & Sons, 1887).

학관-유신론(有神論, theism)에 적대적인-에 대한 방어로서 여전히 특히 유용했다. 비록 소수의 순진한 사상가들-주로(역설적으로) 스코틀랜드의-이 19세기 말 이전에 이상주의적 태도-특히 칸트 학파의-로 바꾸었지만, 상식은 여전히 1900년까지 그리고 그 이후에도 여전히 많은 복음주의적 사상의 토대였다.

여전히 사랑을 많이 받고 있던 또 다른 18세기 저술가는 더럼 주교인 조셉 버틀러였다. 그의 설교는 그 도덕신학 때문에 높은 평가를 받았다. 그러나 복음주의자들-그리고 복음주의자들만이 아니라-이 되풀이해서 참조한 저작은 『종교 유비』(The Analogy of Religion, 1736)였다. 버틀러 주교는 순수한 기독교 신앙을 받아들이는 데 있어서의 난관은, 세계를 창조했지만 섭리적 태만으로 그 세계를 유지하지 않는 하나님에 대한 이신론자(理神論者, deist)들의 노골적인 믿음에 관련된 난관보다 더 크지 않다고 하면서 이신론자들에게 반대론을 폈다.

1863년의 「레코드」에 따르면, 버틀러는 칸트와 그의 후계자들의 방식으로 우리의 자연스러운 확신을 분석하려고 시도하지 않은 채 그런 확신에 호소했다. 그것은 성경의 방법이었다.[23] 이 주교의 변증이 미국에서는 그다지 인기가 없었을지도 모르는데, 그곳에서 적어도 한 감리교 순회목사는 그 변증의 다소 건조한 지면들이 구미에 맞지 않는다고 생각했다.[24] 그럼에도 불구하고, 버틀러의 영향은 광범위했다. 그는 하나님의 도덕적 통치의 원리를 지지한 것에 대해서 1882년 이즐링턴회의에서 칭송을 받았다.[25] 그의 저서 『종교 유비』는 1873년 이래로 목사대학(Paster's College)의 커리큘럼의 일부가 되었다.[26] 랑골렌(Llangollen)에 있는 노스웨일스침례대학에서 시험관은 1866년에 보고하기를, 학생들이 마치 '버틀러의 저작이 제일 좋아하는

---

23) *Record*(2 January 1863).
24) S.P. Richardson, *The Lights and Shadows of Itinerant Life*(Nashville, TN: Publishing House of the Methodist Episcopal Church South, 1900), xviii.
25) H. W. Dearden in *Record*(18 January 1882).
26) *Annual Paper descriptive of the Lord's Work connected with the Pastor's College, 1873-4*(London: Passmore & Alabaster, 1874), 11.

연구'라는 듯이 그 저작에 대해 토론할 수 있었다고 했다.[27] 버틀러는 1856-57년에 토론토에 있는 녹스칼리지의 장로회 자유교회파를 위한 교과서였다.[28] 19세기 후반에 그 주교는 남아프리카에서 존 웨슬리 자신만큼 웨슬리파 커리큘럼의 한 특징으로 정해졌다.[29] 버틀러 주교는 영속적인 가치를 지닌 것 같은 변증을 제공했는데, 이는 복음주의자들이 그 주요한 개요가 그 전 세기에서 도출된 세계관을 유지했기 때문이다.

적어도 그 시기의 초엽에 그들의 더 폭넓은 변증은 유사한 색채를 띠었다. 복음주의자들은 '기독교의 증거들'로 알려진 것, 다시 말해 18세기에 세워지고 그 뒤에 토마스 찰머스와 같은 사상가들에 의해서 다듬어진 논거들에 의지했다. 실질적으로 합리적인 정신으로, 변증가들은 자신들이 지적인 토론에서 승리를 거둘 수 있다고 확신하면서, 마음 편하게 자유 사상가들(특히 종교 문제를 합리적으로 고찰하며 교회의 권위를 무시하는 사람들-역주)을 만나곤 했다. 예컨대, 그들은 기적들은 기대할 수 있으며 성경은 신적 기원의 징표들을 보여준다고 주장했다.

이것은 잉글랜드 회중교 설교자 겸 정치가인 에드워드 미올(Edward Miall)의 가치 있는 논문인 '믿음의 기초'(Bases of Belief)의 후반부가 짊어지고 있는 짐이었다.[30] 마찬가지로, 그것은 변경 주인 위스콘신에 선교사로 파송된 같은 교파의 신자인 S. A. 드윈넬(S. A. Dwinnell)이 동일한 십년 동안 설교하고 있는 것이었다. 드윈넬은 불신앙이 그 땅에 만연해 있다고 생각하고서, '증거들'에 대해서 자세히 설명하며 '성경의 하나님의 권위'에 대한 일련의 설교를 일곱 내지 여덟 차례 했다.[31] 몇 년 뒤에 토론토의 녹스칼리지에

---

27) *Report of the North Wales Baptist College instituted at Llangollen in 1862 for the Year 1866*(Llangollen: printed by W. Williams, 1866), 9.
28) 참조. Vaudry, *Free Church*, 52.
29) *Minutes of the Second Conference of the Wesleyan Methodist Church of South Africa*(Grahamstown: Richards, Slater & Co., 1884) 그리고 뒤이은 1900년대 판.
30) Edward Miall, *Bases of Belief: An Examination of Christianity as a Divine Revelation by the Light of Recognised Facts and Principles*(London: Arthur Hall, Virtue and Co., 1853), 3장과 4장.
31) *American Missionary*(New York: May 1857), 114.

개설된 한 강좌는 고대와 현대의 불신앙, 하나님의 존재와 속성과 통치, 계시의 증거 등에 관한 다양한 이론들의 개요를 다루었다.[32] 1850년대에 자주 있었던 중심적인 주장은 설계에서 비롯된 주장이었다. 우주가 설계되었다는 징표들을 보여주기 때문에 설계자(Designer)가 있었음이 틀림없다는 주장이었다. 그것은 윌리엄 팔리(William Paley)의 『기독교의 증거』(Evidences of Christianity, 1794)라는 연구를 통해서 종종 고취됐다. 이는 18세기의 표준적인 변증의 알기 쉬운 개론서였다. 팔리는 케임브리지의 커리큘럼에 있었을 뿐만 아니라 목사대학의 커리큘럼에도 있었다. 그는 미국과 캐나다 및 다른 곳에서도 존경을 받았다. 우리가 앞으로 살펴보게 되듯이, 설계에서 비롯하는 논증은 찰스 다윈의 저술들로부터 충격을 받게 되지만, 1859년에 『종의 기원』이 출간된 뒤에도 오랫동안 그와 같은 변증적 주장의 요지는 되풀이됐다. 복음주의자들은 생각하기를, 사람들을 설득해서 하나님의 나라에 들어가게 할 수는 없겠지만, 적어도 그들은 합리적인 토론에 의해서 기독교 주장의 참됨을 확신할 수 있을 것이라고 했다.

3. 계몽적인 접근의 결과

경험론적 방법에 대한 존중과 자연계에 있는 증거들에의 호소 그리고 특히 설계론에 의거한 주장의 인기는 복음주의자들로 하여금 19세기 중엽에 이루어진 과학적 노력의 든든한 친구들이 되게 했다. 그들은 습관적으로 과학적 방법의 수호성인인 프랜시스 베이컨과 아이작 뉴턴 경을 찬양했다. 그들은 독학한 스코틀랜드 지질 전문가이자 『암석의 증언』(The Testimony of the Rocks, 1857)의 저자인 휴 밀러(Hugh Miller)와 그의 동국인이자 왕성한 발명가이며 종국에는 에딘버러대학교의 총장이 된 데이비드 브루스터(David Brewster) 경과 같은 저명한 과학저술가들을 자신들과 동류로 여겼다. 캘커

---

32) 참조. Vaudry, *Free Church*, 52.

타의 부주교인 존 프라트가 설명한 대로, 그들의 변증가들은 과학은 종교의 적이 아니라고 주장했다.

> 과학의 진보는 창조주의 작품 속에 나타난 그분의 위대하심과 지혜를 분명히 하는 것이다. 그리고 그것을 조사하기를 바라거나 그 결과들을 두려워하는 것은 우리의 편협한 편견을 드러내거나 하나님 자신의 세계 속에서 그분의 손길을 인식하기를 거부하는 것이다.[33]

사실 지질학은 세계가 통과해온 시간의 방대한 시대들을 증명함으로써 창조에 관한 성경 기사에 도전한다고들 생각했다. 복음주의자들은 창세기 본문과 암석으로부터의 발견물들을 일치시키려는 계획을 세웠다. 토마스 찰머스가 지지하는 간격론(gap theory)에 따르면, 창세기 첫 번째 절에 기록된 최초의 창조와 후속 절들에서 묘사된 세계의 순서 사이에는 어쩌면 엄청 날지도 모르는 시간의 간격이 있었다. 그렇지만 휴 밀러가 대중화한 대안적인 '하루 한 시대'(day-age) 해석법에 따르면, 창조의 날들은 실제로는 엄청난 범위의 시대들이 되었다. 일치시키는 것에 관한 각각의 방법에는 오랫동안 저마다 지지자들이 있었다. 예를 들면, '하루 한 시대' 견해는 1887년도 공식적인 미국 감리교 주일학교 공과에서 여전히 가르치고 있었다.[34] 성경과 자연계가 동일한 창조주를 가지고 있으므로, 그것들은 모순될 리가 없다는 기초가 되는 확신이 있었다. 프라트 부주교는 '성경과 과학이 서로 상반된다고 주장하는 것은 철리(哲理)에 반하는 것이다'라고 기술했다.[35] 그 시대의 지배적인 철학, 즉 계몽주의의 유산은 복음주의 신앙과 과학적 탐구를 종합할 수 있는 수단을 제공했다.

복음주의 사상의 계몽주의적 경향은 영적인 삶의 문제들로 확장됐다. 예

---

33) J.H. Pratt, *Scripture and Science not at Variance*(3rd ed., London: Thomas Hatchard, 1859), 106-107.
34) *Christian Advocate*(New York: 6 January 1887), 1.
35) Pratt, *Scripture and Science*, 66.

컨대, 복음주의 사상은 개인들이 자기가 참된 크리스천이라는 것을 확신할 수 있는지에 대한 의견에 영향을 끼쳤다. 비록 개신교 교회들이 구원의 확신을 신자들에게 줄 수 있다는 믿음을 항상 품었지만, 17세기에 일반적인 확신은 그런 경험이 영적 순례의 후반 이전에는 좀처럼 오지 않는다는 것이었다. 18세기는 더 강한 형태의 교리를 도입해서, 신뢰할 수 있는 지식의 획득 가능성에 대한 그 시대의 확신을 반영했다. 복음주의파 신앙부흥운동의 많은 지도자들은 그런 확신이 진정한 신앙에 필수불가결하다고 주장했지만, 결코 모두가 그렇게 주장하지는 않았다. 그것은 확실히 감리교의 일반적인 견해였는데, 감리교에서는 19세기 후반에도 그것이 여전히 그 교파의 압도적인 입장이었다. 1852년에 사망한 뉴욕주 출신의 한 여성은 69년여 동안 '자신의 가납(acceptance)에 대한 증거'를 즐겼다고들 생각했다.[36] 미국의 순회 복음전도자 윌리엄 테일러는 1866년에 이스턴케이프에서 시간을 보내면서, 어떤 사람이 '용서의 증거'를 얻었다는 것을 보증하려고 노력했다.[37]

바로 1903년에도 '하나님의 특별하신 사랑에 대한 기쁨에 넘치는 확신은 감리교인의 주요한 표지들 중 하나'라고 주장됐다.[38] 하지만 개신교 전통에서 이 문제는 그다지 명쾌하지가 않다. 구원에 대한 확신과 불안이 번갈아 나타나는 상태를 기대하는 보다 오래된 영성은 스코틀랜드 장로파 북부 고지에 그리고 세계의 많은 지역에서의 보수적인 특수 침례파 사이에 남아 있다. '잇따른 우울과 위로'는 1857년에 사망한 버지니아의 한 젊은 여성의 경험을 특징지었다-그녀의 경우에는 침수에 의한 세례를 받을 때까지 그러했다.[39] 그럼에도 불구하고 주류 복음주의 견해는 확신이 신자에게는 정상적이라는 것이었다. 그 시기의 사망기사들은 이런 문제를 무시하는 경향이 있었다. 왜냐하면 회심한 사람들은 자신들이 구원받았다는 사실을 알고 있을

---

36) *Christian Advocate and Journal*(New York: 13 January 1853), 8에 따른 Rebecca Foote.
37) William Taylor, *Christian Adventures in South Africa*(London: Jackson, Walford & Hodder, 1857), 78.
38) George Jackson, *The Old Methodism and the New*(London: Hodder & Stoughton, 1903), 43.
39) *Religious Herald*(Richmond, VA: 14 January 1858).

것으로 일반적으로 상정됐기 때문이다. 역점을 두어 다룰 문제가 있다는 것을 인정한, 심지어 보수적인 아일랜드 장로교인 로버트 와츠까지도 칼빈 스스로가 확신을 장려한다고 지적했다.[40] 확고한 지식을 얻을 수 있다는 것에 대한 계몽주의의 확신은 복음주의 운동에 널리 퍼지게 되었다.

18세기 진보적인 사상의 또 다른 독특한 특징, 즉 그것이 일반 대중이 자신들의 재능을 향상시키는 것을 목도하기를 열망하는 것 또한 교회들에게는 중요한 일이었다. 영적인 지식뿐만 아니라 세속적인 지식에 대한 갈망도 진정한 신자의 표지로 간주됐다. 노스캐롤라이나의 웨이크포리스트칼리지에서, 침례교 설교자로서 주목할 만한 생애를 시작하게 될 젊은 A. C. 딕슨은 유젤리안토론회(Euzelian Debating Society)를 사랑했다.[41] 마찬가지로, 스펄전도 자기 대학 학생들로 하여금 1867-68년도에 '문명이 발달하면 도덕도 증가하는가?' '사랑은 이 세상에서 두려움보다 더 큰 힘을 가지고 있는가?' '비국교도인인 우리가 보편적인 국가교육을 지지해야 하는가?' 등과 같은 문제들을 고찰하는 주간 토론반에 참여하게 했다.

그 토론반의 표어는 '보다 높게'(Excelsior)였다.[42] 그렇지만 이런 정신의 가장 광범위한 표현은 개별 교회에 부속된 상호향상회였다. 어떤 도시 지역에서도 그리고 일부 시골 지역에서도, 좀 더 큰 교회는 이런 기관들 중 하나를 가지고 있곤 했다. 예를 들면, 호주 뉴사우스웨일스의 모루야순회교구에서는, 1867년에 청년 웨슬리파 상호향상회가 있었다. 반년만에 그 단체는 웅변술과 잉글랜드 역사에 관한 강연 둘, 사람의 마음에 관한 연설 하나, 세 차례의 토론, 독창적인 에세이 3편 그리고 '다수의 유익한 강독회와 암송회'를 조직했다. 그 반년의 절정은 교인들의 여자 친구들이 화려하게 꾸민 방에서 야회가 있고 젊은 여성 네 명이 두 개의 식탁 각각의 윗자리에 착

---

40) *Evangelical Witness and Presbyterian Review*(Dublin: November 1865), 283-287.
41) Helen C. A. Dixon, *A.C. Dixon: A Romance of Preaching*(new York: G.P. Putnam's Sons, 1931), 35.
42) 'Discussion Classes Pastor's College Metropolitan Tabernacle Minutes commencing September 12th 1867', Spurgeon's College Heritage Room, London.

석했을 때 왔다.[43] 그러나 하루의 저녁에 여성이 참석해 있는 것을 그 조직체 전체의 존재 이유로 보는 것은 잘못일 것이다. 비록 평균 참석자 수가 14명에 불과했지만, 그 단체는 더 높은 문화에 대한 참석자들의 열망을 분명히 충족시켜 주었다. 그 초창기에 강연을 조직하는 것을 전문적으로 했던 YMCA는 그 회원들의 다수를 위해 그와 같은 역할을 수행했다. 이런 단체들은, 종교에 자기 개선을 결합시킴으로써, 복음주의가 계몽된 세속적 이상들을 흡수, 동화하는 것을 상징한다.

이와 같은 기반은 그 시기에 훌륭한 학문을 낳았다. 복음주의자들은 어쩌면 그들이 생각하기보다는 오히려 행동하는 데 열중하기 때문에 학문이 부족하다고들 생각하는 경우가 많다. 사실 잉글랜드 국교회 내의 고교회파 및 광교회파와 관계가 있는 복음주의파는 전반적으로 그들의 지적 재능에 대해서는 그다지 주목할 만하지 않았다. 분별없는 종교적 열광자들의 고정 관념은 지식을 대단히 존중하면서 열심히 학문을 추구하는 개인들의 범위를 정당하게 평가하지 못한다. 20세기 초에, 머지않아서 더럼 주교가 될, 그리고 그 자신이 비범한 성경학자인 핸들리 모울(Handley Moule)은 잉글랜드 국교회의 복음주의파가 특히 자랑할 수 있는 19세기 신학자들의 짧은 목록을 밝혔다.

그는 걸출한 인물로 1860년부터 리폰의 부감독인 윌리엄 구디(William Goode)를 선정했는데, 구디의 저서인 『신앙과 실천에 관한 하나님의 규칙』(*The Divine Rule of Faith and Practice*, 1842, 1903판)은 옥스퍼드 운동에 대한 권위 있는 답변을 제공했다. 그는 또한 다음과 같은 사람들을 목록에 올렸는데, 런던 킹스칼리지의 히브리어(1841년부터) 및 신학(1846년부터) 교수인 알렉산더 맥콜, 『그리스도의 교회』(*The Church of Christ*, 1851년, 1898년 재발간)와 『교의학 개론』(*Introduction to Dogmatic Theology*, 1882-92)의 저자인 리턴(E. A. Litton), 옥스퍼드대 흠정(欽定) 강좌 담당 신학교수가 되었고 그 뒤에 캔터베리 대주교가 된 시리아어 학자인 R. 패인 스미스(R. Payne Smith), 『성사에 관

---

43) *Christian Advocate and Wesleyan Record*(Sydney: 23 November 1867), 115.

한 교리』(*The Doctrine of the Sacraments*, 1871)의 저자인 나다니엘 디목(Nathaniel Dimock), 런던 킹스칼리지의 학장(1883-97)이었을 때 복음주의파에 끌렸으며, 후에 캔터베리 대주교로서 복음주의파의 강건한 옹호자였던 루터 전문가인 헨리 웨이스(Henry Wace)가 그들이다.[44] 스코틀랜드도 다수의 뛰어난 신학자들을 배출했다. 그들 가운데 1847년부터 프리처치스뉴칼리지(Free Church's New College) 학장이었던 윌리엄 커닝엄은 그 시기의 초엽에 탁월한 인물이었으며, 1891년부터 연합장로회대학에서 교회사 교수였던 제임스 오르는 그 시기의 막바지에 합당하게 국제적인 평판을 누렸다. 미국도 각각의 교파들의 유능한 사람들을 자랑할 수가 있었다. 그들 중에는 회중교인들을 위한 에드워즈 A. 파크, 침례교인들을 위한 프랜시스 웨이랜드 그리고 감리교인들을 위한 존 밀레이가 포함된다. 그러나 신세계에서 가장 기념비적인 업적은 구파 장로교인 찰스 핫지의 업적이었다.

그의 『조직신학』(*Systematic Theology*, 1872-73)은 20세기에도 지속적인 영향력을 발휘했다. 이 사람들 모두가 18세기로부터 물려받은 지적 접근법에 충실한 사람들로 변함없이 있었던 것은 아니지만, 그것은 그들의 형성에 중대한 것이었다. 성경이 모든 필요한 사실들을 담고 있으므로 '신학의 참된 방법은 귀납적인 것이다'라고 핫지가 자신의 저작의 서두에서 한 선언은 이 사람들이 계몽주의에 신세를 지고 있음을 나타내는 징후이다.[45]

4. 복음주의파의 교리

복음주의 운동의 신학자들은 제한된 수의 사람들만 구원을 받도록 선택됐다는 것을 지지하는 칼빈주의파와 모든 사람이 원칙적으로 구원을 받은 자들에 속할 수 있다고 생각하는 아르미니우스파로 여전히 갈라져 있었

---

44) *Record*(4 January 1901), 38-40;(18 January 1901), 79.
45) Mark A. Noll, *Charles Hodge: The Way of Life*(New York: Paulist Press, 1987), 279.

다. 심지어 신앙부흥이 이 두 파를 결합시키는 경향이 있을 때에도 다른 쪽이 잘못이라고 주장하는 교리의 열광적 추종자들이 있었다. 따라서 아일랜드에서 1859년 신앙부흥의 결과로서 웨슬리파인 윌리엄 아더는 그리스도는 만인을 위해서 죽으셨다고 명료하게 주장하는 논문을 발간했다. 벨파스트장로교 청년협의회가 발행하는 잡지에 기고한 어떤 이는(성경과 일치하게) '어떤 점(in some sense)에서는' 그리스도가 모든 사람을 위한 속전으로 자신을 내어주셨다고 생각한다고 주장하기를 열망하지만 또한 그분은 구원을 받을 사람들, 즉 택함을 입은 사람들을 위해서만 죽으셨다고 주장하고 싶었다.[46] 스코틀랜드 장로교인들 만큼이나 아일랜드 장로교인들도 개신교 정통주의의 리트머스 시험인 웨스트민스터 신앙고백에 헌신적이었다. 1850년경 스코틀랜드에서 침례교인들은 속죄의 범위에 대한 불일치 때문에 독자적인 교단들로 분열했다.[47] 지도적인 스코틀랜드 회중교 신학자로서 1853년에 사망한 랄프 워드로는 개신교 정통주의를 주장했다. '우리는 칼빈주의 단체다. 그러므로 이 단체의 교사들로 사역하는 사람들은 칼빈주의자가 되어야 한다'고 그는 기술했다.[48]

잉글랜드에서 워드로와 같은 교파의 사람들 대다수는 그다지 배타적이지 않은 경향이 있었다. 그러나 심지어 잉글랜드 경계의 남쪽에서도 리버풀의 크레센트 채플을 담임하는 존 켈리와 같은 목회자들이 있었는데, 그는 칼빈의 『기독교강요』에 정통해 있었다.[49] 침례교인들 가운데서, 철두철미한 개신교도로 변함없이 있었던 사람은 스펄전뿐만이 아니었다. 예컨대, 1866년에 베리(Bury)에 세워진 대학은 1689년 신앙고백의 칼빈주의 교리들에 헌

---

46) *Presbyterian Magazine in Connection with the Belfast Presbyterian Young Men's Association*(Belfast: October 1859), 224-226.
47) 참조. B. R. Talbot, *The Search for a Common Identity: The Origins of the Baptist Union of Scotland 1800-1870*(Carlisle: Paternoster Press, 2003), 259-262.
48) W.L. Alexander, *Memoirs of the Life and Writings of Ralph Wardlaw, D.D*(Edinburgh: Adam & Charles Black, 1856), 425.
49) Anne J. Davidson(ed.), *The Autobiography and Diary of Samuel Davidson, D.D., L.I.D.*(Edinburgh: T& T Clark, 1899) 45-46.

신적이었다.⁵⁰⁾ 대서양 반대쪽에서는, 회중교인들과 침례교인들 그리고 특히 장로교인들 사이에 그와 유사한 교리적 보수주의자들이 많이 있었다. 한 장로교 설교자가 로키 산맥의 한 지역에 도착했을 때, 그는 '그 공동체의 칼빈주의적 요소를 모두' 끌어낼 수 있었다.⁵¹⁾ 개신교 전통에는 여전히 활력이 있었다.

그렇지만 그 시기의 칼빈주의자들이 전반적으로 아르미니우스주의자들과 극단적인 대립자는 아니었다. 1880년에 이즐링턴의 한 강연자는 복음주의파 잉글랜드 국교도됨의 한 특징은 그가 아우구스티누스주의와 동일시하는 '온건한 칼빈주의'라고 선언했다.⁵²⁾ 온건한 칼빈주의의 온건함은 주로, 그것이 '이중 예정설'(double predestination), 즉 전능하신 분이 구원을 위해 영혼들을 선택하셨을 뿐만 아니라 저주를 위해서도 다른 영혼들을 선택하셨다는 믿음을 받아들이려 하지 않는 데 있다. 이와는 반대로 온건한 칼빈주의자들은 구원받지 못한 죄인들은 그들 자신의 파멸에 대하여 책임이 있다고 주장했다. 이러한 신학적 견해는 18세기 초의 뉴잉글랜드 신학자인 조나단 에드워즈가 도출한 천부적인 무능력과 도덕적 무능력의 구별에 의거하는 게 보통이었다.

에드워즈에 따르면, 죄인들도 복음에 응하는 타고난 능력을 지녔지만, 만약 그들이 회개하고서 믿지 못한다면 그들은 자신들을 하나님 앞에서 죄 있게 만드는 도덕적 무능력을 보여주고 있는 것이다. 에드워즈는 여전히 19세기 중엽의 많은 복음주의자들의 존경을 받고 있었다. 청교도 신학의 요점과 신앙부흥을 지혜롭게 찬성하는 것을 성공적으로 결합시킨 사상가로서의 미국에서의 그의 평판은 탄탄했다. 1851년에 사망할 때까지 지도적인 잉글랜드 회중교 목사였던 존 파이 스미스는 승인을 얻어 되풀이해서 에드워즈를 인용했다.⁵³⁾ 스코틀랜드 자유교회를 위해 일한 윌리엄 커닝엄도 상세한 유

---

50) Charles Rignal, *Manchester Baptist College, 1866-1916*(Bradford: William Byles & Sons, [1916], 36.
51) *Rocky Mountain Presbyterian*(Denver, CO: August 1873).
52) F.F. Goe in *Record*(16 January 1880).
53) John Pye Smith, *First Lines of Christian Theology*, ed. William Farrer(London: Jackson

보 조항에도 불구하고 열성적인 추종자였다.[54] 1864년에 '영적이지 않은 사람들'은 '믿지 않는 것에 대해서 책임이 있다'는 주장은 한 아일랜드 장로교 목사가 인간의 능력의 각기 다른 형태들을 구별한 에드워즈의 이론에 기초해서 한 것이다.[55] 19세기 중엽에 칼빈주의자들 사이에 널리 퍼진 것은 어떤 더 엄격한 형태의 교리라기보다는 대체로 에드워즈의 입장이었다.

그것을 가르친 사람은 에드워즈뿐만이 아니었다. 그 시대의 온건한 칼빈주의를 미국인들은 '뉴잉글랜드 신학'이라고 했다. 1852년에 앤도버신학교의 에드워즈 A. 파크는 이런 칼빈주의를 '에드워즈 시대 동안에 그리고 에드워즈 시대 이래로 뉴잉글랜드의 가장 저명한 신학자들 대다수가 명시적으로 또는 암묵적으로 찬성한 공식적인 교의'라고 정의를 내렸다. 파크에 따르면, 이런 영속적인 전통은 죄는 선택에 있으며 우리의 타고난 능력은 우리의 의무와 같지만 또한 우리의 의무를 제한한다고 생각했다.[56] 그가 그것들을 일컬은 바와 같이 이러한 '세 가지 기본 원칙들'은 선택의 자유는 실재이며, '할 수 있다'(can)가 없으면 '마땅히 해야 한다'(ought)는 것도 없다—양쪽 다 더 광범위한 계몽주의의 고전적인 주장이다—는 것을 기꺼이 받아들이는 일종의 칼빈주의를 구성했다. 그것은 그 시대의 진보적인 사상과 화해했던 개신교 교의의 한 파였다.

조셉 벨라미와 사무엘 홉킨스는 에드워즈의 입장을 확장하고 또한 미묘하게 바꿨는데, 이 두 사람은 각기 대서양의 다른 쪽에서 열성적인 독자들을 얻었다. 따라서 에딘버러에 있는 뉴칼리지의 히브리어 교수인 존 덩컨(John Duncan)은 벨라미(Bellamy)를 뉴잉글랜드 사람들 중 최고라고 생각했다. 그리고 잉글랜드 회중교인인 에드워드 미올은 "하나님의 적극적인 자비심의 원리"라는 논문에 홉킨스를 반영했다.[57] 그러나 그런 사상 체계의 가장 영

& Walford, 1854), 특히 5,155, 354, 389, 409, 571, 583.
54) William Cunningham, *The Reformers and the Theology of the Reformation*(Edinburgh: T & T. Clark, 1862), 483, 508, 515, 520.
55) Dr. Niblock in *Evangelical Witness and Presbyterian Review*(August 1864), 208-210.
56) E.A. Park,"The New England Theology" *Bibliotheca Sacra*(January 1852), 174, 175.
57) David Brown, *Life of the Late John Duncan, L.I.D*(Edinburgh: Edmonston &

향력 있는 해설자는 잉글랜드의 침례교인인 앤드류 풀러였다. 비록 풀러가 1815년에 사망했지만, 그의 입장은 19세기에 아주 오랫동안 영향을 미쳤다. 영국 복음주의 연맹의 공동 간사인 에드워드 스틴(Edward Steane)은 1872년에 평가하기를, 풀러의 저술들은 근대 칼빈주의의 특징들을 형성하는 데 가장 큰 영향을 미쳤다고 했다.[58] 풀러는 또한 미국에서도 널리 알려졌다. 그가 지지하는 신학적 패러다임, 즉 계몽된 사상의 언어로 칼빈주의를 개작하는 것은 개신교 유산을 함께 하는 교파들에서는 정상적인 것이었다.

이러한 의견의 본론이 지니고 있는 독특한 성격은 속죄의 교리를 다루는 데서 명백히 나타난다. 한 미국 신파 장로교인에 따르면, 전능하신 그분은 본질적으로 '도덕적 통치자…입법자, 판관, 상과 벌의 시행자'로 생각됐다.[59] 정의는 하나님의 필수불가결한 속성이었다. 먼 과거로부터 물려받은 진부한 관념이기는커녕, 이런 개념은 그 이전 세기에서야 대중화된 진보적인 견해였다. 계몽주의는 공적 정의라는 이상을 형법과 행정 체계의 개혁을 위한 척도로 받들었다. 그래서 하나님의 통치를 같은 원리로 작동하는 것으로 보는 것은 자연스러운 일이었다. 죄인들은 전능하신 분의 칙령에 대적하는 반역자로 받아들여졌으며 그들의 구속(redemption)은 공평의 변치 않는 표준에 따라서 이루어져야 했다.

따라서 풀러는 비록 예수님이 인간의 죄 때문에 형벌을 받았지만, 죄책은 옮길 수 없는 것이므로 그분이 그들을 위해서 적극적으로 그분의 아버지께 벌을 받은 게 아니라고 가르쳤다.[60] 속죄(atonement)는 여전히 대속(代贖, substitution)의 문제였다. 그러나 풀러가 속죄가 어떤 점에서는 형벌적인 것이라고 주장했지만, 그것은 전통적인 의미에서는 형벌적인 게 아니었다. 십

Douglas, 1872), 193n; Edward Miall, *The British Churches in Relation to the British People*(London: Arthur Hall, Virtue & Co., 1849), 149.

58) Edward Steane, *The Doctrine of Christ Developed by the Apostles*(Edinburgh: Edmonston & Douglas, 1872), ix.

59) Noll, *America's God*, 442에 의해 인용된 Robert Baird, *Religion in the United States of America*(Glasgow: Backie & Son, 1844), 662-663.

60) 참조. John McLeod Campbell, *The Nature of the Atonement*, introd. E.P. Dickie(London: James Clarke & Co., 1959), 82.

자가는 전지하신 세계의 통치자가 실행하고 순종적인 아들이 기꺼이 받아들인 정의의 영원한 원리들을 나타내는 것이었다. 1849년 에드워드 미올에 따르면, '인자의 고난은 그분이 이 세상에서 이루어지는 그분 아버지의 도덕적 통치가 지니는 권위를 손상되지 않게 유지하는 타당성과 필요성에 제공하시는 값비싼 증거였다.'[61] 에드워즈 A. 파크는 『속죄』(*The Atonement*, 1859)에서 그런 견해를 명확하고도 상세히 설명했는데, 이는 그리스도의 사역의 통치론이라고 일컬어지는 것의 고전적인 진술이다.[62] 그것은 계몽주의의 가설들에 따라서 십자가에서 일어난 일을 설명하는 가장 확실한 방법인 것 같았다.

5. 칼빈주의의 쇠퇴와 방어

그렇지만 그런 가설들은 19세기 중엽 훨씬 전에 이미 칼빈주의를 훨씬 더 철저히 수정하기 시작했다. 나다니엘 W. 테일러의 뉴 헤이븐 신학(New Haven theology)이 인정받고 있는 뉴잉글랜드 견해의 전제들에서 시작했지만, 자유의지를 발휘하는 인간의 능력을 그의 전임자들보다 훨씬 더 높게 평가하고 있었다. 신앙부흥운동가 찰스 피니는 법적 정밀함으로 그와 유사한 입장을 명료하게 설명했다. 피니는 주장하기를, 성령은 거듭남의 저항할 수 없는 행위자이기는커녕 각각의 인간이 자유로이 평가할 수 있는 기독교 진리의 설득력 있는 증거를 제공할 뿐이라고 주장했다. 사람은 그 과정에서 수동적이지 않다. '만약 그가 바꾸려고 하지 않는다면, 하나님도 다른 어떤 존재도 그를 거듭나게 할 수가 없다'고 그는 대담하게 선언했다. 비록 피니가 조나단 에드워즈를 혁신적인 신앙부흥운동가로 존경했지만, 그는 자기 전임자의 명확한 신학을 거부하면서 타고난 무능력과 도덕적 무능력을 구

---

61) Miall, *British Churches*, 82.
62) J.A. Comforti, *Jonathan Edwards, Religious Tradition & American Culture*(Chapel Hill, NC: University of North Carolina Press, 1995), 124.

별하는 것을 '무의미한'것이라고 치부해 버렸다.⁶³⁾ 스코틀랜드에서 칼빈주의를 완전히 떨쳐버릴 만큼 대담한 사람들도 마찬가지로 벨라미와 풀러를 비판했다.⁶⁴⁾

뉴잉글랜드 전통을 편협하고 그래서 결함이 있는 것으로 보는 경향이 점점 커지고 있었다. 뉴잉글랜드 전통은 교리사와 성서문헌학을 무시하는 것을 고민했다고 미국의 한 회중교인이 1864년에 기술했다. 뉴잉글랜드 전통의 지지자들은 마치 자신들이 이렇게 믿고 있는 것처럼 행동했다. '하나님은 얼마 전에 어떤 뉴잉글랜드 마을에 강림하사 영어 성경의 말씀을 전하시면서, 그분 계시의 총체로서 그 말씀을 인류에게 주셨다.'⁶⁵⁾ 물려받은 스타일의 칼빈주의 교리는 그 영향력을 상실하고 있었다.

칼빈주의의 쇠퇴는 19세기 중엽에 빨리 진행되고 있었다. 자유로운 탐구의 원칙은 어떠한 교리 체계든지 그 체계의 상정상(想定上)의 전제들을 제거하는 것을 점점 더 필요로 하는 것 같았다. 성경의 유일무이성에 대한 특징적인 복음주의적 주장은 독단성을 강화하기는커녕 그와 유사한 영향을 미쳤다. 그 결과는, 예컨대, 요크셔의 침례교 신학교인 로돈칼리지의 학장을 1863년까지 역임한 제임스 애크워드의 이러한 묘사에서 분명히 알 수 있다.

> 그는 시스템과 판에 박힌 방식들을 못 견뎠다. '당신 자신의 시스템을 만들라'는 자신의 사람들에게 주는 그의 한결같은 조언이었다. 그는 좀처럼 또는 거의 신학 강의를 하지 않았다. 그의 유일한 목적과 바람은 그의 학생들이 '말씀' 또는 그가 말하기를 좋아하던 대로 '하나님의 말씀'을 읽고서 이해하는 것이었다.⁶⁶⁾

---

63) Finney, *Systematic Theology*, 413, 491-492.
64) 참조. James Morison, *Saving Faith: Or, the Simple Belief of the Gospel*(Kilmarnock: J. Davie. 1842), 50-51.
65) C. E. Stowe, 'Sketches and Recollections of Dr. Lyman Beecher,' *Bibliotheca Sacra*(July 1864), 228-229.
66) William Medley, *Rawdon Baptist College: Centenary Memorial*(London: Kingsgate Press, 1994), 26.

이러한 조건에 입각한다면, 성경은 어떠한 외부적인 교리적 뼈대의 도움 없이도 스스로 말을 할 수가 있었다. 19세기 중엽의 좀 더 나이든 목회자들은 여전히 자의식이 강한 칼빈주의자로 있을 수 있었지만 새로 훈련받은 사람들은 이 신앙고백적 유산을 버리는 경우가 많았다.

버밍엄의 카르스레인 회중교회에서 있었던 목회 계승이 여기서 분명히 밝혀 준다. 1805년부터 1859년에 사망할 때까지 사역한 그 목회자는 존 에인절 제임스(John Angell James)였다. 그는 당대의 가장 유능한 복음전도 설교자였다. 1853년부터 그에게는 젊은 보조자가 있었는데, 그는 R. W. 데일(R. W. Dale)이었다. 제임스가 사망했을 때 그를 계승한 데일은 1895년에 죽을 때까지 카르스레인에 있었다. 제임스는 개신교 사상 체계의 독특한 점들에 대해서 좀처럼 설교하지 않았지만, 그럼에도 불구하고 그는 스스로를 그것들의 지지자로 여겼다. 그는 한 번은 데일에게 이렇게 말했다. '나는 칼빈주의의 교리들을 확고하게 이해하고 있다네!' 이와는 대조적으로, 데일은 목회를 시작한 지 얼마 안 돼서 조용히 칼빈주의를 버렸다.[67]

범복음주의적 활동으로 비칼빈주의자들과 교제하는 것은 교파들을 갈라놓는 것을 경시하는 경향을 강화했다. 따라서 1872년 성결을 증진하는 한 뉴욕 집회에서 모두가 성경의 언어를 사용하기 때문에 누가 어느 교파에 속하는지를 말하기란 어려운 일이었다.[68] 심지어 스펄전도 이 과정에 참여했다. 그는 1868년 초교파적인 YMCA의 한 집회에서 이렇게 말했다. '만약 나에게 나의 신조를 묻는다면 나는 칼빈주의적인 것을 지지하겠습니다. 하지만 매우 유감스럽게도 모든 진리가 거기에 있다고 말하겠습니다. 나는 아르미니우스주의자들이 믿는 것도 많이 믿습니다.'[69] 개신교 교리의 가장 담대한 잉글랜드인 옹호자가 그런 방침을 취했을 때, 칼빈주의 교리가 꾸준히 쇠퇴했다는 것은 거의 놀라운 일이 아니다.

---

67) 참조. D.A. Johnson, *The Changing Shape of English Noncomformity, 1828-1925*(New York: Oxford University Press,1999), 134, 93 n. 61.
68) *Christian Advocate*(15 August 1872), 262.
69) *Revival*(London: 7 May 1868), 253.

제4장 계몽주의의 유산   177

그렇지만 칼빈주의의 쇠퇴가 저항도 없이 진행되지는 않았다. 어쩌면 칼빈주의의 으뜸가는 방어 거점은 스코틀랜드 북부의 고지였을지도 모른다. 1880년대에 스코들랜드 자유교회는 북부 고지의 거의 전 지역에서 인구의 절대 다수의 충성을 차지했다.⁷⁰⁾ 웨스트민스터 신앙고백의 교리들에 대한 계속적인 마음으로부터의 애착이 있었는데, 대다수의 사람들은 그 소요리문답을 젊었을 때 배웠다. 로스앤크로마티의 딩월(Dingwall)에서 사역하는 자유교회 목회자인 존 케네디는, 예를 들면, 그가 '과잉 복음전도'(hyper-evangelism)라고 부르는 것에 대해 무디와 생키를 비난하는 조상의 신앙으로부터의 어떠한 이반에 대해서도 준엄하게 비판을 가한 사람이었다.⁷¹⁾ 영국의 다른 어느 곳에서도 교리적 올바름에 대한 그처럼 강한 공동체적 헌신이 없었다. 그럼에도 불구하고, 그 나라의 다른 많은 지역에는 칼빈주의를 신봉하는 고립 지대들이 있었다.

1796년에 창간된 가스펠 매거진은 국교도나 비국교도를 막론하고 '은총의 교리들'에 대한 자신들의 증거를 유지하는 개인들의 다수를 연결해 주었다. 거기에 기고하는 사람들 중 하나인 조지 코웰은 자신이 아르미니우스적인 것으로 간주하고, 회중교인들 사이에 흔한 교리를 개탄했다.

그는 많은 사람이 더 나은 것을 알게 될 것이라고 생각했다. '그들은 자유의지(free-will)라는 돼지의 음식을 혐오하고 값없이 주시는 은혜(free-grace)라는 푸른 풀밭으로 인도받기를 갈망한다.'⁷²⁾ 엄격한 특수 침례파가 비록 내부 논쟁으로 갈라지긴 했지만, 칼빈주의를 유지하는 데 대단히 헌신적인 잉글랜드 집단이었다. 런던에 있는 그 교파의 목회자인 존 해즐턴은 기독교 신앙의 17세기 옹호자들에 대한 자신의 계속적인 헌신에서 전형적인 인물이

---

70) 참조. A. I. Macinnes, "Evangelical Protestantism in the Nineteenth - Century Highlands," in Graham Walker and Tom Gallagher(eds.), *Sermons and Battle: Protestant Popular Culture in Scotland*(Edinburgh: Edinburgh University Press, 1990), 62.
71) John Kennedy, *Hyper-Evangelism 'Another Gospel' Though a Mighty Power*(Edinburgh: Duncan Grant & Co., 1874).
72) Ruth Cowell, *Memorials of a Gracious with the Diary and Letters of George Cowell*(London: W., H. & L. Collingridge, 1895), 88.

었다. 한 사망기사에서는 그에 대해 이렇게 말했다. '그의 신성은 청교도적이었으며, 그는 존 오웬(John Owen), 토마스 맨턴(Thomas Manton), 토마스 굿윈(Thomas Goodwin) 등이 더없는 애정과 열정으로 그처럼 부각시키는 진리들을 사랑했다'[73]

비록 영국 복음주의 공동체의 한 부분으로서의 그들의 신도수가 시간이 지나면서 감소했지만, 자신들의 칼빈주의를 유지하는 그 사람들은 자기들이 무엇을 믿는지를 알고 있었다.

미국에서, 장로교인들은 다시금 개신교 입장의 가장 두드러진 옹호자였다. 구파 장로교인들의 존재 이유는 당대의 새로운 것들과 타협하지 않은 채 전통적인 교리와 조직을 고수하는 것이었다. 구파에 동조하는 「노스캐롤라이나 장로교인」지는 이렇게 선언했다. 구파의 신자들은 1858년 '근대의 이론들과 "주의들"(isms)의 불확실한 빛들에 의해서 우리의 행로를 인도하는 게 아니라, "좋은 오래된 길들"을 찾아내고, "신앙고백"과 "웨스트민스터 총회"의 교리문답이라는 옛부터 내려오는 "길라잡이들"에 따라서 우리의 행동을 지도하기 시작했다.'[74] 학문은 그들 사이에서 무척 두드러졌다. 같은 해에 켄터키 주의 댄빌신학교 교수인 R. J. 브레킨리지가 조직신학 책을 한 권 출간했을 때, '노스캐롤라이나의 한 목사'는 매우 많은 인용문을 열거하면서 쥬리히에서 출판된 1743년의 저작을 표절했다고 그 책을 공격했다.[75]

장로교인들 사이에서 학문적인 칼빈주의를 고집하기 위한 설명의 대부분은 한 기관, 즉 프린스턴신학교의 존재가 되었는데, 이 신학교는 그런 입장에 헌신적이었다. 거기서 1822년부터 1878년 사이에, 찰스 핫지(Charles Hodge)는 2,000명이 넘는 학생들을 훈련했다. 핫지가 비록 세 권으로 된 그의 조직신학으로 가장 잘 알려지긴 했지만 결코 배타적인 지식인이 아니었으며, 삶은 마음과 조화를 이루어야 한다고 항상 주장했다. 프린스턴의 영향은 광범위했다. 캐나다 장로회신학교들에서 봉직하는 많은 교수들이 찰

---

73) *Freeman*(London: 13 January 1888), 21.
74) *North Carolina Presbyterian*(Fayetteville, NC: 1 January 1858).
75) Ibid.(12 February 1858).

스 핫지의 견해를 전파했다. 노바스코샤의 한 침례교인은 그의 저서 『조직신학』을 숙독하고서 그 책의 칼빈주의를 찬양했다. 그리고 스펄전의 대학은 찰스의 아들 아치볼드가 저술한 『신학개요』(Outlines of Theology)를 사용했다.[76] 벨파스트에서, 핫지의 『조직신학』을 '신학적 설명의 역사를 통틀어서 비길 데 없는' 저작이라고 생각한 프린스턴 졸업생 로버트 와츠는 아일랜드 장로교인들을 굳어지게 만들었다.[77] 그는 또한 때때로 '스코틀랜드를 급습해서 프린스턴신학을 위해 훌륭한 간증을 했다.'[78] 스코틀랜드 장로교 신학자들은 자신들의 칼빈주의의 방향을 잃고 있었을지도 모르지만, 그들의 본을 따르고 있지 않은 사람들도 있었다.

6. 아르미니우스주의

복음주의 운동 내의 다른 주요한 신학적 분파인 아르미니우스파(the Arminians)는 비교되는 분열을 겪지 않았다. 아르미니우스적인 입장의 으뜸가는 옹호자인 감리교인들은 실질적으로 그 신앙의 원리에 동의했는데, 부분적으로는 그들이 사유보다는 오히려 경험을 중요시했기 때문이다. 20세기 초두에 이루어진 근세의 감리교 발전에 대한 분석은 그 교인들이 계속해서 신학을 무시했다는 사실을 인정했다.[79]

일반적으로, 그들은 교리에 관한 문제는 그들의 창건자인 존 웨슬리가 성공적으로 체계화했으며, 그래서 더 이상 논의가 필요치 않다고 생각했다. 웨슬리는 여전히 복음주의 운동에 대해서 주목할 만한 지적 헤게모니를 행

---

76) 참조. Barry Mack, 'Of Canadian Presbyterians and Guardian Angels' in G. A. Rawlyk and M. A. Noll(eds.), *Amazing Grace: Evangelicalism in Australia, Britain, Canada and the United States*(Montreal and Kingston: McGill-Queen's University Press, 1994), 273; *Christian Messenger*(Halifax, NS: 13 March 1872), 81; and *Annual Paper*… 1886-87, 19.
77) Robert, Allen, *The Presbyterian College, Belfast, 1853-1953*(Belfast: William Mullan & Son, 1954), 179.
78) *Presbyterian Churchman*(Dublin: February 1878), 26.
79) Jackson, *Old Methodism and the New*, 56.

사하고 있었다. 논란이 되고 있는 문제들에 대한 그의 말은 결정적이었으며 그의 설교들은 목회 후보자들이 시험을 치르는 지식의 핵심을 형성했다. 일부 감리교인들의 우선 사항들은 1862년에 펜실베니아의 몬투어스빌에서 사망한 레티티아 윌리엄스(Letitia Williams)에 관한 사망기사에 의해서 예증될 수가 있다. 그녀는 웨슬리의 저술들과 성경에 관한 면밀한 지식을 획득한 것에 대해서 칭송을 받았다.[80] 그렇지만 기독교의 가르침에 관한 새로운 진술들을 제공하지 않는 것에 대한 질책은 W. B. 포우프(W. B. Pope)에 의해서 대부분 일소됐다. 그는 원래 캐나다의 프린스에드워드 섬 출신이었는데, 1867년부터 1885년까지 맨체스터의 디즈베리웨슬리언칼리지에서 봉직했다. 세 권으로 구성된 그의『기독교신학 개론』(Compendium of Christian Theology, 1880)은 아르미니우스의 가르침에 관한 대가 다운 설명이었다. 이는 10년이 채 되기 전에 발간된 핫지의『총서』(summa)와 비교할 만한 저작이다. 이 저술은 강력한 영향력을 발휘했는데, 예컨대 사무엘 채드윅은 리즈에 있는 옥스퍼드 플레이스의 강단에서 그 저작을 통하여 꾸준히 설교했다.[81] 포우프의 저서는 웨슬리의 가르침이 조직신학의 본체로서 명료하게 설명될 수 있다는 것을 보여주었다.

아르미니우스주의의 중심적인 독특한 교리는 속죄(atonement)가, 칼빈주의자들이 믿는 대로, 택함을 받은 자들에게 국한된다기보다는 오히려 보편적이라는 주장이었다. 모든 사람이 구원을 받을 수 있다는 확신, 즉 인간의 가능성에 대한 웨슬리의 낙관주의의 성과는 그 자체가 계몽주의 정신에 결부되는 것으로 여겨질 수가 있다.[82]

그 믿음은 의심할 여지 없이 19세기 중엽까지는 진보를 하고 있었다. 1850년「웨슬리언 메도디스트 매거진」은 구속의 범위에 대한 신학적 싸움에 이겼다고 주장하고 있었다. 그 잡지는 '그리스도가 만인을 위해서 죽으

---

80) *Christian Advocate and Journal*(4 September 1862), 286.
81) N. G. Dunning, *Samuel Chadwick*(London: Hodder and Stoughton, 1933), 81.
82) 참조. Barnard Semmel, *The Methodist Revolution*(London: Heinermann, 1974).

제4장 계몽주의의 유산   **181**

셨다는 것은 모든 사람으로부터 인정을 받고 있다'고 주장했다.[83] 그 잡지는 온건한 칼빈주의자들(하지만 더 높은 부류가 아니다)이 일반적으로 인정하기를, 적어도 가설적으로는, 십자가의 은혜는 인류 전체를 아우른다고 했다는 사실에 대해서 주로 언급하고 있었다. 감리교인들은 승리한 쪽에 있는 것 같았다. 더욱이, 그들은 자신들의 집단을 넘어서 동맹자들이 있었다.

1854년에 발행된 그들의 잡지에 따르면, 잉글랜드 일반 침례파는 '그리스도의 죽음은 모든 인류의 죄를 위해서 제공되는 속죄라는 기본 교리를 확고하게 신봉했다.'[84] 일부 일반 침례파는 다른 침례교인들보다 온건한 칼빈주의에 더 가까이 접근할 수 있지만, 주요점에 대해서는 이의가 없다고 그 잡지는 전했다. 아르미니우스주의는 또한 19세기 중엽에 또 다른 부문으로부터 강화됐다. 스코틀랜드에서 주로 찰스 피니의 가르침에 고무된 제임스 모리슨은 보편적 구속의 거리낌 없는 옹호자가 되었다. 그는 1843년 유나이티드석세션처치를 떠나서 자신의 새로운 견해를 전파하려고 새로운 교파, 곧 복음주의 연합(Evangelical Union)을 세웠다. 박식한 사람인 그는 스코틀랜드 장로교단들의 합동 비난에 맞서 자신의 입장을 유지할 수 있었으며 오래 살아서 그 교단들의 목회자들 중 다수가 자신의 견해와 유사한 견해를 받아들이는 것을 목도했다.[85] 비교되는 사건들이 세계의 다른 곳에서도 일어났다. 캐나다에서 암허스트버그의 로버트 페덴(Robert Peden)은 특별한 구속의 교리를 부정한다고 발표했다. 페덴은 1850년 자유교회의 종교 회의(synod) 앞에 불려 와서, 정죄를 당하고서 면직됐다. 그는 정식으로 복음주의 연합의 한 회중을 설립했다.[86] 이 일화는 신학적 경향이 아르미니우스주의에 유리하게 흐르고 있는 듯한 점을 나타내는 것이었다.

---

83) *Wesleyan Methodist Magazine*(July 1850), 741.
84) *General Baptist Magazine*(London: January 1854), 13.
85) William Adamson, *The Life of the Rev. James Morison, D.D.*(London: Hodder & Stoughton, 1898).
86) Vaudry, *Free Church*, 56-59.

7. 후천년왕국설

계몽주의의 낙관주의와 관련된 또 다른 교리적 입장은 세계가 미래의 천년을 향하여 꾸준히 전진하고 있다는 믿음이었다. '고대의 예언들은 이 세상에서 아직까지 전혀 목격되지 않은 그런 공의와 평화, 행복의 시대를 확실히 가리키고 있다'고 1851년 한 미국인 주석가는 선언했다.[87] 이것은, 계시록에 따르면, 사탄이 묶일 천년기가 있으리라는 후천년왕국 교리의 한 판본(version)이었다. 그리스도의 재림은 이 축복의 시대 후('post-')에만 일어나리라는 것이었다. 조나단 에드워즈와 18세기 신앙부흥운동의 다른 많은 지도자들이 주장한 이러한 견해는 복음주의자들 사이에서 미래를 바라보는 정상적인 방법이 되었다. 글래스고의 프리처치칼리지 학장인 패트릭 페어배언(Patrick Fairbairn)은 자신의 저서 『예언의 해석』(The Interpretation of Prophecy, 1865)에서 이러한 견해에 관한 권위 있는 진술을 발표했다. 페어배언은 설명하기를 이 천년은 복음의 원리가 온 땅에 퍼지는 때이며, 그런 후에야 그리스도의 열려 있고 눈에 보이는 강림이 일어날 것이라고 했다.[88]

이스턴케이프의 앨리스침례교회는 1874년에 설립되어서 그 목적을 '세계의 회심'을 맞이하는 것으로 규정지었을 때 이러한 생각을 반영했다.[89] 복음이 점차 세계를 정복하리라는 확신은 6장에서 논의하게 될 대안적인 전천년왕국설에 맞서 지켜져야 했는데, 이러한 견해는 후천년왕국설과는 반대로 그리스도의 재림이 임박했다고 생각했다.[90] 이러한 시각에서는 이 세상으로 그리스도가 돌아오는 것은 그의 천년 통치 전('pre-')의 필수불가결한 사건이었다. 그렇지만 한 캐나다 감리교인은 1880년 주장하기를 지복천년

---

87) Charles Adams, *Evangelism in the Middle of the Nineteenth Century*(Boston: Gould & Lincoln, 1851), 17.
88) Patrick Fairbairn, *The Interpretation of Prophecy*(1865),(London: Banner of Truth Trust, 1964), 477, 479.
89) Sydney Hudson-Reed, *By Taking Heed: The History of Baptist in Southern Africa, 1820-1977*(Roodepoort: Baptist Publishing House, 1983), 56.
90) 참조. ch. 6, 179-188.

제4장 계몽주의의 유산   **183**

기 이전에 그리스도가 재림한다는 이론은 직접적으로 형벌 아니면 영생으로 이끄는 최후의 심판에 관한 마태복음 25장의 기사로 논박된다고 했다. 이 천년왕국은 최후의 심판 다음에 올 수가 없으며 그래서 그리스도의 재림 다음에도 올 수가 없다는 것이다.[91]

후천년왕국설의 입장은 19세기 중엽에 매우 일반적이었다. 미국 일리노이의 한 회중교 국내선교사는 1857년 '교회의 영광스러운 전망'으로 분명히 고무됐다. 영국의 한 웨슬리파 신도가 보기에, 1858-60년의 폭발적인 신앙부흥운동들은 그 지복천년기를 시작하고 있는 것 같았다. 그리고 『지복천년기의 영광에 대한 거룩한 칸타타』(*Sacred Cantata on the Millennial Glory*)가 1853년에 발표됐다.[92] 미래에 대한 희망이 견고한 신학적 토대를 가지고 있는 듯했다.

그렇지만 교회에 대한 전망들에 관한 후천년 왕국적 비전은 19세기가 지나가면서 점차 사라졌다. 부분적으로 이러한 퇴조는 대립적인 전천년왕국설의 부상이 초래한 결과였다. 1893년에 이르러, 스코들랜드 자유교회의 대단히 주의 깊은 지도자인 로버트 레이니가 주님의 임박한 귀환에 관한 사유는 선한 통치 속에서의 꾸준한 진보에 대한 기대만큼 타당하다는 이론을 빌립보서에 대한 주석서 속에서 전개하고 있었다.[93] 이와 동시에 자유주의적인 견해들을 주창하는 것은 성경의 예언적 구절들이 앞으로 임할 시간들에 대해 언급하고 있다는 믿음을 철저히 훼손하고 있었다. 따라서 미국에서 학문적인 「메도디스트 리뷰」(*Methodist Review*)의 편집자인 다니엘 커리는 신약의 '파루시아'(parousia)라는 말은 그리스도가 장차 오시는 것을 묘사하기는커녕 오히려 그가 자기 백성들과 영속적으로 함께 하신다는 것을 확언하는 것이라고 선언했다.[94] 더욱이 후천년왕국설의 내용은 그 말을 특히 쇠퇴하기 쉽게 만들었다. 그 말은 대단히 세속적인 희망들을 아우르는 용어들

---

[91] T.L. Wilkinson in *Christian Guardian*(Toronto: 28 April 1880), 134.
[92] *American Missionary*(December 1857), 282; *Wesleyan Methodist Magazine*(January 1860), 65; *Baptist Magazine*(London: October 1853), 628.
[93] *Christian*(London: 2 March 1890), 10.
[94] *Christian Advocate*(10 March 1887), 151.

로 명료하게 설명됐다. 1854년에 잉글랜드의 「제너럴 뱁티스트 매거진」은 지복천년기가 복음의 우주적 승리뿐만 아니라 전쟁과 기근 그리고 '뭇 민족을 갈아서 먼지로 만들어 버리는 견디기 힘들 정도로 무거운 세금'의 종식도 성취할 것으로 기대했다. 범죄와 술취함, 음란, 노예 상태 및 모든 억압도 사라질 것이다. 추문(스캔들)과 수다스러운 얘기, 거짓된 가르침, 우상들 그리고 '천주교와 이교의 역겨운 미신들'이 뒤섞여 있는 곳에 가정의 행복이 있을 것이다. 그 기사의 필자는 이러한 개혁 프로그램은 너무나 방대해서 2016년 이전에는 성취될 수가 없다고 생각했다.[95]

마찬가지로 미국에서도 성결교 교사인 W. E. 보드먼은 1869년에 지복천년기 승리의 시작은 사업에서 '부패하고 이기적인 관행'을 제거함으로써 이루어질 거라고 주장했다.[96] 그렇지만 이러한 것들과 같은 일시적인 목표들은 그것들이 아무리 야심적일지라도 쉽사리 세속화될 수가 있었다. 많은 경우들에서 그것은 일어났던 일 그대로이다. 후천년왕국적인 희망이 빅토리아 여왕 시대의 진보-그 자체가 계몽주의의 유산이다-의 개념으로 무시되는 것은 쉬운 일이었다. 하나님이 축복받는 시대로 인도해 주신다는 것에 대한 신뢰는 인간의 진보에 대해 기술한 새로운 책들에 대한 갈채로 바뀌었다. 19세기 말에 이르러서는 심지어 설교자들까지도 후천년왕국설을 명확히 표명하는 것은 비신학적인 것이 되는 경우가 많았다. 잉글랜드 감리교인인 마크 가이 피어스에게는 단지, 그의 전기 작가에 따르면 '세계가 더 나아지고 있다는 확고한 믿음이 있었을' 뿐이었다.[97] 기독교의 낙관주의를 교리적으로 명료하게 설명하는 것은 인간의 진보에 대한 세속적인 확신으로 격하됐다.

---

95) 308, 309 그리고 310에서 인용된 *General Baptist Magazine*(July 1854), 303-311.
96) T.L. Smith, *Revivalism and Social Reform: American Protestantism on the Eve of the Civil War*(New York: Harper & Row, 1965), 234에 의해 인용된 W.E. Boardman, *He that Overcometh*⋯(Boston, 1869), 208-209.
97) Mrs George Unwin and John Telford, *Mark Guy Pearse: Preacher, Author, Artist* (London: Epworth Press, 1930), 233.

8. 선교학

영적 및 물질적 관심사들이 이렇게 서로 뒤얽혀 있는 것은 선교에 관한 이론에서 분명히 알 수 있었다. 복음주의자들은 이교도들이 먼저 문명화되지 않은 채 기독교 신앙을 받아들일 수 있는지에 대한 계몽주의 시대의 논의에 활발하게 참여한 사람들이었다. 그들은 일반적으로, 인간들은 사전에 그들의 지적 지평을 확장하지 않고서도 복음에 응할 수 있다는 견해를 갖고 있었다.[98] 그럼에도 불구하고, 문명이 회심의 뒤를 바짝 따라야 한다는 것도 널리 퍼져 있는 의견이었다. 아프리카 남부의 츠와나 부족에 파송된 최초의 선교사인 존 맥켄지는 1858년 에딘버러에서 거행된 그의 안수식에서 이렇게 말했다.

> 그 부족의 문명과 일시적인 관심사들에 대해서 말하자면, 저는 제가 복음을 전할 때 양쪽 모두를 진전시키고 있다고 생각합니다…그 부족을 향상시키는 사역을 완성하기 위하여, 우리는 그들에게 문명화된 삶의 예술을 가르쳐야 합니다…우리는 그들에게 자신들의 땅을 경작하고, 자신들의 농작물을 뿌리고 거두며, 자신들의 헛간을 짓는 법을 가르쳐야 합니다….[99]

기독교의 도래는 세속적인 이익을 가져오리라는 것이다. 게다가 데이비드 리빙스턴은 그가 상업을 기독교 및 문명과 결합시키는 것으로 유명하다. 복음은 합법적인 무역을 진흥시킬 것인데, 이는 이번에는 그 선교사가 보기에 노예 매매를 근절시키리라는 것이다. 리빙스턴은 결코 맨 처음 이런 관

---

98) 참조. B. Stanley(ed.) *Christian Mission and the Enlightenment*(Grand Rapids, MI: Eerdmans, 2001)에서 Brian Stanley, 'Christianity and Civilization in English Evangelical Mission Thought.'
99) John de Gruchy(ed.), *The London Missionary Society in Southern Africa: Historical Essays in Celebration of the Bicentenary of the LMS in Southern Africa, 1799-1999*(Cape Town: David Philip, 1999), 56에서 John and Jean Comaroff, 'Cultivation, Christianity & Colonialism: Towards a New African Genesis'의 의해 인용된 A.J. Dachs(ed.), *Paper of John Mackenzie*(Johannesburgh: Witwatersrand University Press, 1975), 72.

점에서 생각한 사람이 아니었다. 그러나 그가 이런 3자 관계를 옹호하는 것은 그런 관점을 평범한 것이 되게 했다. 1870년 초교파적인 한 뉴질랜드 신문에 따르면, 전세계에 걸친 기독교 정착민들의 확산은 '기독교가 상업과 서로 협조할 수 있을 것'이라는 섭리적 계획의 일부였다.[100] 기독교의 전파와 경제적인 발전과의 연관성은 복음주의 사상이 계몽주의 패러다임 내에서 작동하는 방식을 나타내는 또 하나의 것이다.

일부 복음주의자들은 프랑스 철학자들의 방식으로, 자신들의 믿음을 전진시키는 최상의 방법은 처음에 지적 엘리트의 충성을 얻는 것이라는 의견을 실제로 가지고 있었다. 알렉산더 더프는 그 형성이 스코틀랜드 계몽주의에 의해서 깊이 빚어진 장로교인으로서, 높은 카스트의 학생들에게 영어를 매개로 하여 모든 범위의 근대 지식에 대한 교육을 하는 선교 전략을 인도에서 채택했다. 그는 생각하기를, 기독교 찬성론의 합리적인 힘은 그 학생들을 납득시킬 것이며, 그들은 새로운 신앙을 신봉하는 자신들의 모범을 따르도록 하층 계급에 머지않아 영향을 미칠 거라고 했다.[101] 이러한 '하향 침투'설('trickle-down' theory)은 인도에서 널리 채택됐다. 기독교 학교들과 고등교육은 인도가 복음화될 수 있는, 일반적으로 받아들여지는 수단이 되었다.

그렇지만 그 결과는 기대에 훨씬 못 미쳤다. 예를 들면, 교회선교회가 운영하는 '상류 계급의 교육을 위한 마술리파탐 소재 토착민 영어학교'에서는 1852년 학생들의 두 차례 세례가 폭동의 원인이 됐다. 그 후에는 세례가 드문드문 있었을 뿐이다. 1855년에 3번, 1860년에 4번 그리고 1864년에 2번.[102] 이 정책이 효과가 없는 바람에 불가피하게 선교 사상에서의 반작용이 있게 되었다. 해외선교를 위한 미국감독관위원회의 대외 간사인 러푸스 앤더슨(Rufus Anderson)은 1855년 인도를 방문하는 동안에 그리고 인도를 방문하고 난 뒤에 학교들보다는 오히려 설교를, 영어에 집중하기보다는 오히려

---

100) *Christian Observer*(Christchurch: January 1870), 7.
101) I.D. Maxwell, 'Civilization or Christianity? The Scottish Debate on Mission Methods, 1730-1835', in Stanley(ed.). *Christian Missions and the Enlightenment*.
102) 'Robert Turlington Noble, B.A.', in *Brief Sketches: C.M.S. Workers*(n.p.n.d), 2:9,10.

광범위하게 지역 언어들을 사용하는 것을 그리고 설령 그것이 카스트의 전통들을 침해할지라도 토착민 목회자들을 채용하는 것을 우선으로 하는 것을 위하여 설득력 있는 주장을 폈다.[103]

선교는 그 나름의 역할을 서양 학문의 전파로 보기보다는 오히려 새롭게 기독교화된 민족들에 의한 복음전도 노력을 고무하는 것이었다. 교회선교회의 사제 간사인 헨리 벤(Henry Venn)은 자치(self-government), 자전(self-propagation), 자립(self-support)의 이른바 '삼자원리들'(three-self)의 이상을 옹호하는 데 앤더슨에 합류했다. 토착민들이 복음 전파의 책임을 져야 하므로, 그 자신의 제거를 지향하여 노력하는 것은 19세기 후반의 많은 시간 동안 선교 운동의 고정된 정책이 되었다.

복음을 전파하고자 하는 모든 것에 우선하는 욕망 밑에는 다양한 선교 전략을 펼칠 여지가 있었다. 그런 융통성은 선교 운동과 크게는 그 시대의 복음주의 전체를 특징짓는 실용주의적 경향의 결과였다. 현장에 있는 선교사들은 자신들의 경험으로부터 새로운 기술들을 배우고 그래서 그들의 방법을, 때로는 철저히, 바꿀 준비가 되어 있었다.

선교사들을 변화시키는, 외국 땅에서 이루어지는 섬김의 이러한 역설적인 능력은 1870년부터 중국에서 사역한 침례교 선교회의 웨일스 출신 활동가인 티모시 리차드(Timothy Richard)의 경우에서 생생하게 예증된다. 리차드는 무차별적인 길거리 설교와 성경 배포에 종사함으로써 시작을 했다. 그는 방향을 바꿔서 특정한 그룹들에 집중했는데, 그들은 이미 종교적 탐구에 진지하게 전념해 있었다. 그런 다음에, 1876-79년에는 엄청난 기근으로 인하여 그는 구제 사역에 종사하게 됐다. 그 다음에 그는 사람들을 고무하여 복음을 좋게 생각하도록 할 유용한 지식을 전파하기로 결심했으며, 그래서 신문사를 경영했다. 그리고 점차 불교의 종교적 문화에 대한 올바른 인식이 그에게 나타나기 시작했다. 그는 점점 더 이것을 기독교를 받아들이기 위

---

103) P. W. Harris, *Nothing but Christ: Rufus Anderson and the Ideology of Protestant Foreign Missions*(New York: Oxford University Press, 1999), ch.9.

한 준비로 봤다.[104] 그렇지만 그 시기에 선교 방법들의 가장 흔히 볼 수 있는 적응은 의료를 선교 프로그램에 통합시키는 것이었다. 19세기 말까지 선교 현장에는 안수 받은 미국인 선교사 1,365명과 더불어 273명이나 되는 의사들이 있었다.[105] 선교 방법들은 각기 다를 수 있었는데, 선교사들이 기꺼이 배우려고 했기 때문이다. 그들은 계몽주의의 실용주의적 접근법이 만든 사고방식을 가져갔다.

9. 실용주의적 성향

이와 같은 유연한 접근은 교회 질서에 대한 복음주의적인 태도에서 분명히 알 수 있다. 버밍엄 회중교인인 R. W. 데일이 1889년의 고전적인 분석에서 말한 대로, 이 운동 전체는 교회 행정 조직에 대해서는 그다지 관심을 갖지 않았다. 데일에 따르면 그 운동은 복음주의파 강령이 지극히 중요하다는 것을 강조했지만, 그런 강령에 대해서 명백하고 화해할 수 없는 적대에 있지 않은 모든 형태의 교회 행정 조직은 거의 무관심하게 봤다.[106] 그 운동은 청교도들이 초기에 올바른 교회 조직에 대한 성경의 보증만을 생각하고 있는 것을 폄하하는 비교파적 정신을 조장했다.

복음주의자들은 교회 조직체들을 도구적인 수단으로 봤으며, 그래서 시대의 요구에 따라서 기꺼이 그 조직체들을 적응시켰다. 잉글랜드 국교회에서 예배를 드리는 사람들은 얼마간은 예외적인 사람들이었다. 왜냐하면 그들은 자신들의 교회의 전통적인 조직들을 종교개혁 시대로부터 물려받은

---

104) Andrew Walls, "The Multiple Conversions of Timothy Richard: A Paradigm of Missionary Experience', in D. W. Bebbington(ed.), *The Gospel in the World International Baptist studies*(Carlisle: Paternoster Press, 2002).
105) 참조. J.S. Dennis, *Centennial Survey of Foreign Missions*(New York: Fleming H. Revell Co., 1992), 257.
106) Robert W. Dale, *The Old Evangelicalism and the New*(London: Hodder & Stoughton, 1889), 17.

프로테스탄티즘의 방어 거점으로 생각했기 때문이다. 하지만 그들조차도 좀 더 원칙에 의거한 이유에 입각해서라기보다는 오히려 그것이 복음의 대의에 유용한가의 견지에서, 1870년부터 잉글랜드와 웨일스에서 그리고 아일랜드에서도 종교의 국교화를 정당화하는 경향이 있었다. 그리고 그들 가운데 일부는 개신교 방향으로 규정들을 바꾸는 것을 보장하려고 1854년에 설립된 기도서 개정회를 지지했다.

감리교는 자기의 조직들에 관한 실용주의적인 설명만을 제공했을 뿐이다. 지도적인 웨슬파 신도인 J. H. 리그는 '필요와 경향이, 때때로, 발전의 행보를 좌우하는 두 가지 요소였다.'[107] 준(準)교회적인 조직체들-그 당시 미국에서는 자비로운 협회들이라고 불렸다-의 힘과 수는 교회 생활을 당대의 요구에 적응시키는 그와 같은 정신의 징표이다. 다양하면서도 활기찬 단체들의 범위는 헤아릴 수가 없을 정도였다-잉글랜드에서는 군(軍)성경독자회(Army Scripture Readers' Society), 인도를 위한 기독교지방어회(Christian Vernacular Society for India), 노동자주일휴식협의회, 핍박받는유대인구제회 등이 포함된다. 복음주의는 엄격한 교단들의 통제를 받지 않는 조직체들을 많이 낳는 게 특징이었다.

실용주의적인 정신이 큰 진보를 만드는 방식은 특히 침례교인들 사이에서 분명히 알 수 있다. 그들이 침례의 주체와 양태에 관한 독특한 관점을 고수하는 것은 원래 원칙을 위해서 기독교계의 나머지와 기꺼이 결별하는 것의 당연한 결과였다. 그렇지만 19세기 후반에 이르러 그들도 여느 사람들처럼 그 시대의 경향에 영향을 받았다. 예컨대, 스펄전은 상황이 지시하는 대로 그가 세운 대학을 기꺼이 확장하거나 변화시키거나 폐교할 거라고 선언했다.[108] 비록 스펄전이 신념이 있는 침례교인이었지만, 교회학에 대한 그의 태도는 뚜렷하게 저급했다. '교회는 단지 개인들의 집합체에 불과하며, 만약 어떤 선이 이루어질 수 있다면 그것은 개인들에 의해서 수행되는

---

107) J.H. Rigg, *A Comparison View of Church Organizations, Primitive and Protestant*(3rd ed., London: Wesleyan Conference Office, 1897), 223.
108) *Annual Paper*…1871-72, 6.

것이 틀림없다'고 그는 선언했다.[109]

스펄전의 젊은 동시대인인 존 클리포드는 제도적인 형식들을 더욱더 거부했는데, 회중교인들과의 교파 연합을 기꺼이 시도했다. 침례교가 교파적 배제로부터 물러선 정도는 누가 성찬식에서 빵과 포도주를 받을 수 있는가에 대한 그들의 입장이 바뀐 것으로 잘 예증된다. 원래 신자로서 침례를 받은 사람들만이 인정을 받았지만, 19세기 초에 로버트 홀은 모든 성실한 크리스천들을 성찬대로 기꺼이 받아들이는 것을 옹호했다. '열린 성찬식'이라고 일컬어지는 그런 정책을 미국에서는 계속해서 '이단'으로 봤다.[110] 하지만 영국에서 그리고 영국의 영향을 받는 나라들에서는 이렇게 한층 자유주의적인 정책이 점차 널리 시행됐다. 잉글랜드 노리치의 세인트메리침례교회가 자기의 성찬식을 바꿀 권리가 주어져 있는가의 여부에 대한 1857-60년의 유명한 법적 싸움은 열린 성찬식 찬성론자들에게 승리를 안겼다.[111] 이렇게 보다 새로운 정책은 18세기에서 물려받은 자유와 관용의 가치관에 호소했는데, 이러한 가치관은 빅토리아 여왕 시대의 기풍(에토스)의 상당 부분을 차지했다. 그 결과는 성찬식을 위한 요건들에 대한 제한적인 태도가 점점 더 분파적 경계성의 상징인 듯했다는 것이다. 같은 신자들에게 성찬대를 개방하는 것은 따뜻한 마음의 징표만큼이나 열린 마음의 징표였다. 다른 복음주의자들처럼 침례교인들도 실용주의적인 프로그램을 채택할 준비가 되어 있었는데, 그들의 경우에서는 심지어 그들의 창설 원칙들을 희생하고라도 그러했다.

이처럼 복음주의 사상의 주요한 형세의 일부를 개관하는 것은 복음주의 운동의 개념들이 그 시대의 지배적인 지적 패턴들과 일치하는 정도를 예증한다. 특히 종교적 신앙과 양립하는 온건한 형태로, 계몽주의에서 나온 태

---

109) C.H. Spurgeon, *The Messiah: Sermons on our Lord's Names, Titles and Attributes*(London: Passmore & Alabaster, 1898), 338.
110) *Examiner and Chronicle*(New York: 1 January 1874), 1.
111) 참조. E. A. Payne, *The Baptist Union: A Short History*(London: Carey Kingsgate Press, 1959), 88-89.

도들은 19세기 중엽까지는 꾸준한 진보를 하였다. 그래서 그러한 태도들의 영향은 자리 잡은 사업가들 사이에서 만큼 향상심에 불타는 기술공들 사이에서도 광범위했다. 일반 복음주의자들은 이성에 대한 진보적인 사상의 확신과 사실들의 면밀한 조사 그리고 과학에서의 새로운 업적들을 공유했다. 인간의 지식의 진보에 대한 기대의 기초가 되는 이러한 일련의 전제들은 분명히 크리스천의 믿음에 강한 토대를 제공했다.

팔리와 버틀러 그리고 그런 증거들은 기독교에 대한 불신앙적인 반대들을 논파한 것 같았다. 스코틀랜드의 상식 철학은 전능하신 그분의 존재를 옹호하는 듯했으며 확신의 교리는 하나님에 관한 개인적인 지식에 이론적 설명을 제공했다. 이와 동시에 계몽주의가 지지하는 자기 개선은 복음주의자들이 전면적으로 참여하는 학문을 자극시켰다. 칼빈주의자이든 또는 아르미니우스주의자이든, 신학은 계몽된 사상의 특색을 띠었다. 칼빈주의는 일반적으로 온건했는데, 우주가 정의의 규범들에 의해서 통치되는 것을 보여주는 속죄관(a view of atonement)을 신봉했다. 개신교 전통속의 많은 신학자들이 자유로운 탐구에 대단히 헌신적이어서 그들의 칼빈주의적 특성들이 침식당하기 쉬웠지만, 다른 신학자들은 완강한 저항을 보여 주었다. 자유와 보편성을 강조하는 아르미니우스파의 메시지는 당대의 정신과 조화를 이루기 위하여 이와 유사한 적응이 필요치 않았다. 후천년왕국설의 광범위한 확산은, 문명과 상업을 진척시키는 데 있어서의 선교의 기대되는 역할이 그러했듯이, 진보적인 사상의 낙관주의를 좋아한다는 것을 드러냈다.

해외에서든 또는 국내에서든, 복음주의자들이 보여주는 실용주의적인 경향은 그들의 특징적인 사고방식을 더 깊이 나타내는 것이었다. 다음 장에서 분명히 밝히는 대로, 모든 복음주의자가 본장에서 개설한 세계관을 가지고 있는 것은 아니었다. 하지만 대다수는 그 시대의 널리 퍼져 있는 가설들을 공유했다. 이는 어찌하여 복음주의가 19세기 중엽에 대단히 영향력이 있었는지를 설명하는 데 큰 도움이 된다. 복음과 문화는 괄목할 만한 정도로 조화를 이루었다.

The Dominance of Evangelicalism

제 5 장

낭만주의의 파급

    19세기는 점차 계몽주의로부터의 유산을 수정하는 새로운 사고방식들의 꾸준한 확산을 목격했다. 18세기 유산은 결코 총체적으로 대체되지 않았으며 삶의 많은 영역에서 여전히 지배적인 채로 있었다. 그렇지만 새로운 문화적 분위기가 보다 오래된 태도들을 밀어내는 일반적인 경향이 있었다. 세상을 바라보는 이러한 새로운 방식은 보통 낭만주의라 불렸다. 그것은 다양하고 진화하는 현상이었지만, 그것의 필수불가결한 경향은 계몽주의와의 대조에 의해서 확인될 수가 있다. 이성을 고양하는 대신에, 당대의 새로운 정신에 감동을 받은 사람들이 의지와 정신 및 감정을 강조했다. 그들은 좀 더 자유로운 공기를 호흡하기 위하여 보다 오래된 합리주의적인 접근법이 부과한 경직된 사고방식에서 벗어나기를 원했다.

    낭만주의자들은 저절로 그리고 울창하게 자라는 야성의 자연을 자신들이 찬양하는 가치관을 표현하는 것으로 봤다. 나무와 꽃이 그들의 주의를 끌었으며, 그들로 하여금 자연스러운 성장의 아름다움만큼이나 그 복잡함에도 경탄하게 만들었다. 그들은 산과 폭포, 폭풍우 등의 풍경들을 찬양했는데, 그것들을 숭고한 것 내지는 심지어 신령한 것의 구현물로 봤다. 낭만주의자들은 전형적으로 범신론의 경향을 보여주었는데, 하나님과 자연계를 동일시하지는 않더라도 하나님이 자연 속에 계신다고 생각했다. 이러한 태도들은 독일에 그 심장부가 있었다. 거기서 시인인 요한 볼프강 폰 괴테는 그들의 사도였다. 이러한 새로운 경향은 19세기 초엽에 영어권 세계에 출현했는데, 특히 호반 시인들(Lake Poets)의 작품들에서 그러하였다. 호수 지방(잉글랜드 북서부-역주)의 언덕들에서 하나님이 현존하심을 느낀 윌리엄 워즈워스와 독일의 문학적, 철학적 관용어법을 채택한 사무엘 테일러 콜리지(Samuel Taylor Coleridge)는 사람들로 하여금 새로운 감수성에 주의를 기울이게 했다. 새로운 문화적 시대가 열린 것이다.

문학사가들은 통상적으로 낭만주의 시대를 18세기 말과 19세기의 처음 30년으로 국한시켰다. 그러나 그 당시에 새로운 것이 빅토리아 여왕 시대 전반에 걸쳐서 점점 더 인기를 얻었다는 사실을 강력히 주장하는 게 중요하다. 미국에서 낭만주의의 전위를 형성한 사람들, 곧 초절론자들(Transcendentalists)은 1830년 후반에서야 비로소 그들의 최초의 영향을 미쳤다. 잉글랜드에서는 토마스 칼라일이 1830년대부터 역사를 낭만주의적인 기조로 전환했으며, 존 러스킨은 1840년대부터 예술 비평에 대해서 그와 유사한 직무를 수행했다. 빅토리아 여왕 시대에 선호하는 것들은 19세기 초엽의 취향과는 달랐는데, 더 넓은 대중에 더 많이 맞춘 새로운 형태들로 진화했다.

그러나 그런 과정의 대부분은 새로운 문화적 태도들의 대중화로 이루어져 있었다. 예를 들면, 과거에 더 강하게 매혹됐다. 월터 스코트(Walter Scott) 경의 소설들은 그의 방대한 독자층에게 지나간 시대들의 다름 속에 있는 기쁨을 전했는데, 그 시대들의 모든 활력과 그 매너리즘 그리고 그 고풍스런 관습을 함께 전했다. 오래전부터 물려받은 전통들을 훨씬 더 강하게 인식하는 것이 생겼다. 최상의 형태의 사회가 미래 속에 위치하는 대신에, 18세기 진보 이론가들이 그러했듯이 그런 사회가 과거에 이미 현실화된 것으로 보는 경우가 많았다. 그들의 무지로 인하여 철학자들이 경멸했던 이전 세대들의 농민들이 자연과 친밀하다고 해서 이제는 이상화됐다. 민족-종종 특정 민족-의 정신에 대한 찬양은 공통된 주제가 되었다. 낭만주의적 경향에 영향을 받은 사람들은 공동의 정체성의 중요성을 강조하는 게 보통이었다. 집단의 연대를 강하게 인식하는 것, 다시 말해 개인들은 그들의 사회적 환경 밖에서는 번영할 수 없다는 계몽주의에 반하는 의식이 있었다.

이와 동시에, 칼라일의 『영웅들, 영웅 숭배 그리고 역사 속에서의 영웅들』(Heroes, Hero-Worship and the Heroic in History, 1841)처럼, 상황을 자신들의 의지에 굴복시키는 위대한 사람들을 기꺼이 존경하는 것이 있었다. 인간들은 엄청난 잠재력을 가지고 있는 것으로 생각됐는데, 그들이 공통의 합리성을 공유하기 때문이 아니라, 그들이 저마다 각기 다른 특성들을 지니고 있기 때문이었다. 그들은 자신들의 상상력, 즉 과학적인 조사의 범주들로 환원될 수 없는 직관의 비약에 의해서 지식을 획득할 수 있는 그들의 능력의 발휘를 통하여 창조적일 수가 있었다. 계몽주의의 이상들에 대한 반항을 구성하는 그러한 가치관은 서서히 상류 문화계에서부터 퍼져서 일반 사회에 스며들었다.

1. 낭만주의와 종교

낭만주의 정신이 종교에 영향을 미쳤다는 것은 종종 인정되어 왔다. 로마 가톨릭교회에서, 그 시대의 경향들 가운데 다수가 낭만주의적인 유사점들이 있었다.[1] 교황권 지상주의(Ultramontanism)의 성장은 교황을 숭고한 인물에 마땅한 경외심으로 대하고, 예배는 더욱 극적으로 되며, 가르침은 중세로부터 전해져 온 것에 더 많은 경의를 표한다는 것을 의미했다. 잉글랜드 국교회에서 1830년대의 옥스퍼드운동은 일반적으로 낭만주의적인 색채를

---

1) 참조. Mary Heimaan, *Catholic Devotion in Victorian England*(Oxford: Clarendon Press, 1995), 142. 그럼에도 불구하고 하이만은 가톨릭의 교황권 지상주의의 영향을 축소한다.

지닌 것으로 인정된다.[2] 그 운동의 지도적인 인물로서, 월터 스코트 경에게 지적인 신세를 지고 있음을 인정한 존 헨리 뉴먼은 가장 위대한 낭만주의적인 산문 저술가들 가운데 한 사람이었다. 잉글랜드 국교회 가톨릭파를 일으킨 그 운동의 가톨릭적 교리는 전통적인 것과 공동적인 것, 잉글랜드 국교회의 예로부터 내려오는 계통 그리고 기독교 공동체로서의 그 주장들에 대해서 상세히 설명했다. 옥스퍼드 운동주의자들(Tractarians)은 과학적 기획이 기독교 신앙의 원리들을 훼손하려는 시도가 아닌가 의심했다. 그리고 그들은 자신들이 합리주의라고 부르는 것을 혐오했다. 잉글랜드 국교회 내의 광교회파 성향은 낭만주의적 혁신들과 관계가 있었다.

프레드릭 데니슨 모리스(Frederick Denison Maurice)은 결코 광교회파 신도라고 고백하지 않았지만, 여러모로 그들의 전형이었다. 그의 신학은 분명히 콜리지의 영향을 받았고 다른 것들은 독일 견해의 영향을 받았다. 그는 감정의 중요성에 관한 글을 썼으며 꽃에서 교훈을 봤다.[3] 마찬가지로, 영국에서나 미국에서나 다 같이 19세기 중엽부터 유니테리언파 사상의 주류파는 영감에서 대부분 낭만주의적이었다. 가장 훌륭한 영국 유니테리언파 신도인 제임스 마티뉴(James Martineau)의 저술들은 논조와 내용에서 그런 새로운 감수성과 관련이 있었다. 미국에서 초절론은 원래 유니테리언교에서 유래했다.[4] 분명한 것은 19세기 후반에 더 고결한 신자됨을 향한 여러 경향들의 배후에는 그리고 마찬가지로 더 관대한 교인됨과 비정통주의를 향한 경향들 중 다수의 배후에는 만연한 낭만주의의 영향이 있었다는 것이다.

낭만주의적 특성이 복음주의 운동에 깊은 영향을 미쳤다는 사실은 그다지 널리 평가받고 있지 않다. 복음주의 운동이 계몽주의의 여러 측면에 영

---

2) 참조. Bernard M. G. Reardon, *Religious Thought in the Victorian Age: A Study from Coleridge to Gore*(London: Longman, 1980), 92-93; Geoffrey Rowell, *The Vision Glorious: Themes and Personalities of the Catholic Revival in Anglicanism*(Oxford: Oxford University Press, 1983), 10, 26-27; David Bebbington, *Holiness in Nineteenth Century England*(Carlisle: Paternoster Press, 2000), ch. 1.
3) Reardon, *Religious Thought*, chs. 5,6.
4) Ibid. 312-315; Perry Miller(ed.) *The American Transcendalists: Their Prose and Poetry*(Baltimore: Johns Hopkins University Press, 1957).

속적으로 신세지고 있다고 해서 그 지도자들의 일부가 19세기 초엽에 새로운 문화적 양식으로 자신들의 생각을 새 방향으로 발전시키는 것을 막지는 못했다. 그들 가운데서 걸출한 인물이 에드워드 어빙(Edward Irving)이었는데, 그는 스코틀랜드 국교회의 목회자였으며 런던에서 사역했다. 어빙은 콜리지를 개인적으로 알았고, 그가 세상을 바라보는 방식을 받아들였으며, 그 방식을 1820년대에 복음주의 교육에 적용했다. 같은 시기에 아일랜드에서는 존 넬슨 다비가 낭만주의의 영향으로 교리에 접근하기 시작하고 있었다. 어빙은 가톨릭 사도교회를 섬겼는데, 이는 정교한 예전과 예언자적 사변을 결합시키는 단체였다.

그리고 다비는 형제단에서 지도적인 지식인이 되었는데, 그의 의견들의 힘으로 1840년대에 복음주의 운동을 갈라놓았다. 그렇지만 그 당시의 더 새로운 지적 경향의 영향을 받은 사람들은 대부분 잉글랜드 국교도들이었다. 잉글랜드 국교회의 교인들은 비국교도들보다 부와 지위 및 배움이 더 있는 사람들이어서, 새로운 지적 시각들을 순순히 받아들일 가능성이 더 많았다. 19세기 중엽에 이르러서는 독특하게 낭만주의적인 출처가 있는 관념을 고백하는 복음주의파 신도가 상당히 많았다. 그렇지만 이와 동시에, 낭만주의와 관련된 사상의 경향은, 잉글랜드 국교회 내부이든지 아니면 외부이든지 간에, 대다수의 복음주의자들에게 경종을 울리고 있었다.

옥스포드운동이 국교도됨을 고양시키는 것은 필수불가결한 기독교 신앙에 위험한 위협인 것 같았으며, 자유주의 신학의 최초의 징후들이 복음에서 그 능력을 빼앗는 듯했다. 그러므로 복음주의자들은 낭만주의의 지적 영향에 대한 반응이 모호했다. 일부는 19세기 중엽에 여전히 비교적 소수였지만, 새로운 문화적 분위기에 지배되어 자신들의 생각을 개조했다. 그러나 다른 사람들은 그 주요한 표현들이 싸워야 할 도전이라고 생각했다.

복음주의적 양식의 발전은 여러 해에 걸쳐서 밝혀질 수가 있다. 19세기 중엽에 낭만주의 문학 혁명의 개시자들은 여전히 의심스러웠으며, 주석은 자신들의 신학적 오류들에 집중하는 경향이 있었다. 복음주의파 국교회 잡지인 「크리스천 옵저버」에 게재된 콜리지의 '어느 탐구하는 정신의 고백' (*Confessions of an Inquiring Spirit*)의 신판에 관한 1850년의 논평은 콜리지가 성경을 하나님의 말씀으로 받아들이지 못하고, 성경을 단순히 하나님이 계시하신 종교를 담고 있는 것으로 보고 싶어 한다는 유감을 표명했다.[5] 마찬가지로, 「웨슬리언 메도디스트 매거진」에 실린 워즈워스에 관한 같은 해의 한 기사는 그의 '고결한 감정'을 시인하고 '대단히 고상하고 적절한 언어'를 칭송하지만, 그가 종교의 영토를 범했다고 비난했다. 그는 '규정되기보다는 오히려 모호하게 암시되는, 모종의 큰 도덕적 효과를 갖는 야심에 찬 욕망에 이끌려서 그의 예술의 합법적인 경계를 뛰어넘었다.'[6] 그는 선생을 자처해서는 안 된다는 것이다. 그렇지만 그 기사를 쓴 사람이 단지 영혼들의 안녕에 대한 관심에 의해서 자극받은 게 아니었다. 왜냐하면 그가 '그것들의 주제의 천박함, 또는 그것들의 연상(聯想)의 정복할 수 없는 비속성' 때문에 워즈워스의 시의 일부에 대한 혐오를 표명했기 때문이다.[7]

그 비평가는 워즈워스가 명백히 도전했었던 품위 있는 화제들을 요구하는 시에 관한 고전적인 규범들에 동조하고 있었던 것이다. 그 웨슬리파 비평가는 낭만주의의 부흥을 겪지 않았던 이전 시대의 취향을 유지하고 있었다. 하지만 오래 전에 다른 사람들은 다른 방침을 취하고 있었다. 구파 장로교인인 윌리엄 G. T. 셰드는 1874년에 뉴욕 유니온신학교의 조직신학 교수로 임명됐는데, 1853년 콜리지 전집을 편집하면서 웨스트민스터 정통주의에 대한 자신의 헌신을 조금도 줄이지 않은 채 낭만주의자들에 대해 열광적인 사람이 되었다.[8] 마찬가지로, 1844년부터 1875년까지 브리스톨에서 회중교 목회자였던 데이비드 토마스는 그의 전기 작가가 워즈워스에 대한 '거의…열정'이라고 말하는 것을 가지고 있었다. 토마스는 오직 하나님 자신한테서만 찾을 수 있는 것을 자연 속에서 찾는 그 시인의 이념적 결함에 민감

---

5) *Christian Observer*(London: April 1850), 246-247.
6) *Wesleyan Methodist Magazine*(London: October 1850), 1075.
7) Ibid.,(December 1850), 1308.
8) W.G.T. Shedd, *The Complete Works of Samuel Taylor Coleridge*, 7 vols.(New York: Harper & Brothers, 1853).

했지만, 워즈워스의 시집 한 권이 언제나 그 목회자의 책상 한쪽 칸에 놓여 있었고, 집을 떠날 때는 그의 대형 여행용 가방 속에 그 시집을 꾸려 넣었으며, 그는 짜증날 때 그 시집이 가장 좋은 약임을 알게 됐다. 토마스는 워즈워스의 자서전적 장시인 '소풍'(The Excursion)의 모든 부분을 알고 있었는데, 그것을 '유쾌하다'고 단언했으며, 그 시와 관련된 장소들을 확인하려고 잉글랜드 북서부의 호수 지방을 방문했다.[9] 낭만주의 운동의 정신에 대한 감정은 그들의 동시대인들만큼이나 일부 교양 있는 복음주의자들도 사로잡기 시작하고 있었다.

심미적 선호물들의 이와 같은 변화는 교회 건축양식에서 분명히 알 수 있다. 과거에 대한 낭만주의의 사랑과 관련된 것이 중세를 모방하여 뾰족한 창문들을 선호하는 고딕 스타일의 유행이었다. 1840년대에 그런 양식은 잉글랜드 국교회 가톨릭파의 부상과 밀접한 관계가 있었지만, 복음주의 단체들을 위해 일하는 교회 건축업자들에게도 곧 인기가 있게 되었다. 그런 양식의 주요한 최초의 영향은 잉글랜드 국교도들에게 미쳤다. 그러나 이내, 멋있는 새로운 건물들을 원하는 스코틀랜드 장로교인들과 잉글랜드의 비국교도들도 고전적인 건축 양식 대신에 비국교도 고딕양식(Dissenting Gothic)을 참조했다. 빅토리아 여왕 시대의 전성기에 공적 후원을 특징짓는 양식들의 싸움은 비국교주의에도 영향을 미쳤다. 팔마우스 출신 건축가로서 주로 콘월에서 개업했으며, 또한 침례교인이기도 한 필립 샘벨은 1867년 교단 잡지에 비국교도들이 전통적인 잉글랜드 국교 건축양식을 모방하는 것을 비난하는 글을 썼다.

> 뾰족한 건축 양식은 특히, 원래부터, 가톨릭-사제-건축 양식(Romish-Priest-architecture)이며, 철저히 그들의 미신에 공헌하도록 계획됐다…그런 건축 양식은 귀중한 시설-공간을 난도질하고 낭비하며 간소하고 단순한 고전적

---

9) H. A. Thomas, *Memorials of the Rev. David Thomas, B.A., of Bristol* (London: Hodder & Stroughton, 1876), 49, 50.

건축물보다 훨씬 더 많은 것을 요한다…[고 그는 맹비난했다].[10]

그렇지만 그러한 항의들은 고전적인 고딕 양식에서 비롯하는 경향을 그리고 고딕 양식으로 흐르는 경향을 막아내지 못했다. 특히 번창하는 산업주의자들은 그 시대의 부상하는 관습과 일치하는 디자인들을 선택함으로써 자신들의 사회적 지위를 특징짓고 싶었다. 따라서 1863년 요크셔의 웨스트 라이딩에 있는 허더스필드에서, 새로운 교외에 있는 한 회중교회를 위한 건축 위원회를 성공한 양털 중매상인인 윌리엄 윌안스(William Willans)가 주재했는데, 그 위원회는 건축가에게 첨탑을 갖춘 고딕 예배당을 설계해 달라고 요구했다.[11]

고딕양식에 대한 취향은 널리 퍼지게 됐다. 따라서 호주 뉴사우스웨일스의 울루물루(Wooloomooloo)에 있는 1859년에 세워진 다울링스트리트웨슬리안채플은 초기 잉글랜드 스타일 고딕 양식으로 설계됐다. 교단 신문은 다음과 같이 말했다. '이 건물은 고딕 스타일의 건축 양식이 거명될 수 있는 다른 어떤 스타일보다도 훨씬 더 교회들과 예배당들에 적합하다는 증거이다.'[12] 온타리오에서도 개신교의 요구에 맞춘 고딕 형태가 인기 있게 되었다.[13] 비록 미국은 국가의 정신을 구현하는 것 같은 '식민지 시대 스타일'의 고전적인 양식에 여전히 더 애착을 갖고 있었지만, 심지어 거기에서도 고딕 양식은 대도시들에 진출했다. 교단들의 건물들은 그 시대의 바뀐 취향을 표현하는 징표들을 보여주었다.

---

10) *Baptist Magazine*(London: March 1867), 171-172.
11) 참조. Clyde Binfield, 'Dissenting Gothic', *So Down to Prayers: Studies in English Noncomformity, 1780-1920*(London: J.M Dent. & Sons, 19767), 151-153.
12) *Christian Advocate and Wesleyan Record*(Sydney: 9 June 1859), 229.
13) William Westfall, *Two Worlds: The Protestant Culture of Nineteenth Century Ontario*(Montreal & Kingston: MCGill-Queen's University Press, 1989), 156.

2. 고교회파에 대한 반발

　복음주의자들에게 더욱 불길했던 것은, 건물들 내에서 이루어지는 성찬식 또한 강렬한 영향을 받았다는 것이다. 옥스포드운동 의식주의의 후계자들은 혁신의 전 범위를 잉글랜드 국교회파의 교회들에 도입하기를 원했다. 그들의 목적은, 낭만주의의 시선으로 이해한 대로, 색과 신비와 정교한 의식으로 가득한 과거의 가톨릭의 예배 패턴들을 재현하는 것이었다. 은총의 으뜸가는 경로로 받아들여지는 성찬식은 더 자주 집행되었고, 더 품위 있게 되었으며, 더 극적으로 되었다. 사람들과 전능하신 분 사이에서 의식(意識)적으로 중보자 구실을 하는 사제는 동쪽으로 위치를 잡았다. 이는 그가 성찬용 빵과 포도주를 성별하는 동안 제단을 향하는 것을 의미했다. 그는 성찬대에 불이 켜진 양초들을 놓고, 예배의 일부를 영창하며, 중백의(中白衣)를 입은 성가대에 새 대원을 들였다. 그는 중세풍의 제의를 입고서, 무교병이나 제병(祭餠)을 사용하며, 임종하시는 그리스도의 몸에서 흘러나오는 것을 더 정확하게 나타내기 위하여 포도주에 물을 섞을 수도 있었다.[14] 처음에는, 이렇게 의식을 바꾸는 것은 모두가 복음주의파 신도들에게는 아주 싫은 것이었다.

　1868년의 이즐링턴 성직자 총회에서 에드워드 가벳(Edward Garbett)에게 그러했듯이, 그것은 '우리의 예배를 로마의 예배에 동화시키려는 중대하는 경향'이라는 비난을 받았다.[15] 마일드메이 파크의 세인트주드채플의 교구목사인 윌리엄 페니파더는 경고하기를, 만약 회중 속에서 빵과 포도주가 사제에 의해서 거양된다면, 그것은 사람들이 그리스도가 빵과 포도주 속에 임재하신다는 것에 예배를 드려야 하므로 복음주의파 신도들은 거기서 우상숭배적인 성찬식에 참여해서는 안 된다는 것을 의미한다고 했다.[16] 영국 해

---

[14] Nigel Yates, *Anglican Ritualism in Victorian Britain, 1830-1910*(Oxford: Oxford University Press, 1999).

[15] *Record*(London: 17 January 1868).

[16] Robert Braithwaite, *The Life and Letters of the Rev. William Pennefather, B.A.*(London:

협의 와이트 섬에서 사는, 성직록을 받지 않은 복음주의파 사제인 찰스 베리는 '이렇게 종교를 희롱하는' 것을 경멸했는데, 사제가 성례전적 사면을 제공할 수 있도록 그의 양떼를 권면하여 개인적으로 그에게 자신들의 죄를 고백하게 할 때 문제가 정말로 심각해진다고 생각했다. '만약 아버지들과 남편들과 형제들이 잉글랜드의 가정들의 거룩함과 순결함을 보전하려고 한다면, 그들로 하여금 이것을 바라보게 하라!'고 그는 외쳤다.[17] 의식주의자가 폐기된 가톨릭 관습들을 재도입하는 것은 복음주의파의 깊은 열정을 일으켰다.

따라서 1865년 교회협의회(Church Association)라는 단체가 의식주의가 들어오는 추세에 저항하기 위해서 발족됐다. 사제들은 기도서의 조항들을 준수하지 못하는 것에 대해서 핍박을 받았다. 한 변증가에 따르면, '우리 교회의 프로테스탄티즘이 위태로웠다.' 4년도 채 안돼서 이 협의회는 7,000명이 넘는 회원을 모았으며 초기에는 성공도 얼마간 있었다. 예를 들면, 브라이턴에 있는 세인트제임스채플의 교구 목사인 존 퍼처스의 경우에는 의식의 어떤 점들은 불법적임이 입증됐다. 그것들에는 제의, 동쪽으로 위치를 잡음, '성령강림절에 성찬대 위에 있는 박제한 비둘기'와 같은 진기한 것들이 포함됐다.

교회 당국이 법원 결정을 실행하지 못하자, 의회는 공공예배규정법(1874년)을 통과시켰는데, 이는 잘못된 사제들을 징계하기 위한 절차를 공급하기 위함이었다. 그렇지만 이제 문제는 의식주의자들이 자신들의 신념을 위해서 기꺼이 감옥에 가는 바람에 순교의 아우라를 획득한다는 것이었다. 교회협의회는 '유한책임회사 핍박회'(The Persecution Society, Ltd.)라는 별명을 얻었다.[18] 처음부터 일부 복음주의파 신도들은 종교적 위반에 대해서 세속적인 형벌을 지우는 데 참여하고 싶어 하지 않았는데, 그런 과정이 자신들이 반대하는 사람들에게 유리하게 사람들의 동정심을 돌릴 거라고 생각했기

John F. Shaw & Co., 1878), 454.
17) C.A. Bury, *The Church Association*(London: William Macintosh, 1873), 32.
18) Ibid., 9, 24, II.

때문이다. 1887년 교회협의회가 링컨 주교로서 명백히 덕망 높은 에드워드 킹이 특정한 때에 집행한 정교한 의식에 대해 소송을 제기했지만, 판결은 결국 거의 전적으로 주교 편을 들어주었으며, 고소에 대한 욕구가 사라져 버렸다.[19] 하지만 복음주의파 신도들의 잉글랜드 국교회 가톨릭파 의식에 대한 강렬한 적의는 남아 있었다.

잉글랜드 국교회계의 다른 곳에서도 잉글랜드에서 벌어지는 투쟁들이 재현되었다. 미국에서는 지도적인 복음주의파인 C. P. 맥일베인(C. P. McIlvaine) 주교가 전례주의자의 혁신들을 규탄하기 위하여 1867년에 전통적인 고교회파 동료들과 손을 잡았지만, 그의 교파 사람들 중 다수가 진보적인 의식들을 위한 어떠한 평계도 배제하기 위하여 기도서를 개정함으로써 그 이상으로 하기를 원했다.[20] 캐나다에서는 토론토의 트리니티교회에서 이른 아침 성찬식과 사순절 준수 그리고 합창 예배를 도입한 것은 1869년 복음주의 연맹(Evangelical Society)으로 조직화된 복음주의파의 단호한 반대를 불러일으켰다.[21] 호주에서는 시드니의 세인트앤드류대성당에 십자가에 못 박힌 예수상을 나타내는 듯한, 제단 뒤의 설화 석고로 만든 장식 벽을 세우자는 제안이 완강하고 성공적인 저항을 불러일으켜서, 국교회협의회의 형성을 가져왔다(1886).[22] 영어권 세계 전역에 걸쳐서 복음주의파 신도들은 자신들이 종교개혁을 역전시키려는 엄청난 음모에 직면해 있다고 생각했다. 실제로 그들이 직면해 있었던 것은 교리적 확신을 그 시대의 가장 강력한 문화적 경향들 중 하나와 섞는 것이었다.

잉글랜드 국교회 가톨릭파가 성례전을 고양시킨 효과는 이에 대응하여 복음주의파 신도들 사이에서 성례전의 중요성을 감소시키는 것이었다. 사

---

19) 참조. James C. Whisenant, *A Fragile Unity: Anti-Ritualism and the Division of Anglican Evangelicalism in the Nineteenth Century*(Carlisle: Paternoster Press, 2003).
20) 참조. Diana H. Butler, *Standing against the Whirlwind: Evangelical Episcopalians in Nineteenth Century America*(New York: Oxford University Press, 1995), 198.
21) Philip Carrington, *The Anglican Church in Canada*(Toronto: Collins, 1963), 144.
22) William J. Lawton, *The Better Times to Be: Utopian Attitudes to Society Among Sydney Anglicans, 1885 to 1914*(Kensington, New South Wales: New South Wales University Press, 1990), 16.

실 1852년에 「크리스천 옵저버」에 기고한 어떤 사람은 성례전을 과소평가한다는 비난에 맞서 복음주의파를 옹호했다. 그는 복음주의파 신도들은 성찬식에서 참석자들을 북돋았으며, 성찬식을 매달 거행하는 것을 처음으로 도입한 사람들이라고 지적했다. 그렇지만 그들은 옥스포드운동주의자들에 맞서 성례전을 숭배해서는 안 된다고 주장해야 했다.[23] 세례의 경우에는, 1850년의 고엄 판결(Gorham Judgment)이 복음주의파 사제가 세례는 거듭남의 작인(作因)이라는 믿음을 거부할 자유가 있다고 결정지은 후에 잉글랜드 국교회 내에서는 공적 논쟁이 거의 없었다. 하지만 미국에서는, 유아 세례를 위한 순서의 끝에 이 아이는 이제 거듭났다고 선언하는 기도서의 언어는 계속해서 걸림돌이 되었다.

1869년 맥일베인 주교에 따르면 과도하게 국교도적인 것은, 그 단순함 속에 있는 복음이 목숨보다 소중한 형제들 안에 기도서의 언어에 대한 극도의 불만족을 야기했다.'[24] 그런 감정은 1873년에 개혁 감독교회 분립을 촉진시키는 데 도움이 될 정도로 강했다.[25] 잉글랜드 국교회파의 속박을 넘어서 이와 유사한 효과가 있었다. 세례는 유아들에게 베풀 경우에는 전적으로 과소평가되지는 않았다. 남아프리카 감리교인 신문은 1885년에 이렇게 선언했다. '우리는 "세례의 거듭남"의 교리를 믿는 신자들이 아니다. 그러나 또한 우리는 세례의 무가치함을 믿는 신자들도 아니다.'[26] 그렇지만 심지어 그 의식이 자신들에게 결정적인 원리인 침례교인들 사이에서도 그 중요성을 격하시키는 경향이 있었다.[27] 1888년, 19세기 말엽에 가장 유명한 침례교 지도자인 존 클리포드는 '완전히 의식에서 독립한 종교'를 칭송했다.[28]

---

23) K, 'Are the Evangelical Body justly chargeable with a want if due regard to the sacraments?' *Christian Observer*(London: February 1852), 82-86.
24) Butler, *Standing against the Whirlwind*, 204.
25) 참조. Allen C. Guelzo, *For the Union of Evangelical Christendom: The Irony of the Reformed Episcopalians*(University Park, PA: Pennsylvania State University Press, 1994).
26) *South African Methodist*(Grahamstown: 2 December 1882), 543.
27) Michael Walker, *Baptist at the Table: The Theology of the Lord's Supper amongst English Baptists in the Nineteenth Century*(London: Baptist Historical Society, 1992), ch. 3.
28) *Freeman*(London: 6 January 1888), 5.

1893년에, 널리 읽히는 비교파적 신문인 「크리스천」은 성례전의 바로 그 관념을 의문시할 만큼 강하게 고교회파의의 혁신들을 비판했다. 그 신문의 편집자는 그 두 가지 기독교 의식을 함께 버리는 것이 최선이 될 수 있을지도 모른다고 인정했다. 결국 히스기야는 놋쇠로 만든 뱀을 깨뜨려 버렸는데, 이스라엘 자손이 그 뱀에게 분향했기 때문이다. 의식들의 거행을 끝내는 것이, 그것들이 그림자가 실재의 자리를 차지하는 것보다 나을 것이다.[29] 옥스포드운동의 유산에 대한 반항은 많은 복음주의자들로 하여금 성례전의 원리를 훼손하지 않을 수 없게끔 했다.

그렇지만 성찬식의 경우에는 그것의 신학적 의의와 씨름하려는 노력이 얼마간 있었다. 특히 국교회 복음주의파는 국교회 가톨릭파의 주장들을 인정하지 않은 채 교회 예배에서 성찬의 자리를 정당하게 평가할 주의 만찬에 관한 이론을 명확히 표명하려고 노력했다.

1856년 윌리엄 구드는 『성찬에서 그리스도의 임재하심의 본질』(*The Nature of Christ's Presence in the Eucharist*)을 출간했다. 이는 하나님의 활동을 신자의 체험 속에 보다는 물질적인 요소들 속에 위치 짓는 교리는 그 어떤 것도 거부하는 실질적인 저작이었다. 19세기 후반에 나다니엘 디목은 진보적인 고교회파의 새로운 입장에 도전하는 일련의 저서들을 출판했다. 그는 주장하기를, 사제의 행동 속에서 희생을 인식하는 성찬신학에 관한 그들의 판본은 그리스도가 십자가상에서 치르신 희생의 독특성을 밀어낸다고 했다. 그러니까 '이것이 우리의 기억의 대상으로 있기에, 우리는 더 이상 아무것도 원하지 않는다'는 것이다.[30] 복음주의파 신도들은 일반적으로 기념주의자여서, 츠빙글리가 그러하듯이, 주의 만찬의 목적은 성례전 특유의 어떤 영적 은혜를 받는다기보다는 십자가상에서의 그리스도의 사역을 기억하는 것이라고 생각했다. 이것이 영향력 있는 주교인 J. C. 라일의 입장이

---

29) *Christian*(London: 9 February 1893), 8. 그러나 한 주 뒤에 편집자가 그것을 취소했다.

30) Christopher J. Cocksworth, *Evangelical Eucharistic Thought in the Church of England*(Cambridge: Cambridge University Press, 1993), 83에 의해 인용된 Nathaniel Dimock, *The Doctrine of the Lord's Supper*(London: Longmans, Green, 1910, 51.

었다. 하지만 1877년부터 주교인 A. W. 소롤드(A. W. Thorold)와 같은 다른 사람들은, 자신들을 고교회파 사람들에게 더 가까이 두는 성례전 견해를 지니고 있는 사람들을 복음주의파 속에 받아들이는 것이 있어야 한다고 주장했다.[31] 일부 복음주의파 신도들은 과감히 훨씬 더 과격한 의견들을 갖고 있었는데, 1883년 이즐링턴에서 한 강연자는 '츠빙글리의 잘못된 생각'을 거부했으며, 또 다른 강연자는 1900년에 거기서 성찬에는 희생의 요소가 있다고 인정했다.[32] 그런 견해들이 국교회 복음주의파 신도들 사이에서 용인될 수 있었더라도, 다른 집단들에서는 견해의 넓음이 훨씬 작았다. 스펄전은 이 시대에 성찬식이 은혜의 유일한 수단이라는 칼빈의 가르침을 고수한 소수의 침례교인 중 한 사람이었다.[33] 회중교에서, C. A. 베리(C. A. Berry)는 더 과격한 잉글랜드 국교 교리의 영향을 받는 점에서 실질적으로 혼자였다. 소문에 의하면 1897년 회중교 연합회의에서 베리가 성찬식에서의 진짜 임재하심에 관해 언급했을 때 '죽음과 같은 고요'가 있었다고 한다.[34] 형제단 운동(Brethren movement)은 '빵을 떼는 것'을 주일 예배의 중심에 두는 점에서 복음주의자들 사이에서 예외적이었다.[35] 이 시기에 성찬 중시자의 주장들에 대한 반발로 말미암아, 크리스천의 제자직에서 주의 만찬의 자리에 대한 낮은 평가를 유지하려는 광범위한 경향이 있었다.

3. 복음주의파 신도들 사이에서의 더 고교회파적인 양태

그럼에도 불구하고, 성찬식에서 더 엄숙한 형태들의 예전 의식을 채택하

---

31) *Record*(21 January 1870).
32) P. F. Eliot in *Record*(19 January 1883), 56; Chancellor Bernard in *Record*(12 January 1900), 40.
33) 참조. Walker, *Baptists at the Table*, ch. 5.
34) *Christian World*(London: 13 May 1897), 15.
35) R.N. Swanson(ed.), *Continuity and Change in Christian Worship*, Studies in Church History 35(Woodbridge, Suffolk: Boydell Press, 1999)에서 Neil Dickson, "Shut in with thee": The Morning Meeting among Scottish Open Brethren, 1830s-1960s.'

려는, 대항하는 경향이 복음주의파 신도들 사이에 있었다. 뉴사우스웨일스에 있는 고울번의 초대 주교인 메삭 토마스는 1874년 잉글랜드로 돌아오자마자, 전례주의적인 방향에서 이전 11년에 걸쳐서 일반적인 변화-그가 '보편적인 고양'이라고 부르는 것-가 있었다는 사실을 알아챘다. 제의와 장식이 늘어났다. 동쪽으로 위치를 정하는 것이 널리 채택됐다.[36] 복음주의자들도 결코 새로운 사태의 진전을 면하지 못했다. 1883년 한 이즐링턴 강연자에 따르면 '이제 확실히 복음주의파라고 간주되는 교회들은 30년 전이라면 고교회파라고 여겨졌을 것이다.'[37] 교회협의회에 동조하는 전통주의자들은 그런 경향을 가차 없이 비난하면서, 타락의 징후들이라며 심지어 추수감사절과 꽃 예배까지도 거부했다. 그런 혁신들은 보다 과격한 확신을 지닌 사제들과의 너무 많은 접촉의 결과인 것 같았는데, 좀 더 보수적인 복음주의파 신도들에게는 대단히 의심스러운 교회회의들(Church Congresses)에서 특히 그런 접촉이 이루어졌다. 교회협의회 열광자들의 과장된 수사에 따르면, 그 참석자들은 목회자로서 그 회의들에 가지만 사제로서 돌아오는 경우가 많은 '신복음주의파'(Neo-Evangelicals)였다.[38]

고교회파의 사상도 주교 관구의 사건들 속에서 그리고 1870년대부터 흔해진 공동 선교 동안에 복음주의파 신도들에게 영향을 주었다. 특히 잉글랜드 남부에 있는 한층 유행을 좇는 교회들에서 많은 복음주의파 신도들이 타협하기 시작했다. 윌리엄 캐드먼은 1859년 메릴레번에 도착하면서부터 홀리 트리니티에 매일기도와 매주 성찬식을 도입했는데, 그 당시에 양쪽 다 고교회파 관습으로 간주됐다.[39]

1886년 턴브리지 웰스에서 캐넌 호어(Canon Hoare)는 합창은 허용했지만, 중백의를 입은 성가대원들이나 기도의 영창은 허용하지 않았다.[40] 머잖아

---

36) *Record*(22 January 1875).
37) Ibid.,(19 January 1883), 59.
38) James Bateman, *The Church Association*(2nd ed., London: William Ridway, 1880), 85n, 6,7.
39) L.E. Shelford, *A Memorial of the Rev. William Cadman, M.A.*(London: Wells, Gardner, Darton & Co., 1899), 61.
40) *Christian*(5 August 186), 2.

감독으로 승진할 E. H. 비커스테스(E. H. Bickersteth)는 1880년 이즐링턴에서 심지어 중백의를 입은 성가대까지도 용인될 수 있다고 주장했다.⁴¹⁾ 복음주의파 신도들이라 하더라도 동시대의 비평가들이 '시대정신' 내지는 '그 시대의 우세한 취향'이라고 일컫는 것의 영향을 받는 것을 거의 피할 수가 없었다.⁴²⁾

1883년의 이즐링턴회의에서 보다 진보적인 사람들을 위한 중대한 타결이 있었다. 부분적으로는 국교회 복음주의의 기풍을 정하고 또 부분적으로는 그 기풍을 반영한 이 집회는 그해에 전통주의자들과 관대한 사람들 간의 의견의 현저한 상이를 드러냈다. 4년 뒤에 멜버른의 주교가 된 F. F. 고우(F. F. Goe)는 심미적 취향이 늘어났으며 젊은이들은 교리적 의의를 가지고 있지 않은 청정한 의식을 좋아한다고 주장했다.

마찬가지로, J. F. 키토(J. F. Kitto)는 그들이 중백의와 합창 예배 및 장식을 채택하고 싶어 하는 사람들에게 자유를 거부해서는 안 된다고 주장했다. 좀 더 보수적인 강연자들 중 한 사람인 캐넌 레프로이(Canon Lefroy)까지도 만약 그들이 음악을 향상시키고, 성인 축일들을 축하하며, 매일 또는 적어도 매주 성찬식을 거행함으로써 제반 의식을 그 시대의 사상들과 조화를 이루게 하지 못한다면 그들은 편협하다는 것을 인정했다. 그는 '확실히 어떤 사람이 그다지 중요하지 않은 복음주의파 신도가 아닌 것은 그가 이런 것들에 찬성하기 때문이다'라고 결론지었다.⁴³⁾ 그 회의는 복음주의파의 좀 더 진보적인 집단이 전례의 수준을 올리는 것에 대해 공식 허가를 주는 것 같았다.

1900년까지는 '자유주의적인 복음주의파' 사제들을 구하는 광고를 보는 것은 흔히 있는 일이었는데, 그들은 이때에는 더 넓은 신학적인 견해를 가진 사람들이라기보다는 어느 정도의 의식을 즐기는 사람들을 의미했다. 그럼에도 불구하고, 더 엄격한 그 분파는 그들의 좀 더 낮은 사제직의 몇 가지 독특한 표지들을 유지했다. 그 하나가 설교를 위해 중백의보다는 검은 가

---

41) *Record*(16 January 1880).
42) G. T. Fox in *Record*(18 January 1878); Daniel Wilson, *Record*(14 January 1881).
43) *Record*(19 January 1883), 57, 59, 55.

운을 입는 것이었다. 이 문제에 대해서 법률 위반자는 의식파(또는 예전파)가 아니라 전통주의자 기질의 복음주의파였다. 왜냐하면 퍼처스(Purchas) 판결이 설교를 위한 올바른 옷은 중백의라고 1871년에 결정지었기 때문이다. 그러나 중백의를 교회주의에 물든 것으로 보는 보수적인 복음주의파는 따르기를 거부했다. 또 다른 특징은 성찬식을 저녁에 거행하는 것이었다. 의식파는 저녁에 의식을 거행하는 데 반대했다. 왜냐하면 그것이 빵과 포도주를 받기 전에 금식하는 그들의 관습을 막았기 때문이다. 반면에 많은 복음주의파 신도들은 저녁에 의식을 거행하는 것을 선호했다. 왜냐하면 그것이 성경의 주의 만찬의 때이기 때문이다. 잉글랜드 국교회 가톨릭파의 부상은 잉글랜드 국교의 의식에서 모범을 보이고 있었으며, 복음주의파는 자신들이 그 기차로 얼마나 멀리까지 기꺼이 실려 갈 것인가로 갈라졌다.

예전적 변화에서의 의심의 여지없는 중심인 잉글랜드 국교회의 사건들은 다른 곳에서 반영됐다. 비록 세계의 다른 지역들에 있는 복음주의자들이 의식주의의 격렬한 반대자들인 경우가 다반사였지만, 그들도 당대의 새로운 것들에 순응했다. 따라서 뉴질랜드에서 어느 초교파 신문은 1870년에 복음주의 교회들이 점잖은 음악을 너무 많이 무시했다는 의견을 표명했다. 그 신문은 이렇게 권했다. '진리의 이마를 아름답게 꾸미기 위하여, 낭만파와 의식파가 거짓말을 꾸미려고 애쓴 꽃들-아름다움과 음악-을 잡읍시다.'[44]

20세기의 처음 10년까지는, 사우스오스트레일리아의 애델레이드(Adelaide)에 있는 국교회의 복음주의파 회중들은 모두 주일마다 중백의를 입은 성가대들과 성찬식이 있었다.[45] 더욱이, 다른 교파들의 교인들도 잉글랜드 국교회파 내에서 예전 수준을 올리고 있다는 그런 충격을 느끼고 있었다. 그들이 전통적으로 간소한 예배를 고수하고 있음에도 불구하고, 장로교인들도 19세기 후반에 주로 잉글랜드 국교회의 모범에서 나온 새로운 특징들을 포함시키기 시작했다. 교회력을 특징짓는 의식들-그때까지는 원칙적

---

44) *Christian Observer*(Christchurch: 1 March 1870), 35.
45) 참조. David Hilliard, *Godliness and God Order: A History of the Anglican Church in South Australia*(Netley, South Australia: Wakefield Press, 1986), 65.

으로 반대할만한-이 살며시 들어오기 시작했다. 1870년대부터 많은 회중들에서 크리스마스 예배가 있었고, 1880년대부터는 성주간(Holy Week: 부활절의 전주[前週]-역주) 예배가 있었으며, 1896년에 이르러서는 적어도 뉴욕 로체스터의 센트럴장로교회에서 사순절 예배가 있었다.[46] 마찬가지로, 거의 배타적으로 즉흥적인 기도에 헌신해 왔던 회중교인들도 이 시기에 정해진 형태들을 사용하기 시작했다. 잉글랜드와 웨일스의 회중연합(Congregational Union)의 1872년 가을 집회에서, 교회들의 대표자들은 처음으로 주기도문을 낭송했다.[47] 10년 뒤에 헐에서 사역하는 회중교 목회자인 존 헌터는 『비국교도 예배당에서 사용하기 위한 경건한 의식들』(Devotional Services for Use in Nonconformist Chapels)을 출간했다. 이 책은 다양한 예전적 요소들을 예배에 도입하는 것을 개척했다. 한편, 뉴욕 브루클린의 클린턴애비뉴회중교회에서는 이미 공동기도, 송영(頌詠, doxologies), 영광의 찬가(Gloria Patri, '성부와 성자와 성령께 영광이 있을지어다'), 응창하는 낭독, 영창하는 시편, 무릎 꿇고 드리는 기도 등이 있었다.[48] 더 큰 아름다움과 품위에 대한 욕구를 일으키는 이러한 문화적 혁명은 전세계에 그리고 전교파에 퍼지고 있었다.

4. 종교의 언어

이와 같은 변화는 설교에서 사용되는 언어와 다른 형태들의 종교적 담화에 불가피하게 영향을 미쳤다. 그 결과는, 그것의 더없이 유능한 설명자들로, 경외심을 가지고 있는 회중들을 압도하는 화려한 과장된 말을 장려하는 것이었다. 빅토리아 여왕 시대 감리교의 가장 위대한 강단 연설자인 윌

---

46) 참조. Charles D. Cashdollar, *A Spiritual Home: Life in British and American Reformed Congregation, 1830-1915*(University Park: PA: Pennsylvania State University Press, 2000), 42과 각주.
47) J. W Grant, *Free Churchmanship in England, 1870-1940*(London: Independent Press, [1955], 36.
48) Cashdollar, *Spiritual Home*, 45.

리엄 몰리 펀숀의 설교들은 그것들이 드러내는 '마무리의 아름다움, 찬란한 어휘, 날카로운 경구, 무지개 빛깔이 나는 공상의 유희' 등으로 칭송을 받았다.[49] 많은 사람들이 그의 말을 들으려고 밀려들었으며 그들은 자주 큰 감동을 받았다. 한번은, 단순히 그가 요한복음 9:32의 '창세 이후로 소경으로 난 사람의 눈을 뜨게 하였다 함을 듣지 못하였으니'라는 말씀을 읽으면서 '사람'이라는 말을 강조했기 때문에, 경청하던 유니테리언 교도가 정통주의에 설득되었다고 했다.[50] 하지만 과장된 스타일의 언사는 때때로 허풍 치는 호언장담으로 넘어갈 수 있었다. 따라서 뉴욕 알바니의 한 설교자는 에이브러햄 링컨이 남부 연방과의 싸움이 막바지에 이르렀을 때 당한 암살을 이처럼 지나치게 과장된 비유적 표현으로 묘사할 수 있었다. '싸움이 절정에 달하자, 한 살인자가 그 영웅의 뇌를 갈랐지만, 그의 그렇게 단단한 발밑에는 머리가 백 개인 몰록이 죽어 있었습니다.'[51] 이와 유사하지만 더 조용한, 말을 중첩시킴으로써 감정을 불러일으키려는 시도는 1882년의 영국의 한 사망기사에서 분명히 알 수 있다.

> 2년간 우리의 친구는 죽음의 그림자가 드리워진 계곡에서 살았는데, 그 차가운 냉랭한 안개가 그의 허약한 몸에 스며들기 일쑤였다. 그처럼 오랫동안 그의 거처를 맴돌던 죽음의 천사가 마침내 자신의 메시지를 전했으며, 우리의 친구는 내키지 않는 포로로서가 아니라 자기의 주님의 부르심에 기쁜 마음으로 복종하여 더 낫고 더 고귀한 세계로 나아갔다…[52]

이러한 표현은 복음주의적 가르침과 전적으로 일치했으며, 실로 성경의 언어를 이용했지만, 현대의 독자에게는 말하여지고 있는 것을 모호하게 하

---

49) F.W. MacDonald, *The Life of William Morley Punshon, L.I.D.*(London: Hodder & Stoughton, 1887, 452.
50) Thomas M' Cullagh, *The Rev. William Morley Punshon, L.I.D. : A Memorial Sermon*(London: Wesleyan Conference Office, 1881), 22.
51) Dr. Magoon in *Examiner and Chronicle*(New York: 27 April 1865).
52) *Baptist Magazine*(December 1882), 532.

는 효과를 얻으려고 애쓰는 것이 있었다. 이러한 것은 다른 사람들만큼 그런 관습들에 익숙하지 않은 동시대인들에게도 적용될 수 있었다. 그 시대의 미학은 때로는 내용을 위태롭게 할 정도로 고양되고 있었다.

 그 시대에 가장 칭송을 받는 저술가들 가운데 일부 사람들 사이에서는 표현의 다소의 부정확성을 장점으로 여겼다. 부분적으로는 시에 대한 사랑 때문에, 낭만주의적 취향은 개념들이 정확성에 우선적으로 관심을 기울여서 전달되기보다는, 강력한 감정을 불러일으키는 방식으로 전달될 것으로 기대했다. 불가피하게도, 신학은 경계가 뚜렷하지 않은 사상에 대한 이러한 새로운 선호의 영향을 받았다. 정확한 교리를 소중히 하는 복음주의자들의 처음 반응은 압도적으로 비호의적이었다.

 1850년 복음주의파 잉글랜드 국교회의 정기간행물인「레코드」(*Record*)에는, 칼라일과 에머슨을 그들 집단의 구성원으로 꼽으면서, '영미의 감상주의자들'이 복음주의적 표현을 영화(靈化)하고 있다는 불만들이 있었다. F. D. 모리스와 A. P. 스탠리와 같은 더 관대한 신학자들이 그들의 선례를 따르고 있었다. 모두가 콜리지한테서 배운 '독일의 신해석과 신비주의'의 영향을 받았다고「레코드」는 결론지었다.[53] 특히 모리스는 다소 몹시 싫은 사람이 되었다.『그리스도의 왕국』(*The Kingdom of Christ*, 1838)의 저자인 모리스는 인간의 삶은 모두 그리스도 안에 터를 잡고 있다고 가르쳤다. 복음주의자들이 보편적으로 주장하는 대로, 사람들이 크리스천이라고 생각될 수 있기 전에 회심할 필요가 없다는 것이다.

 1853년 모리스가 한 권으로 된『신학논고』(*Theological Essays*)를 출판하면서 영원한 형벌은 끝없이 계속될 필요가 없다고 주장했을 때, 복음주의자들은 그로 하여금 런던 킹스칼리지의 신학 교수직을 사임하게 만든 압력에 박수갈채를 보냈다. 그러나 그들이 그의 사상에 대해서 가장 싫어한 것은 그의 사상의 모호성, 즉 성경의 공인된 진리들을 지키기를 거부하는 것과 교리의 훼손에 맞서 방벽을 세우고 싶어 하지 않는 것이었다. 1856년에「레

---

53) *Record*(4 November 1850), 8.

코드」는 이렇게 선언했다. '모리스의 이론은 영지주의(Gnosticism)까지 거슬러 올라갈 수 있으며, 자유사상, 회의론, 궤변 철학(sophistical philosophy) 등 주로 독일 학파의 다양한 층위를 거쳐서 졸업했는데, 그 이론의 근본 원리(ultima Thule)는 불신앙이다.'[54] 복음주의자들은 에드워드 가벳이 1877년 '도그마를 감정으로 변화시키려는 경향'이라고 비난한 것에 적대적인 게 보통이었다.[55]

5. 자유주의적 경향들의 시작

그렇지만 소수의 사람들은 새로운 스타일의 사상에 마음이 끌리기 시작했다.

1) 부시넬

낭만주의 언어를 복음주의 신학 그 자체에 가져온 개척자는 코네티컷의 하트포드에서 사역하는 회중교 목회자인 호러스 부시넬이었다. 부시넬은 『크리스천 네이처』(1847)에서, 어린이들은 아주 어린 시절부터 크리스천으로 간주되어야 하므로, 회심의 작은 문을 통과할 필요가 없다고 주장함으로써 독특한 개인적인 행로를 이미 두드러지게 했다. 그는 어린이들은 태어날 때부터 죄없는 피조물이며 인간들은 나무처럼 꾸준한 성장을 통하여 발전한다고 주장하는 낭만주의 사상의 요소들의 영향을 받은 게 분명했다.
그가 기꺼이 인정했듯이, 그가 신학을 재구성하는 출발점은 콜리지의 성찰에 도움이 되는 것들(Aids to Reflection)이었는데, 그에게 신앙의 새로운 표현 형식을 제공했다. 1849년 부시넬은 『그리스도 안에 계신 하나님』(*God in Christ*)이라는 연설집을 출간했다. 이 저작은 정확한 의사소통 수단으로서

---

54) Ibid. (2 January 1856).
55) Edward Garbett, *Religious Thought in the Nineteenth Century: A Paper read at the Southport Evangelical Conference, May 29, 1877* (Southport: Robert Johnson, [1877]), 8.

의 언어의 한계를 설명하는 언어에 대한 논설로 시작된다. 어법은 함의들이 가득해서 정확한 의미들을 전달할 수 없다고 그는 주장했다. 그는 이렇게 기술했다. '언어의 약점들을 고려하면, 교리의 모든 신조들은 어느 정도는 순응의 정신으로 신봉되어야 한다. 그것들은 문자는 절대로 참되지 않다는 대단히 충분한 이유로 문자 그대로 받아들여서는 안 된다.' 부시넬은 콜리지적인 특징을 사용해서, 기독교 진리는 '타고난 오성'이 아니라 '감정과 상상력이 풍부한 이성'에 호소해야 한다고 주장했다.[56] 복음주의 공동체는 그런 새로운 가르침으로 이루는 것이 무엇인지를 약간은 알고 있었다. 부시넬은 분명히 삼위일체와 속죄를 옹호하고 싶었지만, 그의 생소하고 치밀하지 못한 어법은 그 교리들을 의문시하게 만들었다. 앤도버의 에드워즈 A. 파크는 명확한 설명으로 정확한 지식인들의 신학은, 부시넬이 찬양했지만 다른 목적들에 적합한 감정의 신학만큼 타당하다고 그 이듬해에 주장함으로써 근원을 견고하게 하려고 노력했다. 프린스턴의 찰스 핫지는 전자와 후자를 혼동하는 것을 단호히 거부하는 것으로 응답했다.[57] 부시넬이 죽었을 때, 그는 '정통주의의 오래되고 오랫동안 받아들여진 표준들에서 벗어났다'는 이유로 유력한 감리교 신문의 비난을 받았지만,[58] 특히 많은 회중교인들은 그의 사고방식에 사로잡혔다. 예컨대, 「선데이스쿨 타임스」의 영향력 있는 편집자인 헨리 트럼불은 성경은 '그것이 규정지을 수 있는 것보다 훨씬 더 많은 것을 제시한다'는 것을 자신에게 보여줬다고 해서 부시넬을 환호하여 맞이했다.[59] 그처럼 본질적으로 문학적인 인식은 복음주의 운동으로 나아가기 시작한 신학적 자유주의의 싹틈이었다.

---

56) Horace Bushnell, *God in Christ: Three Discourses delivered at New Haven, Cambridge and Andover*(Hartford: Brown & Parsons, 1849), 81, 111.

57) D. G. Hart, 'Divided between Heart and Mind: The Critical Period for Protestant Thought in America', *Journal of Ecclesiastical History* 38(1987)

58) *Christian Advocate*(New York: 24 February 1876), 60.

59) P. E. Howard, *The Life of Henry Clay Trumbull*(Philadelphia: Sunday School Times, 1905), 256.

2) 비처

부시넬의 시각을 발전시키기 위해서 최선을 다한 사람은 헨리 워드 비처 (H.W. Beecher)였다. 지도적인 코네티컷 회중교인인 리먼 비처의 아들이자 『톰 아저씨의 오두막집』(*Uncle Tom's Cabin*, 1852)의 저자인 해리엇 비처 스토우(Harriet Beecher Stowe)의 오빠인 헨리는 설교 및 문학적 재능을 풍부하게 지녔다. 1847년부터 40년간 그는 브루클린 하이츠에 있는 플리머스교회의 목회자로서 사역했다. 이 교회는 뉴욕의 번창하는 교외에 있는 품위 있는 회중이었다. 비처는 자연계에 대한 특징적인 낭만주의적 사랑에 감화됐는데, 그는 평정 속에서 그런 사랑을 생각해 내는 것을 즐거워했다. 그는 이렇게 기술했다.

'나는 생각하는 것 같지 않다. 나는 본다. 만약 내가 이미지들로 얘기한다면 그것은 그것들이 빛나기 때문이다. 나는 풍경이나 벼랑들-또는 숲이나 평원들-을 보면 그 인상은 마치 그것이 실제로 내 눈앞에 있는 듯이 상세하고 생생하다.[60]

부시넬과 마찬가지로, 비처도 신학적 정확성을 위해서는 그다지 노력하지 않았다. 한번은, 설교가 그 전 주일에 얘기한 것과 모순된다고 그에게 지적됐을 때, 그는 별로 곤혹스러워 하지 않았다. 그는 '오 그렇습니다! 음, 그건 지난 주였거든요!'라고 말했다.[61] 그렇지만 비처는 그들이 공유하는 널리 퍼진 가르침을 삶의 문제들에 적용하기 위해서 부시넬을 넘어서 나아가기를 원했다. 비처의 평판이 치솟은 것은 그가 노예제도 철폐를 위해 싸우는 설득력 있는 투사 노릇을 했기 때문이다. 그의 초기 목회는 신학적으로

---

60) C. E. Clark, Jr, *Henry Ward Beecher: Spokesman for a Middle America*(Urbana, II: University of Illinois Press, 1978), 85에서 29 November 1851에 잘 알려지지 않은 투고자에 대한 H. W. Beecher.
61) 인용. G. Dorrien, *The Making of American Liberal Theology: Imaging Progressive Religion, 1805-1900*(Louisville, KY: Westminster John Knox Press, 2001), 193.

훨씬 더 보수적인 확신을 품고 있는 사람들한테서도 박수갈채를 받았다. 따라서 1863년 잉글랜드에 있었을 때, 그는 찰스 스펄전의 형인 제임스를 위해서 세워진 새로운 예배당의 개원식에 초대받은 으뜸가는 손님이었다.[62] 1870년 뉴질랜드 사람들은 비처를 찰스 스펄전 자신에 상당하는 미국인으로 봤다.[63] 그러나 비처의 견해들은 심각한 불안을 일으키고 있었다. 2년 뒤에 그가 상식을 지지해서 신학을 경시했을 때, 한 감리교인은 그가 혼란을 야기한 것을 비난했다. 그는 너무나 모호했고, 너무나 불명확했으며, 오직 '안개의 이미지들'만을 내놓았다.[64] 마찬가지로, 비처가 은퇴하기 조금 전에 런던에서 서훈됐을 때 잉글랜드 회중교의 원로인 헨리 알론은 그 미국인 설교자를 멀리하기로 작정했는데, '교리적 견해들을 깔보는' 것은 잘못이라고 주장했다.[65] 비처는 그의 시대의 복음주의 공동체 내에서 한 자리를 유지하고 있었지만, 그는 확실히 과격파 그룹에 속해 있었다.

영국에서 이에 상당하는 의견의 전개는 회중교회를 괴롭힌 논쟁에서 처음으로 분명해졌다. 1855년 런던의 목회자인 토마스 토크 린치는 『가슴과 음성을 위한 찬가: 시내』(*Hymns for Heart and Voice: The Rivulet*)라는 시집을 출판했다. 부제가 함축하듯이, 이 책은 크리스천의 경건을 함양하는 데 있어서의 자연의 자리에 대해 큰 경의를 표했지만 속죄와 같은 친숙한 복음주의적 주제들은 무시했다. 이 책은 한 신문 논평에서 독일 합리주의 신학이 만연해 있다고 가차 없이 비난을 받았지만,[66] 유명한 신학자 15명은 그것이 정통주의와 일치한다고 옹호했다. 그렇지만 브리티시 배너의 싸움하기 좋아하는 편집자인 존 캠벨은 격렬하게 반대했으며, 자신의 신문에서 그 책을 경계하도록 선동했다. 많은 부수적인 문제들로 복잡했던 그 사안은 1857

---

62) G. H. Pike, *James Archer Spurgeon, D.D., L.I.D.* (London: Alexander & Shepheard, 1894), 77.
63) *Christian Observer* (Christchurch: 1 March 1870), 36.
64) *Christian Advocate* (1 August 1872), 244.
65) *Henry Ward Beecher in England, 1886* (London: James Clarke & Co, [1886], 29.
66) James Grant in the *Morning Advertiser* quoted by Albert Peel, *These Hundred Years: A History of the Congregational Union of England and Wales, 1831-1931* (London: Congregational Union of England and Wales, 1931), 222.

년에 개최된 회중 연합 총회의 특별회기에 의해서만 정리되었는데, 그해에 복음주의 원리들에 대한 줄어들지 않는 애정을 기록한 전년도의 결의를 재확언했다. 또한 사람의 런던 목회자인 제임스 볼드윈 브라운(James Baldwin Brown)이 1859년에 출간한 저서인 『인간 속의 거룩한 삶』(*The Divine Life in Man*)을 저술한 것도 그 논쟁이 벌어지고 있는 동안이었다. 그 책은 온건한 칼빈주의의 교리적 상속과 결별하는 것에 찬성론을 주장했다. 그 대신에, 볼드윈 브라운은 알렉산더 스코트의 개념들을 반영하는 개념들을 상술했다. 스코트는 한때 에드워드 어빙의 조수였으며 낭만주의적 영성이라는 어빙의 브랜드에 의해서 깊이 형성됐다. 하나님의 아버지 되심, 인간의 자유, 공의를 추구해야 할 책임 등의 주제들이 대두됐다.[67] 원로 침례교 목회자인 존 하워드 힌턴(John Howard Hinton)에 따르면, 그 책은 '복음의 진리와 능력이 치명적으로 결여된 신학을 신봉하는 잉글랜드 복음주의파 비국교도 교회들에 처음으로 공개적으로 침입한 것'이었다.[68] 그것은 계몽주의 패러다임으로부터 사상의 낭만주의적 범주들에서 표현된 신학 체계로의 전환을 나타내는 게 확실했다.

6. 교리의 변화

복음주의 사상에서의 어떤 중요한 주제들은 후에 신학적 풍토에서 일어난 변화의 영향을 받았다. 하나의 중심적인 주제가 하나님의 개념이었다. 그분은 계몽주의의 틀 내에서는 본질적으로 우주에서 공적 정의를 관리하는 율법 수여자로 생각됐다. 사실 복음주의자들도 역시 전능하신 그분을 아버지라고 하는 데 익숙해져 있었다. 1857년 한 열심 있는 미국 회중교 국내 선교사는 그분을 아버지라고 부를 수 있는 능력을 크리스천의 가장 큰 특권

---

67) 참조. Mark Hopkins, *Nonconformity's Romantic Generation: Evangelical and Liberal Theologies in Victorian England*(Carlisle: Paternoster Press, 2004), ch. 2.
68) *Baptist Magazine*(March 1860), 226.

이라고 했다.[69]

그러나 그런 언급은 한계를 수반했다. 즉 오로지 신자들만이 하나님을 자신들의 아버지라고 주장할 수 있는 반면에 다른 인간들에게 그분은 본질적으로 심판자였다. 심지어 신자들까지도 주로 그 심판자가 무죄로 한 사람들이었다. 이 분야에서 선도적인 두 신학자로서, 스코틀랜드 사람인 존 맥레오드 캠벨과 토마스 어스킨의 불만은, 맥레오드 캠벨이 말한 대로, 온건한 칼빈주의자들이 가족적인 용어라기보다는 법적인 용어로 하나님에 대해 얘기하는 죄를 범한다는 것이었다.[70] 그렇지만 더 새로운 견해로는, 하나님은 만인의 공동의 아버지인데, 어스킨이 강조한 대로, 심지어 방탕아들의 아버지이기도 했다.[71] 헨리 워드 비처와 제임스 볼드윈 브라운과 같은 회중교 사상의 진보적인 지도자들은 하나님의 보편적인 아버지 되심을 확신하고 있었다. 하지만 J. C. 라일은 하나님은 하나님의 아들을 믿는 사람들한테만 아버지이시다라는 확신으로 국교회 복음주의파 신도들을 불러 모았다.[72] 마찬가지로, 스코틀랜드 자유교회의 보수적인 목회자인 존 케네디는 하나님이 모든 인간의 아버지라는 관념에 저항했다. '아버지 되심이라는 관계는 하나님의 주권의 자유로운 행사와 양립할 수 없는 조건을 부과할 것이다'라고 그는 기술했다.[73]

만약 하나님이 자동적으로 모든 인간의 아버지가 되신다면, 그분은 그들 한 사람 한 사람을 사랑하는 것을 억제할 수 없으셔서 엄격하게 그들의 죄책을 다루실 입장에 있지 않으실 것이다. 분명한 것은 케네디가 아버지 되심의 견지에서 신성의 개념을 새로 명확하게 말하는 문화적 경향의 힘을 느꼈지만 그런 힘에 저항할 각오를 하고 있었다는 것이다. 그러므로 어쩌면, 19세기 말까지는 그러한 더 새로운 견해가 여전히 전통적인 칼빈주의자들

---

69) *American Missionary*(New York: July 1857), 157.
70) John McLeod Campbell, *The Nature of the Atonement*[1856] ed. E.P. Dickie(London: James Clarke & Co., 1959), 69.
71) Thomas Erskine, *The Doctrine of Election*[1837](2nd ed., Edinburgh: David Douglas, 1878), 347.
72) *Record*(16 January 1860), 3.
73) John Kennedy, *Man's Relations to God*(Edinburgh: John Maclaren, 1869), 25.

에게 거부당하고 있었지만 일반 복음주의 안에서는 승리했다는 것이 놀라운 일이 아닐지도 모른다. 복음주의파 자유교회들의 교리문답은 잉글랜드와 웨일스의 비국교도들의 공통의 믿음을 나타내기 위해서 1898년에 작성됐는데, 하나님은 '하늘에 계신 우리 아버지'이심을 강조했다.[74] 그리고 주요한 미국 여성 선교조직의 잡지는 다음과 같은 당연한 결과를 도출했다. '오 크리스천 여성들이여, 모든 사람은 한 아버지의 자녀들이므로 형제들이라는 것을 세상 사람에게 가르쳐 줍시다!'[75] 하나님의 정체를 이해하는 일반적인 방식이 변화되고 있었던 것이다.

속죄의 교리에서도 이에 상응하는 변화가 있었다. 십자가는 복음주의 신학에서 여전히 중심적인 주제였다. 하지만 그것을 명확하게 설명하는 것은 변화를 겪었다. 케네디가 인식한 대로, 그런 변화는 하나님의 아버지 되심을 둘러싼 선행하는 일련의 가설들에서 주로 일어났다. 따라서 1856년에 『속죄의 본질』(*The Nature of the Atonement*)이라는 저서를 출간한 맥레오드 캠벨에 따르면, 아버지 되신 그분은 인류에 대한 그분의 태도를 진노에서 자비로 옮기는 그리스도의 희생으로 말미암아 바꾸실 필요가 없으신데, 이는 죄에 대한 그분의 고뇌에도 불구하고 영원부터 그분은 아버지의 동정심이 가득하셨기 때문이다.

그러므로 십자가는 응보적인 정의의 문제가 아니라 하나님이 창조하신 남자들과 여자들을 향한 그분의 영원한 친절한 성향의 표현이었다. 마찬가지로 부시넬도 그의 저서 『대속적 희생』(*Vicarious Sacrifice*, 1866)에서 아버지 되신 그분은 항상 그분의 자녀들이 가는 길에 대해서 고뇌하셨다고 가르쳤다. '하나님 안에 십자가가 있는 것은 그 나무가 갈보리에서 보이기도 전이다'라고 그는 선언했다.[76] 그런 견해들은 처음에는 복음주의적 주석가들 대다수의 저항을 받았다. 1878년 미국의 회중교인 존 모건은 맥레오드 캠벨

---

74) *An Evangelical Free Church Catechism for Use in Home and School*(London: National Council of the Evangelical Free Churches, 1899), 7.
75) Mrs. C. M. Lamson in *Life and Light*(Boston, MA: October 1900), 462.
76) Horace Bushnell, *The Vicarious Sacrifice grounded in Principles of Universal Obligation*(New York: Charles Scribner & Co.,1866), 75.

이 제대로 하나님의 통치를 주장하지 않았다고 시사했다.[77] 부시넬도 미국과 영국뿐만 아니라 호주와 캐나다에서도 대체로 비난을 받았는데, 속죄에 관한 복음주의적 이해의 필수불가결한 특징들을 빠뜨렸기 때문이다.[78] 그렇지만 다른 사람들은 십자가에 관한 새로운 해석들을 낳고 있는 사상의 경향들과 타협할 필요성을 느꼈다. 특히, 칼라일과 모리스의 견해에 강하게 영향을 받은 잉글랜드 회중교인 R. W. 데일은 낭만주의적 가설들을 표준적인 복음주의적 견해에 융합하는 것과 씨름했다. 『속죄』(The Atonement, 1875)에서, 데일은 광범위한 신약 석의에 기초하여 십자가는 우주의 지고한 도덕률의 객관적인 표현이라고 주장했다. 그의 종합은 한 세대 이상 동안 그 주제에 대한 표준적인 작업이 되었다. 속죄에 관한 태도들의 변화는 하나님의 아버지 되심에 대한 혁명에는 미치지 못했다. 그러나 중요한 것은 19세기 말경, 후에 「펀더멘털스」(The Fundamentals)의 기고자였던 스코틀랜드 장로교인 제임스 오르와 같은 보수적인 신학자들까지도 찬성을 얻어서 맥레오드 캠벨을 인용할 수가 있었다.[79] 그 결과, 일반 복음주의자들은 1850년보다 1900년에 십자가를 훨씬 덜 기계론적으로 이해했다.

과거보다 성육신의 교리를 더 높이 평가하는 같은 성질의 경향이 있었다. 하나님의 아들이 육신을 취하시는 것에 대한 강조는 옥스포드운동에서 나온 고교회파 신학과 모리스 및 그의 제자들과 관련된 광교회파 교리 양쪽 모두의 특징이었다. 그러나 더 넓은 토대 위에 복음주의 사상을 재건하려고 노력하고 있던 사람들도 그와 유사한 방침을 취했다. 부시넬과 볼드윈 브라운 두 사람 다 성육신을 많이 강조했다.

1866년 『사람들의 생명과 빛』(The Life and Light of Men)을 출간했으며, 런던에서 사역하는 연합 장로교 목회자인 존 영도 그러했다. 같은 해에 「오스

---

77) John Morgan, 'Atonement' II, *Bibliotheca Sacra*(New York: January 1878), 136.
78) 참조. *Australian Evangelist*(Melbourne: 3 August 1866), 238; H.F. Bland in *Christian Guardian*(Toronto: to March 1880); Morgan, 'Atonement', 142; *Religious Herald*(Richmond, VA:21 February 1878); *Baptist Magazine*(June 1866), 362-369.
79) James Ort, *God's Image in Man and its Defacement in the Light of Modern Denials*(London: Hodder & Stoughton, 1905), 277-278.

트레일리언 에반젤리스트」에 실린 발췌문들은 성육신을 '이처럼 중심적인 진리'라고 하면서, 인간의 본질은 하나님께 매우 소중함이 틀림없다는 것을 보여주었다. 영은 이렇게 말했다. '우리는 십자가를 별로 중시하지 않았을지도 모른다. 그러나 우리가 그러한 초기의 사실을 지나치게 경시했다고 생각할만한 근거가 있다. 이것이 십자가에 그 모든 신비로운 의의를 부여하는 것이다⋯.'[80] 자신들의 집단을 탈퇴해서 고교회파나 광교회파로 옮겨가는 위험에 항상 민감한 국교회 복음주의파는 십자가는 결단코 두 번째 자리를 차지해서는 안 된다고 정기적으로 주장했다.

1896년 이즐링턴에서 T. W. 두러리(T. W. Drury)는 그리스도의 죽음이 성육신의 한 사건에 불과하다는 견해를 거부했으며, 3년 뒤에 W. H. 그리피스 토마스는 복음주의파 프로테스탄티즘의 속죄의 종교를 그가 '낭만주의와 그것의 잉글랜드 국교회 상대자'에 귀속시키는 성육신의 종교와 대조시켰다.[81] 그렇지만 데일은 복음의 능력은 속죄에 있다고 생각하면서도 수위를 차지하는 것은 성육신의 교리라고 주장했다.[82] 오르는 그리스도의 희생의 함의들보다 그분이 사람이 되신 함의들에 더 큰 공간을 부여할 준비가 되어 있었다.[83] '기독교 신앙의 위대한 중심적인 신비가 성육신의 교리라는 것은 부인할 수가 없다⋯'라고 그는 기술했다.[84] 가장 지적인 복음주의자들도, 일반 신도석을 점유하는 사람들은 아니지만, 시대의 경향에 이끌려서 성육신을 전례 없이 우월한 자리로 고양시킬 것 같았다.

더 광범위한 변화는 지옥에 대한 태도들에서 일어났다. 1846년에 작성된 복음주의 연맹 신앙 원칙은 사악한 자들의 영원한 형벌을 공언했는데, 특히 그 시기의 초기에는 그 교리가 때때로 설교에서 생생하게 전개됐다. 잉글랜

---

80) *Australian Evangelist*(18 August 1866), 251.
81) *Record*(17 January 1896), 71;(13 January 1899), 69.
82) Robert W. Dale, *The Old Evangelicalism and the New*(London: Hodder & Stoughton, 1889), 48-51.
83) James Orr, *The Christian View of God and the World as centring in the Incarnation*(2nd ed., Edinburgh: Andrew Elliot, 1893), 38-39.
84) Orr, *God's Image in Man*, 267.

드의 신앙부흥운동가인 리차드 위버는 1860년에 그런 관행을 강력하게 옹호했다. 그는 이렇게 선언했다. '만약 당신이 내가 곁에 있는 죽음의 자리들 곁에 있으면서 지옥의 불타는 호수로 내려가는 잃어버린 영혼들의 빈사의 비명을 들었다면, 당신은 "리차드, 그것에 대해 얘기해 보게, 그들은 경고를 받기를 원한다네"라고 말할 것이다.'[85] 어쩌면 그런 멜로드라마식 표현은 낭만주의적 관습들에 무언가를 돌렸을지도 모르는데, 이는 한동안 문자주의자가 회개하지 않는 자들의 운명에 대해 생각하는 방식들을 강화했다. 바로 1880년에 테네시 출신 한 감리교 평신도는 교단 신문에서 지옥에 가기란 쉬운 일이라고 말했다. 즉 이 세상의 풍조는 쉽사리 우리를 영원한 불로 타오르는 호수로 데려가리라는 것이다.[86]

그럼에도 불구하고 영원한 형벌이 지나치게 중요시될 수 없다는 게 복음주의자들 사이의 공통된 감정이었다. 1852년 복음주의파 잉글랜드 국교회 잡지의 한 기사는 주장하기를, 설교자는 자기가 죽음과 파멸을 고지하기보다는 오히려 하나님의 은혜를 전하는 복음을 선포해야 한다는 사실을 기억하지 않으면 안 된다고 했다. 쇠사슬, 감옥, 불 등에 관한 성경의 묘사들이 실재를 나타내는 것이지만, 단지 '이미지와 비유들'에 불과했다. 오직 가톨릭교도들과 분리파 교회 신도들만이 '강하고 추잡한 흥분'으로 마음을 움직이는 데 의지한다고 그 기사는 결론지었다.[87] 그렇지만 감리교인 윌리엄 아더는 심지어 1859년 얼스터(Ulster) 신앙부흥의 억제되지 않은 분위기 속에서도 저주와 관련된 주제들은 예수님이 친히 말씀하신 만큼 부각되지 않았다고 보고했다.[88] 무디도 때때로 지옥에 관해 언급했지만, 그 주제는 하나님의 사랑을 부각시키기 위해서 의도적으로 경시됐다.[89]

---

85) *Revival*(London: 23 June 1860), 198.
86) D.R. Britton in *Christian Advocate*(15 January 1880), 38.
87) T.D. B[ernard?], 'On the Method of Preaching the Doctrine of Eternal Death', *Christian Observer*(London: January 1852), 5, 6.
88) William Arthur, *The Revival in Ballymena and Coleraine*(London: Hamilton, Adams & Co., 1859), 5.
89) Stanley N. Gundry, *Love Them In: The Life and Theology of D.L. Moody*(Chicago: Moody Press, 1999), 97-100.

핸들리 모울(Handley Moule)이 1897년에 기록한 개인적인 수기 속에는 장차 받을 형벌에 관한 교리에 대해 밝힌 소견이 얼마간 있다. 그는 다음과 같이 기술했다. '우리는 모든 비유적 표현을 문자 그대로 해석하는 것에 대해서 약속을 받고 있지 않다…또한 멸망에 대해서도 마찬가지로 약속을 받고 있지 않다. 또한 복음을 전혀 들어본 적이 없는 사람들을 위한 정확한 이론에 대해서도 그러하다.' 그런 교리를 설교하는 사람들에게 즐거움이 있다고 생각하는 것은 엄청난 불의라고 그는 결론지었다.[90] 심지어 정통주의에 대한 열심이 대단히 큰 스펄전도 회개하지 않는 자들의 장래의 상태가 실재임에도 불구하고, 단지 낙담이라는 관념으로만 받아들여진다는 견해를 옹호하여 헨리 워드 비처를 인용할 준비가 되어 있었다.[91] 이렇듯 일반적인 복음주의적 태도는 지옥의 실재를 인정하지만, 그 가망성이나 이에 수반하는 세부사항들에 대해서는 자세히 설명하지 않는다는 것이며 그리고 확실히, 흥미를 갖고서 그렇게 하지 않는다는 것이었다.

그렇지만 그 시대의 분위기는 많은 사람들로 하여금 영원한 형벌에 관한 공인된 교리를 외면하도록 만들었다. 낭만주의 사상과 관련된 따뜻한 인도주의는 전통적인 믿음의 경직된 형세로 인하여 위축되는 경우가 종종 있었다. 모리스와 많은 광교회파 신도들은 미래의 심판에 관한 견해를 수정하는 데 앞장섰으며 상당수의 복음주의자들이 그들의 뒤를 좇았다. 복음주의 연맹의 영국 조직의 명예 간사인 T. R. 버크스(T. R. Birks)는 1867년에 『하나님의 선하심의 승리』(*The Victory of Divine Goodness*)를 출판했다. 이 저작은 잃어버린 자들이 그들의 형벌을 견디는 것과 동시에 축복을 받는 것을 소극적으로 묵상하는 것을 즐길 수 있으리라는 대담한 가설을 제안했다. 비록 버크스를 그의 지위에서 내쫓으려는 운동이 있었지만, 복음주의 연맹은 그가 연맹의 교리적 진술을 지지한다는 것을 받아들여서 그가 계속해서 재직

---

90) 'Detached remarks on the Doctr[ine] of Future Punishment', Lectures Note Book of H. C.G. Moule, Ridley Hall, Cambridge.
91) Hopkins, *Nonconformity's Romantic Generation*, 151에 의해 인용된 William Barker, *The Duration of Future Punishment*(London: Passmore & Alabaster, 1861), v.에서 C.H. Spurgeon, '서문.'

하도록 했다. 소수의 사람들은 보편주의, 즉 결국에는 모두가 구원을 받을 것이라는 믿음을 채택하는 훨씬 더 대담한 방침을 취했다.

1877년 잉글랜드의 침례교 목회자이자 「엑스포지터」(Expositor)의 편집자인 사무엘 콕스는 『살바토르 문디』(Salvator Mundi)라는 저서에서 보편주의적 입장에 대해 찬성론을 주장했지만 그가 담임하는 노팅엄 회중의 신뢰를 유지했다.[92] 훨씬 더 많은 사람들이 내세에서 회개의 기회가 더 있으며 그래서 구원의 기회가 더 있으리라는 견해, 즉 그 당시에 '내세의 시련'이라고 불리던 입장을 취했다. 메사추세츠의 앤도버신학교에서 교수진 가운데 다섯 명이 이런 회개를 채택한 것이 1887년에 그들을 내쫓으려는 시도에서의 으뜸가는 죄과였다. 그 다섯 명 중 한 사람인 에그버트 스미스(Egbert Smyth)는 해임됐지만 후에 주 대법원에 의해서 복직됐다.[93]

그렇지만 어쩌면 물려받은 교리의 가장 인기 있는 대안은 조건부적인 영생에 대한 믿음, 다시 말해 그리스도를 믿는 사람들만이 영원한 생명을 부여받으리라는 견해였을지도 모른다. 자신들의 죄악에서 돌이키지 않은 사람들은 그냥 절멸될 것이다. 잉글랜드의 회중교인 에드워드 화이트는 이런 입장의 최초의 설명을 제시해서 1846년에 이미 광범위한 주목을 끌었지만, 그 설명은 1870년대부터 훨씬 더 많은 지지자를 모았다.[94] 1883년에 교회선교회가 조건부적인 영생을 신봉한다는 이유로 그 활동가들 중 한 사람을 해임했을 때, 복음주의파 교구 전도사인 헤이 에이트켄(Hay Aitken)은 그런 입장을 잠정적으로 옹호하는 글을 씀으로써 파란을 일으켰다.[95] 따라서 1880년대까지는 이 영역에서 혼란스러운 것이 많이 있었다. 인간의 운명에 대한 좀 더 온건한 의견들이 일반적인 것이 되고 있었다.

---

92) 참조. Geoffrey Rowell, *Hell and the Victorians*(Oxford: Clarendon Press, 1974), 124-133.
93) 참조. Dorrien, *Marking of American Liberal Theology*, 290-293.
94) 참조. Rowell, *Hell and the Victorians*, ch. 9.
95) Charlotte E. Woods, *Memoirs and Letters of Canon Hay Aitken*(London: C.W. Daniel Co., 1928), 174-181.

7. 성경에 관한 새로운 견해

성경에 대한 태도들도 변화를 겪었다. 그 시기의 초에 나이 든 복음주의자들은 일반적으로, 18세기 초에 필립 도드리지가 제안한 영감론에 만족했다. 영감론은 성경의 저자들이 모두 영감을 받되 각기 다른 정도로 영감을 받았다고 주장했다.[96] 하지만 시적 영감에 대한 낭만주의적 관념들은 성경의 다양한 부분들에 미친 신적 영향의 수준들이 각기 다르다는 믿음에 도전을 제기했다. 성경에서의 지각의 보다 낮은 수준들은 보다 위대한 시들의 영적 비전과 얼마나 달랐는가? 초절론자들은 전혀 차이가 없다고 주장했지만, 복음주의자들은 신적 계시의 유일성을 배제하는 견해는 받아들일 수가 없었다. 그들은 각기 다른 정도의 영감을 긍정적으로 가정하는 데서 물러서기 시작했다. 따라서 캐나다 노바스코샤(Nova Scotia)에 있는 아카디아대학(Acadia College)의 침례교인 학장인 J. M. 크램프(J. M. Cramp)는 영감의 본질과 정도 및 방법을 추측하기를 거부했다. 그는 영감이 각기 다른 때에 각기 다를 수가 있지만, 독단적으로 단정하는 것은 위험한 일임을 인정했다.[97] 다른 사람들은 제네바의 신학자인 루이스 가우센의 저서인『데오프뉴스티아』(*Theopneustia*, 1841)에서 제안된 이론에 이끌렸다. 다시금 그 책은 성경이 어떻게 주어졌는가에 대해서는 아무런 의견도 제시하지 않았지만, 모든 단어 하나하나에 임한, 성경 텍스트 전체의 '완전'영감('plenary' inspiration)을 주장했다. 많은 사람들이 그 결과는 오류가 없다고 보증될 수 있는 성경이라고 주장하는 점에서 가우센을 반향했다. 심지어 낭만주의 이전 사고방식을 지닌 몇몇 사람들까지도 가우센의 주장에 영향을 받았다. 따라서 캘커타의 부주교인 존 프래트는 1856년에 이렇게 주장했다.

성경은 성령의 인도하심으로 쓰였다. 그분은 전에는 알려지지 않는 사실들을 성서 기자들에게 전해 주셨고, 이미 알려진 다른 사실들을 선택하는 데서

---
96) *Christian Observer* (London: September 1854), 587.
97) *Baptist Magazine* (January 1866), 25.

그들을 지도하셨으며, 그들이 작성한 기록들에서 생길 수 있을 모든 종류의 오류로부터 그들을 지켜 주셨다.[98]

그렇지만 성경의 무오류성에 관한 그와 같이 무턱대고 하는 선언들은 조금도 보편적이지 않았다. 예컨대 T. R. 버크스는 1853년, 그의 건전성이 여전히 문제가 되지 않을 때, 예언자들과 사도들의 원래의 글에는 결함이 없었다는 생각에 교리적인 반대가 있을 수가 없다고 말했다. '하나님은 진리의 하나님이시다. 그러나 그분이 자신을 낮춰서 인간의 도구들을 사용하실 때…이렇게 우리의 약함에 맞추는 것이 얼마나 확장될 수 있을지를 미리 말하기란 쉬운 일이 아니다'라고 그는 기술했다.[99] 계시의 내용의 신뢰성에 대한 전적인 확신이 있었지만, 영감의 정의에 대한 일치는 없었다.

복음주의자들은 1860년에 『소론과 평론』(Essays and Reviews)이 출판됐을 때 수세적인 입장에 놓였다. 급진주의의 정도가 각기 다른, 이 논문들의 수집물은 독일에서 번성하는 성서비평학파의 영향을 받은 잉글랜드 국교회 신학자 7명의 견해들이었다. 복음주의자들은 성경의 권위를 훼손하는 듯한 견해들에 격렬하게 반대했다. 에드워드 가벳은 그 책의 기초가 되는 독일의 사변을 '공허한 추상적 개념들이 가득한 몽상의 세계'라고 비난했다. 그리고 로버트 비커스테스 주교는 성경의 영감은 호머나 밀턴의 영감과는 종류가 다르다고 주장했다.[100]

「크리스천 옵저버」의 한 기사는 신적 영감을 시적 영감과 같은 것이라고 생각하는 것은 전혀 용인할 수 없음을 인정했다. 그렇지만 그 기사는 복음주의자들 사이에 현재 통용되고 있는, 그 주제에 관한 두 가지 견해가 있

---

98) J.H. Pratt, *Scripture and Science not at Variance*[1856](3rd ed., London: Thomas Hatchard , 1859), 69.
99) T.R. Birks, *Modern Rationalism and the Inspiration of the Scriptures: Two Lectures*(London: Seeleys, 1853), 111.
100) Edward Garbett, *The Bible and its Critics: An Enquiry into the Objective Reality of Revealed Truths*(London: Seeley & Griffiths, 1861), 90; M.C. Bickersteth, *A Sketch of the Life and Episcopate of the Right Reverend Robert Bickersteth, D.D., Bishop of Ripon, 1857-1884*(London: Rivingtons, 1887), 197.

다고 설명했다. 한편으로는, 가우센과 같은 일부 사람들은 성령이 저자들을 지도해서 그들의 글은 절대로 오류가 없다고 주장했다. 다른 한편으로는, 어떤 사람들은 성령이 종교적 내용을 감독했지만 다른 문제들에서는 부정확한 것들이 가능하다고 생각했다. 그 기사를 쓴 사람은 전자의 이론을 선호했지만, 성직자들의 최근 모임에서 대다수는 후자의 의견을 좋아했음을 인정했다.[101] 그럼에도 불구하고, 더 강한 견해가 소론과 평론의 결과로서 국교회 복음주의파 사이에서 지지를 얻었다. 이전에는 가우센의 입장을 피했던 버크스가 1862년에 성경은 '오류가 전혀 없다'라는 확신에 찬성했다.[102] 그해의 이즐링턴회의에서 가벳은 그런 견해를 상술했으며 1870년 A. W. 서롤드(A. W. Thorold)는 축자적 영감에 반대하는 사람들도 그들의 집단에서 배제되어서는 안 된다고 모인 복음주의파 신도들에게 경고해야 했다.[103] 『소론과 평론』으로 야기된 소동에 그다지 직접적으로 영향을 받지 않은, 국교회 밖에 있는 사람들은 좀 더 관대한 견해를 취하는 경향이 있었다. 1864년 회중연합의 의장인 헨리 알론은 축자적 영감은 지지할 수 없다고 선언했으며, 4년 뒤에 알렉산더 롤리 의장도 성경에는 '오류와 잘못들'이 있음을 인정했다.[104] 영감의 본질을 두고서 보수 진영과 진보 진영으로 갈라지는 경향이 이미 시작되고 있었던 것이다.

대서양 양안에서 성경에 대해 복음주의 교파들 내에서 일어나고 있는 논쟁들은 그와 같은 과정의 징표들이었다. 첫 번째 논쟁은 1856-57년에 랭커셔 인디펜던트칼리지에서 일어났다. 그 대학 교수인 사무엘 데이빗슨은 T. H. 혼이 1818년에 출간한 성서비평에 관한 권위 있는 저작들 중 한 권의 개정판을 출판했다. 구약에 대한 독일 학문의 일반적인 동향을 고려하여, 데

---

101) 'O.H.J.' in *Christian Observer*(London: April 1861), 254-256.
102) T.R. Birks, *The Bible and Modern Thought*(new ed., London: Religious Tract Society, 1862), 33.
103) *Record*(13 January 1862), 3;(21 January 1870).
104) 참조. W.H. Harwood, *Henry Allon, D.D: Pastor and Teacher*(London: Cassell & Co., 1894), 42; also Mary Raleigh(ed.), *Alexander Raleigh of his Life*(Edinburgh: A. & C. Black 1881), 142.

이빗슨은 모세가 성경의 처음 다섯 권의 저자가 아니라고 말할 준비가 되어 있었다. 성경을 '신앙과 실천의 무오류의 규칙'이라고 기꺼이 인정함에도 불구하고, 데이빗슨은 대학 위원회의 신임을 잃었으며 결국에는 사임했다.[105] 1874년, 시카고의 장로회신학교 교수인 데이비드 스윙(David Swing)은 이단으로 비난받았다. 동시대인들에 따르면 그의 첫째가는 범죄는 성경이 다른 위대한 책들만큼 영감을 받았을 뿐이라는 것을 실제로 가르친다는 것이었다. 같은 도시의 한 모방자는 독일인들의 방식으로 구약을 신화와 비교했다.[106]

스윙은 그 교단을 떠났지만, 계속해서 시카고에서 인기 있는 시적인 설교를 했다. 이내 남침례교인들 사이에서도 이와 유사한 일화가 있었다. 루이스빌의 남침례교신학교에서 봉직하기 전에 베를린에서 2년간 연구했던 크로포드 토이(Crawford Toy)는 지도적인 독일 성서비평가 율리우스 벨하우젠과 관련된 이론들을 이용한다고 비판을 받았다. 토이는 1879년에 사임했으며, 그후 하버드에서 봉직했다.[107] 그렇지만 가장 유명한 논쟁은 1870년대에 스코틀랜드 자유교회에서 일어났다. 그 교회 소속 애버딘대학의 훌륭한 젊은 히브리어 교수인 윌리엄 로버트슨 스미스가 집필한 백과사전의 성경 항목이 신명기를 당시의 역사가 아니라 후대의 구성물로 받아들임으로써 벨하우젠의 접근법을 따른다고 공격받았다. 로버트슨 스미스는 성경은 '통상적인 구성에서는 항상 합당하다고 생각됐지만, 성경에서 사용된다고 항상 생각되지는 않은 어떤 형태들의 문학적 표현'을 채택한다고 제안함으로서 스스로를 변호했다.[108] 오래 끈 작은 논쟁도 있었다. 즉 로버트슨 스미스는 실질적으로 사면됐지만, 그 뒤에 그의 견해들을 되풀이하는 또 다른 항

---

105) Anne J. Davidson(ed.), *The Autobiography and Diary of Samuel Davidson, D.D. L.I.D.*(Edinburgh: T & T. Clark, 1899), ch. 6(by J. A. Picton), 44에서 인용됨.
106) *Examiner and Chronicle*(12 February 1874).
107) 참조. L. Russ Bush and Tom J. Nettles, *Baptists and the Bible*(rev. ed., Nashville, TN: Broadman & Holman, 1999), 208-220.
108) *Free Church of Scotland Special Report of the College Committee on Professor Smith's Article Bible*(Edinburgh: Thomas & Archibald Constable, 1877), 20.

목이 그의 운명을 결정했다. 그는 1881년에 해임되어서 케임브리지로 옮겼다. 로버트슨 스미스 사건에 대한 소송은 이른바 '고등비평'(higher criticism), 즉 독일의 원칙들에 기초한 성경 학문에 훨씬 더 광범위한 주의를 끌었다. 많은 사람들이 크리스천들이 영감을 정당하다고 인정하지 않을까봐 염려했지만, 다른 사람들은 이러한 '과학적' 스타일의 비평이 복음주의 신앙과 양립한다고 결론지었다.

이 새로운 태도들은 19세기 후반부에 빠르게 진보했다. 1878년 이즐링턴회의에서 진행된 논의 중에, 런던에서 사역하는 사제인 에드워드 배티(Edward Batty)는 그들이 '성경의 어떤 역사적 부분들은 유비적(allegorical)이거나 다른 해석들이 가능하다는 것을 인정해야 하며 그리고 그런 부분들은 올바르고, 정직하고, 경건하고, 학문적인 비평의 주장들의 중요성에 아주 민감하다는 것을 보여주어야 한다'고 주장했다.[109]

1893년에는, 심지어 보수적인 스코틀랜드 장로교인 제임스 오르까지도 창세기 3장을 아마도 '동양적인 유비의 옷을 입은 오래된 전승'이라고 말할 준비가 되어 있었다.[110] 잉글랜드의 비국교도들은 고등비평을 전반적으로 수용함으로써 1885년부터 10년 동안 그들의 대학들의 교육에 혁명을 일으켰다.[111] 1894년 미국 감리교 신문인 「크리스천 애드버킷」(Christian Advocate)은 공정하기를 원해서, 진보적인 고등비평에 찬성하는 주장, 그것에 반대하는 주장 그리고 중도적인 입장을 개진하는 일련의 논문 3편을 출판했다. 비록 애드버킷의 편집자적 입장은 여전히 성경에서의 초자연적 현상을 거부하는 것들에 단호히 적대적이었지만, 보다 학문적인 잡지인 「메도디스트 리뷰」(Methodist Review)는 1896년 전통적인 믿음들이 이내 비평적인 연구에 의해서 의문시될 수 있는지에 대해 숙고하는 기사를 게재했다.[112]

---

109) *Record*(18 January 1878).
110) Orr, *Christian View*, 217.
111) 참조. W. B. Glover, *Evangelical Nonconformists and Higher Criticism in the Nineteenth Century*(London: Independent Press, 1954).
112) *Christian Advocate*(1 February 1897), 105. H.A. Butz, 'Conditions of Authentic Biblical Criticism', *Methodist Review*(New York: March 1896), 203.

새로운 방법들을 받아들이는 복음주의자들이 집필한 학문적인 저작들이 등장하기 시작했지만, 그것들은 공인된 의견과 거의 다르지 않은 결론들에 도달하는 경향이 있었다. 따라서 잉글랜드 국교회의 R. W. 거들스톤의 구약에 대한 연구인『성경의 토대』(The Foundations of the Bible, 1890)는 창세기가 편집물임을 인정했지만, 그것은 대부분이 모세와 그의 집단이 남긴 그대로라고 주장했다.[113] 하지만 케임브리지에서, 1888년부터 신학교수이자 라일 주교의 아들인 H. E. 라일은 전통적인 견해들과 타협하려는 시도를 별로 보여주지 않는 구약 비평에 관한 저작들을 출간했지만, 애쓴 보람도 없이 '그 파괴적인 학파의 가장 악명 높은 사람들 가운데 하나'라고 (한 의식주의자에게) 비난을 받았다.[114] 미국에서는 보수적인 장로교인들인 A. A. 핫지와 B. B. 워필드가 비평적 기획(critical enterprise)이라는 이성에 의거한 비평을 산출했다.[115] 또한 의견의 경향에 대하여 복음주의 운동 내에서는 일반 대중의 불쾌감도 상당히 있었다. 그런 저항의 일부는 나중에 고찰될 것이다.[116] 그렇지만 그 세기가 끝나가면서 사상의 더 관대한 학파가 힘을 모으고 있었다는 것은 의심의 여지가 있을 수 없다.

8. 진화적 사유

과학은 그 시기에 사고방식의 주요한 변화가 있었던 한층 더한 영역이었다. 현존하는 계몽주의 패러다임은 1859년 찰스 다윈의 진화론의 도전에 직면했다. 그때까지 대다수의 다른 크리스천들과 마찬가지로 복음주의자

---

113) R. B. Girdlestone, *The Foundations of the Bible: Studies in Old Testament Criticism*(London: Eyre & Spottiswoode, 1890).
114) M. H. Fitzgerald, *A Memoir of Herbert Edward Ryle*(London: Macmillan & Co., 1928), ch. 6, 100에서 인용됨.
115) 참조. M. A. Noll, *Between Faith and Criticism: Evangelical, Scholarship and the Bible*(Leicester: Inter-Varsity Press, 1991), 18-27.
116) 참조. ch. 8, 243-244.

들도 자연신학이 제공하는 변증론적 주장을 상당히 중요시했었다. 그들은 자연 속에 있는 설계를 입증하는 증거가 어떤 창조주가 있었음이 틀림없다는 사실을 함축한다고 주장했다.[117] 각각의 종(種)은 생명에서의 자기의 독특한 역할을 위해서 완전히 적응됐다는 것이다. 그때 다윈은, 그와는 반대로 그런 적응은 식물과 동물들이 그들의 환경에 반응하는 것으로 충분히 설명될 수 있다는 표시들이 있음을 『종의 기원』(The Origin of Species)에서 밝혔다. 자연선택에 의한 가장 성공적인 적응자들은 살아남은 것들이다. 따라서 자연의 현상들은 유신론적 해석이 필요치 않았다. 최초의 복음주의 반응은 당황하고 믿지 못하겠다는 것이었다. 1860년 「크리스천 옵저버」는 다윈의 발견들 전체를 추측으로 치부해 버렸다.[118] 건전한 귀납법의 원칙들을 무시하기 때문에 다윗의 이론에 반대하는 개인적인 운동에 나선 T. R. 버크스는 몇 년 뒤에 다윈의 이론을 '사실들의 증거에 대한 교묘한 억측의 일괄적인 치환'이라고 비난했다.[119]

1863년 메사추세츠에 있는 암허스트칼리지의 유능한 지질학자인 회중교인 에드워드 히치콕은 다윈의 가설을 무신론과 물질주의로 향하고, 영생과 책임을 파괴하며, 죄와 구원의 교리들을 훼손하는, 기독교에 대한 광범위한 공격으로 간주했다.[120] 그 후 여러 해 동안 진화론에 대한 처음의 명백한 반대의 계속적인 반향들이 있었다. 1870년대에 미국과 호주의 복음주의 신문들은 토마스 헉슬리와 존 틴달(John Tyndall)을 비난했는데, 그들은 그 신문들에 명백한 반종교적 일격을 가한, 다윈의 이론들을 대중화한 사람들이었다.[121] 1882년 스펄전대학의 한 교수는 '원숭이나 굴의 혈족으로 여겨지는 것에 대한' 항의를 유지하려고 여전히 자신의 철학 강의를 이용하고 있

---

117) 참조. ch. 4, 116-117.
118) *Christian Observer*(London: August 1860), 565.
119) T. R. Birks, *The Scripture Doctrine of Creation*(London: SPCK, 1872), 253.
120) Edward Hitchcock, 'The Law of Nature's Constancy subordinate to the Higher Law of Change', *Bibliotheca Sacra*(July 1863), 522-523.
121) *Examiner and Chronicle*(12 January 1871); R.W. Campbell in *Methodist Journal* (Adelaide: 4 June 1875), 1.

었다.[122] 심지어 그 후에도 비교파적인「크리스천」(Christian)의 한 웨일스인 기자는 그 시대에 대한 책망으로서 다윈의 영향력에 반대하는 1인 운동을 계속했다.[123] 이렇듯 다윈이 진화론을 발표한 직후에 그 이론을 거부한, 유명한 연설가들을 비롯한 많은 복음주의자들이 있었으며, 또한 보통은 좀 더 세상에 알려지지 않은 인물들이지만 훨씬 더 오랫동안 자신들의 회의적 태도를 유지한 사람도 얼마간 있었다.

그렇지만 일반적인 여론 동향은 다윈이 연 새로운 과학에 명확히 찬성했다. 보수적인 견해를 가지고 있는 많은 장로교 지식인들도 진화론을 무난히 해결해 나갔음이 밝혀졌다. 비록 찰스 핫지가 다윈설과 무신론을 동일시했지만, 그는 다만 진화에 관한 다윈의 특정한, 명확한 설명이 자연의 설계를 전복하기 때문에 그렇게 했다. 핫지는 진화가 설계와 양립하는 방식으로 제안되는 것이 완벽하게 가능하다고 주장했다.

프린스턴에서의 그의 후계자인 B. B. 워필드는 교육에 관한 다윈의 의견을 기독교적으로 이해하는 데 찬성했다.[124] 스코틀랜드 애버딘에 소재한 프리처치칼리지의 교수인 제임스 이브라츠는 자신의 저서『기독교와 진화』(Christianity and Evolution, 1984)에서 진화는 단지 하나님의 창조 방법일 뿐이라고 설명했다. '그러나 진화에 의한 창조는 여전히 진화이다'라고 그는 기술했다.[125] 다른 사람들도 점차 새로운 가르침과 타협했다.

1872년 주요한 미국 신학잡지「비블리오데카 사크라」(Bibliotheca Sacra)는 버클리신학교의 프레드릭 가디너가 다윈의 이론들을 근거 없다고 비난하

---

122) *Annual Paper concerning the Lord's Work in connection with the Pastor's College, Newington, London, 1881-82*(London: Alabaster, Passmore & Sons, 1882), 17.
123) H. Heber Evans in *Christian*(23 September 1887), 16; *Christian*(2 May 1895), 22.
124) 참조. D.N. Livingstone, *Darwin's Forgotten Defenders: the Encounter between Evangelical Theology and Evolutionary Thought*(Grand Rapids, MI: Eerdmans, 1987), 100-105,115-122. 참조. J.R. Moore, *The Post-Darwinian Controversies: A Study of the Protestant Struggle to come to Terms with Darwin in Britain and America, 1870-1900*(Cambridge: Cambridge University Press, 1979).
125) James Iverach, *Christianity and Evolution*(3rd ed., London: Hodder & Stoughton, 1900), 107.

는 기사를 게재한 반면에, 겨우 6년 뒤에 같은 필자의 새로운 기고문은 물질적 진화의 문제는 해결하도록 과학자들에게 맡겨도 괜찮을 것이고, 그 문제는 '창조주에 관한 더 숭고하고 고결한 견해들을 우리에게 주는 것을 제외하고는' 교리와는 아무런 관계가 없으며, 비록 생명이 없는 것들에서 시작될 수 있다는 것을 알게 되더라도 신학에는 아무 위협도 되지 않을 거라고 주장했다.[126] 남반구에서도 이와 유사한 적응이 있었다. 시드니 웨슬리파 신문의 편집자인 조지 마틴은 1876년, 진화와 성경 양쪽 모두를 받아들인다는 것은 불가능하다고 여전히 확신하고 있었다. 그러나 그와 같은 교단의 목회자인 뉴질랜드 듀딘의 A. R. 피체트(A. R. Fitchett)는 '진화는 본질적으로 유신론적'이라고 주장하는 강연을 했다. 그 강연은 무신론자들에서 비롯하는 진화적 사상에서 참된 것을 되찾도록 계획됐다.[127]

마찬가지로 캐나다에서 1880년 주요 감리교 신문이 진화론의 유물론적 형태와 유신론적 형태를 주의 깊게 구별했다. 유물론자가 진화를 모든 것을 충분히 설명하는 것으로 잘못 생각하는 반면에, 유신론자는 진화를 '하나님이 자신의 지혜로운 목적들을 달성하는 데 사용하는 하나의 방법'이라고 올바르게 생각한다는 것이었다.[128] 19세기의 마지막 20년까지는 일반 복음주의자들도 다윈의 발견들이 기독교의 틀 내에서 해석될 수 있다는 것을 받아들이게 되었다.

복음주의 신학과 진화 사상의 화해의 정도는 글래스고의 프리처치칼리지에서 자연과학을 강의한 헨리 드럼몬드의 생애가 예증한다. 1883년 그는 『영적 세계에서의 자연법칙』(*Natural Law in the Spiritual World*)이라는 저서를 출간했는데, 그 책은 엄청난 인기가 있었다. 드럼몬드가 1897년에 사망할 때까지 그 저작은 영국에서 29판, 미국에서는 14판을 거듭했다. 그 저자는

---

126) Frederic Gardiner, 'Darwinism', *Bibliotheca Sacra*(April 1872), spec. 288; Frederic Gardiner, 'The Bearing of Recent Scientific Thought upon Theology', *Bibliotheca Sacra*(January 1878), 65-69.
127) *Christian Advocate and Wesleyan Review*(1 September 1876), 84-87; quoting A. R. Fitchett(1 November 1876), 125;(1 December 1876), 135.
128) *Christian Guardian*(21 January 1880), 20.

무디가 스코틀랜드에서 1873-74년도 부흥회를 개최하는 동안 그의 보좌관으로 봉사할 때 복음전도자로서의 자신의 소명을 깨달았다. 드럼몬드는 노련한 카운셀러, 학생들에게 설교하는 데서의 전문가 그리고 그 후에는, 즉 1883년부터는 기독교 소년단, 즉 제복을 입고하는 복음전도운동의 가장 뛰어난 주창자들 중 한 사람이었다. 그는 또한 과학에 정통해서 존경을 받았다. 종묘상 가문 출신인 그는 특히 생물학에 박식했다. 그는 다른 분야들에서는 신사 아마추어에 지나지 않았지만, 지도적인 개업자(특히 개업의, 변호사 따위-역주)들 가운데 다수의 신뢰를 얻었으며 과학적인 탐험차 세계를 여행했다. 따라서 그는 기독교의 가르침과 과학에서 이루어진 최근의 발견들을 결합시키기 위해서 잘 배치되어 있는 것 같았다.

글래스고의 한 선교회에서 노동자들에 대한 강의로서 시작된 『자연법칙』(Natural Law)은 지성적인 저작은 아니지만, 아름답게 쓰였으며 복음주의자들이 듣기를 갈망하는 것-그들 나름의 독특한 가르침들과 특히 회심은 과학적인 사유와 조화를 이룬다는 것-을 상술했다. 드럼몬드는 '생물 발생설의 법칙'(law of biogenesis), 즉 생명만이 생명을 낳는다는 원리에 찬성론을 폈다. 따라서 영적 생명은 그 생명의 창조자인 그리스도한테서 받는 것이 틀림없다는 것이다. 그 뒤에 저작인 『인간의 상승』(The Ascent of Man, 1894)은 다윈의 유산을 수용하면서, 생명을 위한 이기적인 투쟁은 사랑의 표현을 형성하는 다른 사람들의 생명을 위한 이타주의적 투쟁을 수반한다고 주장함으로써 그 유산을 더욱더 강조하려고 노력했다. 그러나 이미 앞서의 저작에서, 드럼몬드는 진화적 세계관을 솔직히 받아들이고 있었다. 그는 허버트 스펜서(Herbert Spencer)를 이용했는데, 스펜서는 그의 이론들이 다윈의 저술들의 대응물인 것 같은 당대의 사회철학자였다. 드럼몬드는 낡은 자연신학을 대체하기 위하여 복음주의 종교와 당대의 과학을 만족스럽게 융합한 것을 제시하는 듯했다.[129]

---

[129] T.E. Corts(ed.), *Henry Drummond: A Perpetual Benediction*(Edinburgh: T & T. Clark, 1999)에서 D.W. Bebbington, 'Henry Drummond, Evangelicalism and Science.'

진화 사상의 부상이 미친 효과는 이미 널리 퍼져 있는 낭만주의적 주제들 가운데 다수를 강화하는 것이었다. 이 둘은 발전의 개념에서 공통의 근거를 공유했다. 진화론자에게는, 모든 자연은 점차 자기의 환경에 적응한다. 낭만주의자에게는, 성장은 식물만큼 인간들에게도 정상적인 것이었다. 칼라일, 러스킨 및 초절론자들과 같은 저술가들의 영향을 깊이 받은 드럼몬드는 들의 백합화에 대한 예수님의 교훈이 '어떻게 자유롭고 자연스러운 삶, 다시 말해 하나님이 그 꽃을 펼치시듯이, 우리의 염려 없이, 우리를 위해 펼쳐 보이실 삶을 어떻게 영위해야 하는지를 우리에게 가르치도록' 계획되었는지를 자세히 설명했다.[130]

낭만주의 문학에 익숙해져 있는 시대는 성장의 비유를 이해했다. 그와 같은 모티프를 강조하는 것은 자신들의 사유에서 현대적이기를 원하는 사람들의 특징이었다. 따라서 앤도버신학교에서 '진보적인 정통주의'의 주창자들 중 한 사람인 에그버트 스미스는 1874년에 '신학은 성장이며, 성장으로서 연구되어야 한다'고 기술했다.[131] 종교 전체가 그와 같은 범주로 분류된다는 것이 주장되기 시작했을 때 과감한 조치가 취해졌다.

일리노이주 에반스턴에 있는 가렛성서연구소의 감리교 신학자인 밀턴 S. 테리는 자신이 '새로운 신학적 관점'이라고 칭하는 것을 상술했다. 테리는 '다른 모든 인간의 관심사들에서처럼, 종교적인 삶과 사유의 문제들에서도 보다 낮은 형태들에서 보다 높은 형태들에로의 진보가 있었다'고 기술했다.[132] 기독교는 지금까지 나타난 것 중에서 가장 높은 형태였지만, 그의 전제들에 따르면, 무언가 더 높은 것이 틀림없이 그 자신의 신앙을 대신할 거라는 생각이 그의 머리에 떠오른 것 같지는 않다. 세계의 종교들에 대한 이러한 접근법은 20세기 초엽에 J. N. 파르쿠하르(Farquhar)의 『힌두교의 왕

---

130) Henry Drummond, *Natural Law in the Spiritual World*(19th ed. London: Hodder & Stoughton, 1887), 123.
131) Egbert Smyth, *The Value of the Study of Church History in Ministerial Education*(Andover MA: Andover Seminary, 1874), 14. 나는 Charlie Phillips에게 이 참고문헌에 대해서 감사하다.
132) *Christian Advocate*(25 March 1897), 187.

관』(*The Grown of Hinduism*, 1913)과 같은 저작들을 낳았다. 이 책은 기독교가 다른 형태들의 영적 추구와 연관된다고 주장했다. 이미 19세기 말 이전에 복음주의 교파들이 복음을 세계사의 일시적인 요소로 만드는 신학 스타일을 산출했음을 시사하는 것들이 있었다.

이러한 사고방식은 낭만주의 사상과 진화 사상의 종합이 맺은 또 다른 열매, 다시 말해 우주 내재(immanence), 즉 하나님이 자신이 피조세계 속 어디에나 있다는 교리가 새롭게 대두되는 것과 관련이 있었다. 1893년 진보적인 신학자 프랭크 H. 포스터에 따르면, 진화론은 하나님의 편재하심을 강조하게 함으로써 신학에 상당히 기여했다.[133] 만약 자연이 진화한다면, 창조주로서의 하나님은 지금까지 상상되지 않은 방식으로 우주의 과정들에 밀접하게 관련되어 있으셨다는 것이다.

제임스 이브라치는 '우리에게는 자신의 피조세계로부터 부재하시거나, 때때로 그 피조세계의 활동에 간섭하는 하나님이 아니라, 현재 살아계시는 하나님이 있다'고 선언했다.[134] 이 함의는, 여기에서처럼, 외부로부터 세계에 대한 하나님의 손의 간섭이라는 섭리에 대한 전통적인 관념을 버리는 일이 종종 있었다는 것이다.

잉글랜드의 회중교 신학자인 W. F. 아데니는 워즈워스와 에머슨과 같은 19세기의 가장 위대한 교사들에 호소하여, 특별 섭리와 일반 섭리, 다시 말해 특별한 때들에 이루어지는 하나님의 활동과 세계에 대한 그분의 영속적인 관심을 구별 짓는 것을 거부했다. '위대한 정원사이신 그분은 자신의 식물들 사이를 항상 돌아다니면서, 그것들을 기르고 돌보신다'고 그는 1901년에 기술했다.[135] 아데니가 알고 있었듯이, 그러한 생각은 결코 범신론이 아니었다. 어떤 사람들이 보기에는, 그 이상의 함의는 기적적인 것을 경시하

---

[133] F.H. Foster 'Evolution and the Evangelical System of Doctrine', *Bibliotheca Sacra*(July 1893), 413.
[134] Iverach, *Christianity and Evolution*, 206.
[135] W.F. Adeney, *A Century's Progress in Religious Life and Thought*(London: James Clarke & Co., 1901), 102.

는 것이었다. 만약 하나님이 애초부터 모든 사건에 전적으로 관여하셨다면 인간의 역사에서 초자연적 사건들이 있을 필요가 없었다. 미네아폴리스의 지도적인 감리교 목회자인 J. F. 채피에 따르면, 하나님은 초자연적인 것의 유일한 참된 중심이시며, '그분과 자연 간에 갈등이 있을 수 없는 것은, 요컨대 그분과 자연은 하나이기 때문이다.'[136] 초자연적인 것을 별도의 범주로서 완전히 배제하는 것은 많은 사람들이 따르기에는 너무나 혁명적이었다. 그러나 다수의 사상가들은 하나님이 자기의 세계 속에 편재하심을 찬미하는 것에 대해서는 새삼 공감했다. 20세기 초의 진보적인 복음주의를 위한 씨앗이 뿌려지고 있었던 것이다.

그러므로 19세기 후반에 일어난 신학적 변화의 우세한 패턴은 좀 더 진보적인 입장으로 흐르는 경향이었다. 변화의 주요한 동인은 낭만주의가 좀 더 대중적인 단계로 발전하면서 낭만주의와 관련된 문화적 분위기의 확산이었다. 자유로운 탐구라는 계몽주의의 원리는 이와 연관된 기적에 대한 의심과 더불어 사상의 새로운 양상들을 진작시키는 데 역할을 다했다. 그러나 새로운 내용은 자연적인 것과 전통적인 것, 상상적인 것에 대한 일반 대중의 증대하는 선호에 의해서 주로 형성됐다. 시에 대한 점점 커지는 취향에서 입증되는 심미적 영향은 세계의 많은 지역에서 세워지는 교회 건물들을 변화시켰다. 옥스포드운동이 낳은 고교회파 사제직의 낭만주의적 형태는 처음에는 복음주의자들 사이에서 반응을 유발했는데, 그들은 자신들이 로마 가톨릭교회의 되살아난 표현이라고 간주하는 것에 대해 맹공격을 시작했다. 또한 잉글랜드 국교회 가톨릭파의 오류를 피하기 위하여 성례전을 단호히 낮게 평가하는 경우가 많았다.

그렇지만 이내 자신들의 반대자들과 같은 취향의 변화들에 영향을 받은 복음주의자들은 한층 정교한 스타일의 설교뿐만 아니라 한층 고상한 예전 의식을 채택하기 시작했다. 처음에 그들은 광교회파의 감정적인 신학에 놀

---

[136] J.F. Chaffee, "The Significance of Current Religious Unrest", *Methodist Review*(July 1898) 565.

랐지만, 점차 그와 같은 지적 유력자들이 그들의 사유에 영향을 미쳤다. 미국에서는 호레이스 부시넬과 헨리 워드 비처가 앞장을 섰으며 영국에서는 토마스 토크 린치와 제임스 볼드윈 브라운이 그러했다. 하나님에 관한 지배적인 개념은 심판자에서 아버지로 바뀌었다. 속죄는 재해석을 받아야 했다. 성육신은 더 크게 부각됐다. 그리고 지옥은 그 힘을 많이 잃었다. 성경의 영감에 관한 명확한 설명도 시대에 호소하는 방식들로 바뀌었지만, 어떤 것들은 더 약하기보다는 오히려 더 굳건했다.

 독일에 널리 퍼진 낭만주의 원리들에 주로 기초한 성서비평이 잉글랜드로 침입하는 것은 국교회 복음주의파의 저항을 불러일으켰다. 그 후 새로운 기술들이 복음주의 집단들 내에서 처음에는 시험적으로 하지만 그 다음에는 좀 더 확신을 갖고 적용되면서 논쟁들이 몇몇 교파들을 괴롭혔다. 마찬가지로 진화 사상이 처음에는 저항을 받았지만 그 뒤에는 점차 동화됐다. 성장과 편재의 모티프들은 복음주의로 흘러 들어가고 있었던 지적 경향들을 증언했다. 헨리 드럼몬드가 한번은 주장하기를, 과거에 생각했던 대로, 으뜸가는 인간의 능력은 이성이 아니라, 상상력이라고 했다.[137] 복음주의자들이 일반적으로, 이성의 시대로부터 물려받은 틀 내에서 생각하던 시대가 지나가고, 점차 낭만주의적인 상상력의 시대로 대체되고 있었다.

---

137) Henry Drummond, *The New Evangelism and Other Papers*(2nd ed. London: Hodder & Stoughton, 1899), 28.

제 6 장

보수적인 신학의 경향

    비록 19세기 후반의 우세한 경향이 복음주의 신학의 기풍과 내용에서 더 넓게 퍼졌지만, 좀 더 완강한 교리적 확신에 대한 동시적인 경향도 존재했다. 제반 사상의 진보적인 움직임은 보수주의적인 신학적 경로(채널)들로 흘러 들어가는 사조(思潮)들에 의해서 부분적으로 방해를 받았다. 확장되는 과정을 촉진하는 데 대단히 영향력이 있는 그런 문화적 배경은 또한 역방향으로 나타나는 발전들의 다수에 자양분을 공급했다.

    발전하는 낭만주의 풍조의 특징들은 특히 사명과 예언 및 성화에 대해 생각하는 방식들을 형성하는 데 도움이 되었는데, 이것들은 보수적인 집단들과 연관되게 되었다. 여전히 더 광범위한 세계적인 움직임의 중심에 있는 잉글랜드 국교회 복음주의파는 모두 세 영역에서의 확신의 변화들에 깊은 영향을 받아서, 그 교인들은 자신들의 아버지들이 19세기 중엽에 지녔던 태도와는 사뭇 다른 태도로 20세기를 맞이했다.

    D. L. 무디를 둘러싼 미국 집단들 중 다수도 새롭지만 더 굳건한 신학적 견해들을 채택했다. 잉글랜드 국교도들과 무디가 입장을 바꾼 것은 세계의 다른 지역들에 있는 다른 많은 사람들에게 영향을 미쳤다. 더 넓은 교리 개

념들에 대한, 특히 성서비평에 대한 염려가 완강한 저항으로 구체화되기 시작한 것은 바로 이러한 집단들의 안과 주위에서였다. 특히 미국에서의 민중운동은 신학적 방종과 일반 사회에서의 복음주의 규범들의 침식에 반대하면서 구체화되기 시작했다. 조지 마스덴이 그의 고전『근본주의와 미국의 문화』(Fundamentalism and American Culture)에서 보여준 대로, 20세기 초엽에 나타나게 될 경향들은 이미 1900년 이전에 좀 더 은밀한 방식으로 작동하고 있었다.[1] 이렇듯 19세기 후반은 그 결과에서 확실히 보수적인 몇몇 신학적 운동들로 특징지어졌다.

1. 신앙의 원리

주요한 발전들 가운데 하나가 선교철학의 맥락에서 나타났다. 이미 3장에서 고찰한[2] 해외선교사업은 원래 그 시대가 건전한 사업 관행이라고 생각하는 것에 기초했다. 초기 선교회들은 주식과 이사회 및 연차 보고서가 있는 주식회사를 모범으로 삼았다. 계몽주의의 격언들에 의해서 형성된 선교의 개념은 실용적이면서 유연한 것이었다.[3] 선교 활동의 그런 총체적 이해는 1824년 에드워드 어빙(Edward Irving)의 도전을 받았는데, 그는 런던에서 사역하는 스코틀랜드 국교회의 돈키호테적인 목회자였다.

런던선교회에서 행한 설교에서 그는 자신이 명백히 사무엘 테일러 콜리지의 사상과 관련짓는 선교 과업의 비전을 개진했다. 어빙은 당대의 편의주의가 삶의 모든 영역에서 이상적인 방법들을 추방했다는 그 낭만주의 시인의 견해를 취하면서, 그런 방법들을 재도입해서 복음을 전파할 것을 요구했다. 선교사들은 그리스도의 말씀을 그대로 믿고서 그들의 선교지에 가서 그

---

1) G.M. Marsden, *Fundamentalism and American Culture: The Shaping of Twentieth – Century Evangelicalism 1870-1925*(New York: Oxford University Press, 1980).
2) 참조. 3장 102-108.
3) 참조. 4장 132-135.

들의 지원을 위해 전능하신 그분만을 의지해야 한다는 것이었다. 사도들은 '먹을거리도 인간의 도움도 전혀 없는 채로' 파송됐다. 따라서 선교사들도 파송하는 선교회들의 정교한 사업 조직 없이 지내야 하고 하나님이 자신들에게 필요한 것들을 제공해 주시리라는 것을 믿어야 한다. 그들은 '믿음과 만전을 기함이 영혼의 양극단'임을 알고서, 믿음을 선택하고 만전을 기함을 거부해야 한다.[4] 이것이 신앙의 원리, 즉 강화된 초자연주의의 한 종류였다. 비록 그 당시에 이런 개념이 어빙의 말을 듣는 사람들 대다수에게는 언어도단인 것 같았지만, 그런 새로운 기술은 점점 더 낭만주의적 감성의 영향을 받은 젊은 세대들의 마음에 점점 더 들도록 잘 계산된 것이었다. 19세기가 지나가면서, 어빙이 권한 방법은 더욱더 많은 사람들을 매혹시켰다.

1) 조지 뮬러

그 방법의 가장 유명한 옹호자는 해외선교사가 아니라 설교자/박애주의자였다. 1805년에 프러시아에서 출생한 조지 뮬러는 할레대학교에서 1825년에 회심했으며, 4년 뒤에 잉글랜드로 옮겨서 유대인들을 대상으로 하는 선교사로 되기로 작정했다. 그 계획이 여의치 않게 되어서, 그 대신에 그는 데번의 테인머스에 있는 한 예배당의 목회자가 되었으며, 그 뒤에는 1832년부터 브리스톨의 베데스다채플의 협동 목회자가 되었다. 이 채플은 가장 강하고 가장 이른 형제단의 하나로 발전했다.

뮬러는 A. N. 그로브스(A. N. Groves)의 누이와 결혼했는데, 그는 어빙의 원리들을 실천에 옮긴 초기 형제단 선교사였다. 뮬러는 목회를 시작할 때부터 사례비를 받지 않았으며, 1841년부터 이 두 정규 설교자는 회중의 구성원들이 그들을 지원하기 위해서 헌금을 넣었던 헌금함을 치워버리고서 주님이 자기 백성을 통하여 다른 방법들로 제공하실거라고 믿는 것을 택했다.

---

4) Edward Irving, *For Missionaries after the Apostolical School: A Series of Orations* (London: For Hamilton, Adams & Co., 1825), 18, xv.

뮬러의 변치 않는 생활방식은 그해 8월 7일자 그의 일기가 예증한다.

> 오늘 우리는 우리 자신의 개인적인 필수품을 살 돈이라고는 6펜스짜리 은화 1개밖에 없었다. 우리는 우리와 함께 지내려고 와 있는 한 형제를 위해서 계란과 코코아를 살 돈이 얼마간 필요했다. 이럴 때 이 형제가 내게 4실링(1실링은 12펜스-역주)을 주었다. 이 돈은 그가 떠나온 곳에서부터 나를 위해 가져온 것이었다. 따라서 우리는 현재로서는 받고 있는 셈이다.[5]

1835년 뮬러는 고아원을 세우기 시작했다. 이는 부모를 잃은 여자아이들을 위한 처소였는데, 이듬해에 개원했다. 1870년에는 브리스톨의 변두리에 있는 애실리다운에 고아들을 수용하는 큰 건물이 다섯 채나 있었다. 한번에 약 2,000명의 아동이 먹을 음식을 준비해야 하는 이 거대한 운영은 신앙의 원리로 이루어지는 것으로 유명했다. 필요한 것은 공표됐지만, 자금을 모으려는 노력은 전혀 이루어지지 않았다. 뮬러가 할레에서 알았던 고아원을 본보기로 삼은 그 시설 전체의 으뜸가는 목적은 전능하신 그분이 '예전처럼 우리의 시대에도 그분을 신뢰하는 모든 사람에게 자기가 살아계신 하나님임을 변함없이 기꺼이 입증하신다'는 것을 증명하는 것이었다.[6] 뮬러가 1898년에 사망할 때까지, 그의 접근법은 기독교의 모험사업들을 조직하는 유명한 방법이 되었다.

주님이 『조지 뮬러와 맺은 관계에 관한 이야기』(*Narrative of the Lord's Dealings with George Muller*)는 1837년에 처음 쓰였고, 잇따른 판들에서 확대된 자서전인데, 그의 이상들을 전파하기 위해서 많은 것을 했다. 그의 후년에 세계의 많은 지역에서 행해지고 보도된 그의 공적 연설들도 그러했다. 따라서 그가 스코틀랜드 던디에서 '기도의 능력'에 관해서 행한 강연은 아프리카 남부에서 발행되는 초교파 월간 신문의 창간호에서 가장 중요하게 다

---

5) G. F. Bergin(ed.), *Autobiography of George Miller*(London: J. Nisbet & Co., 1905), 158.
6) Ibid., 80.

뤄졌다.⁷⁾ 오직 하나님만을 의지하는 것을 수반하는 급진적인 제자직이라는 관념은 형제단의 뮬러 동료들의 마음에 강하게 와닿았다. 이들의 영향력은 그들의 비교적 소규모의 구성원들이 발휘할 수 있을 것으로 생각할 수 있는 것보다 훨씬 컸다. 예컨대, 도날드 먼로와 도날드 로스는 이 운동과 관련된 두 명의 스코틀랜드인 복음전도자였는데, 1870년대에 북미를 여행했다. 먼로의 전기에 따르면, 사전에 그들의 할 일을 계획하는 대신에 직접 주님으로부터 오는 명령을 구하는 것이 그들의 습관이었으며, 때로는 한번에 하루를 위한 지시를 얻는 것밖에 없을 때도 있었다.⁸⁾ 그 시기의 좀 더 헌신적인 신앙부흥운동가들은 이런 생활방식의 여러 측면에 이끌리는 경우가 많았다. 따라서 미국에서 복음전도의 수단으로서 단독으로 사역하는 것의 개척자인 필립 블리스는 1874년 복음을 전파하기 위해서 모든 것을 버리기로 결심했는데, 음악 대회들에 참석하는 것과 세속적인 음악을 작곡하는 것 등이 포함됐다. 이러한 결단은 자신의 수입을 포기하고 자기의 지원 수단을 위해서 하나님을 신뢰하는 것을 수반했다.⁹⁾

스펄전은 원래 자신이 설립한 대학의 재정을 위해서 신앙 원리를 채택했으며, 부분적으로는 자기의 설교에서 들어오는 수입에 의지했다. 자금은 보통 여름과 가을에는 적게 조달됐다. 설교의 판매 활동이 그 설교자가 노예제도를 비난하는 바람에 미국 남부에서 실패했을 때, 어떤 여성이 목회자들을 훈련하는 데 쓰라고 예기치 않게 200파운드를 제공할 때까지 사업 전체가 위협받았다. 그 대학은 유급 모금원도 없었고, 기부자도 없었으며, '주님의 손 외에는 의지할 것이 전혀 없었다.'¹⁰⁾

노스필드회의와 연결된 무디의 네트워크의 다수도 마찬가지로 그와 같은

---

7) *Christian Express*(Lovedale, South Africa: 1 January 1876), 3-4.
8) *Donald Munro, 1839-1908: A Servant of Jesus Christ*(Glasgow: Gospel Tract Publications, 1987), 98.
9) 참조. D. W. Whittle(ed.) *Memoirs of Philip P. Bliss*(London: F. E. Longley, 1877), 46-47.
10) *Outline of the Lord's Work by the Pastor's College and its Kindred Organization at the Metropolitan Tabernacle*(London: Passmore & Alabaster, 1857) iv,iii. *Outline of the Lord's Work by the Pastor's College during the Year 1869*(London: Passmore & Alabaster, 1870), 5.

사고방식을 채택했다. 따라서 노스필드 회의에 참가한 독립심이 강한 장로교 목회자인 아더 T. 피어슨은 브리스톨의 『조지 뮬러와 기도를 들어주시는 하나님에 대한 그의 증거』(George Müller of Bristol and his Witness to a Prayer-Hearing God, 1899)라는 제목의 소책자를 저술했으며, 뮬러처럼 자기에게 그때그때 필요한 것들이 기도에 대한 응답으로 채워지는 일이 자주 있었다고 간증했다. 여행할 때 사고 보험 드는 것을 거부하는 습관이 있었던 피어슨은 뮬러의 원리를 해외선교에 적용하는 것의 지도적인 옹호자였다.[11] 믿음으로 사는 삶이라는 이상이 큰 매력이 있음이 판명되었던 것이다.

하나님이 신자들을 위해 예비하신다는 금언은 점점 더 일부 복음주의자들로 하여금 대담한 추론들을 하도록 만들었다. 이를테면, 그들은 기금을 모금하는 전통적인 방법들에서 멀어지기 시작했다. 신도석의 좌석료, 모금, 기념일, 다과회, 강연, 음악회, 바자, 복권 판매 등 통상적으로 교회가 기금을 모금하는 기술들은 보다 급진적인 사람들에게 '인간의 계획들'이라는 비난을 받았다.

1868년 영국의 「신앙부흥」(Revival)에 글이 실린 한 필자에 따르면, '자발적인 선물이 간청을 받아서 내는 것보다 더 높은 가치가 있음'으로 기독교 단체들이 '사랑에서 비롯된 선물들'에 의지하는 것은 훨씬 더 좋은 일이었다.[12] 마찬가지로 피어슨은 신적 자극에 응하여 이루어지지 않은 그 어떤 기부도 비난했다. 그는 1900년에 이렇게 기술했다. '하나님의 일을 행하려고 불신자들에게 기증품을 요청하거나 심지어 신자들에게 기부를 하도록 강권까지 하는 것은 하나님의 방식이 아니며, 또한 경건하고 참으로 성별된 교회에 의해서 이루지지도 않을 것이다.'[13] 20세기에 보수적인 복음주의자들 사이에서 널리 유의하게 될 것은 교회 재정을 철저히 조사해 달라는 요

---

11) 참조. Dana L. Robert, *Occupy until I Come: A.T. Pierson and the Evangelization of the World*(Grand Rapids, MI Eerdmans, 2003), 258-259;; D.L. Pierson, *Arthur T. Pierson: A Biography*(London: James Nisbet, 1912), 279, 300.

12) 'J.R.H.' in *Revival*(London: 27 February 1868), 113.

13) Arthur T. Pierson, *Forward Movements of the Last Half Century*(New York: Fun & Wagnalls, 1900), 118.

구였다. 다시금, 좀 더 담대한 어떤 사람들은 이와 같은 근본적인 원리를 건강에 관한 문제들에 적용하기 시작했다.

미국의 복음전도자이자 성결교 주창자인 W. E. 보드먼은 1870년 자신의 재산을 모두 버리고서 자기에게 그때그때 필요한 모든 것을 주님께서 채워 주실 거라고 신뢰하는 삶을 살기 시작했는데, 후에 치유 또한 믿음으로 온다고 확신하게 됐다. 그는 속죄가 인류의 영적 결함들뿐만 아니라 육체적 결함들도 치유하려고 계획됐다고 믿었다. 그리하여 1882년 그는 런던에 안식의 집, 즉 베트샨(Bethshan)을 설립했다. 이곳에서 병자들은 초자연적 요법을 찾아서 떠날 수 있었다.[14] 기독교선교연맹의 설립자인 A. B. 심슨과 미국과 (자신의 추종자들을 통하여) 남아프리카에서 신적 치유를 전파하기에 앞서 호주에서 그런 치유를 발견한 스코틀랜드 사람인 J. A. 다우이와 같은 사람들도 그와 유사한 견해를 가졌다. 신앙의 원리는 급진적인 결단을 가져올 수가 있었던 것이다.

2) 허드슨 테일러

선교에서, 믿음으로 살아가는 삶을 채택한 가장 영향력 있는 인물이 허드슨 테일러였다. 1832년 감리교인 가정에서 태어난 요크셔 사람인 테일러는 1849년에 회심했으며 3년 뒤에 런던에서 의학 수련을 시작했다. 그는 그때 형제단에 가입해 있었으며 뮬러의 자서전인 『주님이 조지 뮬러와 맺은 관계에 관한 이야기』에 고무됐다. 그는 자신의 의학 공부를 중단하고서 새로 설립된 중국복음전도협의회의 활동가로서 1853년에 길을 떠났다. 상하이에 정착한 그는 오지로 전도 여행을 떠났는데, 복음을 전하는 데 방해가 되는 문화적 장애물들을 최소화하기 위해서 변발을 하는 것을 비롯해 중국의 관습들을 채택하기로 결심했다. 1860년 의학 수련을 더 받기 위해서 잉글

---

14) Mrs. Boardman, *Life and Labours of the Rev. W.E. Boardman* (London: Bemrose and Sons, 1886), 142, 234.

랜드로 돌아왔을 때, 동양에서의 새로운 스타일의 복음전도 사업에 대한 그의 생각들은 5년 뒤에 중국내지선교회(China Inland Mission, CIM)로 구체화됐다. 그것의 기본적인 전제는 신앙의 원리였다. 즉 자금을 간청하는 일이 없었으며 그 구성원들은 보장된 봉급이 없는 채 길을 떠났다. 그 단체는 런던에 있는 위원회의 지시를 받는 게 아니라, 선교지에 있는 테일러 자신의 지시를 받았으며 그래서 섭리적인 기회들에 대해 빠르게 반응할 수가 있었다.

중국내지선교회는 선교 봉사를 위해 최소한도로 교육을 받은 사람들을 받아들이고, 결혼하지 않은 젊은 여성들을 파송하며, 만주와 티벳 같은 중국의 변경에 있는 새로운 현장들로 떠나보내는 것과 같은 새로운 조치들을 앞장서서 취할 준비가 되어 있었다. 열여섯 명의 CIM 선교사들로 구성된 제1진이 1866년에 파송됐다. 1885년에 그 선교지에는 200명의 선교사들이 있었다. 그해, 그들의 조직은 유명한 '케임브리지 세븐'(Cambridge Seven)에 의해서 커졌다. 그들은 케임브리지대학교와 잉글랜드의 크리켓 선수인 C. T. 스터드를 비롯한 특권이 있는 젊은 케임브리지 졸업생들이었다. 테일러는 1888년 미국을 방문해서 노스필드회의에서 연설을 했으며 그의 최초의 북미 지원자들을 확보했다. CIM의 후원으로 회심한 중국인 복음전도자들의 헌신적인 노력을 통하여 빚어진 경우가 많은 그 결과는 극동 아시아의 많은 지역에 기독교가 심어진 것이었다. 1905년에 사망한 테일러는 번성하는 신앙선교회의 모범을 보여 주었다.[15]

많은 사람들이 그를 본받았다. 한동안 형제단과 동일시됐던, 더블린 양조 가문 출신 복음전도자인 헨리 그라탄 기네스(Henry Grattan Guinness)는 1872년 초교파적인 이스트런던훈련원(East London Training Institute)을 설립했으며, 선교사들에게 CIM과 같은 모험적 사업들을 감당할 수 있도록 준비시킬 목적으로 할리 하우스로 옮겼다. 그 훈련원은 CIM과 같은 원칙들로 운영됐으며, 그 훈련원이 훈련시킨 사람들 중 다수가 그라탄 기네스가 직접

---

15) A. J. Broomhall, *Hudson Taylor and China's Open Century*, 7 vols. (London: Hodder & Stoughton, 1981-89).

운영하는 선교연합너머에있는지역(Regions Beyond Missionary Union)이라는 단체에 가입했다. 보다 작은 선교단체들의 집단도 그 훈련원과 관련된 사람들에 의해서 세워졌다. 그런 선교단체들 가운데 두 곳이 리빙스턴오지선교회(1878)와 콩고발롤로선교회(1889)였는데, 기네스와 그 아내 화니가 직접 운영했다.[16] 미국에서는, 허드슨 테일러와 그라탄 기네스의 영향을 강하게 받은, 그와 같은 자극이 일련의 주요한 기관들의 창설을 가져왔다. 복음주의 선교연맹(1887)은 10년 뒤에 그 설립자인 A. B. 심슨에 의해서 결합됐다. 그는 독립적인 뉴욕가스펠태버내클의 목사가 된 캐나다 장로교인이었다. 복음주의 선교연맹은 기독교선교연맹을 형성하는 미국의 단체들의 네트워크가 있었으며, 복음주의 선교연맹에서는 국내선교회와 해외선교회 사이에 이례적으로 긴밀한 유대가 있었다. 수단내지선교회(1893)와 아프리카내지선교회(1895)가 이내 뒤를 따랐다. 자발적인 기부라는 관념은 좀 더 오래된 선교회들이 신앙선교라는 방법들을 모방하기 시작할 정도로 인기가 있었다. 1887년, 신참자가 될 가망이 있는 성실한 사람들에 직면하여, 교회선교회(CMS)의 위원회는 사역의 정도가 가용 자금에 의해서 결정되도록 할지 또는 그들을 지원할 돈을 곧 얻을 수 있을 것이라고 기대하여 지원자들을 모두 받아들일지를 결정해야 했다. 상당한 토론 뒤에, 재정적인 이유로 지원자를 거부해서는 안 된다고 결정지었다. 비록, 그것이 일컬어지는 바와 같은, 이런 '신앙의 정책'이 1894년에 적자에 직면하여 흔들렸지만, 확립된 CMS 정책으로서 후에 재확인됐다.[17] 그러한 이상은 20세기에 물려준 19세기 복음주의의 가장 강력한 유산들 가운데 하나였는데, 20세기에 그러한 이상은 보수주의자들과 근본주의자들을 위한 표어가 될 것이었다.

---

16) 참조. Klaus Fidler, *The Story of Faith Missions*(Oxford: Regnum, 1994), 37-38.
17) Eugene Stock, *The History of the Church Missionary Society*, 3 vols.(London: Church Missionary Society, 1900), 3:333, 677-679.

2. 전천년왕국의 교리

주요한 변화가 있었던 두 번째 주요 영역은 미래에 대한 믿음에서였다. 일부 중요한 복음주의자들은 도래할 천년왕국이란 없다는 어거스틴의 믿음을 공유했지만, 제4장에서 살펴본 대로 지배적인 확신은 천년왕국이 수립될 때까지 복음이 전세계로 나아가리라는 것이었다. 평화와 번영의 그 시기 뒤에야 그리스도의 재림이 일어나리라는 것이었다.[18] 그렇지만 19세기 초의 낭만주의 감정의 부상을 둘러싼 지적 요동 속에서 미래에 대한 전혀 다른 접근법이 제창됐다. 다시금 중요한 최초의 인물은 에드워드 어빙(Edward Irving)이었다. 1827년에 그는 스페인어로 쓰인 한 논문의 번역본을 출간했는데, 그 번역본의 제목은 『영광과 장엄 속에서 이루어지는 메시아의 재림』(The Coming of Messiah in Glory and Majesty)이었다. 스페인어 논문은 개종한 유대인이 썼다고 알려졌지만 실제로는 칠레인 예수회 수사가 저술한 것이다. 어빙에 따르면, 그 책은 '[그리스도가] 천년왕국이 끝날 때까지 오시지 않을 거라는 의견-우리들 사이에 거의 보편적으로 품고 있는-의 잘못됨'을 밝혀 주었다.[19] 그 대신에, 현시대가 그리스도의 재림과 더불어 끝나리라는 것이었다. 그러므로 재림은 천년왕국에 선행할 것이다. 따라서 초기 교회사에서 선례들이 있는 이러한 사상 유파는 보통 전천년왕국설(premillennialism)이라고 한다.

처음에 대다수의 복음주의자들은 어빙이 최근에 실행한 명백한 상궤일탈에 대해서 회의적이었지만, 재림이 저 앞에 멀리 있다기보다는 오히려 임박해 있다는 개념이 점차 발전했다. 그리스도가 돌아오시는 징표들을 경계하라는 성경의 명령들에 비추어 볼 때 그 개념이 이치에 닿았다. 만약 천년왕국이 그리스도의 재림에 선행한다면 어떻게 그것이 가능하겠는가? 이전의 많은 믿음과는 달리 그리스도가 친히 돌아오실 것이라고 주장하는 그러

---

18) 참조. ch. 4, 130-132.
19) Juan Josafat Ben - Ezra[M. de Lacunza y Diaz], *The Coming of Messiah in Glory and Majesty*, trans. Edward Irving(London: L.B. Seeley & Son, 1827), i.

한 새로운 가르침은 또한 큰 매력이 있었다. 주님의 재림에 대한 신약의 문구들은 그분의 권능이 크게 나타남을 예언하는 것이거나 그분이 죽어 있는 신자들을 데리러 오시는 것과 같이 영적 의미로 해석하는 경우가 많이 있었다. 그렇지만 전천년왕국론자들의 가장 강한 주장은 그리스도가 문자 그대로 친히 지상으로 돌아오시리라는 것이었다. 그러므로 신자들은 이내, 주님의 재림이 세상의 모든 악을 바로잡을 것으로 기대할 수 있었다. 많은 사람들에게 그것은 고무적인 희망이었다.

임박한 그리스도의 재림에 대한 기대는 단순히 교리적인 세부 사항이 아니었다. 다시 말해 믿음들의 중심체의 추가 사항이 아니었다. 이와는 반대로, 스코틀랜드 자유교회의 신학자인 데이비드 브라운이 설명했듯이, 전천년왕국설은 '그 나름의 특성으로 한 사람의 신학 체계 전체에 충만하고, 그의 영적 특성의 기풍 전체가 그 나름의 세계를 구축할 때까지 멈추지 않는다고 나는 하마터면 말할 뻔했다.'[20] 왜냐하면 한 때 어빙의 조수였던 브라운은 그가 초기에는 전천년왕국설로 전향한 사람이었지만 후천년왕국설을 지지하는 입장으로 되돌아갔다는 사실을 알고 있었기 때문이다. 그 예수 재림론자의 '전천년왕국설 나름의 세계'가 전천년왕국설을 신봉하는 사람들의 사고방식 전체를 바꾸어 놓았다. 미국의 복음성가 가수인 필립 블리스의 개인적인 체험에 대한 효과는 그의 목회자에 의해서 다음과 같이 묘사됐다.

> 그에게는 주님의 재림이, 그의 삶이 그가 말하거나 행하는 모든 것 속에서 그것의 영감을 느낄 정도로 진짜이면서 생생한 성경적 진리였다. 그는 신랑 되신 그분이 언제라도 올 수가 있다는 것을 깊이 느꼈다. 따라서 자신의 일을 마치고, 자기의 등불을 장식하고서, 혼인을 할 준비가 되어 있는 것이 그의 간절한 바람이었다.[21]

---

20) David Brown, *Christ's Second Coming: Will it be Premillennial?*(3rd ed., Edinburgh: Johnstone & Hunter, 1853), 8.
21) Dr. Goodwin in D. W. Whittle and William Guests(eds.), *P.P. Bliss, Joint author of "Sacred Songs and Solos": His Life and Life Work*(London: Morgan & Scott, 1877), 36.

그 시대가 끝나기 전에 시간이 얼마 남지 않은 것은 일상생활에 강화된 의미를 부여했고 복음전도에 긴박함을 더했다. 사람들이 이제 구주되신 그분에게로 돌아갈 필요가 있었던 것은 그들에게 두 번째 기회가 없을지도 모르기 때문이었다. 다른 곳에서는 희망이 없었다. 복음의 영향으로 진보를 하기는커녕, 현시대는 퇴보하고 있었다. 1880년 캐나다 감리교의 어느 반대자는 '모든 전천년왕국론자들이 좋아하는 관념은 세상이 더 나빠지고 있다는 것이다'라고 불평했다.[22]

후천년왕국론자들이 사태의 진행에 대해 습관적으로 낙관적이어서, 전능하신 그분이 지상에 자신의 왕국을 세우기 위해서 인간사를 지배하고 있다고 믿었던 반면에, 전천년왕국론자들은 비관적인 것이 특징이어서, 당대의 제반 악에 대한 유일한 치유책은 왕 되시는 그분의 귀환이라고 생각했다. 영혼들을 구원하는 복음의 능력에 대한 그들의 확신에도 불구하고, 그들은 자신들을 둘러싸고 있는 세속적인 세계를 전혀 신뢰하지 않았다. 보다 새로운 학파의 견해는 문명의 꾸준한 진보에 대한 좀 더 초기의 복음주의적 확신을 버리고서, 그런 확신을 현재는 나쁘고 미래는 더 나쁘다는 믿음으로 대체했다.

미국에서 새로운 천년왕국설 정신의 가장 극단적인 표현은 버몬트(Vermont)의 농부이자 침례교 평신도 설교자인 윌리엄 밀러(William Miller)가 말한, 재림이 1843-44년에 일어날 것이라는 예언이었다. 많은 비천한 추종자들이 그 사건에 대비했지만, 그 2년 동안 계속되는 날들에 실망했을 뿐이다. 그렇지만 그들 가운데 일부는 그리스도의 재림이 오래 지체될 수 없다는 믿음을 유지하면서, 새로운 두 교파로 진화했는데, 제7일안식일재림파(Seventh-day Adventists)와 재림파크리스천(Adventist Christians)이 그것들이다.[23] 영국에서는, 이와는 대조적으로 전천년왕국설이 처음에는 주로 부유계급의 마음에 들었다. 어떤 반대자가 1865년에 쓴 글에 따르면, 전천년왕국설을 신봉하는 자들은 무지한 열광자일 뿐만 아니라, 상당한 수가 훌륭하

---

22) *Christian Guardian*(Toronto: 11 February 1880), 44.
23) 참조. Gary Land(ed.), *Adventism in America: A History*(Berrien Springs, MI: Andrews University Press, 1986).

제6장 보수적인 신학의 경향 251

고 교양 있는 계급에 속해 있기도 하다.'²⁴⁾ 그들은 좀 더 높은 사회적 계층에 대단히 매력적인 교파들에서 주로 예배를 드렸다. 특히 그들의 초기 시절에 불균형하게 상위 중산층을 끌어들인 형제단은 거의 만장일치로 그 가르침을 지지했으며, 잉글랜드 국교회의 복음주의파는 새로운 예언자적 견해들에 점점 더 설득당했다. 주로 국교회 사제들로 구성된 예언조사회(Prophesy Investigation Society)는 매년 2차례 만나서 그 주제에 관한 학문적인 논문들을 심사했다. 잉글랜드 국교회의 지도적인 복음주의파 대변인인 J. C. 라일은 1867년 전천년왕국설을 주제로 한 설교들의 수집물을 출간했다. 그리고 심지어 1888년에 잉글랜드 엑시터의 주교로 있으면서도 E. H. 비커스테스는 재림과 관련된 스물네 가지 사건들을 항목별로 나누는 데 주요한 직무를 전부 바쳤다.[25] 1897년도 교회 회의에서 빅토리아 여왕 시대를 돌이켜보면서, 사무엘 개라트(Samuel Garratt)는 그리스도의 재림에 관한 주장을 노예제도의 폐지 및 성경 영감설의 유지와 더불어 복음주의파의 업적이라고 확인했다.[26] 다른 나라들의 복음주의파 국교회 신도들 또한 예언적 교리와 동일시되게 됐다. 따라서 예를 들면, 1897년부터 시드니의 무어칼리지 학장인 나다니엘 존스는 그런 교리의 성실한 옹호자였는데, 그가 섬기는 주교 관구의 장래 행로에 강력한 영향을 미쳤다.[27] 19세기 말에 이르러서는 전천년왕국설이 복음주의파 잉글랜드 국교회 정통주의의 일부였다.

장로교인들은 다소 덜 영향을 받았지만, 그럼에도 불구하고 예언적 주제들에 대한 보다 새로운 관점은 그들 사이에서 옹호자들이 있었다. 스코틀랜

---

24) Patrick Fairbairn, *The Interpretation of Prophecy*(1865) London: Banner of Truth Trust, 1964), vii.
25) Robert Braithwaite, *The Life and Letters of Rev. William Pennefater, B.A.*(London: John F. Shaw & Co., 1878), 253; J. C. Ryle, *Coming Event and Present Duties*(London: 1867); E.H. Bickersteth, *Some Words of Counsel*(Exeter: H. Besley and Son, 1888) 118-154.
26) E. R. Garratt, *Life and Personal Recollections of Samuel Garratt*(London: James Nisbet & Co., 1908), 108.
27) 참조. William J. Lawton, *The Better Times to Be: Utopian Attitudes to Society among Sydney Anglicans, 1885 to 1914*(Kensington, NSW: New South Wales University Press, 1990), 67-75.

드 자유교회의 가장 영향력 있는 목회자들 중 한 사람인 호라티우스 보나르는 학창 시절에 어빙 자신의 말에서 그리스도의 재림에 대한 자기의 확신을 받아들였다.[28]

보나르는 1849년부터 1873년 사이에 「계간 예언 저널」(*Quarterly Journal of Prophesy*)을 편집했는데, 이 잡지는 전천년왕국설의 패러다임 내에서 미래의 사건들의 여러 가지 가능한 해석들에 관해 논의하는 중요한 기사들을 게재했다.[29] 그렇지만 감리교에서는 재림이 임박했다는 주장을 옹호하는 사람이 드물었다. 토론토의 슬레이드 로빈슨 박사가 캐나다 감리교 신문에 재림 뒤에 천년왕국이 무너진다는 데 찬성한다고 주장하는 편지를 보냈을 때, 편집자는 그 편지를 발표했지만, 자기는 그들의 존경할 만한 형제에게 그의 개인적인 견해를 표명하도록 하고 있다고 말하면서 달갑지 않은 주를 달았다.[30] 분명히 전천년왕국설은 관대히 봐줄 수 있는 상도를 벗어난 것에 지나지 않는 것처럼 보였다. 마찬가지로 잉글랜드에서의 표준적인 감리교의 견해는 19세기 말까지 여전히 후천년왕국설이었다. 예수 재림론자의 가르침을 들을 수 있는 거의 유일한 곳은 성결교 열성 신도들의 집회인 사우스포트대회의 연단에서였으며, 심지어 거기에서도 그것은 소수파의 입장에 불과했다.[31] 회중교인들은 예언적 사변들에 거의 면역이 되어 있었지만, 침례교인들은 다소 더 개방적이었다.

스펄전은 자신의 목회 초기에는 전천년왕국론적 입장을 채택했지만, 그 화제에 대해서는 좀처럼 언급을 하지 않았다. 케직(Keswick) 회의에서 복음주의파 국교도들과 교제한 지도적인 침례교인인 F. B. 메이어는 강한 옹호자가 되었다. 그리고 1880년부터 사우스 웨일스 침례대학 학장이었던 윌리

---

28) *Christian*(London: 12 January 1893), 12.
29) E.R. Sandeen, *The Roots of Fundamentalism: British and American Millenarianism, 1800-1930*(Chicago: University of Chicago Press, 1970), 84-87.
30) *Christian Guardian*(10 March 1880), 78.
31) 참조. Eliza A. Wood, *Memorials of James Wood, L.I.D., J.P., of Grove House, Southport*(London: Charles H. Kelly, 1902), 276; and I.E. Page(ed.) *John Brash: Memorials and Correspondence*(London: Charles H. Kelly, 1912), 175-187.

엄 에드워즈는 자기가 전천년왕국론적 입장으로 전환했음을 사적으로 고백했다.³²⁾ 하지만 스코틀랜드 장로교인들과 잉글랜드와 웨일스의 비국교도 교파들의 교인들 그리고 다른 곳의 그들에 상당하는 신자들이 자신들의 복음주의파 잉글랜드 국교회의 동시대인들보다 새로운 예언적 가르침을 받아들일 가능성이 훨씬 적었다는 것은 여전히 사실이다.

미국에서 이러한 좀 더 새로운 견해들을 받아들이는 것-밀러적인 대중영합주의(포퓰리즘)로서가 아니라 신학적 평가의 문제로서-은 19세기 후반에 이루어졌다. 결정적인 사건은, 1858년에 일어난 사업가 신앙부흥운동의 소산으로서 장로교인인 된 아더 T. 피어슨과 형제단의 한 사람으로서 예언을 열심히 연구하는 학생이었던 조지 뮬러가 1878년에 기차 여행 중에 우연히 만난 것이었다. 피어슨은 후천년왕국설에 찬성하는 강연을 했었다. 그러나 뮬러가 대단히 설득력이 있다고 생각해서 열흘간의 사적인 성경 연구를 위해 그 방문자를 디트로이트에 있는 자기 집으로 초대했다. 거기서 그는 확신을 가졌다. '그때 이후로 나는 주님의 재림을 고대하고 있다… 나에게 봉인됐던 그 책의 3분의 2가 이 열쇠로 열렸다…' 라고 기술했다.³³⁾ 피어슨은 일련의 회의들에서 주요 강연자들 가운데 한 사람이 되었는데, 이들 회의는 미국에서 전천년왕국설의 가르침을 전파하기 위한 주요한 수단들 중 두 가지 기능을 했다. 한 회의는 1883년 나이아가라에 자리를 잡기 전에 여러 곳에서 매년 여름 개최됐다.

그 회의의 지도적인 인물이자 세인트루이스 출신 장로교 목회자인 제임스 H. 브루키즈는 「진리」(*Truth*)을 편집했는데, 이는 1875년부터 메시지를 전파한 통속 잡지였다. 다른 일련의 집회들은 무디의 노스필드 회의였다. 여기서 그리스도의 재림이 빠지지 않고 프로그램에서 부각됐다. 비록 1885

---

32) 참조. Mark Hopkins, *Noncomformity's Romantic Generation: Evangelical and Liberal Theologies in Victorian England*(Carlisle: Paternoster Press, 2004), 150; Ian M. Randall, *Spirituality and Social Change: The Contribution of F.B. Meyer*(1847-1929)(Carlisle: Paternoster Press, 2003), ch. 7; Henry Pickering, *Chief Men among the Brethren*(2nd ed. London: Pixkweing & Inglis, 1931), 105.

33) Pierson, *Pierson*, 143.

년 회의에서 무디가 선한 사람들은 전천년왕국론적 견해와 후천년왕국론적 견해를 똑같이 지지한다고 인정했지만, 그는 또한 자기는 그리스도가 천년왕국 이전에 돌아오신다는 사상에서 개인적인 위로를 많이 얻었다고 선언했다. 그는 이렇게 말한 것으로 보도됐다. 신약은 '이 세상이 이렇게 복음이 전파되는 동안에 점차 더욱더 좋아질 것이라는 생각을 장려하지 않았다. 우리는 최후의 날들에 "위험한 때"가 임하리라는 가르침을 도처에서 받는다…'[34] 다른 강연자들은 상반되는 견해들에 더 퉁명스러웠다. 그 이듬해 노스필드에서 한 질문자가 물었다. '만약 그리스도가 지금 오신다면, 후천년왕국론자들은 어떻게 되겠습니까?' 연단으로부터의 대답에 따르면, '그들은 모두 전천년왕국론자들이 되겠지요.'[35] 1890년대 후반에 이르러서는 미래에 대한 보다 새로운 이해가 무디 주위의 집단들에서 널리 채택됐다.

전천년왕국론자들의 확신은 상이한 성서해석학에 의거했다. 일반 복음주의자들은 성경이 가르치는 것은 무엇이든지 참된 것으로 받아들이는 것을 좋다고 생각했다. 그러나 텍스트가 얼마나 비유적으로 이해될 수 있는가의 문제는 의견이 일치하지 않았다. 1886년에 개최된 그리스도의 재림에 관한 런던 회의에서 설명되었듯이, 그리스도의 조기 귀환을 고대하는 사람들은 비유적 해석의 범위를 제한하기를 원했다. 독립적인 정신을 지닌 침례교 목회자인 풀러 구츠는 이렇게 선언했다. '사용된 언어의 분명한 본질이 비유적이거나 상징적인 의미를 필요로 하는 경우를 제외하고는 모든 경우에서 단어들의 문자적인 의미가 받아들여져야 한다는 것은 성경을 연구하는 데 지극히 중요한 원칙이다.' 만약 문구들이 문자 그대로 해석된다면, 예언 연구가들에게 소중한 문구들을 영성화할 여지가 없을 것이다. 구츠는 이어서 이렇게 말했다. '이런 원칙을 계속적으로 위반하는 것에 의해서만 천년왕국시대 동안의 그리스도의 인격적인 통치가 계시로부터 제거될 수가 있다.'[36] 문자적 의미에 호소하는 것은 전천년왕국론파의 슬로건이 되었다.

---

34) *Christian*(17 September 1885), 23, 24.
35) Ibid.(23 September 1886), 8.
36) Ibid.(11 March 1886), 24.

그렇지만 그들의 반대자들은 문자적 의미에 호소하는 것을 거부하면서, 노골적인 문자주의는 무의미한 견해들을 낳을 수 있다고 주장했다. 따라서 한 웨슬리파 비평가는 전천년왕국설에 찬성하는 저작에 실린, 에스겔의 성전의 거대한 규모와 그곳에서 흘러나와서 바다에 이르는 강을 수용하기 위해서 유대의 풍경이 미래에는 바뀔 거라는 제안을 경멸했다. 그는 주장하기를, 성경 문구들에 대한 그와 같은 아둔한 설명이 가능한 경우는 '그런 문구들의 동양적인 비유적 표현을 전혀 이해하지 못하는' 석의가들이 그것들의 역사적 맥락(콘텍스트)으로부터 그것들과 씨름할 때뿐이라고 했다.[37] 문자적 해석은 전천년왕국론자들을 그들과 같은 복음주의자들에게서 갈라놓았다.

3. 역사주의자들과 미래주의자들

하지만 그런 원칙이 예언 연구가들 사이에서 만장일치를 낳지는 않았다. 그와는 반대로, 요한계시록을 이해하는 적절한 방법에 대해서 그들 사이에 깊은 균열이 있었다. 한편으로는, 이른바 역사주의자들(historicists)은 그 책의 여러 부분을 세계사에서 이미 일어난 사건들에 결부시키려고 노력했다. 따라서 역사주의자들 사이에서는 요한계시록 16장에서 묘사되는, 유프라테스강에 여섯 번째 대접을 쏟는 것은 19세기에 목격되고 있었던 오토만 제국의 쇠퇴와 동일시될 수 있다는 일반적인 의견 일치가 있었다. 그 개요의 세부 사항들에 관한 토론을 위한 끝없는 영역이 있었는데, 이 영역은 그런 세부 사항들이 현재에 다가옴에 따라 매력이 증가했다. 따라서 1868년 벽두에 복음주의적인 잉글랜드 국교회 신문 「레코드」(*Record*)의 톱기사는 그 시대의 징표들에 관해 다음과 같은 논평을 했다.

---

37) J. Robinson Gregory in *Wesleyan Methodist Magazine*(London: December 1885), 931-932.

어떤 사람들은 우리가 예언자 다니엘이 얘기한 1335년의 끝에 바로 도달하고 있다고 계산했다. 반면에, 좀 더 조심스럽거나 좀 더 정확한, 다른 사람들은 우리가 요한계시록의 1260년의 끝에 이르렀을 뿐이라고 생각하도록 이끌렸다. 그래서 75년은 여전히 그 예언적 시대의 최종적 종식으로부터 우리를 분리시킨다.

이러한 예언적인 관점에서 보면 로마 가톨릭교회의 불법 행위들이 매우 중대하게 여겨졌다. 「레코드」의 톱기사가 설명했듯이, 로마 교황의 권위주의는 요한계시록의 전망에 딱 들어맞았다.

> 로마가 요한계시록의 바벨론, 다시 말해 성 요한이 환상 속에서 봤으며, 지상의 뭇 나라에 군림하는 일곱 개의 언덕이 있는 도시라는 것은 합리적으로 의심할 여지가 없다. 그러므로 교육을 잘 받은 개신교도라면, 로마 가톨릭교의 배교가 하나님에 의해서 운명이 미리 정해져 있는 그 바벨론에 묘사되어 있다는 것을 의심할 수가 없다.[38]

요한계시록 18장에 예언되어 있는 바벨론의 패망은 로마 가톨릭교회의 운명을 결정하는 것 같았다. 이러한 역사주의적 이해는 물려받은 개신교의 확신과 섞여서 강력한 지적 혼합물을 만들어 냈다.

그렇지만 다른 한편으로는 예언을 해석하는 전혀 다른 방식이 있었다. 미래주의자들은 요한계시록의 예언들이 과거에 성취되기는커녕, 미래까지 일어나지 않을 것이라고 주장했다. 그들은 적그리스도라는 불쑥 나타나는 인물은 로마 가톨릭교회와 동일시될 수 없다고 주장했다. 왜냐하면 적그리스도는 분명히 한 개인이었기 때문이다. 오직 현시대의 끝이 다가올 때만 그의 정체가 명백해지리라는 것이다. 미래주의자의 체계는 1830년대에 아일랜드의 파워스코트에서 개최된 일련의 회의들에서 처음으로 정성들여 만들어졌다. 그때 그 체계의 가장 자신만만한 설명자는 J. N. 다비(J. N.

---

38) *Record*(London: 1 January 1868).

Darby)였다. 그는 대체로 그의 체계를 수용하게 될, 최근 생겨난 형제단의 구성원이었다.[39] 세계사는 '신의 섭리의 시대들'(dispensations)이라고 하는 각기 다른 시대들로 나눌 수가 있는데, 각각의 시대는 하나님이 인류를 다루시는 특정한 방식으로 특징지워지며, 그래서 자신의 관점을 신의 섭리주의(dispensationalism, 세대주의)라고 한다고 다비는 가르쳤다. 현재를 사는 신자들을 위한 중대한 사항은 현재의 교회 시대가 사도 요한이 묘사한 파국들로 종식되려 하고 있다는 것, 즉 '대환난'(great tribulation)을 파악하는 것이었다. 예언 연구가들에게 중대한 문제는 교회가 이렇게 비참한 때를 통과할 것인지 또는, 다비 자신이 주장했듯이, 참된 크리스천들이 모두 부르심을 받아 지상을 떠나서 그 시기 전에 공중에서 주님을 만나게 될 것인지의 여부였다. 복음주의파 사제이자 자신의 사상이 파워스코트에 의해서 형성된 윌리엄 페니파더는 기자에게 다음과 같이 물었다. '당신은 다가오는 미래에 대해 어떻게 생각합니까? 교회가 대접들이 쏟아지기 전에 들림을 받을까요, 아니면 교회는 적어도 임박한 폭풍우의 최초의 빗방울을 느껴야 하는 건가요?'[40] 다비의 해석에 따르면, 교회는 벗어날 터인데, 그 까닭은 교회가 하늘로 들림을 받기 전에 일어날 것이라고 예언된 사건들이 더 이상 없었기 때문이다. 그러므로 이른바 이러한 '환희'는 언제라도 일어날 수 있으며, 그때 이 세상은 최후를 맞게 될 것이다. 미래주의-특히 그것의 신의 섭리주의적 형태의-는 대단히 극적인 세계관을 만들어냈다.

예언적 주제들을 바라보는 두 가지 방식, 곧 역사주의적 방식과 미래주의적 방식은 19세기 후반에 전천년왕국론자들 사이에서 우위를 차지하려고 경쟁했다. 몇몇 실질적인 책들과 특히 그래탄 기네스가 저술한 『다가오는 시대의 종말』(The Approaching End of the Age, 1878)이라는 615쪽짜리 논문은 역사주의적 관점을 강화했다.[41]

---

39) M.S. Weremchuk, *John Nelson Darby: A Biography*(Neptune, NY: Loizeaux Brothers, 1992).
40) Braithwaite, *Pennefather*, 277.
41) H. Grattan Buinnes, *The Approaching End of the Age viewed in the Light of History,*

[1880년에 기네스의 저작을 주의 깊게 읽은 독자는 이렇게 기술했다] 해석의 역사주의적 도식은, 기도와 인내심으로 사용될 경우에는, 계시록의 자물쇠에 나있는 모든 홈에 꼭 맞는다는 것을 알게 될 열쇠라고 나는 지금 확신하고 있다. 이 책은 30여 년간 나의 목을 조여 온 미래주의라는 쇠사슬의 마지막 고리를 벗겨 주었다고 나는 말할 수 있다.[42]

기네스의 노력은, 적어도 영국에서는 그러한 대안적인 입장에 찬성하는 사람들의 더딘 움직임을 방해한 것 같다. 1886년, 그리스도의 재림에 관한 회의가 런던에서 개최됐는데, 이 회의에서 라이벌 진영들 간에 불안한 휴전이 있었다. 일부 강연자들은 그 두 견해를 섞은 것을 어설프게 짜 맞추었다. 따라서 당대의 지도적인 런던 경찰국 형사인 로버트 앤더슨은 기독교계의 역사가 계시록의 환상들 속에서 철저히 무시된다는 것을, 그러나 또한 '장차 도래할 시대에 더 절대적이면서 더 완전한 성취'가 있으리라는 것을 우리에게 납득시키는 것은 쉬운 일이 아닐 거라고 주장했다.[43] 그렇지만 그 다음 10년 동안에, 예언 연구가들 사이에 널리 배포되는 영향력 있는 비교파적 신문인 「크리스천」은 '하나님의 섭리적 진리'에 찬성임을 선언했으며,[44] 미국에서는 아더 T. 피어슨(Arthur T. Pierson)이 전적으로 지지하는 그와 같은 도식이 더욱더 진척됐다. 나이아가라 회의의 창설자들 중 한 사람인 나다니엘 웨스트(Nathaniel West)는 다비의 은밀한 환희론에 완강하게 저항했지만,[45] 의견의 대세는 순수한 신의 섭리주의를 향하였다. 11년 뒤에 다비의 도식을 상술하는 주(註)가 실린 대단히 영향력 있는 성서 역본을 출판한 C. I. 스코필드는 1898년, 성령의 사역에 관해서 논의할 때 이미 '논제의 신의 섭리적 측면들'을 주장하고 있었다.[46] 신의 섭리의 교리는 양차대전 사이의 미국의

Prophecy and Science(London: Holder & Stoughton, 1878).
42) S.A. Blackwood in *Christian*(29 April 1880), 5에 의해서 인용됨.
43) *Christia*(11 March 1886), 11-28.
44) Ibid.(21 July 1892), 8.
45) Ibid.(18 July 1895), 16.
46) *Evangelistic Record*(Chicago: July 1898), 345.

근본주의자 연합의 교리들에서 결국에는 점점 부각되고 있었다.

다른 문제들에 대한 태도를 위한 신의 섭리주의가 지니고 있는 함의들은 과대평가될 수 있을 것 같지 않다. 역사주의적 전천년왕국론자들은 이 세상의 가망성에 대해 비관적일 수가 있었다. 그러나 샤프츠베리 경의 경우가 예증하듯이, 그들은 사회적 진보에 전적으로 헌신적일 수가 있었다. 로마에 대한 그들의 두려움도 그들 가운데 일부로 하여금 정계에 진출하게 만들었는데, 정계에서 그들은 로마 교황의 주장에 대한 저항을 정치가들에게 역설할 우선 사항으로 여겼다. 하지만 미래주의자들과 특히 신의 섭리주의자들은 일반적으로 정치를 위험한 덫으로 간주했다. 잉글랜드의 노리치에 고베트라는 침례교 목회자가 있었는데, 그는 다비의 교리들을 받아들였다. 그는 1868년 그런 전제로부터 신자는 무릇 이 세상을 피해야 한다고 주장했다. '정치에 말려드는 것은 깡그리 불필요하고, 그래서 영적인 삶을 방해하며, 크리스천들에게 부적당하다'고 그는 기술했다.[47] 그의 견해를 비판한 어떤 어리벙벙한 사람은, 고베트가 정치인이 되는 크리스천들은 '자신들의 신의 섭리를 어기는 것'이라고 말함으로써 의미했던 바를 이해할 수가 없었다.[48] 예언 연구가들에게는 정치적 발전이 종말의 때를 예견하는 데 대단히 중요한 경우가 종종 있었다. 특히 영국에서의 민주주의의 경향은 경고로 가득 차 있는 것처럼 보였다. 1880년 크리스천은 '가정의 참정권과 숙박인들의 선거권은 예언을 성취하고 있으며, 우리로 하여금 오시는 왕의 마차 바퀴소리를 듣게 하고 있다…'고 말했다.[49] 마찬가지로 1886년 미국의 침례교인이자 허드슨 테일러의 동료인 A. J. 프로스트는 '위험한 계급의 들끓고, 파동치며, 폭동을 일으키는 일반 대중'과 다이너마이트, 아나키즘, 공산주의, 니힐리즘이 장식된 깃발들을 치켜들고서 행진하고 반대 행진하는 군대들을 그 시대의 정치적 징표들이라고 말했다.[50] 그리스도가 나타나실

---

47) *Baptist Magazine*(London: July 1868), 461-464;(December 1868), 794에서 인용된 792-795.
48) Samuel Green in *Baptist Magazine*(August 1868), 528에서 인용된 528-530.
49) *Christian*(22 April 1880), 12.
50) Marsden, *Fundamentalism and American Culture*, 66에 의해서 인용된 *Prophetic Studies*

거라는 복된 희망에 일편단심으로 집중하는 것은 영적인 마음을 지닌 신자들에게는 유일하게 의지가 되는 것이었다. 심지어 사회적 관심사까지도 좀 더 극단적인 전천년왕국론자들은 의심을 품고서 다루었다. 형제단 성경 교사인 G. H. 펨버(G. H. Pember)에 따르면, 인간의 고통은 그리스도의 재림을 가져올 것이다. 그는 1886년에 선언하기를 비록 박애주의자들이 멸시당할 수 없지만, 그들은 위난에서 구원받은 사람들을 잡아당기는 것밖에는 하지 못할 것이라고 했다. 일반 사회를 향상시키려고 노력해 봤자 소용이 없었던 것은, 그것이 곧 '대화재'로 파괴될 운명이기 때문이었다.[51] 비록 많은 복음주의자들이 그런 의견들을 완전히 무시했지만, 마음이 예언에 쏠리면서 사회의 좀 더 광범위한 문제들에 관여치 않는 것을 향한 강력한 동기를 20세기에 남겼다.

4. 성결의 교리

신앙의 원리와 전천년왕국 교리의 부상과 더불어 보수적인 신학적 변화의 세 번째 차원은 성결 교리의 성장이었다. 19세기의 마지막 30년 동안에 성화, 곧 신자들이 거룩해지는 방법의 독특한 이해가 급증했다. 그렇지만 그때 이전에는 그 주제에 대한 특별한 견해들은 거의 전적으로 감리교에 국한됐으며, 미국에서는 신앙부흥운동가 찰스 피니 주위의 집단들에 국한됐다. 성화에 대한 감리교의 견해는 우선적인 주의가 요구된다.

칼빈주의 전통을 신봉하는 사람들이 크리스천의 제자직이 거룩함 속에서의 점진적인 진보를 가져오는 죄와의 꾸준한 싸움의 문제, 다시 말해 지상에서는 결코 완료되지 않는 투쟁이라고 생각하는 반면에, 존 웨슬리는 개인은 죽기 전에 완전한 성화의 상태에 도달할 수 있다고 주장했다. 웨슬리에

---

of the International Prophetic Conference(Chicago, [1887?], 176.
51) *Christian*(11 March 1886), 21.

제6장 보수적인 신학의 경향   261

따르면, 회심을 넘어서 위기의 때에 신자는 보통 오랜 추구 뒤에 '죄에 대해서 완전히 죽는 것을 경험한다.'[52] 칭의처럼, 이러한 성화도 전적으로 믿음으로 얻어지는 것이지, 행위로 얻어지는 것이 아니다. 그것이 의미하는 바는, 비록 크리스천들이 여전히 판단의 오류를 범할 수 있지만, 그들의 삶 속에는 동기를 부여하는 죄의 원리가 없다는 것이었다. 웨슬리가 그렇게 부르기를 선호했듯이 '완전한 사랑'의 상태는 어떤 악행을 범함으로써 잃어버릴 수 있지만, 그런 상태는 굴복의 본래적 행위를 반복함으로써 다시 얻을 수 있다는 것이다. 여전히 주로 웨슬리 자신의 저술들에서 도출된 이러한 교리는 19세기 중엽에도 여전히 감리교의 모든 분파의 공식적인 입장이었다. 잉글랜드에서는 1843년부터 1867년에 사망할 때까지 웨슬리파신학원 디즈베리분교의 신학 교수였던 존 한나는 그 주제에 대한 웨슬리의 견해들을 계속해서 상술했다.[53] 미국에서는 노련한 감리교 지도자인 나단 뱅스가 1853년에 우리가 율법으로부터 구원을 받을 때 '죄는 마음으로부터 완전히 파괴된다'고 주장했다.[54] 그런 체험은 또한 감리교가 전파된 곳마다 알려졌다. 호주의 포트맥쿼리에서, 한 순회 목회자는 1858년에 몇몇 사람이 그런 축복을 누리고 있다는 것을 알게 됐다. 1866년 윌리엄 테일러는 남아프리카 이곳저곳에 완전한 구원의 메시지를 전했다. 그리고 온타리오에서는 윌리엄 아일랜드라는 회심자가 1855년에 어떠한 어려움도 헤쳐나아가 완전한 성화에 이르도록 권유받아서 지역 설교자로서 완전한 성화의 충실한 옹호자가 되었다.[55] 웨슬리의 견해들은 19세기 중엽에 여전히 매우 많이 통용되고 있었다.

---

52) John Wesley: "A Plain Account of Christian Perfection", in Frank Whaling(ed.) *John and Charles Wesley: Selected Prayers, Hymns, Journal Notes, Sermons, Letters and Treatise*(London: SPCK, 1981), 334.
53) John Hannah, *Introductory Lectures on the Study of Christian Theology*(London: Wesleyan Conference Office, n.d.), chs. 57-58.
54) *Christian Advocate and Journal*(New York: 13 January 1853), 5.
55) 참조. respectively, *Christian Advocate and Wesleyan Record*(Sydney: 21 September 1858), 54; William Taylor, *Christian Adventures in South Africa*(London: Jackson, Walford & Hodder, 1867), 102; *Christian Guardian*(24 March 1880)), 95.

하지만 그때에 이르러서는 완전한 성화가 변화를 겪고 있었다. 첫째로, 그것은 적응을 겪고 있었다. 북미와 영국 제도를 여기저기 여행하면서 많은 사람들에게 그런 체험을 경험할 수 있게 하기를 원했던 아일랜드계 미국인 복음전도자인 제임스 코에이는 오랫동안 추구할 필요가 없으며, 그런 체험은 의도적인 의지의 행위로써 얻을 수 있고, 그런 확증적인 감정은 불필요하다고 가르쳤다.

웨슬리의 패턴으로부터의 이러한 전환들은 많은 사람들에게 완전한 구원을 주장하게끔 했지만, 그 요건들을 훨씬 더 천박하게 만들었다.[56] 다시금, 런던의 웨슬리파 감리교선교회 간사인 윌리엄 아더는 그 교리를 전파하기 위해서 계획된 『불의 혀』(*The Tongue of Fire*)라는 제목의 책을 출간했다. 그러나 그는 훌륭한 집단 속에서 자신의 메시지를 너무 칭찬하고 싶은 나머지 웨슬리가 묘사하는 것의 독특한 형세를 침식했다. 그 당시에는, 그런 체험을 고백하는 것도 좀 더 드물어지고 있었다. 1850년「웨슬리언 메도디스트 매거진」의 한 기자는, 우리가 강단으로부터 그것에 대해 배우지만 '우리는 그것에 대해 별로 듣고 있지 않다'고 기술했다.[57] 공식적인 묘사들은 더욱 신중해졌다. 토론토에서 발행되는 감리교「크리스천 가디언」의 편집자는 1880년 크리스천의 완전함에 대해 질문을 받았을 때, 그는 그것이 '이생에서 획득할 수 있는 은혜로 말미암는 인격과 경험의 성숙'에 불과하다고 대답했다.[58] 1892년 미국 감리교의 한 목사는 완전한 성화는 거듭남과는 다르다고 주장하면서, 어떤 사람이라도 '단 한 번의 도약으로 반세속적이고 부주의한 상태로부터 이런 상태로 뛰어 오른다'는 것을 기꺼이 부정했다. 이는 체험의 직접성, 즉 웨슬리의 분석에서의 필수불가결한 사항을 거부하

---

56) *Earnest Christianity Illustrated: Or, Selections from the Journal of the Rev. James Caughey*(London: Partridge & Co., 1857), 특히 152.
57) *Wesleyan Methodist Magazine*(April 1850), 365. 쇠퇴의 과정에 대해서는 David W. Bebbington, 'Holiness in Nineteenth Century British Methodism', in W.M. Jacob과 N. Yates(eds.), *Crown and Mitre: Religion and Society in Northern Europe since the Reformation*(Woodbridge, Suffolk: Boydell Press, 1993)을 보라.
58) *Christian Guardian*(10 March 1880), 76.

는 것에 가까웠다.[59] 1870년대에 장차 잉글랜드 원시 감리교 회의의 의장이 될 어떤 사람은 그 교리를 완전히 거부하기까지 했으며, 1888년 남감리교 신자 J. M. 볼란드는 동일한 일을 행함으로써 논쟁에 불을 붙였다.[60] 이렇듯 물려받은 웨슬리파 전통은 19세기 후반기에 주류 감리교에서는 쇠퇴했다.

그렇지만 새로운 소동은 심지어 19세기 중엽 이전에도 해외에서도 있었다. 1836년부터 뉴욕 감리교인 의사 월터 C. 파머의 아내인 푀베 파머(Phoebe Palmer)와 그녀의 동생인 사라 랭크포드(Sarah Lankford)는 그들이 공유하는 집에서 성결의 증진을 위하여 장기적인 일련의 화요일 오후 집회를 조직했다. 이러한 두 시간짜리 집회들은 번영하는 도시의 여가 시간이 많은 사람들을 위해서 잘 계획된 영적 생활의 가능성에 잘 접근하도록 하였다. 교육은 주로 푀베가 맡았는데, 그녀는 개인적인 용어법을 개발했다. 이 용어법은 초절론자의 감수성의 기미를 띠었고, 희생의 제단으로서의 그리스도라는 개념에 기초했다. 푀베 파머는 신자들에게 완전한 성화라는 전통적인 언어를 사용하기보다는 즉시 '그 제단에 모든 것을 내려놓도록' 권했다. 낭만주의 방식의 이러한 행위는 체험의 문제라기보다는 오히려 의지의 문제였다.

코에이(Caughey)처럼, 그녀도 무언가를 기다리거나 느낄 필요가 없다고 가르쳤다. 완전한 구원은 단지 믿음의 문제, 즉 하나님의 말씀을 그대로 믿는 것일 뿐이다. 그러나 하나님이 이루신 것을 고백하는 것은 필수불가결한 일이었다.[61] 푀베와 월터 파머는 1859년부터 1864년까지 영국 제도에

---

59) *Christian Advocate*(New York: 14 January 1892), 19.
60) 각기 J[ohn] Stephenson, *The Man of Faith and Fire: Or the Life and Work of Rev. G. Warner*(London: Robert Bryant, 1902), 165; Timothy L. Smith, *Called unto Holiness: The Story of the Nazarene: The Formative Years*(Kansas City, MO: Nazarene Publishing House, 1962), 42-43.
61) 참조. Thomas C. Oden(ed.), *Phoebe Palmer: Selected Writings*(New York: Paulist Press, 1988). The Transcendentalist affinities are noted by Timothy L. Smith, *Revivalism and Social Reform: American Protestantism on the Eve of the Civil War*[1957](New York: Harper & Row; 1965), 142-143.

그 메시지를 전했으며, 1864년부터 그녀가 1874년에 사망할 때까지 피베는 『성결에의 길라잡이』(Guide to Holiness)를 편집했다. 이 책은 전세계에 배포됐다. 그녀의 교육이 좀 더 전통적인 어느 감리교인에게 준 감명은, 장차 목회자가 될 조지 로즈가 1859년 남아프리카에서 그녀의 가장 잘 알려진 저서인 『성결의 길』(The Way of Holiness, 1845)을 읽고서 그 책을 평가한 것으로 예증될 수 있다. 로즈는 피베 파머의 처방을 따랐지만, 웨슬리의 크리스천의 완전함에 관한 평이한 기사(Plain Account of Christian Perfection)와의 불일치로 인하여 고민했다. '이러한 축복에 관한 나의 체험은 이것이다. 은혜의 보좌에 가까이 다가가면서, 나는 그것에 대해서 믿을 수가 있으며, 그것을 소유하고서 떠나갈 수 있다. 그러나 나는 오직 나 자신의 믿음의 증거만을 가지고 있을 뿐이다. 게다가 나는 성령의 증거를 원한다.'[62] 경험주의자인 웨슬리에게 증거는 체험 속에서 필요했다. 사상의 낭만주의 경향과 일치되어 있는 피베 파머에게는 있는 그대로의 믿음만이 필요할 뿐이었다. 새로운 시대가 성결의 교리 속에서 열렸던 것이다.

뉴욕에 있는 파머의 집에서 열린 집회는 특별히 감리교적인 성격을 점차 그다지 띠지 않게 되었다. 1872년 그 집회에 참석한 한 장로교인 형제가 '그 제단에 모든 것을 놓아'서 '평안과 위로'를 경험한 것을 간증하고 있었다.[63] 피베 파머의 친밀한 동료이자 메인주 보우두인대학의 교수인 토마스 C. 업햄은 완전한 성화를 가톨릭 신비주의 전통들에 결부시킨 회중교인이었다. 파머 사람들과 일치하지만 다른 경로로 일치하는 복음전도자 찰스 피니와 오하이오주 오벌린대학의 아사 마한(Asa Mahan)-두 사람 모두 회중교 배경이 있다-은 크리스천의 완전함을 옹호하는 사람이 되었다.[64] 피니의 『성화에 관한 견해들』(Views of Sanctification, 1840)과 마한의 『성령의 세례』(The Baptism of the Holy Spirit, 1870)는 감리교 경계의 밖에서 완전한 구원에 대한

---

62) *South African Methodist*(Grahamstown: 28 January 1885), 20(19 August 1859에 대한 Rose의 일기).
63) *Christian Advocate*(15 August 1872), 262.
64) Smith, *Revivalism and Social Reform*, ch. 7.

믿음을 전파하려고 많은 일을 했다. 1850년 「오벌린 에반젤리스트」에 보도된 어느 평범한 메사추세츠 교인이 보낸 편지는 이렇게 씌어 있었다. '나는 모든 크리스천들에게 내가 전적으로 하나님께 헌신하는 삶을 살며, 알려진 모든 죄로부터 나를 지켜줄 그런 은혜의 조치들이 있을 수 있도록 겸손하게 기도를 부탁한다.'[65] 아마도 크리스천의 완전함이라는 이상을 전파하는 데 가장 영향력 있는 단일 텍스트는 신파 장로교 목회자 W. E. 보드먼이 저술한 더 『고결한 크리스천의 삶』(The Higher Christian Life, 1858)이었을 것이다. 단순히 감리교적인 관념을 칭찬한다는 인상을 주는 것을 피하기 위해서 선택된 그 제목은 빠르게 사람의 주의를 끄는 문구가 되었다.

시드니에서 발행되는 초교파적인 교회신문의 회중교인 편집자가 1860년에 그 책을 읽었을 때 그 책은 그의 정신을 상쾌하게 했다. '믿음에는 모든 것이 가능하며 그리고 모든 신자는 가장 고귀한 축복을 실현하는 믿음의 그런 완전한 발휘로 힘써 나아가도록 차별 없이 초대받는다'고 그는 결론지었다.[66] 믿음으로 말미암는 성결의 메시지는 그것의 본래의 감리교 본거지를 넘어서 퍼지고 있었다.

그렇지만 한편, 믿음으로 말미암는 성결은 감리교 내에서 다시 한 번 융성하기 시작하고 있었다. 남북전쟁이 끝난 직후가 되는, 1866년의 미국 운동 100주년은 일부 감리교인들로 하여금 성결이 감리교의 바로 그 목적이라는 것을 새삼 깨닫게 만들었다. 그해 열린 뉴저지 100주년 야외 집회에서, '완전한 성화의 사역이 훌륭하게 진척됐다.'[67]

최근에 푀베 파머의 인도로 완전한 구원을 얻은 목회자인 J. S. 인스킵은 특히 동부에서 새로운 야외 집회들을 조직하는 데 앞장을 섰다. 동부에서는 전에는 야외 집회가 그다지 흔치 않았지만, 이제는 도시 거주자들 사이에 시골의 향수에 관한 감정을 불러일으켰다. 1867년부터 성결의 증진을

---

65) *Oberlin Evangelist*(Oberlin, OH: 9 October 1850), 162.
66) *Christian Pleader*(Sydney: 21 January 1860), 19;(4 February 1860), 36(인용됨).
67) G. Hughes in *Christian Advocate*(23 August 1866), 266.

위한 전국 야외집회 협의회가 있었다. 이 단체는 자주 개최되는 집회들을 후원했고 인스킵의 저서인 『크리스천의 성결의 옹호자』(Advocate of Christian Holiness)의 판매를 촉진시켰다.[68] 그의 집회들은 인기가 있음이 판명된 '자유롭고 편안한 분위기'였다. 하지만 1881년 그가 메시지를 호주에 전했을 때, 스타일이 '전적으로 미국적'이며 교회보다는 난롯가에 더 적합하다는 판단을 받았다.[69] 새로워진 성결에의 충동은 영국으로 퍼졌다.

영국에서는 비록 어떤 조직도 형성되지 않았지만, 1872년에 킹스하이웨이(King's Highway)가 발족됐으며 1885년에는 연례 대회가 잉글랜드 랭커셔의 사우스포트에서 창설됐다. 성결의 증진을 위한 캐나다협의회가 1879년에 조직됐고, 호주에서는 한 대표자 회의가 1886년 시드니에서 개최됐는데 일련의 야외 집회와 연합감리교 성결협의회(United Methodist Holiness Association)를 낳았다.[70] 감리교 내의 여러 분파들은 완전한 성화에 대한 간증을 부활시키고 있었다.

전미야외집회협의회가 영향력이 커짐에 따라, 그것은 자기의 일을 실행하기 위해서 주 및 지역 단체들을 설립했다. 점차 그 단체들은 그들 나름의 삶을 발전시켰으며 분리주의 경향이 나타나기 시작했는데, 특히 중서부와 남서부에서 그러했다. 이미 활기차게 독립적인 자유감리교회가 존재했다.

이 단체는 1860년에 설립됐는데, 깨끗한 마음의 교리를 여전히 굳건히 신봉했다. 전미 야외집회 협의회의 장차 분리주의자가 될 사람들처럼, 자유감리교도파(Free Methodists)도 현존하는 교파들의 세속성을 계속해서 꾸준히 비판했다. 일리노이주 알곤킨(Algonquin)에서 부흥회를 열던 한 자유감리교도 집단은 그 도시에 있는 어느 회중의 교인들이 쓸데없는 교회 바자회를

---

68) 참조. Melvin E. Dieter, *The Holiness Revival of the Nineteenth Century*(Metuchen, N): Scarecrow Press, 1980), ch. 3.
69) *Primitive Methodist Record*(Adelaide: 8 April 1881), 5에서 인용된 *Southern Cross*.
70) 참조. David W. Bebbington, 'The Holiness Movements in British and Canadian Methodism in the Late Nineteenth Century', *Proceedings of the Wesley Historical Society 50(1996); International Christian Messenger*(Brisbane: 8 January 1886), 649; W.G. Taylor, *Taylor of 'Down Under': The Life-Story of an Australian Evangelist*(London: Epworth Press, 1920), 147.

여는 데 분개했다. 신앙부흥운동가들에 따르면, '그 이튿날 오전에 그들은 양동이 하나를 부스러기들로 가득 채워서 우리에게 보냈다. 그러나 우리는 다곤에게 바친 제물의 허접한 쓰레기를 먹고 싶지 않았기에 그들에게 그것을 돌려보내면서 친절한 짧은 편지도 같이 써 보냈다.'[71] 전통적인 교회들은 화려한 옷과 보석류를 용인했고, 잘 꾸민 건물들을 세웠으며, 거짓된 교리로 장난을 쳤다. 무엇보다도 그들은 활기가 없었는데, 예컨대 때로는 극단적인 성결교 사람들 사이에 드려지는 예배를 특징짓는 부복(엎드림)을 백안시했다. 일리노이의 감리교 설교자인 J. P. 브룩스(J. P. Brooks)는 교회의 온갖 부패와의 결별을 촉구하기로 결심하고서 '급진적 개혁주의'(comeoutism)-독자적인 성결교 단체들을 만들려는 소환-의 이론을 전개했다.[72]

1) 하나님교회

1881년에 설립된 최초의 새로운 성결교파는 하나님교회(Church of God, 후에 '앤더슨, 인디애나')였다. 영국에서도 그와 유사한 경향이 1882년에 시작된 작은 성결교회(Holiness Church)를 낳았다. 캐나다에서는 지도적인 성결교 지도자 세 사람이 1894-95년에 감리교에서 쫓겨났는데, 이는 독자적인 조직체들을 생기게 했다.[73] 1907년에 이르러서는 미국에만도 완전한 성화를 지지하는 단체가 스물다섯 곳 가량 있었다.[74] 그러나 그 이듬해에 몇몇 단체가 통합해서 나사렛 교회가 되었는데, 이는 그 후로도 그러한 단체들 중 단연 가장 큰 단체였다.[75] 복음주의 기독교의 새로운 분파, 곧 성결교파들이 생겨난 것이었다.

---

71) *Free Methodist*(Chicago: 11 January 1898), 4.
72) Smith, *Called unto Holiness*, 29.
73) 참조. Bebbington, 'Holiness Movements', 210, 224, 213-214.
74) 참조. Robert M. Anderson, *Vision of the Disinherited: The Making of American Pentecostalism*(New York: Oxford University Press, 1979), 37.
75) Smith, *Called unto Holiness*.

2) 구세군

성결교파 중에서 가장 두드러진 조직은 윌리엄 부스가 창설한 구세군이었다. 1829년 잉글랜드에서 태어난 부스는 전당포의 조수였는데 감리교뉴커넥션의 유력한 복음전도자가 되었다. 이 단체가 설교자로서 유랑하려는 자신의 자유를 제한하는 데 분노해서, 그는 1861년 그 교파를 떠나서 이내 런던의 이스트 엔드에서 선교 사역에 집중하기 시작했다. 1869년부터 크리스천 미션(Christian Mission)으로 불린 그의 조직은 원래 순회 교구들이 있는 감리교 방식으로 그리고 총회의(Conference)의 지도 하에 운영됐다. 그러나 1878년 그 조직은 부스의 지시를 받는 독재 체제로 바뀌었다. 그 이듬해에 그 조직은 구세군이라는 명칭을 채택하고서 그 '대장'의 지배를 받는 제복과 기 및 취주악단 등의 여러 가지 용구를 신속히 채택했다. 대장은 죄와 맞서 싸우는 전쟁에 합당한 것처럼 보였다.[76]

그 참신한 군사적 스타일은 국내외에서 가난한 사람들 사이에서 1880년대 초에 엄청난 성장을 가져왔다. 그러나 현존하는 교회들은 처음에는 그것의 대중영합주의(포퓰리즘)을 백안시했다. 아일랜드의 장로교 교인(Presbyterian Churchman)은 이렇게 질타했다. '세간에 종교로 인정되고 있는, 화제에 오르는 조야한 모든 것들 가운데서 이것은 최후이자 최악인 것 같다.'[77] 그런 움직임이 완전한 구원에의 헌신에 의해서 동기가 부여된 정도는 보통 과소평가되고 있다. 그 깃발에 적힌 표어는 '피와 불'이었는데, 구속의 속죄하는 피 뿐만 아니라 성령의 거룩하게 하는 불도 의미했다. 윌리엄 부스의 유능한 아내 캐서린은 여러 모로 구세군의 배후에 있는 브레인이었는데, 여성 공중 연설에 대한 푀베 파머의 모범을 따랐을 뿐만 아니라 그녀의 성결 신학도 받아들였다.[78]

---

[76] 참조. Pamela J. Walker, *Pulling Devil's Kingdom Down: The Salvation Army in Victorian Britain*(Berkeley: University of California Press, 2001).

[77] *Presbyterian Churchman*(Dublin: August 1884), 219.

[78] John Kent. *Holding the Fort: Studies in Victorian Revivalism*(London: Epworth Press, 1978), 325-340.

남아프리카의 구세군은 부스의 수석 사관들 중 한 사람인 조지 라일턴이 '긴급히 성결을 가르치는 유일한 사람들'을 견제한다고(약간 과장되게) 주장했다.[79] 비록 완전한 성화에 대한 강조가 점차 사라져갔지만, 미국에는 사무엘 로간 브렌글(Samuel Logan Brengle)이라는 그 교리의 충실한 옹호자가 있었다. 그는 1900년에 '구세군은 성령의 그리고 불의 세례를 믿는다…그리고 어떤 희생을 치르더라도 이 불은 지켜져야 한다'고 주장했다.[80] 비록 캐서린이 1890년에 사망했지만, 윌리엄은 1912년까지 살아서 활기차게 확장하는 세계적인 조직을 관장했다.

5. 케직운동

성결을 선포하는, 더욱 더 영향력 있는 세계적인 집단은 케직운동(Keswick movement)이었다. 이는 연차 대회가 1875년부터 개최됐던 잉글랜드의 레이크 디스트릭트(호수 지방)에 있는 타운의 이름을 따서 이름지어졌다. 이러한 새로운 사태의 기원은 윌리엄 페니파더 주위의 열렬한 복음주의자들의 네트워크에 있었다. 그는 폭넓은 비교파적 연민을 품은 잉글랜드 국교회 사제였다. 1856년부터 바넷에서 그리고 1864년부터는 런던 북부의 마일드메이 파크에 있는 자신의 새로운 교구에서, 페니파더는 복음전도와 개인적인 성화에 강한 관심을 가지고 있는 크리스천 사역자들을 끌어 모으는 연례회의를 개최했다. 이러한 사람들 사이에서 더 고결한 삶의 메시지가 전적으로 받아들여졌다.

1868년부터는 로버트 피어살 스미스가 그 주제에 관해 정기적으로 쓴 기

---

79) G.S Railton, *The History of our South African War* (London: Salvation Army Book Department, 1901), 108-109.
80) *Evangelistic: Record* (January 1900), 93. 아메리카의 운동은 E.H. McKinley, *Marching to Glory: The History of the Salvation Army in the United States, 1880-1972* (2nd ed..m Grand Rapids, MI: Eerdmans, 1995)에서 논의된다.

사들이 크리스천에 게재되기 시작했다. 그는 퀘이커교를 믿는 미국인이었는데, 그 전 해에 어느 감리교 야외 집회에서 완전한 성화를 받아들였다. 성결의 비결은 '우리 자신의 모든 노력을 그만두고서 예수님을 신뢰하는' 데 있다고 그는 선언했다.[81] 1873년 그와 그의 아내 한나 피어살 스미스는 영국으로 여행을 가서, 좀 더 깊은 영적 체험을 열망하는 사람들을 위해서 햄프셔의 브로드랜즈(Broadlands)에서 열리는, 그들 부부가 초대를 받은 회의에 참석했다. 전통적인 퀘이커 옷으로 수수하게 차려 입은 한나는 그녀의 강연으로 특별한 영향을 미쳤는데, 그녀의 강연은 『크리스천이 행복한 삶을 살 수 있는 비결』(The Christian's Secret of a Happy Life, 1875)에 요약됐다.

그 뒤에 좀 더 큰 집회들이 1874년에 옥스포드, 1875년에 브라이턴에서 열렸다. 그러나 거기서 어떤 파국이 그렇게 부상하는 운동을 위협했다. 로버트 피어살 스미스(Robert Pearsall Smith)는 젊은 여성에게 부적절한 사랑의 말을 속삭였다는 비난을 받고서 황급히 미국으로 돌아가게 됐다. 하지만 지역 교구 목사인 T. D. 하포드-배터스비의 초청이 있었던 같은 해에 이미 케직을 위해서 계획된 추후의 대회를 추진할 것을 승낙했다. 1,000명을 수용하는 천막이 '실제적인 성결의 증진을 위한' 한 주간의 집회 동안에 전반적으로 가득 찼다.[82] 그 행사는 연례적이며 비교파적인 것이 되었지만 특히 부유한 잉글랜드 국교도들의 마음에 들게 되었다. 케직은 참신하고 감화력이 있는 스타일의 영성의 중심이 되었다.[83]

케직의 신봉자들은 그들의 중심적인 신념으로서 믿음으로 말미암은 성결을 지지했다. 호주에서 발행되는 잡지에 실린 그 대회에 관한 기사에 따르면, '그들은 죄가 정복되는 곳, 마음이 하나님의 평안 속에서 쉬는 곳 그리고 하나님의 현재의 뜻을 이루는 기쁨에 넘치는 능력이 실현되는 곳에 들어가는 것은 하나님의 자녀들의 특권임을 경험하는 체험이 있다고 믿는다.'[84] 그

---

81) *Christian*(9 January 1868), 17.
82) Ibid.(15 July 1875), 17.
83) 참조. Charles Price and Ian Randall, *Transforming Keswick*(Carlisle: OM Publishing, 2000).
84) *Life & Light*(Melbourne: 1 October 1895), 6.

것이 발원한 감리교 전통처럼, 케직은 완전한 성화의 때와 더불어 크리스천의 삶 속에 후속하는 꾸준한 진보가 있어야 한다고 주장했다. 지도적인 대회 연설자이자 1900년부터 더럼 주교인 핸들리 모울은 케직 교리를 '과정에 대한 견해가 갖고 있는 위기'라고 요약했다.[85] 그런 위기의 요소를 싫어하는 전통적인 칼빈주의자들은 또한 믿음으로 말미암는 성화의 핵심 원리를 비난했다. 그의 『성결』(Holiness, 1877)이 새로운 운동에 대한 가장 신랄한 반박이었던 J. C. 라일은 '성결을 따를 때에 참된 크리스천은 믿음뿐만 아니라 개인적인 노력과 사역도 필요하다'면서 그 운동에 반대했다.[86] 라일과 같은 전통주의자들은, 케직의 추종자들이 강렬한 체험이 힘들이지 않은 영성의 보증이 될 수 있다고 잘못 생각하지 않도록 경계했다. 그들은 대회 참가자들에게 '죄 없는 완전함'을 유지하는 책임을 던졌다. 케직의 주변에 있는 일부 사람들은 실로 죄는 신자들로부터 완전히 뿌리뽑힐 수 있다고 가르쳤지만, 공식적인 방침은 사뭇 달랐다. 1880년 대회에서 한 질문자가 물었다. '죄를 지으려는 성향이 있는 옛 본성이 이생에서 완전히 근절될 수 있다는 게 사실입니까?' 그 운동의 신학적 수호자인 에반 홉킨스로부터의 대답은 명확한 아니오였다. '죄를 지으려는 성향은 뿌리 뽑히지 않습니다. 그러나 우리가 성령 안에서 행하면 성령의 권능으로 육신이 복종하게 됩니다'라고 그는 설명했다.[87] 죄가 억제되지만, 제거되지는 않는다는 것이었다. 따라서 신자들은 죽음이 임할 때까지 죄악된 상태에서 벗어나지 못한다는 종교개혁의 확신이 유지됐다. 케직은 완전한 성화라는 개념을 칼빈주의 전통 속에 있는 사람들의 마음에 들게 했다.

성결 교리의 이러한 새로운 표명은 빠르게 퍼졌다. 이미 1875년에 그런 표명은 호주에서 토론을 일으키고 있었다. 「오스트레일리언 처치맨」의 한

---

85) 참조. Charles F. Harford(ed.), *The Keswick, Convention: Its Message, its Method and its Men*(London: Marshall Brothers, 1907), 180에서 H. C. Lees, "The Effect on Individual Ministry."
86) J.C. Ryle, *Holiness*(London: W. Hunt & Co., 1887),ii.
87) *Christian*(12 August 1880), 10.

기자는 더 고결한 삶이라고 하는 '육신이 즐거운 교리의 초기의 독'이 널리 퍼지고 있다고 불평했다. 또 다른 기자는 자기가 믿음으로 사는 삶의 축복 됨을 안다고 개인적으로 고백할 수 있다고 대답했다.[88] 호주는 빅토리아주의 지롱에서 1891년부터 그 나름대로 케직에 상당하는 것이 있었는데, 다른 대회들이 뒤를 따랐다. 1896년까지 그 대회들은 보우랄(Bowral), 와르남불(Warrnambool), 왕가랏타(Wangaratta), 리치몬드(Richmond), 발라랏(Ballarat) 등지에서 개최되고 있었다.[89] 정기적인 연차 대회가 1892년 스코틀랜드의 브리지오브알랜(Bridge of Allan)에서 시작됐고, 그 새로운 교리가 1893년 캐나다에 도입됐으며, 1900년에는 자마이카도 만데빌에 그 나름의 대회가 있었다.[90] 웨일스도 1903년부터 를란드린도드웰스 대회로, 아일랜드는 1914년부터 포트스튜어트로 뒤를 따랐다.[91] 케직은 남아프리카에서 중요한 영향을 미쳤다. 거기서 네덜란드 개혁교회의 노련한 목회자인 앤드류 머레이는 그 교회의 성화 교리의 지도적인 옹호자였다. 케이프(희망봉; 남아프리카 남단의 한 주-역주)의 웰링턴에서 열린 대회는 요하네스버그, 케이프타운, 포트엘리자베스, 더반, 피터마리츠부르크, 크룬스타드 등지에서 개최된 다른 대회들의 원천이었다. 머레이의 대회 찬송가집은 남아프리카에서만 배포됐지만 그럼에도 불구하고 50,000부 이상 팔렸다.[92] 서아프리카에서는 케직 창설자의 아들인 C. F. 하포드-배터스비(C. F. Harford-Battersby)가 교회선교회에 근무하면서, 개종자들에게 도덕적 표준을 강제함으로 그가 예전의

---

88) 'Observer', in *Australian Churchman*(Sydney: 11 September 1875), 176; Robert Taylor in ibid.(18 September 1875), 186.
89) *Life & Light*(2 March 1896), 6,7;(1 May 1896), 5;(1 September 1896), 7;(2 November 1896), 3.
90) 참조. N.C Macfarlane, *Scotland's Keswick*(London: Marshall Brothers, n.d.), 15; R.N. Burns in Christian Guardian(19 April 1893), 244; *The Story of Mandeville Keswick Convention*(n.p., nd.), 3.
91) 참조. B.P. Jones in *The Spiritual History of Keswick in Wales, 1903-1983*(Cwmbran, Gwent: Christian Literature Press, n.d.), 7; 그리고 J.T. Carson, *The River of God is Full: Portstewart Convention through Seventy Five Years, 1914-1988*(Portstewar, Co. Londonderry: Convention Committee, n.d.), 9.
92) W.M. Douglas, *Andrew Murray and his Message*(London: Oliphants, n.d.), 172-174.

방종으로 간주하는 것에 대한 공격을 이끌었다.[93] 인도에서도 그와 유사한 사건들이 있었다. 케직 메시지에 고무된 다수의 교회선교회 선교사들 가운데 한 사람인 토마스 워커(Thomas Walker)는 1893년 틴네벨리 지구 전역에서 수치와 기도의 날을 개최했다. 후에 교회 정화 운동이 있었는데, 카스트 제도를 준수하는 것에 대한 엄숙한 파문, 비밀 결혼과 술독에 빠짐 및 금전적 부정직에 반대하는 것 등이 포함됐다.[94] 미국에서, 케직 교리는 노스필드 및 그에 상당하는 회의들에서 듣게 되었지만 집회 전체를 위한 조직 원리가 되는 일은 드물었다. 무디의 교리는, 케직의 교리와 동일하게 되는 것이 없이 뭔가 매우 유사한 것이 되었다.[95] 그 대회는 세계의 많은 지역에서 크리스천의 삶에의 새로운 접근법을 진작시켰다.

6. 오순절운동의 근원

영감에서 웨슬리파이든 아니면 케직이든, 성결 운동들은 19세기 후반의 많은 복음주의자들 사이에서 성령의 사역에 대한 현존하는 강조를 강화했다. 성령은 활기찬 기도회들과 관련하여 언급되는 경우가 많았다. 따라서 1860년 잉글랜드의 데비제스(Devizes)에서 열린 시골집 집회에 참석한 사람들이 '성령으로 충만'하다고들 했다. 1868년 펜실베니아 미드빌에서 있었던 기도 주간 동안에 '그 방은 문자 그대로 성령으로 충만했다.'[96] 신앙부흥의 시대-추구된 것이든 아니면 경험된 것이든 간에-는 '오순절적'(Pentecostal)-노바스코샤나 사우스오스트레일리아에서든, 아일랜드나 남아프리카에서

---

93) 참조. Andrew Porter, 'Cambridge, Keswick and Late Nineteenth - Century Attitudes to Africa' *Journal of Imperial and Commonwealth History* 5(1976), 25-28.
94) M[ildred] E. Gibbs, *The Anglican Church in India, 1600-1970*(Dellshi: Indian SPCK, 1972), 336.
95) 참조. Marsen, Fundamentalism and American Culture, 77-80.
96) *Revival*(London: 21 January 1860), 22; *Examiner and Chronicle*(New York: 23 January 1868).

든 간에-이라고 말할 수 있었다.[97] 브라이턴 성결 대회는 '우리의 오순절'이라고 불렸으며 케직에서 성령은 '오순절의 선물'이라고 일컬어졌다.[98] 1900년에 출판된 책에서 아더 T. 피어슨은 그 시기는 '오순절운동'을 낳았다고 말할 수 있었다. 그가 말하고자 했던 바는 20세기에 그런 이름을 얻게 될 것은 무엇인가가 아니었다. 오히려 '세 가지 측면-거룩하게 하심, 부여하심, 충만케 하심-에서의 하나님의 영의 사역에 대한 새로운 강조'였다.[99] 부여의 요소는 특히 무디의 친구들 사이에서 크게 부각됐다. 피어슨은 1882년 무디의 사역과 관련된 시카고 신문에 이런 글을 썼다. '우리는 그 중에서도 복음전도자의 세례가 필요하다. 오순절은 [그리스도가 파송하시는 사람들에게] 증거하는 "능력"을 부여했다.'[100] 무디의 후계자가 될 R. A. 토레이는 그와 같은 주장을 상세하게 전개하는 『성령세례 받는 법』(The Baptism with the Holy Spirit, 1895)라는 책을 썼다.[101] 토레이의 목적의 일부는 그들이 성령과 맺는 관계에 상응하는 크리스천들의 내부 집단과 외부 집단의 개념적 구분을 명확하게 하고 있는 사람들에 반대하는 것이었다. 예컨대, 아사 마한은 신자들은 성령을 받은 사람들과 아직 성령을 받지 않은 사람들 두 부류가 있다고 가르쳤다.[102] 보통 크리스천들은 성령을 소유하지 않는다는 함의는 실질적으로 모든 동시대의 복음주의 지도자들에게 거부당할 수 있었다. 그러나 그런 이유로 유사한 사상들이 흔해진 것 같다. 성령의 교리를 둘러싸고 광범위한 소동들이 있었던 것이다.

19세기의 마지막 20년에는, 좀 더 극단적인 미국 성결교 교사들의 일부 교사들 사이에서는 완전한 성화의 두 번째 축복 너머에 세 번째 축복이 있

---

97) *Christian Messenger*(Halifax, NS: 20 January 1858), 21; *Methodist Journal*(Adelaide: 11 July 1874); *Irish Presbyterian*(Belfast: February 1853, 97; *Minutes of the Seventh Conference of the Wesleyan Methodist Church of South Africa*(Grahamstown: J. Slater, 1889), 104.
98) J.B Figgis in *Christian*(8 October 1874), 13: *Christian*(4 August 1892), 8.
99) Pierson, *Forward Movements*, 137.
100) *Evangelistic Record*(March 1882), 3.
101) Anderson, *Vision of the Disinherited*, 42.
102) *Christian*(23 December 1875), 8.

다는 믿음이 널리 퍼져 있었다. 세 번째 축복은 피어슨의 능력을 부여받는 은사, 즉 '불의 세례'와 흡사하다고 생각됐다.[103] 상황이 이렇게 된 데는 어쩌면 이내 다른 이례적인 사태들이 있었을지도 모른다. 심지어 피어슨까지도, 교회가 콘스탄티누스 대제 시대부터 쇠퇴하면서 잃어버린 초자연적 은사들이 다시 한 번 쏟아질 수 있다고 생각했다. 그는 1900년에 이렇게 기술했다. '만약 이런 타락한 시대에 새로운 오순절이 원시적인 믿음과 예배, 통일 및 활동을 회복한다면, 신적 능력의 새로운 발휘는 모든 이전 시기의 그런 발휘를 능가할 수 있을 것이다.'[104] 그런 발휘에 방언의 은사가 포함될 수 있겠는가? 케직의 한 스코틀랜드인 비평가는 1892년에 주장하기를 논리적으로 보다 고결한 삶을 영위하자는 운동들은, 한때는 에드워드 어빙과 관련이 있었던 것과 같은 그리고 (그가 생각하기를) 모든 사람이 비난할 방언으로 말하는 것이 분출하게 되리라 기대한다고 하였다.[105] R. C. 모건(R. C. Morgan)은 신앙부흥운동가 성향을 보이는 영국 복음주의자들의 중심에 있는 크리스천의 편집자로 있을 때, 방언이 성령의 본래의 분출이 진짜임을 입증하기 위하여 필요하지만 현재의 하나님의 섭리 속에서는 불필요하다고 주장했다.[106] 다른 한편, 어떤 사람들은 '우리 선교사들에게 매우 많이 필요한' 방언이 교회에 복귀될 수 있는 가능성을 숙고할 준비가 되어 있었다.[107] 분명히 불가해한 사건들이 일어나는 경우들이 이미 있었다. 플로리다의 감리교 순회 목사인 사이먼 리차드슨은 1815년에 일정 기간 계속되는 신앙부흥 전도 집회에 참석하고 있었다.

> 나는 그 집회가 열리는 동안 기도를 할 때 낯선 그리고 오늘에 이르기까지 설명되어 있지 않은 체험을 했다. 나는 내 혀와 말을 제어할 수 없게 되었다. 나는 둘 중 어느 쪽도 제어할 수 없었다. 그 기도는 정말로 경외심을

---

103) *Free Methodist*(4 January 1898), 3.
104) Pierson, *Forward Movements*, 401.
105) *United Presbyterian Magazine*(Edinburgh: January 1892), 5에서 Charles Jerdan.
106) *Christian*(23 December 1875), 8.
107) *Life of Faith*(London: December 1881), 236.

일으키게 했다. 몇몇 여성이 소리를 쳤다-큰 소리를 낸 게 아니라, 놀라서 소리를 친 거였다. 마침내, 그런 불가해한 영향이 잠잠해졌으며, 내 혀가 자연스러워졌다.[108]

방언의 고전적인 사례처럼 보이는 그런 체험, 즉 미지의 언어로 말하는 그런 체험은 두 번 다시 되풀이되지 않았다. 1901년 1월 1일경 뭔가 그와 유사한 일이 캔자스주 토페카에 사는 아그네스 오즈만에게 일어났을 때, 20세기 복음주의의 가장 큰 부문이 될 오순절운동이 시작됐다.[109] 그것은 이전 세기에 이미 나타난 경향의 소산이었다.

본장에서 고찰된 세 가지 영역에서, 19세기 후반은 복음주의자들 사이에서의 철저히 바뀐 태도들의 부상을 목격했다. 비록 복음주의자들 대다수는 이런 새로운 사태에 여전히 영향을 받지 않은 채로 있었지만, 가장 헌신적인 사람들 중 다수는 믿음으로 사는 삶과 그리스도의 재림을 기대하는 것 그리고 성결에 도달하는 것에 대한 새로운 견해들을 채택했다. 각각의 경우에서 새로운 확신들은 그 시기에 전세계의 영어권 사회들에 꾸준히 침투하고 있던 낭만주의 분위기와 밀접하게 연관되어 있었다. 그렇다고 해서 낭만주의 분위기가 새로운 신학적 해석들의 유일한 지적 영감은 아니었다. 왜냐하면 사실 특히 미국에서, 그 시대의 인기 있는 사변들 가운데 다수가 과학적 탐구라는 베이컨적 이상이라고 생각되는 것에 상식적으로 의지하는 데 근거하고 있었기 때문이다.[110] 이런 민중의 가설들은 영국 및 미국의 계몽주의로부터 물려받은 영속적인 유산의 덕을 많이 보고 있었다. 하지만 사명과 미래 및 영성의 새로운 이해의 배후에 있는 사상의 주된 경향은 다음의 낭만주의 시대와 훨씬 더 많이 공명했다. 신앙 원리와 전천년왕국설은 원래 에드워드 어빙한테서 나왔는데, 그는 19세기 초엽에 복음주의 신학을

---

108) S.P. Richardson, *The Lights and Shadows of Itinerant Life*(Nashville, TN: Publishing House of the Methodist Episcopal Church South, 1900), 138.
109) 참조. Anderson, *Vision of the Disinherited*, 51-57.
110) 참조. Marsden, *Fundamentalism and American Culture*, 55-62.

낭만주의 기조로 바꾸어 놓았다. 초절주의와 동시에 등장한 푀베 파머의 성결 교리는 분간할 수 있을 정도로 낭만주의적이었다. 케직의 성향도 이러했다. 케직은 워즈워스와 콜리지에게 사랑받는 잉글랜드 북서부의 호수 지방에서 소집됐다.[111]

낭만주의 시대의 특징인 신앙의 확대된 개념은 세 가지 사실을 결합시켰다. 신앙은 신앙선교를 위한 명백한 기초였다. 신앙은 그리스도의 재림을 소망하는 것의 기초가 되었다. 그리고 신앙은 성결에 도달하는 수단이었다. 그러므로 이러한 교리들은 모든 급진적이었다. 이는 새로운 문화적 태도들이 복음주의 운동에 침투한 결과였다. 그래서 그런 교리들은 제각기 그 당시에 위험한 새로운 것으로 저항을 받았다. 이 모든 입장들의 공통된 특징은 그것들이 새롭다는 것이었다.

하지만 이것들은, 그 시기가 끝날 때까지, 신학적 변화에 대한 보수적인 저항의 함성이 되고 있는 교리들이었다. 특히 전천년왕국설은 교회와 사회에서 당대의 경향들에 대한 날카로운 비난을 일으켰다. 스코틀랜드에서 오랫동안 그리스도의 재림 소망의 으뜸가는 옹호자인 호라티우스 보나르는 1886년 그 주제에 대한 런던 회의를 칭찬하는 글을 썼다.

> 적그리스도가 빠르게 일어나서 힘을 모으고 있다. 수많은 사람들이 무의식적으로 그의 깃발 아래 모이고 있으며 그리고 도래할 심판을, 또는 지옥을, 또는 하나님의 진노를, 또는 죄인의 영원한 멸망을 믿는 것을 반자유주의적인 것으로 생각하고서, 그의 표어—관대(LIBERALTY)—를 채택한다. 이 모든 것을 만나보기 위해서 우리는 하나님의 그리스도의 재림을 고대한다…[112]

역사의 진로에 대한 전천년왕국론적 믿음 고유의 비관주의는 타락의 징후들의 의미를 증대시켰다. 이와는 대조적으로 성결의 교리는 최악의 면을

---

111) 참조. David W. Bebbington, *Holiness in Nineteenth – Century England*(Carlisle: Paternoster Press, 2000), ch. 4.
112) *Christian*(11 March 1886), 11.

보는 고유한 경향을 담고 있지 않았다. 그러나 케직에서 열린 맨 처음 대회부터 전천년왕국설의 교리가 그 연단에서 들렸다. 이렇듯 케직도 복음주의 내의 보수적 경향과 동조하게 되었다.

 본장에서 고찰한 운동들은 자유주의에 저항하기 위한 힘의 으뜸가는 원천이 되었다. 믿음선교를 후원하는 사람들은 양차 대전 사이의 근본주의의 중추가 되었다. 전천년왕국설의 재림은 근본주의자 연합의 대다수의 이념적 접착제가 되었다. 그리고 성결 운동들은, 그것들이 그처럼 크게 공헌을 한 오순절운동과 더불어, 20세기 동안에 보수적인 복음주의의 돌격대를 제공했다. 근본주의자들은, 자신들이 예로부터의 신앙의 저축의 일부라고 생각하지만 그러나 실제로는 백년도 채 안 되는 동안에 되돌아간 믿음을 위한 싸움에 참가하는 경우가 많았다. 20세기에 신학적 보수주의를 경화시키는 데 가장 많이 기여한 것은 전통적인 신념들이라기보다는 오히려 19세기에서 비롯하는 많은 새로운 것들이었다.

제 7 장

복음주의자와 사회

19세기 후반은 사회에서 복음주의자들이 담당하는 역할에 대해서 그들에게 다양한 질문을 제기했다. 산업화-처음에는 영국에서, 그 뒤에는 영어권 세계의 다른 곳에서-는 새로운 부를 가져왔는데, 그런 부를 사용하는 것에 대한 후속하는 문제들도 함께 왔다. 그러나 또한 경기 순환에 의한 주기적 실업이 노동자들을 괴롭히면서 새로운 빈곤도 가져왔다. 시골에서 도시로, 대륙에서 대륙으로의 인구의 이주는 새로운 기회들을 만들어냈지만 또한 전통적인 방법들에 혼란을 일으키기도 했다. 기대 수명의 향상은 가정들이 자신들의 삶을 어떻게 조직하는가에 영향을 미치기 시작했다. 교회는 시대의 질문들에 어떻게 응해야 하는가와 씨름했는데, 세 가지 주제가 특히 부각됐다. 첫 번째 주제는 남성과 여성의 관계였다. 복음에 비추어 볼 때 여성의 적절한 역할은 무엇이었나? 두 번째 주제는 인종들의 관계였다. 특히, 흑인 신자와 백인 신자의 관계는 무엇이어야 하는가? 그리고 세 번째 주제는 레저에 대한 크리스천들의 태도였다. 레크리에이션 활동은 영적이지 않은 것으로 피해야 하는 것인가 아니면 건강에 좋은 것으로 권장되어야 하는 것인가? 게다가, 일련의 문제들이 어떻게 교회는 더 넓은 사회에서 자신들의 단결된 힘을 발휘해야 하는가에 대해서 나타났다. 많은 사람들이 자신들의 과업을 그들이 찬성하지 않는 당대의 삶의 그런 요소들에 반대하는 것이라고 생각했다. 그들은 주일 모독과 로마 가톨릭교회, 성적 학대 등에 반대하는 운동들에 나섰다. 무엇보다도, 높은 비율의 복음주의자들이 술에 대한 강력한 공격을 시작했고, 절대 금주를 옹호했으며, 알코올의 입수 가능성을 제한하려고 힘썼다. 특정 문제들과 싸우려는 그들의 노력으로부터 영혼의 욕구뿐만 아니라 육체의 욕구와도 싸우는 데 헌신하는 더 넓은 사회적 복음 운동이 일어났다. 20세기까지 계속된 이런 국면에서, 많은 복음주의자들이 사회 전체를 변화시키기를 열망했다. 복음주의적인 크리스천들이 그 시기에 그처럼 부각됐기에, 그들은 자신들의 나라들의 사회적 삶 및 심지어 공적 삶에 대해서까지도 큰 영향을 미칠 수 있었다. 다른 어떤 시대와 마찬가지로 이 시대에서도, 그들의 가치관은 영어권 세계의 더 넓은 역사를 형성하는 데 도움이 됐다.

1. 여성의 역할

더 넓은 사회에서 그들의 자리가 차지하는 중심성은, 첫째로, 여성의 역할에 미치는 그들의 영향에서 분명히 알 수 있다. 복음주의자들은 분리된 영역들에 관한 빅토리아 시대의 이상에 대해 가장 책임이 있는 집단으로 확인됐다. 이런 이상에 따르면, 남성은 공적인 삶에서 자신들의 역할을 담당하지만 여성은 가정이라는 사적인 영역에 국한됐다.[1] 최근에 알게 된 사실은, '가정 이데올로기'(domestic ideology)가 훨씬 더 긴 계보를 갖고 있어서, 이전 세기들에서도 그런 계보의 개요 속에서 번성했다는 것이다.[2] 그럼에도

---

1) 참조. Leonore Davidoff and Catherine Hall, *Family Fortunes: Men and Women of the English Middle Class, 1780-1850*(London: Hutchinson Education, 1987), ch.2.
2) Amanda Vickery, 'Golden Age to Separate Spheres? A Review of the Categories and Chronology of English Women's History', *Historical Journals* 36(1993).

불구하고, 복음주의의 대변인들은 여성이 다른 그리고 여러모로 종속적인 역할을 맡아야 한다는 관념을 강화하기 위하여 많은 일을 했다. 미국의 페미니스트인 엘리자베스 캐디 스탠턴은 '강단으로부터의 맹렬한 경고 및 비난과 성경의 거짓된 해석으로 여성은 협박당하고 그릇 인도됐으며, 그들의 종교적 감정은 그들의 더욱 완전한 종속을 위해서 이용당했다'고 맹렬히 비난했다.[3] 이러한 판단은 편견이 있긴 하지만 전혀 근거가 없는 것은 아니었다. 버밍엄의 회중교 목회자인 존 앵겔 제임스는 『여성의 경건』(Female Piety, 1852)이라는 저서를 출간했다. 이 책은 대단히 인기가 있었는데, 5개월 뒤에 훌륭한 저작으로 미국에서 인용됐으며[4] 1881년에 17판에 도달했다. 제임스는 기독교가 여성의 지위를 고양시켰지만 남성이 성경의 주요한 주체라고 주장했다. 그는 '여자가 종속과 의존의 지위를 차지하도록 의도되어 있는 것은 하나님의 말씀의 모든 부분으로부터 분명하다'고 주장했다. 여자의 으뜸가는 역할은 남자에 위로를 제공하는 것이기 때문에, 그녀의 적절한 영역은 가정이라는 것이었다. 그녀를 다른 괴로운 세계-학계든지 법조계든지 정계이든지 간에-로 데려가는 것은 '소수의 무모한 몽상가들과 분별없는 사색가들 그리고 여성의 제반 권리의 그릇된 옹호자들'에 의해서만 옹호됐다.[5]

제임스보다 훨씬 더 진보적인 신학자인 볼드윈 브라운은 그럼에도 불구하고 마찬가지로 '여성의 권리가 운위되는 이 시대의 어리석고 공허한 얘기'를 기꺼이 비난했다.[6] 전형적인 예가 「아이리시 프레즈비티리언」(Irish Presbyterian) 1895년 2월호의 여성 섹션이 환대에 관한 이야기와 요리법 세 가지, 하녀를 다루는 법에 대해 여주인에게 주는 조언 등을 담고 있는 것이

---

3) Elizabeth Cady Standon, Susan B. Anthony and Matilda Joslyn Gage(eds.), *History of Woman Suffrage*(New York: Fowler & Wells, 1881), 1:16-17.
4) *American Missionary*(New York: February 1857), 29.
5) John Angell James, *Female Piety or the Young Woman's Friend and Guide through Life to Immortality*(17th ed. ,m London: Hamilton, Adams & Co., 1881), 60, 72.
6) James Baldwin Brown, *The Home: In its Relation to Man and Society*(2nd ed., London: James Clark & Co., 1883), in D.A. Johnson, *Women in English Religion, 1700-1925*(New York: Edwin Mellen Press, 983), 157.

였다.[7] 복음주의적인 기대는 여자가 집에 있으리라는 것이었다.

그렇지만 그 그림은 너무 단색조로 그려질 수가 있다. 젊은 여성들에게 지침이 되는 글을 쓴 또 다른 저술가인 윌리엄 란델스는 당시에 런던에서 인기 있는 침례교 목회자였는데, 실제로 그 주제에 관한 책을 두 권 냈다. 하나는 1859년에, 또 하나는 만 10년 뒤에 출간했다. 그 사이에 명확한 심경의 변화가 있었다. 1859년에 제임스처럼 란델스도 가정 이데올로기에 찬성하면서 '여성의 영역은 공적인 장소가 아니라 집이라는 은신처'라고 가르쳤다.[8] 그는 여자가 영적으로 남자와 동등하지만, 종속적이면서 의존적이라고 주장했다. 그렇지만 뒤의 저작에서, 그는 여자가 남자보다 열등하다는 관념을 전적으로 거부하고서, 남자들은 한결같이 우월한 추리력을 지녔다는 자신의 초기의 판단을 버렸다.

그는 이제 주장하기를, 남자는 추론에서 더 낫고 여자는 '직관적 인식과 기지'에서 더 낫다고 했다. 란델스는 페미니스트가 아니었다. 그는 이렇게 기술했다. '남자는 가정의 의무들에 대한 소질이 없다. 그리고 그런 의무들이 이루어질 필요가 있는 한-즉 세상이 계속되는 한-여자들은 그런 의무들을 다하도록 요구될 것이다.'[9] 하지만 그는 여자의 타고난 능력에 대한 자신의 견해를 바꿀 준비가 되어 있었다. 다른 곳에서도 여성의 잠재력에 관한 보다 폭넓은 견해가 존재했다. 같은 해에 뉴질랜드에서는, 잠언 33장에 기초해서 남편과 자식들을 돌보는 일 외에도 여자는 강해야 한다고 주장됐다. '남자뿐만 아니라 여자도 때로는 무정한 세상의 가혹한 요구들에 응하도록 요구받는다.'[10] 어쩌면 식민지적 상황이 자립적인 여성을 마음속에 그리는 것을 더 쉽게 만들었을지도 모른다. 캐나다에서는 1891년에 감리교 신문의 한 기자가, 중국인 여자들의 노예 해방을 목표로 삼으면서도 '우리 자신의

---

7) *Irish Presbyterian*(Dublin: February 1895), 30-31.
8) William Landels, *Woman's Sphere and Work, Considered in the Light of Scripture: A Book for Young Women*(London: James Nisbet & Co., 1989), 27.
9) William Landels, *Woman: Her Position and Power*(London: Cassell, Petter & Galpin, [1870], 26-28, 68-69, 97.
10) *Christian Observer*(Christchurch: January 1870), 3.

어머니와 누이와 아내들을 가정의 노예'로 이용하는 것은 일관성이 없다고 주장했다.[11] 심지어 영국 의회에서도 1880년대의 여성 선거권 부여에 대한 으뜸가는 지원은 일단의 회중교인들한테서 나왔다.[12] 이렇듯 여성이 사적인 영역에 제한되어야 하는 정도에 대해서는 복음주의자들 사이에서도 의견이 각기 달랐다.

여성과 가정과 복음주의 신앙의 연관은 페미니즘을 특징짓는 19세기 역사에 대한 많은 시각들의 토대이다. 바바라 웰터는 1800년부터 1860년까지의 시기에 미국 종교의 여성화가 있었다고 주장했다. 점차, 신생 공화국이 복음화되면서, 교회 내에서 여성의 활동을 위한 영역이 점점 커졌고, 유아는 영원한 벌을 받는다는 믿음이 사라졌으며, 찬송가는 사랑과 자비의 좀 더 여성적인 주제들을 점점 더 강조했다.[13] 마찬가지로, 『기독교 영국의 죽음』(*The Death of Christian Britain*, 2001)에서 칼룸 브라운이 제시하는 영국의 경험에 관한 자극적인 해석은, 19세기가 시작될 무렵부터 1960년대까지 복음주의적 경건은 여성다움과 동일시됐다고 주장한다. 여자들은 가정에서 자기 자녀들에게 복음주의적 태도들을 전해서, 덕이 높은 행위라는 지배적인 자아상(self-image)를 유지했다. 그렇지만 남자들은 이러한 경건의 구조 내에 자동적인 자리를 가지고 있지 않아서, 브라운에 따르면, 세상적인 유혹에 영속적으로 노출되어 있는 것으로 받아들여졌다. 여성의 영성과 남성의 영성 사이에는 큰 간격이 있었다.[14] 하지만 린다 윌슨의 보다 상세한 작업은 이런 분석의 여러 부분에 의구심을 던진다. 복음주의적인 비국교도들 -여성뿐만 아니라 남성들도-에 관한 상당한 수의 사망기사를 조사함으로써, 윌슨은 영성이 가정과 관련하여 생겼다고 확인한다. 남성의 사망기사들

---

11) 'M.E.S' in *Christian Guardian*(Toronto: 5 August 1891),483.
12) Elizabeth Cady Stanton, Susan B. Anthony and Matilda Joslyn Gage,(eds.), *History of Woman Suffrage*(Rochester, NY: Charles Mann, 1887), 3: 872-878.
13) 참조. Barbara Welter, 'The Feminization of American Religion, 1800-1860', in Mary S. Hartman and Lois Baner(eds.), *Clio's Consciousness Raised: New Perspectives on the History of Women*(New York: Harper & Row, 1974).
14) Callum G. Brown, *The Death of Christian Britain*(London: Routledge, 2001), 특히 4장과 5장.

과는 달리, 여성의 사망기사들은 자녀들을 돌보고, 하인들을 부리며, 환대를 제공하는 점을 통해 주체가 되는 솜씨에 대해 언급하는 경우가 많았다. 다른 한편, 개인적인 경건은 성별에 의해서는 별로 차이가 나지 않았는데, 회중교 여성들만이 독서와 묵상에 더 많은 시간을 들이는 것을 통하여 그들의 남성 신자들과는 상당한 차이를 보여주었다.

개인적인 경건이 믿음의 문제들에 이르렀을 때, 교파별로 어느 정도 차이가 있었지만 성별로는 전혀 차이가 없었다.[15] 여자들은 가정에서 자신들의 신앙을 나타낼 것으로 그 시대의 관습에 의해서 기대될 수가 있었다. 그러나 그들은 그들의 종교적 확신과 그들의 경건 스타일을 그들 가정의 남자들과 공유했다. 공통의 복음주의 신앙을 고백하는 사람들 사이에서는 성별에 따른 근본적인 균열이란 없었다.

그럼에도 불구하고 사실 여성과 남성이 동등한 비율로 교회에 존재하지 않았다. 잉글랜드에서는, 예배에 참석하는 사람이 남자보다 여자가 많은 경우가 다반사였으며, 더 큰 헌신을 수반하는 등록교인의 수는 더욱 큰 불균형을 보여주었다. 비록 비율이 예배당(채플)마다 다르긴 했지만, 그 시기에 평균적으로 침례교회와 회중교회의 등록교인의 약 3분의 2는 여성이었다.[16] 잉글랜드 국교회에서, 복음주의파는 때로는 남자다운 기풍을 불러일으켜서 다수의 남자들의 마음을 끌고 있다고 주장했다. 그러나 1902년 적어도 런던 남부의 램버스 자치구에서는, 입수 가능한 수치를 살펴보면 복음주의파 예배에 참석하는 남성의 비율이 고교회파보다 낮다는 것을 알 수 있다.[17] 미국에서는, 남녀 비율이 지역마다 달랐다. 동부 연안 지방의 정착이 이루어진 대다수의 주들에 있는 교회들 가운데 다수는 남자보다 여자가

---

15) 참조. Linda Wilson, *Constrained by Zeal: Female Spirituality among Nonconformist, 1825-1875*(Carlise: Paternoster Press, 2000), chs. 3-6. 미국에 대해서는 Candy Gunther Brown, *The Word in the World: Evangelical Writing, Publishing and Reading in America, 1789-1880*(Chapel Hill: University of North Carolina Press, 2004)을 참조하라.
16) 참조. C. D. Field, 'Adam and Eve: Gender in the English Free Church Constituency', *Journal of Ecclesiastical History* 44(1993).
17) Jeffrey Cox, *The English Churches in a Secular Society: Lambeth, 1870-1930*(New York: Oxford University Press, 1982), 283.

많았다. 하지만 적어도 1850년에는 그 차이가 잉글랜드만큼 현저하지 않았다. 그해 남자가 가장 적었던 주인 로드아일랜드는 여자 100명당 남자가 95명이었다. 그렇지만 변경에서는 그 비율이 사뭇 달랐다. 남자가 가장 많았던 주인 위스콘신에서는 여자 100명당 남자가 117명이었다.[18] 세계의 다른 곳에서는 개척 지역들이 여성의 부족으로 고민했다는 것은 주지의 사실이며, 그래서 교회들은 불가피하게 자신들의 환경을 반영했다. 그러나 삶의 양태가 좀 더 안정적으로 되고 체면이 우세한 곳에서는, 여자가 통상적으로 교회에서 남자보다 수가 많았다. 그 이유는 많다. 평판이 좋은 여자들은 노동자들 사이에서 이루어지는 남성 친목의 주초점과 술집 그리고 (점점 더) 운동장에서 배제됐다. 이와는 대조적으로, 여성의 친목은 교회에서 자연스런 배출구를 발견했는데, 교회는 술집의 유일한 대안적인 회합 장소였다. 그리고 심지어 별로 헌신적이지 않은 사람들까지도 종교가 자녀들에게 좋다고 생각해서, 엄마들은 교회를 찾아갔다.

교회에 여자가 다수인 또 다른 이유는 그들이 제공하는 봉사에 이르는 길이었기 때문이다. 린다 윌슨은 제안하기를, 사적 및 공적 영역들과 더불어, 교회는 '제3의 영역'을 제공했는데, 이 영역은 다른 두 영역과 부분적으로 겹치고, 이 영역에서 여자들이 활약할 수 있었다고 했다.[19] 확실히 일부 교회 활동들은 원형적인 여성 역할의 확장으로 간주될 수 있었다. 따라서 여자들이 회중의 행사에서 차를 제공할 때 그들은 자신들이 집에서도 하는 일을 더 큰 규모로 하고 있는 것일 뿐이었다. 병든 사람들을 심방하는 것은 여자들이 그들의 가정의 경계를 넘어서 그들의 타고난 연민을 전할 수 있는 방법으로 여겼다. 따라서 뉴사우스웨일스에 있는 바서스트(Bathurst)의 J. C. 화이트 여사는 사망했을 때 '병실을 심방하는 것을 기뻐한' 것으로 칭송을 받았다.[20] 특히 도시 지역들에서, 많은 교회들이 세운 심방회들은 남자

---

18) 참조. Roger Finke and Rodney Stark, *The Churching of America, 1770-1990: Winners and Losers in our Religious Economy*(New Brunswick, NJ: Rutgers University Press, 1992), 67.
19) Wilson, *Constrained by Zeal*, 210.
20) *Christian Advocate and Wesleyan Record*(Sydney: 19 December 1867), 123.

보다는 여자들로 더 많이 구성되었다.[21] 궁핍한 사람들을 돌보는 여자들을 가로막는 장애물이란 없었는데, 심지어 행정 수완을 요구하는 방법에서도 그러했다. 메사추세츠주 스프링필드의 파멜라 클라크 스미스(Pamela Clark Smith) 여사는 그 도시에 친지가 없는 사람들을 위한 시설과 아동 시설을 세우는 캠페인들을 조직하는 데 앞장을 섰다. 그녀는 그 도시의 가장 활동적인 박애주의자들 중 한 사람이라는 찬사를 들었다.[22] 자발적인 자선 사역자들과 더불어 일련의 복음주의적인 기관들에는 유급 여성 고용인들도 있었다. 예컨대, 1857년에 엘렌 란야드(Ellen Ranyard)는 복음전도 사역을 위해서 런던 성경및국내선교회를 설립했다. 그러나 그 단체의 '성경 여성들'(Bible women)은 이내 간호 업무에 집중하기 시작해서 최초의 유급 사회복지 사업 기간요원들이 되었다.[23] 간호사를 한 명 채용해서 자기가 사는 읍내의 병든 가난한 사람들을 심방하도록 하던 어느 아일랜드 장로교인 의사는 그런 기간요원들 가운데 적어도 서른다섯 명이 개신교 돌봄(Protestant care)의 표지들이 있는 네트워크로 가톨릭을 믿는 아일랜드를 담당할 훨씬 더 원대한 계획을 세웠다. 각 사람은 비천한 가정에서 데려와야 했다. 그 의사는 이렇게 기술했다. '그 사람들 속에서 데려온 그녀는 그들처럼 옷을 입어야 하며, 오직 깨끗함과 단정함으로만 그들과 구별되어야 한다.'[24] 이들 여성은, 그들의 무급 자매들처럼, 여성적인 복음의 가치관을 구현했다.

여성은 교회의 기금 모금 노력에서 똑같이 중요한 역할을 맡았다. 그들은 기부금을 받기 위해서 통상적으로 집집마다 찾아가던 그 시기의 보다 초기에는, 국내선교나 해외선교를 위한 통상적인 모금인이었다.[25] 그들은 큰 규

---

21) 참조. F.K. Prochaska, *Womewn and Philantrophy in Nineteenth-Century England* (Oxford: Clarendon Press, 1980), 109.
22) *Christian Advocate*(New York: 7 January 1897), 11.
23) 참조. Kathleen Heasman, *Evangelicals in Action: An Appraisal of their Social Work in the Victorian Era*(London: Geoffrey Bles, 1962), 36-37.
24) 'M.D.' in *Evangelical Witness and Presbyterian Review*(Dublin: April 1864), 110에서 인용된 109-110; ibid.(October 1864), 277-80에서 'Medicus'(그는 동일한 의사인 것으로 보인다).
25) 예를 들어, *Spectator and Methodist Chronicle*(Melbourne: 5 May 1877), 8; *Christian Advocate and Wesleyan Record*(9 June 1859), 226.

모의 사업들에 대한 책임을 질 수도 있었다. 뉴욕의 24번가 감리교 감독교회에서 예배를 드리던 미망인인 코넬리아 벌링(Cornelia Burling)은 두세 명의 친구들과 함께 기금을 모아서 오레곤주의 플랫헤드(Flathead) 인디언 부족 속에서 선교회를 발족시켰다.[26] 해외선교회와 성서공회들에 기부금을 내는 여성의 비율은 19세기가 끝날 때까지 증가했는데, 네 군데 주요 영국 단체들의 경우에는 여성이 40%에서 50% 사이를 차지했다.[27] '선행과 구제하는 일이 심히 많'고 '속옷과 겉옷'을 지은, 사도행전 9장에 나오는 인물의 이름을 따서 명명된 도르가회들은 때로는(1891년 호주 빅토리아주의 도날드웨슬리언처치에서처럼) 여성 회원들에게 교회 채무를 갚기 위해서 그녀들의 산물을 팔도록 했다.[28] 그렇지만 여자들이 돈을 마련하는 가장 즐거운 수단은 바자였다. 절반은 판매이고, 절반은 연회인 이런 유형의 행사는 그 시기에 다수의 교회들의 프로그램의 인기거리였다. 거의 항상 여자들만이 관리하는 바자는 여러 달에 걸친 철저한 준비가 필요했다. 바느질 봉사단은 옷을 만들었고, 행사를 촉진시키는 사람들은 판매할 다른 물품들을 모았으며, 행사를 조직하는 사람들은 다과 계획을 세웠다. 경쟁의 요소가 어느 단체가 대의를 위해서 가장 많은 돈을 마련할 수 있는가를 살펴봄으로써 삽입됐다. 처음에 바자는 비난을 샀다. 1857년에 「처치 오브 잉글랜드 크로니클」(*Church of England Chronicle*)의 호주인 편집자는 이렇게 물었다. '천박함과 세속성의 어떤 기운이 그 일 전체에 퍼져 있지 않은가?' 그는 또한 여성들 그러나 특히, 자신들의 물품을 팔려고 여성의 간계를 펼쳐서 적어도 '사악한 모습'은 나타낼 것으로 기대되는 '젊은 여성들'에게 '강한 반감'을 느꼈다.[29] 그러한 비판들은 1873년 몬타나주 헬레나에 있는 장로교회에서 열린 여성 바자를 '지금까지 이곳에서 열린 행사 중에서 가장 즐겁고 훌륭하다'는 묘사의 이유를 밝히는 데 도움이 된다.[30] 그 바자는 800달러를 모금했으며, 이와 유사한 꽤

26) *Christian Advocate*(11 January 1883), 27.
27) 참조. Prochaska, *Women and Philantrophy*, 29.
28) *Spectator and Methodist Chronicle*(23 January 1891, 79.
29) *Church of England Chronicle*(Sydney: 2 November 1957), 292-293.
30) *Rocky Mountain Presbyterian*(Denver, CO: February 1873).

많은 금액은 아주 작은 회중들도 끌어들일 수가 있었다. 주목할 만한 사실은, 여성이 많은 선교단체와 많은 교회의 재정적 대들보였다는 것이다.

여성이 기독교 사역에 두드러지게 참여하는 그 이상의 방법은 교육을 통해서였다. 버지니아 침례교 신문은 1868년에 '여성에게 유용한 영역'을 고찰하면서 사적인 교육-기도, 선한 삶을 살기, 기부와 더불어-을 여성이 특히 잘 하는 것으로 목록에 올렸다.[31] 자녀를 양육하는 데서의 여성의 역할은 그들로 하여금 주일학교 교육을 담당할 천부적인 후보자가 되게 했다. 19세기 초에, 적어도 영국에서는, 남성이 우세했지만, 19세기가 흐름에 따라 여성의 비율이 증가했다. 교사의 약 4분의 3은 여자였다.[32] 회중들이 때로는 소년들에게 역할 모델(role model)을 제공하기 위해서 남자를 더 많이 모집하려고 힘쓸 정도로 불균형이 컸다.[33] 비록 한 조사에 따르면 잉글랜드 주일학교 교사의 약 4%만이 훈련을 받았지만, 일부 여성들은 대단히 성실했으며, 한 여성은 자기 반을 가르칠 준비를 하는 데 1주일에 여섯 내지 일곱 시간을 들였다.[34] 여성은 주일학교의 페달식 오르간 연주자, 노래 인도자, 사서, 간사 등인 경우가 많았으며, 때로는 승진해서 특히 유아부의 부장이 될 수도 있었다. 뉴욕의 코넬리아 벌링과 같은 능력 있는 여성들은 때로는 주일학교 전체의 교장이라는 힘들지만 존경 받는 직책을 맡을 수도 있었다.[35] 교육 사역은 또한 여성을 그들 자신의 회중의 주일학교를 넘어서는 곳으로 데려갈 수 있었다. 따라서 시드니의 서섹스스트리트 빈민및실업학교는 1860년대에 한 아일랜드인 교장과 그의 딸인 대니 양(Miss Danne)이 교사진을 구성했다. 이 두 사람은 집에 있는 빈곤한 아동들을 찾아갔으며 성

---

31) *Religious Herald*(Richmond, VA: 14 May 1868).
32) 참조. Brown, *Death of Christian Britain*, 96-97.
33) 참조. C.D. Cashdollar, *A Spiritual Home: Life in British and American Reformed Congregations, 1830-1915*(University Park: PA: Pennsylvania University Press, 2000), 129.
34) 참조. P.B. Cliff, *The Rise and Development of the Sunday School Movement in England, 1780-1980*(Redhill, Surrey: National Christian Education Council, 1986), 182; and Wilson, *Constrained by Zeal*, 191.
35) *Christian Advocate*(11 January 1883), 27.

인들을 위한 주일 저녁 모임을 지도했다.36) 뮤어헤드 여사(Mrs. Muirhead)는 1881년부터 10년 뒤에 사망할 때까지 남아프리카의 러브데일에 있는 장로교선교회가 설립한 여학교의 교장이었는데, 그녀는 분명 자신의 일을 발견한 사람이었다. 그녀의 사망기사에 따르면, '여성다운 지혜, 고결한 도덕적 기품, 썩 훌륭한 상식, 좋은 감정, 힘, 연민, 원숙한 경험, 여자아이들의 외적 및 내적 삶을 모두 포용하는 선교 열정, 이 모든 것이 그녀에게서 빛났다…'.37) 교육이 배타적으로 여성의 영역은 아니었지만 여성이 성취를 얻을 수 있는 영역이었다.

교회 자체에서의 리더십은 한층 문제적인 영역이었다. 모두 여성으로 구성된 지원 단체들과는 그다지 어려움이 없는 게 보통이었는데, 이 시기에 이들 단체가 증가했다. 스코틀랜드 여성길드교회에서는 여자들이 주도권을 잡았다(1887). 하지만 심지어 거기에서도 중앙회의 의장은 1935년까지도 남자가 차지했다.38) 빅토리아주의 발라랏에 소재한 리디아드스트리트 감리교회의 영 위민 밴드(Young Women's Band)는 담임 목사의 아내인 니에 여사로부터 자극을 받았는데, 이 단체 또한 보스워릭 여사가 부단장이 되고 쿡 양이 사서가 되는 기회를 주었지만, 다시금 단장은 담임목사인 E. W. 니에였던 것 같다.39) 미국에서 창설된 여성선교연합은 반(半)여성주의적 의식에 고무되어서, 선교지에 미혼 여성들을 파송했으며 배타적으로 여성적인 단체들로 그들을 지원해 주었다. 1861년 사라 도어머스가 세운 여성연합선교회는, 십년쯤 뒤에 설립된 그 단체의 교단별 상대 단체들 및 여러 유사 기관들과 더불어, 여자들이 자신들의 조직적 재능을 발휘할 기회를 풍부하게

---

36) 참조. Sophie McGrath, 'Beyond Florence Nightingale and Caroline Chisholm: Women in Nineteenth Century History', in Mark Hutchinson and Edmund Campion(eds.), *Long Patient Conflict: Essays on Women and Gender in Australian Christianity*(Sydney: Centre for the Study of Australian Christianity, 1994), 5.
37) *Christian Express*(Lovedale, Sotuh Africa: 1 May 1891), 65.
38) Mamie Magnusson, *Out of Silence: The Woman's Guild, 1887-1987*(Edinburgh: Saint Andrew Press, 1987), 104.
39) *Spectator and Methodist Chronicle*(3 April 1891), 318.

주었다.⁴⁰⁾ 1890년에는 미국 해외선교 인력의 60% 이상이 여성이었다.⁴¹⁾ 그렇지만 국내에서의 혼성 집회에서는, 사도 바울이 여자가 교회에서 말하는 것을 금지한 것에 비추어, 여자들이 모든 사람들 앞에서 말하는 것에 대해 강하고 광범위한 저항이 있었다. 감리교는 예외였다. 왜냐하면 여성에게 회단의 속(society class)을 이끌 기회가 있었기 때문이다. 그래서 예를 들면, 뉴 사우스웨일스에 있는 키아마(Kiama)의 메리 박스셀(Mary Boxsell)은 그녀의 '경이로운 기도 은사'에 대해서 뿐만 아니라 그녀의 '실용적인 교육'에 대해서도 존경을 받았다.⁴²⁾ 하지만 잉글랜드 국교회에서는, 권위가 여성이 예배 행위에 참여하는 것에 눈살을 찌푸렸다. 런던에 있는 브런즈윅 채플의 사제인 E. W. 무어가 여자들로 하여금 1870년대에 자기 교회의 성결 집회에서 자유로이 큰 소리로 기도하도록 했을 때, 그는 주교에게 소환당해서 질책을 받았다.⁴³⁾ 잉글랜드 국교회의 입장은 특히 이상했는데, 이는 여성이 생계의 수호자 구실을 하고, 사제들을 그들의 직책에 임명하며 그리고 교구위원(churchwarden: 평신도 중에서 교구를 대표하여 사제를 보좌하고 회계 사무 등을 담당함-역주)으로서 교구 교회의 생활을 조직할 수 있었기 때문이다. 교회의 최고 통치자가 심지어 여자인 빅토리아 여왕이기도 했다. 페미니즘의 최초의 물결이 잉글랜드 국교회주의에 영향을 미치기 시작한 것은, 1897년에 교구 교회협의회들이 처음으로 세워졌지만 여자는 그것들에서 배제된 때였다.⁴⁴⁾ 리더십을 제공할 수 있는 여성의 능력은 종종 심하게 제한당했다.

가장 첨예한 긴장은 여성이 설교자가 되는 것이 허락되어야 하는가에 대해서 느껴졌다. 대다수의 순회 목회자들이 여자인 퀘이커파에게는 아무 문

---

40) 참조. R. P. Beaver, *American Protestant Women in World Mission: History of the First Feminist Movement in North America*(2nd ed., Grand Rapids, MI: Eerdmans, 1980).
41) 참조. Dana L. Robert, *American Women in Mission: A Social History of their Thought and Practice*(Macon, GA: Mercer University Press, 1997), 130.
42) *Christian Advocate and Wesleyan Record*(2 August 1876), 68.
43) John B. Figgis, *Keswick from Within*(London: Marshall Brothers, 1994), 79-80.
44) 참조. Brian Heeney, "The Beginnings of Church Feminism', *Journal of Ecclesiastical History* 33(1982).

제가 없었다.[45] 북미의 자유 감리교도파처럼, 감리교 수구파도 강단을 여성에게 개방하는 것을 지지했다. 하지만 그 교파의 목회자들 가운데 스미스라는 사람은 오렌지자유주(남아프리카 중부의 주-역주)의 블로엠폰테인(Bloemfontein)에서 이런 입장을 옹호하면서도 이러한 교리에 실제적인 제한을 두어야 한다는 모순된 입장을 드러냈다. '그는 주장하기를, 여성의 으뜸가는 그리고 최고의 영향력은 집에서 발휘되지만, 그럼에도, 그녀가 집에서 자신의 의무를 다한 뒤에… 그녀에게 설교할 능력과 시간이 있으면, 그[녀]는 설교할 권리가 있다고 했다.'[46] 1859년 성결의 교사인 푀베 파머는 여성이 남성의 권위를 침해하지 않는 한 여성이 얘기할 자유를 옹호하는『천부의 약속』(The Promise of the Father)을 출간했다. 그녀는 여성의 선포가 그들이 살고 있는 현대의 한 특징이 응당 되어야 한다고 주장했다.[47] 그녀는 캐서린 부스에 의해서 반향됐으며, 구세군은 여성 사관들을 동등하게 대우했다.[48] 그럼에도 불구하고 여성의 설교는 여전히 이례적인 일이었다. 1891년 호주 빅토리아주의 바커스 마시(Bacchus Marsh) 감리교회에서 사역하는 어느 여성 설교자의 신기함은 만원인 회중들을 여전히 끌어들였다.[49] 대다수의 교파들에서의 우세한 견해는 여성 목회에 대해 명확히 반대한다는 것이었다. 1868년 사우스캐롤라이나의 한 침례교인에 따르면, 여자가 사람들 앞에서 말하는 것은 '성경에서 분명히 금지되어 있는 것 같으며, 우리가 이러한 사실에 놀랄 필요가 없는 것은 그런 관습이 여성의 타고난 성품인 겸손함에 거의 어울리지 않기 때문이다.'[50] 심지어 1878년에 한 미국인 회중교인이 여자의 침묵이 신약 시대의 원칙이라기보다는 관습의 문제라는 것을 인정할 때도, 그는 '매우 드문 상황 하에서가 아니라면' 여전히 여성 성직

---

45) 참조. Elizabeth Isichaei, *Victorian Quakers*(Oxford: Clarendon Press, 1970), 94-95.
46) *Christian Express*(1 December 1876), 6.
47) Thomas C. Oden(ed.), *Phoebe Palmer: Selected Writings*(new York: Paulist Press, 1988), 39.
48) 참조. Pamela J. Walker, *Pulling the Devil's Kingdom Down: The Salvation Army in Victorian Britain*(Berkeley, CA: University of California Press, 2001), 109-119.
49) *Spectator and Methodist Chronicle*(6 March 1891), 223.
50) 'J.A.B' in *Religious Herald*(2 April 1868).

임명을 받아들이고 싶어 하지 않았다.[51] 실제로, 그 사람 자신의 교파의 여성 교인인 앤트워네트 블랙웰(Antoinette Blackwell)이 1852년에 뉴저지에서 목사가 되었지만, 그녀는 그 뒤에 유니테리언교로 개종했다.[52] 그러나 그녀는 예외적인 인물이었다. 몇몇 기독교 집단을 제외하고는, 여성의 성직 수임은 20세기가 될 때까지 유예되었다.

하지만 여성은 다른 지위들에 도달했다. 그 시기의 중대한 발전은 여집사 직분의 수여였다. 매우 진취적인 잉글랜드 국교회 사제인 윌리엄 페니파더(William Pennefather)는 1860년에 여성 선교사들을 위한 훈련원을 설립했는데, 이는 4년 뒤에 런던 북부의 마일드메이파크로 이전했으며 그도 함께 갔다. 점차 그것은 독일의 카이저베르트(Kaiserwerth)에 있는 루터파 공동체를 본뜬, 여집사들을 위한 근거지가 되었다. 박해에 대한 보호책으로 독특한 옷을 입은 그 자매들은 일련의 교회 사역에 대해 책임을 졌다. 이 교회 사역에는 복음전도와 일반 심방뿐만 아니라 간호와 사회적 돌봄도 포함됐다.

1893년 페니파더의 미망인인 캐더린의 지도 하에, 그들 가운데 팔십 명이 런던의 더 가난한 지역들에서 활동하는 마일드메이선교회 24곳의 구성원이 되었다.[53] 그 당시에 그 여집사들의 성공은 다른 잉글랜드 교파들 대다수를 고무해서 그들을 모방하고, 그 자매들이 너무나 수녀 같다는 처음의 의심을 극복하도록 했으며, 미국과 호주에도 그들을 모방하는 단체들이 있었다. 20세기에는, 잉글랜드 침례교 여집사들과 같이, 그들 중 일부의 사역은 안수 받은 목회자들의 사역과 실질적으로 구별할 수 없게 되었다.[54] 다른 여성들은 기독교와 페미니즘을 혼합한 운동들의 선두에 서서, 교회에서뿐만 아니라 일반 사회에서도 그 운동들을 사람들한테 부각시켰다. 잉글랜드에서는, 한 국교회 사제의 아내인 조세핀 버틀러가 오래 끌었지만 결국은

---

51) W.D. Love in *Bibliotheca Sacra*(New York: January 1878), 42.
52) 참조. A. Maude Royden, *The Church and Woman*(London: James Clarke, 1925), 131.
53) Hariette J. Cooke, *Mildmay: Or the Story of the First Deaconess Institution*(2nd Ed., London: Elliot Stock, 1893), spec. 86.
54) Nicola Maorris, *Sisters of the People: The Order of Baptist Deaconess, 1890-1975*(Bristol: Centre for Comparative Studies in Religion and Gender, 2002).

성공한 운동을 이끌어서 법령집에서 반(反)전염병법(Anti-Contagious Diseases Acts)을 제거했다. 1860년대에 통과된 이 법은 육군 및 해군 병영 인근에 있는 매춘부들의 강제적인 건강 진단을 규정했다. 자신의 복음주의 신앙에 추동된 버틀러는 성적 부도덕의 암묵적 관용과 여성에 대한 불공평한 대우를 비난했다.[55] 미국에서는, 감리교인으로서 교사 생활을 했으며 한때는 D. L. 무디의 동료였던 프란시스 윌라드(Frances Willard)가 1879년에 여성기독교 금주연합의 회장이 되어서 술과의 전쟁을 벌였다. 그녀는 이 단체를 '가정 보호' 운동을 하는 본부로 만들어서, 여자들이 벌이는 그 운동을 진척시키기 위해 정치적 동맹자들과 능숙하게 협상을 했다.[56]

윌라드는 그럴 수 있었다면 자기가 목회자가 되는 길을 택했을 거라고 하면서, 『강단에 선 여성들』(Women in the Pulpit, 1888)을 출간해서 남녀 성별(gender)이 성직 임명에 장애물이 되어서는 안 된다고 주장했다.[57] 이러한 여성들에게는 가정 너머의 삶에서 주요한 역할을 담당하기 위해서 동시대의 인습을 타개하는 것이 가능했다. 우리는 복음주의적 종교가 사회에서의 여성의 역할을 제한할 수 있었을 뿐만 아니라 확장할 수도 있었다고 결론지을 수가 있다.

2. 인종 관계

둘째로, 인종 간의 관계의 문제가 이 시기에 특히 만연했다. 복음주의자들은 영국 노예무역의 폐지(1807)와 영국 영토에서의 노예 해방(1833)을 위한 성공적인 운동들을 이끈 훌륭한 기록을 자랑할 수 있었다. 그렇지만 그 시

---

55) Helen Mathers, 'The Evangelical Spirituality of a Victorian Feminist: Josephine Butler, 1828-1906', *Journal of Ecclesiastical History* 52(2001).
56) 참조. Ruth Bordin, *Woman and Temperance: The Quest for Power and Liberty, 1873-1900*(Philadelphia: Temple University Press, 1981).
57) 참조. Royden, *Church and Woman*, 131. The standard life is Ruth Bordin, *Frances Willard: A Biography*(Chapel Hill, NC: University of North Carolina Press, 1986).

기의 초에 흑인노예제도는 여전히 미국 남부에서 굳건히 견지되고 있었다. 그곳에서 대다수의 복음주의자들은 흑인노예제도가 신적으로 재가된 것이라고 주장했다. 다른 한편으로는, 미국 북부의 교파들 중 몇몇은 맹렬한 노예제도 폐지론을 조장했는데, 노예제도를 '기독교 선교에 가장 강력한 장애물'로 봤다.[58] 1857년 보스턴에서 개최된 한 집회에서, 노예제도 폐지론자들의 지도자인 루이스 타판(Lewis Tappan)은 자신의 청중들에게 '억압받는 사람들을 위해 그리고 하나님의 진노를 이 나라에 가져올 것 같은 엄청난 죄악에 맞서, 주님의 편에 서서 명약관화하게 나오라'고 요구했다.[59]

노예제도에 반대하는 감정은 계속해서 영국 제도에서 번성했다. 1853년, 복음주의적인 퀘이커교 신문인 「프렌드」(Friend)는 자유인인 흑인 남자 세 명이 뉴올리언스에서 노예로 팔린 사실을 개탄했다. 그리고 벨파스트의 한 장로교 신문은 해리엇 비처 스토우의 '비할 데 없는 작품'을 칭찬했는데, 이는 그녀의 노예제도 폐지론 소설인 『톰 아저씨의 오두막』(Uncle Tom's Cabin)을 의미했다.[60] 일반 침례파는 미국이 아메리카 합중국(the Union)에 노예주(남북전쟁 당시까지 노예제도가 인정되던 미국 남부의 주; 15개 주-역주)를 더 많이 받아들이자 1850년대에 낙담해서 바라봤다.[61]

1861년 남북전쟁이 노예제도를 지지하는 남부 연방과 북부의 연방 정부 사이에 일어났을 때, 영국의 가장 복음주의적인 견해를 바꿔서 남부에 반대하게 만든 것은 '우리와 같은 사람들을 속박하는 엄청난 죄책'이었다.[62] 심지어 19세기의 마지막 십년에도, 그와 같은 대의가 복음주의적인 비국교도들을 불러 모아서 영국이 1890년에 획득한 잔지바르 섬에서 노예제도를 철폐하는 데 관심을 갖게 했다.[63] 노예제도에 대한 뿌리 깊은 혐오는 많은 복

---

58) *American Missionary*(February 1857), 29.
59) Ibid.(July 1857), 149.
60) *Friend*(London: 2nd Month 1852), 24-25; *Irish Presbyterian*(Belfast: January 1853), 25.
61) *General Baptist Magazine*(London: April 1854;(February 1855), 88(December 1856), 472.
62) *Baptist Magazine*(April 1863), 205-211에서 N. Haycoft.
63) *Christian World*(London: 8 August 1895), 606; Nottingham Free Church Council, ibid.(30 January 1896), 83.

음주의자들의 공적 태도들에 미친 강력한 영향력이었다.

이런 입장의 지적 전제들은 복음주의자들이 계몽주의와 공유하는 세계관에 굳건히 놓여 있었다. 1850년경, 노바스코샤에 있는 핼리팩스(Halifax)의 「크리스천 메신저」(Christian Messanger)는 그해에 인종들 사이에는 근본적인 차이가 없다는 것이 일반적으로 인정된다고 선언했다.

> 근대 저술가들이 '앵글로색슨 인종'의 정력(energies)에 관해 많은 얘기를 했다. 그러나 이 점에서 그들의 견해들은 무익하고, 무의미하며, 비철학적이다. 왜냐하면 그들이 마치 인간 가족의 이 분파에 뭔가 타고난 능력이 있다는 듯이 기술해 왔기 때문이다. 그들은 이 분파의 우월성이 그러한 능력 덕택이라고 생각한다.[64]

그 기사는 이어서 영어권 민족들의 의심할 여지가 없는 업적들은 본래부터 가지고 있는 인종적 특성들 덕분으로 돌리는 것이 아니라 그들이 획득한 성경에 대한 경외심 덕분으로 돌려야 한다고 했다. 그러므로 원칙적으로, 지상의 다른 어떤 민족 집단도, 만약 그것이 성경적 가치관에 의해서 형성됐다면, 동일한 성취를 이룰 수 있다는 것이다. 이런 확신은 인류의 통일성에서 비롯하는 과학적 추론이라고 생각됐다.[65] 그러므로 일반적인 견해는, 잉글랜드 회중교인 에드워드 미올이 1863년에 선언한 대로, '기독교는 어디에서도, 피부색이 흰 인류가 흑인을 파멸시킨[킬지도 모른]다는 현대의 주장을 지지하지 않는다'는 것이다.[66] 따라서 영국의 복음주의자들과 특히 침례교인들이 동원돼서 부당한 폭력으로 흑인 소요를 진압한 자메이카 총독의 처벌을 요구할 수 있었다.[67] 따라서 선교기관들도 기꺼이 흑인들을 고

---

64) *Christian Messenger*(Halifax, NS: 25 January 1850), 25.
65) 참조. John Duns, *Science and Christian Thought*(London: Religious Tract Society, [1866], ch. 13.
66) Edward Miall, *The Politics of Christianity*(London: Arthur Miall, 1863), 147.
67) 참조. David Bebbington(ed.), *The Gospel in the World: International Baptist Studies*(Carlisle: Paternoster Press, 2002)에서 Timothy Larsen, 'English Baptists,

무해서 목회자가 되도록 했다. 그들이 영속적으로 필요한 자격을 얻을 수 없다는 문제는 없었다. 이와는 반대로, 시에라레온의 포우라베이인스티튜션은 1827년 이래로 교회선교회의 후원으로 존재해서 서아프리카의 여러 민족에게 고등교육을 제공했다. 그 기관의 최초의 학생인 사무엘 크라우더(Samuel Crawther)는 1864년에 최초의 흑인 국교회 주교가 되었다.[68] 복음주의적 가설은 개인의 능력의 차이는 인종이 아니라, 주로 종교와 학습에 의해서 결정된다는 것이었다.

그렇지만 복음주의적인 인종적 태도들의 기록에는 보다 어두운 측면이 있었다. 카프카스(또는 코카서스: 흑해와 카스피해 사이의 한 지방-역주)의 여러 민족들이 이전에 다른 인종 집단들이 차지했던 영토들로 침입한 것은 상호 적의를 초래했으며, 적어도 백인쪽에서는 토착 부족들에 대한 모욕을 가져왔다. 호주에서는 예컨대 시드니의 프레더릭 바커 주교(Bishop Frederic Barker)가 호주 원주민은 급속히 멸종을 당할 운명이라고 확신을 갖고 예상했다.[69] 선교 대상이 될 원주민이 곧 없을 거라고 생각됐기 때문에, 그들이 교육과 복음화를 위해서 사우스오스트레일리아의 자유교회에 준 큰 선물이, 1871년 그 기부자의 항의에도 불구하고, 다른 기독교 사역에 전용됐다.[70] 뉴사우스웨일스에 호주원주민보호회라는 단체가 존재했지만, 1886년의 연례회의에 참석한 사람들은 적었다. '대중은 흑인들에 별로 관심이 없다'고 말하여졌다.[71] 호주원주민보호회에 대한 잉글랜드의 후원-주로 복음주의적 양심의 표현-도 마찬가지로 시들해졌다.[72] 캐나다에서는, 비록 서부에 있는 원주민 부족들에 대해 효율적인 선교가 이루어졌지만, 그러한 선

Jamaican Affairs and the Nonconformist Conscience: The Campaign Against Governor Eyre.'

68) 참조. J.F.A. Ajayi, *Christian Missions in Nigeria, 1841-1891: The Making of a New Elite*(London: Longmans, 1965).

69) *Church of England Chronicle*(1 December 1856), 45;(1 December 1857), 309.

70) 참조. R. J. Scrimgeour, *Some Scots Were Here: A History of the Presbyterian Church in South Australia*(Adelaide: Lutheran Publishing House, 1986), 106-108.

71) *Intercolonial Christian Messenger*(Brisbane: 19 March 1886), 803.

72) *Christian World*(13 July 1899), 7.

교도 시들어버릴 것으로 예상됐다. 1872년에 한 선교사는 이렇게 기술했다. '우리에게는 뉴질랜드와 호주에서 더 강한 인종과 접촉함으로써 더 약한 인종들에 가져오게 되는 큰 악들에 관한 슬픈 경험이 있기에, 우리는 마니토바(Manitoba)와 루퍼츠 랜드(Rupert's Land)에 있는 레드인디언 부족의 미래를 염려하지 않을 수가 없다.'[73] 이러한 말에 담겨 있는 동정어린 유감의 어조는, 더 강한 종족의 승리가 불가피하며 어떤 점에서는 바람직하다는 가르침인 사회적 다윈설이 퍼지면서, 이내 약해졌다.

19세기 중엽부터는, 처음에는 오직 제한된 집단에서만 그러나 점점 더 일반 사회에서, 인류의 동질성을 믿는 오래된 믿음은 인종들은 근본적으로 다르고, 인종들은 지적 능력의 서열을 정할 수가 있으며, 인종은 개인적인 특성들의 으뜸가는 결정 요소라는 가설들이 대신했다. 많은 복음주의자들이 이렇게 부상하는 일단의 의견에 굴복했다. 『우리의 나라: 가능한 미래와 현재의 위기』(Our Country: Its Possible Future and its Present Crisis, 1885)라는 저작에는 그것을 암시하는 이상의 것이 있었다. 그 이듬해에 미국 복음주의 연맹의 사무총장이 된 조사이아 스트롱(Josiah Strong)이 저술한 이 책은 앵글로색슨 민족의 우월성을 찬양했다. 이러한 시각에서는 더 약한 인종들의 구성원들은 보호를 받아 마땅할 수가 있으며 리더십을 획득해서는 안 된다.[74] 이런 관점의 우세는 왜 20세기에 들어서도 오랫동안 사무엘 크라우더 이후에 다른 흑인 아프리카 국교회 주교들이 임명되지 않았는지를 설명해 준다.

미국 남부는 첨예한 인종 분리의 옹호를 시작할 지적 혁명이 필요치 않았다. 남북전쟁이 일어나기 여러 해 전에 남부의 신학자들은 북부 여러 주의 일부 사람들에게 자신들의 성경 사례를 납득시킬 만큼 설득력이 있는, 노예제도에 관한 정교한 옹호론을 만들어냈다.[75] 그럼에도 '특별한 제도'의 정당

---

73) *Church Missionary Society Record*(London: November 1872), 352.
74) 참조. Andrew Ross, 'David Livingstone: The Man behind the Mask', in John de Gruchy(ed). *The London Missionary Society in Southern Africa: Historical Essays in Celebration of the Bicentenary of the LMS in Southern Africa, 1799-1999*(Cape Town: David Philip, 1990), 39-41.
75) 참조. Mark A. Noll, *America's God: From Jonathan Edwards to Abraham Lincoln*(New

성에 대한 믿음은 감리교인들과 침례교인들을 둘로 분열시키기에 충분히 불화를 일으키는 것이었다. 그래서 1845년에는 노예제도를 강력히 지지하는 분리된 남부 교파들이 있었다. 또한 남북전쟁이 끝났을 때 강제적인 노예 해방이 남부 백인들에게 좀 더 관대한 태도를 받아들일 마음이 생기게 하지도 않았다.

북부 조지아 회의에 참석한 어느 노련한 감리교 설교자가 1900년에 쓴 글은 여전히 주장하기를, 노예제도가 '흑인들을 위해서 경이로운 일을 해서', 그들을 아프리카의 정글에서 최고 수준의 문명으로 고양시킨다고 했다.[76] 같은 주의 침례교 신문에 게재된 1883년의 한 사설은 '모든 사람은 똑같이 창조되었다'는 독립선언서의 진술을 (주목할 만하게) 부인했다. 그 사설은 이어서 이렇게 말했다. '이렇게 다양한 인종들 가운데 일부는 육체적 조직에서, 지적 능력에서 그리고 정치적이나 사회적, 도덕적 또는 종교적 발전을 위한 능력에서 다른 인종들보다 열등하며, 또한 그들 인종은 시간이 끝날 때까지도 여전히 그러하리라고 우리는 생각한다.'[77]

저명한 미국 침례교 목회자인 A. C. 딕슨은 캐롤라이나 출신으로서 같은 침례교 목회자인 아버지를 두었는데, 그는 남북전쟁이 끝난 지 얼마 안 있어 딕슨을 큐클럭스단(Ku Klux Klan)에 데려갔다. 비록 그 아버지가 린치를 가하는 데 가담하기보다는 발을 뺐지만, 그는 원래 이런 종류의 자경단원 조직이 치안을 유지하는 유일한 방법이라고 생각했다. 그 아들은 사회적 평등을 거부했는데, 그것이 '앵글로색슨 인종의 절멸과 앵글로색슨 인종이 흑백 혼혈아의 인종으로 바뀌는 것의 전조가 될' 서로 다른 인종 간의 결혼을 의미할 것이기 때문이었다.[78] 심지어 1891년에 발표된 남침례교대회 국내

York: Oxford University Press, 2002), ch. 19.
76) S.P. Richardson, *The Lights and Shadows of Itinerant Life*(Nashville, TN: Publishing House of the Methodist Episcopal Church, South 1900), 23.
77) H.L. McBeth, *A Sourcebook for Baptist Heritage*(Nashville, TN.: Broadman Press, 1990), 286에서 'Georgia Editorial on Race, 1883.'
78) 참조. Helen C.A. Dixon, *A.C. Dixon: A Romance of Preaching*(New York: G.P. Putnam's Sons, 1931), 32, 151.

선교위원회의 공식적인 성명서까지도 '유색인들'은 정의와 친절을 얻는 한 '종속적인 지위를 전혀 받아들이고 싶어 하지 않는다'는 것을 보여준다고 확신했다.[79] 남부의 백인 신자들은 여전히 인종들의 불평등에 깊이 구속되어 있었다.

따라서 그 시기의 두드러진 특징은 그들 나름의 회중들을 만들기 위한 흑인 크리스천들의 집단적 이동이었다. 최초의 분리된 흑인 교파는 이미 오래 전인 1816년에 설립됐다. 이때 아프리카 감리교 감독교회가 세워졌지만, 대다수의 회중들은 여전히 여러 인종으로 이루어져 있었다. 하지만 예배는 실제로는 인종 차별적인 경우가 많았다. 따라서 1851년 플로리다의 탈라하세에서는 감리교 주민의 흑인 집단은 본예배를 위해서 계랑(階廊, gallery: 벽면에서 쑥 내밀어져 있는 공간-역주)을 차지했으며, 주일 오후에 그들 나름의 별도의 예배를 드렸다.[80] 무아경의 노래 부르기와 같은 신아프리카적인 관습들과 정력적인 원무(圓舞)는 교회 담장 밖에서 이루어지는 흑인의 종교적 관습을 특징지었는데, 부두교의 특징들은 전혀 알려져 있지 않았다.

그러나 점차 혼합주의적 요소들이 사라져서, 독특한 예배 패턴들을 유지하면서 복음주의 신앙을 지지하는 흑인 회중들을 낳았다. 1865년에는 흑인 인구의 4분의 1에서 6분의 1 사이가 교인이었다.[81] 그해에, 노예 해방이 미국 전역에서 실행됐다. 앨라배마주 헌츠빌에서 침례교인으로서 세례를 받은 한 흑인 여성은 물에서 나와서 '노예살이에서 해방됐고, 죄에서 해방됐다. 하나님과 그랜트 장군을 찬미하라'고 외쳤다.[82] 그 다음 몇 해에 걸쳐서 아프리카계 미국 흑인들은 그들 자신의 교회들을 세우는 것을 철회했다. 그들은 쫓겨났다기보다는 오히려 세속적인 일에서 뿐만 아니라 영적인 문제들에서도 백인들의 보호 감독에서 벗어나고 싶었던 것이다. 이와 유사한 동

---

79) McBeth(ed), *Sourcebook*, 286-287에서 'A Statement on Race Relations, Home Mission Board of SBC, 1891.'
80) 참조. Richardson, *Itinerant Life*, 109.
81) 참조. Mechel Sobel, *Trabelin' On: The Slave Journey to an Afro-Baptist Faith*(Princeton: Princeton University Press, 1988).
82) *Christian Advocate*(11 January 1866), 11.

기 부여가 19세기가 끝나기 전에 남아프리카의 흑인 크리스천들에게 영향을 미치기 시작했다. 거기서는 분리된 선교회 회중들의 존재가 더 높은 정도의 분리를 유지했으며 그래서 거기서 일어난 것은 분리된 교파들의 창설이었다. 1884년, 감리교 목회자인 느헤미아 타일은 한 선교사와 논쟁을 한 끝에 떠나서 백인의 간섭이 없을 템부교회를 세웠다.[83] 다른 분리들이 뒤따라서 독립적인 흑인 기독교라는 새로운 영역의 창설을 가져왔다. 이러한 기독교는 20세기에 전통적인 교회들을 앞지를 운명이었다.

미국 남부의 흑인 교회들은 아프리카계 미국 흑인들의 생활에서 빠르게 중심적인 역할을 담당하게 됐다. 자신들이 공적인 공간에의 접근이 거부당했기 때문에, 흑인들은 자신들의 교회를 클럽과 학교, 극장과 레스토랑, 출판사와 정치적 집회를 위한 장소로 삼았다. 기독교 언론은 세속적인 다양성을 대신했다. 그래서 1900년에는 미국에 흑인 침례교 신문이 마흔 세 개나 있었다.[84] 다른 침례교인들도 때때로 인정하듯이, 흑인 교회들은 그들의 백인 상대방들보다 더 단호한 규율 체계를 작동시키는 게 보통이었으며, 교인들이 입술로 고백하는 것들에 걸 맞는 교인들 사이에서 지켜져야 할 행위의 표준들을 역설했다.[85]

아프리카계 미국 흑인의 영성은 그 나름의 강조점들이 있었는데, 중심적인 중대 관심사들은 모세오경(거룩한 구속뿐만 아니라 세속적인 구속도 상세히 설명하는)과 예수님의 구원 사역 그리고 요한계시록(학대받는 사람들에게 천국에서의 보상을 약속하는)이었다. 천년왕국(또는 지복천년)의 기대는 세속적인 미래에 대한 희망을 마음에 품게 했으며, 아프리카에 대한 자긍심은 흑인들에게 그들 자신의 존엄성과 가능성을 느끼게 했다. 사실 아프리카는 하나님의 심판이 '흑인이 증오하는 백인 크리스천들'에게 임할 것이라고 믿는 사람

---

83) 참조. D. M. *Balia, Methodist and White Supremacy in South Africa*(Durban: Madiba Publishers, 1991), ch. 4.
84) 참조. T.E. Fulop and A.J. Raboteau(eds.), *African-American Religion: Interpretive Essays in History and Culture*(New York: Routledge, 1997), 208-2011에서 Evelyn Brooks Higginbotham, 'The Black Church: A Gender Perspective.'
85) *Religious Herald*(24 January 1878).

들 가운데 일부에게 대안적인 충성을 제공했다.[86] 1896년, 아프리카 감리교 감독교회는 미국에서 남아프리카으로 선교사를 파송하는 선교회를 발족시켰는데, 4년 전에 시작된 토착적인 '에디오피아' 교회를 흡수해서 두 대륙에서 이루어지고 있는 흑인 기독교 운동을 결합시켰다.[87] 그 전 해에, 해외선교와 국내선교, 교육에 관여하고 있는 세 단체가 화해해서 전미침례교대회(National Baptist Convention)를 설립했다. 이는 그 땅을 담당하기를 열망하는 최초의 아프리카계 미국 흑인 침례교파였다.[88] 1906년에 그 교파는 미국에서 흑인 교인의 61%의 지지를 받았다.[89] '흑인 교회'는 그것이 20세기 전반에 걸쳐서 여전히 존재할 것, 다시 말해 한때는 노예였던 사람들의 조건의 향상을 위한 단연 가장 중요한 기관이 되었다.

3. 종교와 레크리에이션

레크리에이션에 대한 교회의 태도는 그 시기 내에서는 세 번째 논쟁적인 주제였다. 그 문제는 신자가 마땅히 피해야 하는 것은 무엇인가라는 문제로 귀착하는 경우가 많았다. 그 시기의 초에는 연극에 대한 금기(터부)보다 더 강한 금기는 없었다. 복음주의파 잉글랜드 국교도들은 1851년에 그들의 잡지로부터, 연극을 개선할 가망이 없으므로 크리스천들은 연극을 멀리 해야 한다는 말을 들었다. 그 잡지는 이렇게 선언했다. '죄악된 상연을 재가하기 위해서 달리 행동하는 것은 확실히 죄를 우습게 아는 것과 같다. 불의를 저지르는 것을 눈감아 주는 것은, 우리가 구주의 보혈을 요하는 그것을 쓸

---

86) T.E. Fulop, "The Future Golden Day of the Race'에 의해 인용된 J.E Bruce: Millennialism and Black Americans in the Nadir, 1877-1901', in Fulop and Raboteau(eds.), *African – American Religion*, 236.
87) 참조. J.T. Campbell, *Songs of Zion: The African Methodist Episcopal Church in the United States and South Africa*(Chapel Hill, NC: North Carolina University Press, 1998).
88) 참조. O.D. Pelt and R.L. Smith, *The Story of the National Baptists*(New York: Vantage Press, 1960).
89) Higginbotham, 'Black Church', 207.

모없는 것이라고 생각한다고 인정하는 것과 마찬가지이다.'[90] 6년 뒤에, 호주의 국교회 신문은 잇따른 3회에 걸쳐서 왜 크리스천들이 연극을 보러 가지 말아야 하는가에 대한 열세 가지 이유를 목록으로 만들 수 있었는데, 부끄럼을 모르는 신성 모독, 여배우들의 의심적은 배역 등이 포함됐다.[91] 연극에 대한 일반적인 혐오는 그 시기에 오랫동안 계속됐다. 1882년에 잉글랜드 감리교 저널은 직설적으로 이렇게 말했다. 연극이 용서받을 수 없는 것은, '관객 전체가 연극을 깨끗이 잊어버려서, 사람이 저지를 수 있는 최고도의 태만을 직접적으로, 만장일치로 그리고 격렬하게 저지르기 시작하지는 않기 때문이다.'[92] 또한 독일의 오베르암머가우(Oberammergau)에서 공연된 수난극에서와 같은 기독교적인 내용도 사태를 호전시키지는 못했다. 잉글랜드 국교회에서 의식주의(ritualism)에 대한 보다 단호한 반대자들 중 한 사람인 제임스 베이트먼은 1880년에, 진보적인 국교회 가톨릭파 사제인 찰스 로우더가 '오베르-암머가우에서 두려운 공연들을 목격한 지 얼마 안 있어 자신의 죽음과 만났다'고 마찬가지로 직설적으로 얘기했다.[93]

그렇지만 좋은 문학을 사랑하는 사람들에게 문제가 있었다. 왜냐하면 영어에서의 가장 위대한 시적 예술가는 만장일치로 극작가인 윌리엄 셰익스피어였기 때문이다. 찬송가 작가인 프랜시스 리들리 하버갈은 약간의 걱정에도 불구하고 그 시인(셰익스피어를 말함-역주)에게 지적 영감을 구했다.[94] 마찬가지로 1887년에 어느 감리교 감독교회에서 셰익스피어역을 연기하는 것이 옳은가에 대해 질문을 받았을 때, 그 교파 신문을 위한 공식적인 응답자는 단호히 아니오라고 말했지만 젊은이들의 오락의 일환으로 발췌문을 읽는 것은 받아들일 수 있다는 말을 덧붙였다.[95] 잉글랜드 회중교 목회자들

---

90) *Christian Observer*(London: May 1851), 300.
91) *Church of England Chronicle*(1 September 1857), 241-242;(15 September 1857), 253-254;(1 October 1857), 265-266.
92) *Experience*(London: January - March 1882), 16.
93) James Bateman, *The Church Association*(London: William Ridgway, 1880),5n.
94) Maria V. G. Havergal, *Memorials of Frances Ridley Havergal*(London: James Nisbet, 1880), 194.
95) *Christian Advocate*(6 January 1887), 4.

제7장 복음주의자와 사회　**303**

가운데 가장 교양 있는 사람 축에 드는 헨리 알론은 셰익스피어 300주년 위원회의 일원이었다. 그러나 그는 다른 사람들에게 판단의 자유를 인정했지만, 그 자신은 절대로 연극 구경을 가지 않았다.[96] 천재는 존경을 받아야 하지만, 악행의 매력적인 상연은 피해야 한다는 것이다.[97]

　다른 형태들의 오락 또한 복음주의가 배격하였다. 경마가 그것들 가운데서 부각됐다. 복음주의파 국교회의 「레코드」는 경마가 개혁될 수 없어서 폐지되어야 한다고 단호히 주장했다. 1862년의 한 사설은 '경마는 훌륭한 노력에 반하는 악덕들의 온상이며 부정한 거래의 사원이다'라고 선언했다.[98] 그 신문은 그 스포츠에 대한 반대의 핵심인 도박을 시사하고 있었다. 경마는 미국에서도 그런 이유로 똑같이 규탄받았다. 미국에서는 1865년 뉴욕 침례교 신문이 경마에는 남자다운 데가 전혀 없다고 주장했다. 조직적인 소매치기들이 그때 막 브루클린의 한 경마장에서 소란을 피워서 '도박이 초래하는 격정과 범죄들'에 주의를 끌기가 쉬웠다.[99] 운에 호소해서 금전적인 이득을 얻으려고 애쓰는 것은 지각없을 뿐만 아니라 부도덕한 것으로도 널리 여겨졌다. 영국의 「뱁티스트 매거진」은 1868년에 도박은 하나님과 자아 및 사회에 짓는 죄임을 입증하는 장문의 기사를 게재했다.[100]

　따라서 도박 정신의 어떤 기미도 교회와 가정에서 추방되어야 한다는 것이다. 호주 빅토리아주의 웨슬리파 순회 교구 중 한 곳에서 열린 바자가 복권 추첨을 광고했을 때, 총회장이 개입해서 복권을 판매하고서 받은 돈을 돌려주었다.[101] 내기를 수반하는, 운에 맡기는 노름들이 기독교 가정들에서는 백안시됐으며, 좀 더 엄격한 사람들은 카드놀이를 하는 것까지도 비난

---

96) 참조. W. H. Harwood, *Henry Allon, D.D.: Pastor and Teacher*(London: Cassell and Co., 1894), 40-41.
97) 전술한 시기에 관해서는 Doreen M. Rosman, *Evangelicals and Culture*(London: Croom Helm, 1984), 75-79을 참조하라.
98) *Record*(London: 3 January 1862), 2.
99) *Examiner and Chronicle*(New York: 6 July 1865).
100) W. Walters in *Baptist Magazine*(July 1868), 438-443.
101) *Methodist Journal*(Adelaide: 14 November 1874).

했다.[102] 하지만 도박에 대한 염려는 시간이 지나도 사라지기보다는 오히려 강화됐다. 1885년에는 킴벌리의 다이아몬드 산지에서 전문적인 도박이 성행해서 걱정을 하던 「사우스 아프리칸 메도디스트」가 그런 도박에 대해 반대를 표명했다. 그리고 4년 뒤에 잉글랜드의 도박 클럽들에 반대하는 복음주의적 의견이 분출됐다.[103] 도박에 대한 반대는 복음주의적 양심의 지속적인 특징이었다.

그럼에도 불구하고 태도들이 부드러워진 영역들이 있었다. 그 시기의 초에 춤이 강하게 비난을 받았는데, 1858년 버지니아주의 한 젊은 여성에 관한 사망기사는 그녀가 '경박한 춤'을 철저히 피했다는 것을 강조했다.[104] 신앙부흥이나 성결과 연관된 일부 사람들이 자신들은 모든 춤에 반대한다고 주장했다. 그들은 크리스천 부모들에게 춤을 가르치는 교습소를 멀리하도록 권했으며 한 성공적인 선교회가 어느 스코틀랜드 읍내의 춤 교습소를 폐쇄하게 만들었을 때 기뻐했다.[105]

그렇지만 다른 사람들은 더 차별적이기 시작했는데, 남녀 양성을 맺어주는 이런 민감한 활동에서는 더욱 그러했다. 어느 미국 침례교 신문은 1871년에, 한편으로는, '기독교 신앙고백과 일치하지 않으며' 그리고 '건강과 도덕에 유해한' 것으로 여전히 생각되는 무도회 및 댄스 파티와 다른 한편으로는, 계절에 맞는 시간들과 사적인 거실로 제한될 때 전적으로 보다 무해한 오락인 스퀘어 댄스(square dance: 남녀 4쌍이 한 단위로 추는 춤-역주)나 소박한 춤 사이에 구별을 지었다.[106] 1880년에는 미국의 한 감리교 감독이, 무도회에 초대받았을 때 크리스천은 천부께 그 행사를 축복해 달라고 기도해서 그 행사에 해로운 데가 있는 것을 발견하도록 권했다.[107] 심지어 연극

---

102) George Dixon in *Christian*(London: 21 October 1875), 8.
103) *South African Methodist*(Grahamstown: 2 September 1885), 430; *Christian World*(23 May 1889), 426.
104) *Religious Herald*(11 February 1858).
105) 참조. *Christian*(5 November 1874), 13: I.R. Govan, *Spirit of Revival: The Story of J.G. Govan and the Faith Mission*(4th ed., Edinburgh: Faith Mission, 1978), 34.
106) *Examiner and Chronicle*(2 February 1871).
107) *Christian Advocate*(19 August 1880), 535에서 Bishop Bowman.

에 대한 태도도 19세기의 마지막 10년에는 관대해졌는데, 그 감독은 무도회에 대해 한 말과 같은 말을 연극에 대해서도 했다. 런던의 시티템플(City Temple)을 담임하던 다혈질의 회중교 목회자인 조셉 파커는 자기는 연극 관람을 받아들일 수 있다고 발표했는데, 이는 스펄전을 실망시켰다.[108] 마찬가지로 시드니에서도 두 성직자가 연극의 합법성에 대해 공공연히 의견이 달랐다.[109] 연극은 그 이미지를 향상시키려고 많은 일을 했지만, 여하튼 중요한 것으로는, 좀 더 관대해진 태도에 관한 설명은 많은 복음주의자들이 자신들의 사회적 일정표와 그들의 향상하는 체면을 맞추기를 원했다는 것이었다. 어떤 점에서는 복음주의자들이 관대해지고 있었다.

오락에 대한 기독교의 후원은 그 시기에 더 많은 발전이 있었다. 첫 번째 단계는 특히 탄광촌과 같은 곳들에서 '당구장이나 무도장, 주점' 등에서 떨어진 곳에 독서실을 제공하는 것이었다. 이는 남자들을 데려오는 한 방법이었다.[110] 훌륭한 복음주의파 신도로서 부유한 폴란드인 엔지니어인 카시미어 그조우스키의 후원으로 한 협의회가 1881년부터 토론토에서 조직한 커피점(coffee house)들과 같이 더 멋진, 따로 마음을 끄는 것들이 뒤따를 수가 있었다.[111] 뉴질랜드의 크라이스트처치에서는, 인기 있는 오락들이 1868년 겨울 저녁들에 시작됐으며, 그 다음 계절에는 교회들이 선례를 따랐다.[112] 음악은 교회 구내에서 이루어지는 활동들의 주요소인 게 보통이었다. 웨일스의 예배당들은 그들 나름의 음악 콩쿠르를 개최했는데, 1888년 에부 베일의 네보뱁티스트채플은 생키의 찬송가집에서 한 곡을 불러서 겨루는 청소년 성가대 3곳이 참가하는 합창대회를 주최했다.[113] 1885년에 시작된 맨체스터감리교선교회는 이내, 유급 예술가들로 전부 갖춰진 정례적인 토요

---

108) 참조. Patricia S. Kruppa, *Charles Haddon Spurgeon: A Preacher's Progress*(New York: Garland Publishing 1982), 449.
109) *Intercolonial Christian Messenger*(5 March 1886), 776.
110) *Rocky Mountain Presbyterian*(October 1873).
111) 참조. D. C. Masters, 'The Anglican Evangelicals in Toronto, 1870-1900,' *Journal of the Canadian Church Historical Society* 20(1978), 55-61.
112) *Christian Observer*(Christchurch: 1 January 1870), 8.
113) *Freeman*(London: 13 January 1888), 29.

일 저녁 콘서트가 있었다.[114] 특히 성탄절에 이루어지는 주일학교 활동들은 오락에 대한 전통적인 의혹이 극복되는 수단이었다. 1868년 뉴욕에서는 몇몇 교회에는 이미 살아 있는 산타클로스가 있었으며, 일부 사람들은 매년 목회자에게 줄 선물을 마련하면서 장난칠 준비를 했다. 그해에 한 교회에서는 '녹색 지폐[달러가 듬뿍 있는 훈련받은 칠면조가 통로를 걸어 올라갔다.'[115] 그런 사태는 자신들이 경건이 한층 외골수적인 사람들을 경악하게 했다. 둔페름라인(Dunfermline)의 어느 성결 옹호자는 이런 글을 썼다. '여기에 있는 주요 교회들 가운데 하나는 기도회 대신에 매주 음악회를 개최하고, 때로는 희극 낭독회를 열기도 하는데, 그 사람들은 파멸로 떠내려가고 있다!'[116] 그러나 대다수의 집단들에서는 그런 경향이 줄어들지 않은 채로 19세기 말까지 그리고 그 이후로도 계속됐다. 1890년대에 멜버른의 「스펙테이터 앤 메도디스트 크로니클」은 '재미'(Fun)라는 제목의 칼럼의 일부를 실었으며, 더블린의 「아이리시 프레즈비티리언」은 명랑한 마음이 좋은 약이 된다는 것에 대해서 잠언의 한 절로 성경의 근거를 제시하면서, '미소와 웃음'이라는 표제로 일련의 농담을 제공했다.[117] 교회들은 자신들의 날개 아래로 인기 있는 오락을 가져오려고 노력하고 있었다.

이와 유사한 방법으로 교회는 스포츠와 연합하려고 열망했다. 19세기 후엽의 두드러진 특징은 표준화된 규칙들과 국가적인 협력이 특징인 조직적인 스포츠의 부상이었다. 자기 뜻대로 쓸 수 있는 여가 시간이 늘어나면서, 남자들은 스스로 스포츠 활동에 가담할 뿐만 아니라 관객으로서 시합들에 몰려들기도 했다. 이것은 교회들과 직접적으로 경쟁하는 것처럼 보이는 게 많았다. 더 엄격한 견해들이 우세한 경우에는 교회들은 적의를 품고서 반대했다. 크리켓 클럽들의 해체는 1875년 사우스오스트레일리아의 탄광촌들

---

114) 참조. George Jackson, *Collier of Manchester: A Friend's Tribute*(London: Hodder & Stoughton, 1923), 133-135.
115) *Examiner and Chronicle*(16 January 1868).
116) 참조. Govan, *Spirit of Revival*, 36.
117) *Spectator and Methodist Chronicle*(2 January 1891), 20; *Irish Presbyterian*(January 1895), 15.

에서는 신앙부흥의 축복받은 성과들 중 하나로 간주됐다.[118] 에딘버러 인근의 배스게이트(Bathgate)에 사는 한 젊은 축구선수는 '우리가 구원을 받게 된다면 계속해서 시합을 할 수가 없다'고 말했다.[119]

하지만 교회의 우세한 태도는 레크리에이션이 종교에 수반돼서, 남성의 용맹에 대한 정당한 찬양을 장려할 수 있다는 것이었다. 미국에서는, YMCA가 앞장을 섰는데, 스포츠를 위한 시설을 제공하고 실제로 농구와 배구를 창안해 냈다.[120] 자전거 타기가 대유행이 됐을 때, A. C. 딕슨은 볼티모어에 있는 자기 교회에서 특별히 자전거를 타는 사람들에게 예배를 제공했다.[121] 잉글랜드에서는, 케임브리지대학 및 잉글랜드 크리켓 선수인 C. T. 스터드(WEC 선교회 창설자)의 신망이 많은 사람들의 회의를 가라앉혔다. 그는 중국에서 선교 봉사를 하기 위해서 자원한 케임브리지 일곱용사 가운데서 가장 많이 알려진 사람이었다.[122] 1890년대 초에, 케임브리지에 있을 때, 보다 늦은 시기의 지도적인 복음주의파 국교도인 스튜어트 홀덴이 크리켓을 하면서 자신의 성경 교실에서 소년들에게 그 게임을 가르치는 것은 자연스러운 일이었다.[123] 자전거 타기와 크리켓은 1890년대에 그리고 20세기에 들어서도 오랫동안 비국교도 예배당(채플)들이 후원하던 똑같이 주요한 스포츠 활동이었다. 1890년 노샘프턴에 소재한 칼리지스트리트침례교회 청년회의 연례 보고서는 이렇게 고지했다. '종교에 관한 보다 넓은 개념들이 통용되는 이 시대에는 사람의 영적 본질이 강조될 뿐만 아니라 교회가 사람은 돌봐야 할 몸이 있다는 사실에 깨어 있기도 하다.'[124] 더 이른 세대의 광교회파

---

118) J.G. Wright in *Primitive Methodist Record*(Adelaide: July 1875), 280.
119) 인용. Govan, *Spirit of Revival*, 80.
120) 참조. Daniel G. Reid, Robert D. Linder, Bruce L. Shelley and Harry S. Stout(eds.), *Dictionary of Christianity in America*(Downers Grove Il.; InterVarsity Press, 1990), 1299.
121) Dixon, *Dixon*, 101.
122) 참조. N. P., *C. T. Studd: Cricketer and Pioneer*(London: Religious Tract Society, 1933).
123) *John Stuart Holden: A Book of Remembrance*(London: Hodder & Stoughton, 1935), 42.
124) David Bebbington and Timothy Larsen eds.), *Modern Christianity and Cultural Aspirations*(London: Sheffield Academic Press, 2003), 37에서 HughMcLeod, "Thews and Sinews": Noncomformity and Sport'에 의해 인용됨.

사람들처럼, 많은 복음주의자들도 육체적 건강을 증진하는 것의 가치를 확신하게 되고 있었다. 스포츠는 교회에 젊은이들을 끌어들이기 위한 기술 이상의 것이었지만, 스포츠는 스포츠였다. 많은 사람들에게 스포츠는 또한 종교가 제공할 것으로 기대되던 풍성한 삶의 본질적인 일부가 되었다.

소설은 복음주의적인 목적에 부합하게 된 그 이상의 영역이었다. 다시금, 영혼의 올무라고 생각하고서 경박한 독서를 거부한 사람들이 있었다. 1882년에 간행된 영국 감리교 가정 선교 잡지에 게재된 '소설, 문학의 알코올'(Novels, the Alcohol of Literature)이라는 제목의 기사는 다른 치명적인 취하게 하는 것들에 대해 그러하듯이 완전히 끊도록 권면하는 것으로 끝났다.[125] 남아프리카의 네덜란드 신교 지도자이자 케직 연설자인 앤드류 머레이는, 그의 딸에 따르면, 소설을 읽을 '수도 없었고 읽으려고 하지도 않았다.'[126] 어떤 점에서는 그런 반응이 놀라운 일이 아니었다. 왜냐하면 대단히 많은 소설가들이 각기 다른 정도로 복음주의 종교에 공공연히 적대적이었기 때문이다.[127] 그렇지만 다른 사람들은 당대의 위대한 소설가들 중 일부의 능력을 인정했다. 런던 회중교 목회자인 알렉산더 롤리는 조지 엘리옷의 미들마치(Middlemarch)를 극찬했다. 이는 또한 1876년에 남아프리카의 복음주의 신문이 그 독자들의 다수가 알기를 바라던 책이었다.[128]

1859년, 시드니에서 발행되던 크리스천 플레더(Christian Pleader)의 주장에 의하면 월터 스코트 경이 그 장르를 크게 향상시켰지만, 그의 저작들에서 구체적인 도덕적 목적을 분별하기란 어려운 일이라는 것이었다. 그 기사는 '허구적인 이야기는, 정당화되려면, 확실히 유익한 목적이 얼마간 있어야 한다'고 주장했다.[129] 그런 견해들 때문에, 다작인 메리 셔우드의 소설들과

---

125) *Experience*(January-March 1882), 96-101.
126) 참조. J[ohannes] du Plessis, *The Life of Andrew Murray of South Africa*(London: Marshall Brothers, 1919), 479.
127) 참조. Valentine Cunningham, *Everywhere Spoken Against: Dissent in the Victorian Novel*(Oxford: Clarendon Press, 1975).
128) Mary Raleigh ed.), *Alexander Raleigh: Records of his Life*(Edinburgh: Adam & Charles Black, 1881), 12; *Christian Express*(1 August 1876), 1.
129) *Christian Pleaders*(Sydney: 9 July 1859), 107.

같이 명백히 종교적인 소설들은 대단히 인기가 있었으며, 19세기의 후반기에 목회자들도 종종 그 소설들을 읽었다. 오락과 신앙심 함양 사이의 경계는 웨슬리파의 마크가이 피어스가 저술한 『다니엘 크웜과 그의 종교적 관념』(Daniel Quorm and his Religious Notions, 1875)과 같은 저작들에서는 선을 긋기가 어려운 일이었다. 콘월의 연합 감리교 목회자 2명과 그들의 누이인 실라스 호킹과 조셉 호킹 그리고 살로메 호킹은 1878년부터 1930년대 사이에 200여 편의 소설을 썼다.[130] 마찬가지로, 복음주의적 기풍은 저널리스트이자 한때는 자유교회 목회자였던 윌리엄 로버트슨 니콜이 후원하는 스코틀랜드의 '카일야드파'(Kailyard school) 문학에서 그리고 랠프 콘노어라는 필명을 쓰는 장로교 목회자 찰스 고든의 이에 상당하는 캐나다 소설들에서 분명한 경우가 많았다. 특정한 지방성에 뿌리를 박고 있던 카일야드파는 이안 매클래런이라는 필명을 쓰는, 또 다른 장로교 목회자인 존 왓슨의 단편소설집 『보니 브라이어 부시 곁에서』(Beside the Bonnie Brier Bush, 1894)에 전형화되어 있었다.[131] 비록 아마추어 같고 지나치게 감상적이라고 습관적으로 비판을 받았지만 이러한 작품들은 신앙과 허구를 섞으려는 지속적인 시도를 드러낸다. 판매 수치를 기초로 하여 판단하건대, 그것들은 대단히 성공적이었다.

4. 성전을 치르는 듯한 문제들

비록 복음주의자들이 오락과 스포츠, 소설을 기독교화하기 위해서 많은 일을 했지만, 그들은 또한 자신들이 판단하기에 사회를 타락시키는 경향이

---

130) A.M. Kent, *Pulp Methodism: The Lives & Literature of Silas, Joseph and Salome Hocking, Three Cornish Novelist*(St. Austrell, Cornwall: Cornish Hillside Publications, 2002).
131) T.H. Darlow, *William Robertson Nicoll: Life and Letters*(London: Hodder & Stoughton, 1925), 115.

있는 세력에 저항하는 데 많은 힘을 들였다. 19세기 후반기는 특정한 목표들에 반대하는 일련의 오랜 운동들을 목격했다. 하나의 관심사는 주일을 모독하는 것에 대한 것이었다. 비록 토요일을 안식일로 준수하는 작은 집단의 제7일안식일침례파가 17세기부터 미국에서 생존했지만, 대다수의 복음주의자들이 주일은 일이나 유희가 없어야 한다고 생각했다. 일부 사람들은 기독교의 주일이 유대교의 안식일보다 온건하다고 생각했지만,[132] 그 둘을 동일시하는 것이 더 일반적이었다. 따라서 영국에서는 1850년대에 철도 기차를 운행하는 것이나 우체국이 업무를 보는 것, 군악대가 연주하는 것, 또는 수정궁(Crystal Palace)이 문을 여는 것 등에 반대 운동을 하는 주일준수회가 있었다.[133] 1855년 시드니의 주교가 사회를 본 공개회의에서 뉴사우스웨일스 주교 관구가 설립됐을 때, '안식일은 하나님의 제도이자 영속적인 책무'라고 주장됐다.[134]

결국, 3년 전에 캐나다의 자유교회 교서(pastoral address)에 밝힌 대로, 안식일은 '십계명의 바로 그 중심에 명문화되어 있었으며, 보편적으로 구속력이 있는 것으로 여겨지는 명령들에 둘러싸여 있다.'[135] 그럼에도 불구하고 일부 복음주의자들은 기독교의 규범들을 일반 사회에 부과하는 것에 대해 유보적인 태도를 보였다. 따라서 1850년 우체국의 주일 노동에 항의를 하는 에딘버러 공개 집회에서 회중교 목회자인 알렉산더 톰슨은 정부에 안식일 준수를 강제하도록 요청하고 있는 게 아니라, 단지 정부에 사람들로 하여금 안식일 준수를 어기도록 강제하지 않을 것을 요청하고 있는 것일 뿐이라고 주장했다.[136] 국교도들과 장로교인들 및 감리교인들은 좀처럼 그런 도

---

132) *Baptist Magazine*(October 1855), 620-625; *Religious Herald*(9 April 1868).
133) 참조. John Wigley, *The Rise and Fall of the Victorian Sunday*(Manchester : Manchester University Press, 1980), ch. 4.
134) *Church of England Chronicle*(1 Chronicle 1856), 5.
135) Richard W. Vaudry, *The Free Church in Victorian Canada, 1844-1861*(Waterloo, ON: Wilfrid Laurier University Press, 1989), 70.
136) Witness(Edinburgh: 20 February 1850), 참조. Timothy Larsen, *Friends of Religious Equality: Noncomformist Politics in Mid- Victorian England*(Woodbrige, Suffolk: Boydell Press, 1999), 189-206.

덕관념들로 고통을 받지 않았다. 교회 원칙들의 국가 시행을 요구하는 것에 대해서 거리낌을 드러낼 것으로 기대할 수 있었을지도 모르는 미국 침례교인들까지도 통상적으로 안식일 엄수에 대한 일반적인 요구에 진심으로 함께 했다. 1865년 남북전쟁의 막바지에 그들의 주요 기관지는 이렇게 말했다. '우리의 안식일을 지키는 것은 살아 있고, 침투하며, 제어하는 기독교의 힘을 유지하는 것이다.'[137] 이러한 문제가 가지고 있는 복음주의적 선입관은 주의가 다른 문제들로 기울여지면서 시간이 지나면 줄어드는 경향이 있었다. 그래서 1897년 잉글랜드 침례교 지도자인 존 클리포드는 기꺼이 주일에 정치적 집회에 참석했지만,[138] 그런 선입관은 거룩성에 대한 지역적 도전들이 있을 때마다 나타날 수가 있었다. 기독교 안식일의 수호는 성전을 치르는 듯한 문제였다.

더욱더 본능적인 감정을 움직이는 두 번째 문제는 반가톨릭교였다. 복음주의자들에게는, 의식주의에 대한 저항의 증거와 로마와 적그리스도와의 연관이 이미 시사했듯이,[139] 가톨릭교회는 사악하고 위험한 세력처럼 보였다. 종교개혁 투쟁들의 기억이 여전히 새로웠으며, 잉글랜드의 비국교도 역사가인 존 스토우턴은 1897년 죽음을 앞두고서 자기가 로마 가톨릭교도들에게 핍박을 받고 있다고 생각했다.[140]

1850년, 16세기 이래 처음으로 잉글랜드와 웨일스에서 가톨릭 성직자 계급 제도가 회복됐을 때, 복음주의자들은 전통적인 편견과 그 문제의 정치적 이용에 의해서 부추겨진 첨예한 반대의 분출에 전면적으로 참여했다. 런던 침례교 목회자위원회는 '관용치 않고 핍박하는 모든 권세의 로마 가톨릭 교회가 지금까지 더없이 포학하고 잔혹한 모습을 보여왔기 때문에, 이 왕국에서 자기의 예전 지배권을 되찾으려고 로마 교황이 기울이는 노력'에 항의했다.[141] 영혼들을 위한 경쟁은 1858년 가톨릭 신자들이 맨체스터의 야외에서 설교를

---

137) *Examiner and Chronicle*(6 April 1865).
138) *Christian World*(25 March 1897), 10.
139) 참조. 5장 144-146과 6장 185.
140) *Christian World*(4 November 1897), 14.
141) *Baptist Magazine*(February 1851), 108.

하는 한 국교회 사제에게 돌을 던졌을 때나 1870년대 초에 라스베이거스의 사제들이 자신들의 양무리가 읍내에 그때 막 개교한 장로교 학교에 출석하는 것을 막으려고 으름장을 놓았을 때와 같은 계속적인 대결을 초래했다.[142]

경쟁의식은 특히 아일랜드에서 첨예했다. 거기서는 그 섬의 광대한 지역에 대한 가톨릭의 지배는 복음전도에 거의 둔감한 것 같았다. 1853년의 「아이리시 프레즈비티리언」에 따르면, 코너트(Connaught) 지방 사람들은 '유럽에서 제일 가난하고 가장 무지하며, 가장 맹목적이면서 타락했다. 그들은 로마가 그렇게 만든 것이다.'[143] 아일랜드 개신교도들이 이주하는 곳마다-그곳이 온타리오든지, 케이프든지, 뉴사우스웨일스이든지 간에-그들은 반가톨릭주의를 강화했다. 그리고 아일랜드 가톨릭교도들의 이산(디아스포라)이 발견될 수 있는 곳마다, 그 신자들은 개신교 경보를 발동시켰다. 뉴욕 감리교 신문은 1876년에 뉴욕 주의 민주당 내에서의 아일랜드 가톨릭 교도들의 힘을 낙심하면서 인정했으며, 4년 뒤에는 이주해온 가톨릭교도 사이에서의 범죄성의 정도를 강조했다.[144] 이렇듯 그 시대는 가톨릭교도들에게 복음을 전하거나, 그들의 정치적 주장들에 저항하거나, 이 두 가지를 얼마간 섞는 데 헌신하는 개신교 단체들이 많았다.[145] 반가톨릭주의는 19세기 중엽에 절정이었을지도 모르지만, 그것은 그 시기 전반에 걸쳐서 설득력 있는 호소를 많이 유지하고 있었다.

투쟁 정신을 불러일으킨 그 이상의 원인은 여성과 아동의 성적 이용이었다. 복음주의자들은 매춘부들을 그들의 직업에서 구해내서 시드니여성피난소와 같이 그들의 재활을 위한 안식처들을 세우려고 노력했다. 그 도시의 복음주의적인 신문은 이런 주제에 대한 '안정된 공적 미덕'이 필요하다

---

142) *Occasional Paper* 53(London: Church Pastoral Aid Society, April 1858), 7.
143) Irish Presbyterian(Belfast: March 1853), 82.
144) Christian Advocate(7 September 1876), 284;(22 January 1880), 57.
145) 참조. R. A. Billington, *The Protestant Crusade*(New York: Macmillan, 1938); 또한 John Wolffe, *The Protestant Crusade in Great Britain, 1829- 1860*(Oxford: Clarendon Press, 1988).

고 말했다.[146] 조세핀 버틀러(Josephine Butler)의 전염병법 반대 운동은 영국에서 바로 그것을 만들어내는 것을 목표로 삼고서, 그들의 남자 고객들은 용서를 받으면서 매춘부들이 소 취급을 받아서는 안 된다고 요구했다. 버틀러의 지지자들은 이것이 성적 문제들에 대한 미묘한 조심을 통하여 무시될 수 있는 문제가 아니라고 주장했다. 여전히 자유교회 목회자로 있었을 때의 로버트슨 니콜에 따르면, '크리스천 남성이 "그것이 내게 무슨 상관이 있는가?"라고 정당하게 말할 수 있는 공적인 죄란 없다.'[147]

1885년, 성관계에 대한 법적 동의 연령을 열세 살이라는 낮은 수준에서 올릴 것을 요구하는 충격적인 운동이 있었다. 명민한 저널리스트이자 회중교인인 W. T. 스테드는 '현대 바벨론의 소녀 공물'이라는 일련의 기사를 게재했는데, 변장하고 가서 부도덕한 목적들을 위해서 어린 여자아이를 조달하는 것이 얼마나 쉬운 일인지를 보여주었으며, 커다란 명성을 얻은 대가를 치르느라 감옥에 갇히게 되었다. 의회는 당연히 동의 연령을 열여섯 살로 올리는 법안을 가결했다. 비록 일부 사람들은 스테드의 방법이 지나치다고 생각했지만, 복음주의자들은 '사회적 정화'라고 불리는 것에 대한 행동을 요구하는 사람들의 선두에 섰다. 전미자경단과 복음정화협의회가 성도덕에 관한 문제들에 대한 공적 압력을 유지하기 위해서 설립됐다. 정치인들의 사적인 삶이 개인적인 타락의 징표들에 대한 참신한 조사에 노출됐다.[148] 미국에서는 이와 유사한 활동들이 여성기독교절제연합의 후원을 받았다. 이 단체는 몇몇 주에서 성관계 동의 연령을 16세로 올리는 책임을 주로 맡았다.[149] 이 단체가 1891년에 남아프리카에 파송한 한 쌍의 남녀 중 한 사람은 '사회적 정화의 어렵고도 미묘한 부문'에 대해 강연했다. 지역 신문인 「크리스천 익스프레스」는 선언하기를, '죄를 지은 사람이 사회에서 받아들여져서 용인되거나 초대받아서 죄 없는 사람들 및 부정한 사람들과 어울

---

146) *Christian Advocate and Wesleyan Record*(31 March 1859), 162.
147) *Christian*(25 March 1880), 5.
148) 참조. David W. Bebbington, *The Noncomformist Conscience: Chapel and Politics, 1870-1914*(London: George Alllen & Unwin, 1982), 44-45.
149) 참조. Bordin, *Woman and Temperance*, 110-111.

린다'는 것은 수치스러운 일이라고 했다.[150] 그 메시지가 때로는 까탈스러운 사람들에게는 싫은 것이기도 했지만, 사람들을 자극해서 크리스천 가정을 지키도록 할 수가 있었다.

5. 금주운동

그렇지만 그 시기의 지속적인 운동들 가운데 가장 강한 것은 음주 문제에 대한 것이었다. 금주운동은 1820년대에 시작됐는데, 처음에는 영국보다는 미국에서 더 큰 후원을 끌어들였다. 그 운동의 초기에는 맥주나 포도주를 규탄하기보다는 증류주(위스키, 브랜디, 진 따위-역주)에 반대하는 데 집중했다.

그러나 19세기 중엽에는 그 운동의 지지자들이 대부분 절대 금주자였다. 점차, 절대 금주주의가 복음주의자들 사이에서 지지를 얻었지만, 저항이 없었던 것은 아니었다. 많은 사람들이 절대 금주주의가 또 다른 복음이 되어서, 개인적인 신앙과는 관계가 없는 자기 개선에의 길을 제공할까봐 염려했다. 때로는 금주 모임들이 예배와 같은 시간에 열려서, 절대 금주자들은 '필수불가결한 경건의 진보를 좌절시키거나 방해하기 위해서 많은 일을 한다'는 비난을 받았다.[151] 주류 거래에 평신도가 깊이 관여하는 경우가 종종 있었다. 1853년에 간행된 벨파스트의 한 장로교 보고서에 따르면, 그 도시의 술집 210곳이 장로교회 교인들 소유였다(그리고 그 술집들 중 78곳이 주일에도 술을 팔았다).[152] 목회자들도 술을 즐겼는데, 런던침례교협의회는 1880년까지도 그 단체의 만찬을 위한 포도주를 그만두기를 거부했다.[153]

사회적 지위가 보다 높은 대다수의 잉글랜드 국교도들과 미국의 많은 장

---

150) *Christian Express*(1 October 1891), 154.
151) *Occasional Paper* 77(Church Pastoral Aid Society, April 1866), 6.
152) *Irish Presbyterian*(Belfast: June 1854), 161.
153) *Christian*(26 February 1880), 13. 이 자료에서 'Union'은 'Association'의 실수임이 틀림없다.

로교인들은 계속해서 절대 금주에 저항했지만, 19세기 후반에는 금주 운동에 대한 교회의 강한 찬성이 있었다. 한 회중교인은 1870년 오클랜드에서 '술취함, 식민지들의 죄악'에 대해 설교를 했다. 그 4년 전에는 미국의 주요 감리교 신문이 금주를 아마도 최상의 방침일 거라고 추천했다. 그리고 1871년 벨파스트의 감리교 신문에 실린 한 논평은 '폭음에 대한 치유책이나 예방책으로서 적당한 음주에 호소하는 것은 쓸데없는 짓'이라고 주장했다.[154] 젊은이들이 특히 금주운동의 대상이 되었다. 부모가 자녀들을 북돋아서 청소년 금주회의 회원이 되도록 해야 하는가라는 질문의 대답으로 노바스코샤 침례교 신문은 한 스코틀랜드 자료를 인용하여 1850년에 명백한 예라고 대답했다. '당신의 자녀들이 금주가일 때 더 안전할 뿐만 아니라, 이 세상에서 한층 성공적일 것 같다.'[155] 그 메시지를 젊은이들에게 서서히 주입시킨 결과로서, 기독교 금주운동은 19세기가 지남에 따라 꾸준히 세를 모았다.

많은 복음주의자들에게는 술을 없애는 목표가 복음 그 자체를 전하는 목표에 버금가는 운동이 되었다. 1869년에 발표된 술취함에 관한 스코들랜드 자유교회의 한 보고서는 다음과 같이 비난했다. '도덕적 악은 하나님에 대한 죄악이므로, 그것은 다른 모든 죄와 다르며, 그것의 무서운 결과들이 그것들 모두를 능가한다. 왜냐하면 그것은 이성의 직접적인 자발적 소멸인 유일한 죄이기 때문이다…그것은 빈곤과 범죄, 광기, 무지 및 수많은 다른 악들의 주요한 원인이다….'[156]

하지만 술취함이 죄악들의 척도 상에서 대단히 높다는 것을 인정하는 사람들이 절대 금주가 교회들 내에서 강제되어야 한다고 반드시 주장하는 것은 아니었다. 1850년 인도에서, 뱅갈로르에 주둔해 있는 군인들 속에서 사

---

154) *Christian Observer*(Christchurch: 1 February 1870), 30; *Christian Advocate*(25 January 1866), 28; *Examiner and Chronicle*(5 January 1871).
155) *Christian Messenger*(4 January 1850), 1.
156) *Free Church of Scotland Report of the Committee on Temperance, May 1869*(Edinburgh: Free Church of Scotland, 1869), 1.

역하는 한 감리교 목회자가 알게 된 것은, 열성적인 절대 금주자들이 회단 자격 증명서(society ticket)를 얻으려는 후보자들에게 자신들의 관습을 강제하려고 애쓰다가, 주류에 대한 지나친 방임은 없어야 하지만 구성원들이 금주를 맹세할 필요는 없다는 말을 들어야 했다는 사실이었다.[157] 술을 적당히 마시는 사람들이 성찬식에 남을 수 있는가의 문제는 많은 교파들을 괴롭히게 되었다. 케이프의 네델란드 개혁교회는 많은 교인들이 포도나무를 재배했는데, 1877년에 그 주제에 대한 논쟁으로 갈라졌으며 다시금 후에도 때때로 그러했다.[158]

포도주가 계속해서 성찬식에서 사용되어야 하는가라는 그 이상의 문제도 많은 교회들을 동요시켰다. 예수님은 자기를 따르는 사람들에게 포도주를 마시라고 명했다고 전통주의자들은 주장했다. 개혁론자들은 그렇지 않다면서, 그분은 단지 그들에게 발효될 수 없는 '포도나무의 열매'를 마시도록 명하셨을 뿐이라고 말했다.[159] 1872년, 앨러게이니 기독교 금주연맹은 알코올은 의식에 필요치 않으며 참석자들을 부당한 시험에 노출시킨다고 주장하고 있었다.[160] 8년 뒤에 감리교 감독교회 총회는 발효되지 않은 포도주가 자신들의 예배에서 사용되어야 한다고 결정했다.[161] 19세기가 끝나기 전에 그런 관습은 잉글랜드 국교회주의와 몇몇 집단의 전통주의자들을 제외하고는 거의 보편적인 것이 되었다. 금주 문화는 교회들 내에서 제자리를 찾았다.

금주운동의 으뜸가는 목표는 항상 사람들을 설득해서 자발적으로 술을 끊도록 하는 것이었다. 이는 젊은이들을 위한 금주동맹(Bands of Hope)과 성인들을 위한 블루리본가스펠유니온(Blue Ribbon Gospel Union)의 목표이기도 했다. 1886년에 호주 퀸즐랜드에 도착한 한 척의 배에서 하선한 거의 모든 이주자들은 자신들이 크리스천 절대 금주자가 되기로 결심했다는 것을 보

---

157) Thomas Cryer in *Wesleyan Methodist Magazine*(London: September 1850), 994.
158) 참조. du Plessis, *Andrew Murray*, 360-364; *Christian Express*(1 October 1877), 5-6.
159) *Christian*(8 April 1880), 12.
160) *Rocky Mountain Presbyterian*(December 1872).
161) *Christian Advocate*(19 August 1880), 537.

여주기 위해서 이 단체의 파란색 리본들을 자랑해 보이고 있었다.[162] 하지만 대다수의 금주 옹호자들은 결코 도의적 권고에만 만족하지 않고서, 자신들의 투쟁에 법의 힘을 더하기를 원했다. 1851년 메인주는 알코올 금지를 법령화해서, 다른 주들과 나라들이 따라할 모범을 제공했다. 이러한 조치는 광범위한 복음주의적 지지를 얻었다. 예를 들면, 감리교 감독교회는 『메인주 법의 여섯 가지 이유』(Six Reasons for the Maine-Law)와 『메인주 법: 기독교적인 법』(The Maine-Law: A Christian Law)이라는 공식적인 책자들을 발행했다.[163] 여성기독교금주연합과 금주당(1869년 결당) 그리고 주류판매반대동맹(Anti-Saloon League, 1895년 발족) 등으로부터의 압력이 여러 주와 카운티를 움직여서 주류 매매를 제한하거나 폐지하도록 했다. 이러한 단체들은 주로 복음주의 교파들의 구성원들이 이끌거나 지원했다. 그런 압력은 위험한 일이 될 수도 있었다. 왜냐하면 대단히 많은 이윤이 주류 제조와 판매에서 나왔기 때문이다. 따라서 아이오와주의 한 감리교 목회자가 그 주의 금주법을 지키게 하려고 노력하다가 총에 맞아 죽었는데, 보도된 여파는 의미심장하다. 즉 그를 암살한 자가 재판에 회부되어서 무죄가 되었을 때, 배심원들이 지역 양조자들에게 향응을 받았던 것이다.[164] 다른 곳에서도 이에 상당하는 주류 양조 판매 금지주의자들의 노력이 있었다. 잉글랜드에서는, 영국연맹(United Kingdom Alliance)이 의회를 설득해서 지방들로 하여금 금주법 시행 여부에 대한 투표를 허용하도록 하려고 노력했지만 성공하지 못했다. 뉴질랜드에서도 이와 유사한 허가 법안(Permissive Bill)이 있었다. 그리고 서아프리카에서는 터그웰 주교가 아프리카인들과 유럽인들 양쪽 모두를 위해서 주류 수입에 대한 공식적인 제한을 요구했다.[165] 그러나 미국에서는 그런 운동이 가장 강력해져서, 결국 제1차 세계대전의 여파로, 1933년에 폐지될

---

162) *Intercolonial Christian Messenger*(26 March 1886), 823.
163) *Christian Advocate and Journal*(New York: 27 January 1853), 14.
164) *Freeman*(20 January 1888), 39.
165) 참조. Brian Harrison, *Drink and the Victorians: The Temperance Question in England, 1815-1872*(London: Faber & Faber, 1971), chs. 9, 10; *Christian Observer*(Christchurch: 1 January 1870), 8; *Record*(30 March 1899), 336.

때까지 미국 전체에 금주법을 강제하는 미국 헌법 수정 18조의 가결로 귀착됐다. 이미 19세기가 끝나기 전에 헌법 수정 18조는 많은 복음주의적인 사람들에게 가장 소중한 입법 목표였다.

6. 사회적 복음

금주운동은 19세기 말경에 번성하게 된 사회적 복음운동(social-gospel movement)을 준비하기 위해 많은 일을 했다. 이전에는, 교회들이 대부분의 사회적 문제들에 대해 침묵하면서, 정치 경제학의 방해받지 않은 지배와 산업화의 유해한 결과들을 순순히 받아들였다고들 생각하는 경우가 많았다. 사실 초기에는 주류 복음주의자들은 경제 법칙들이 자연신학의 교의들과 밀접하게 얽혀 있다고 생각했다.[166] 따라서 1871년의 뉴욕 침례교「이그재미너 앤 크로니클」과 같은 그들의 기관지들은 때로는 노동자들이 더 높은 임금을 요구하는 것에 맞서 공급과 수요의 법칙을 옹호하기도 했다.[167] 그러나 1850년대부터 1870년대 사이에 기독교 사상을 경제 문제들에 적용하는 것에 대해 많은 논의가 있었으며, 많은 비평가들이 공인된 격언들을 의문시했다는 사실이 지적되어 왔다.[168] 따라서 잉글랜드 회중교인 편집자이자 정치가인 에드워드 미올은 '기독교가 찬성하는 가장 고결하고 가장 비이기적인 원칙들'에 의거한 미래의 통상 조직을 역설했다.[169] 그의 경건한 성향에도 불구하고, 복음주의파 국교도인 윌리엄 페니파더(William Pennefather)는 종종 심각한 범죄를 낳는 돈의 축적과 개인적인 도락에 대한 지출을 기꺼이

---

166) 참조. Boyd Hilton, *The Age of Atonement: The Influence of Evangelicalism on Social an Economic Thought, 1785-1865*(Oxford: Clarendon Press, 1988), chs. 2-5.
167) *Examiner and Chronicle*(9 February 1871).
168) 참조. Jane Garnett, 'The Gospel of Work and the Virgin Mary: Catholics, Protestants and Work in the Nineteenth century', in R.N. Swanson(ed.), *The Use and Abuse of Time in Christian History*(Woodbridge, Suffolk: Boydell Press, 2002.
169) Edward Miall, *An Editor off the Line: Or Wayside Musings and Reminiscences*(London: Arthur Miall, 1865), 100.

비난했다.[170] 1865년, 「이그재미너 앤 크로니클」은 경제 원리에 대한 그것의 계속적인 지지에도 불구하고, 성육신에 비추어 볼 때 하나님이 몸의 가치를 높이 평가하므로 기독교는 대도시들의 위생설비에 영향을 미쳐야 한다고 후대의 사회적 복음전파자들의 방식으로 주장했다.[171] 1880년에 크리스천은 이렇게 동의했다. '예수님도 그분의 사도들도 결코 사람들의 육체적 안녕과 영적 안녕을 구별하지 않으셨다.'[172] 사회적 복음이 나타나기 전에도, 복음주의적 목소리들이 현존하는 경제적 관습을 비판하여 그리고 향상된 복지 조치들에 찬성해서 높았다.

그렇지만 도시산업(urban-industrial) 사회의 누적된 병폐들은 1880년대에 기독교 사회비판의 속도를 빠르게 만들었다. 그런 비판은 복음주의 운동 밖에 있는 인물들한테서 나온 게 많다. 잉글랜드에서는, 주요 세력이 고교회파 주교인 B. F. 웨스트코트가 이끄는 기독교사회연합(Christian Social Union, 1889)이었으며, 미국에서는 감독파 경제학자인 리차드 T. 엘리가 선두에 섰다. 하나님의 나라가 사회적 향상으로 실현될 수 있다는 사회적 복음전파자들의 가장 특징적인 교리는 독일의 자유주의 신학자 알브레히트 리츨(Albrecht Ritschl)에서 주로 비롯했다. 좀 더 보수적인 복음주의자들 사이에서는 진리가 위태롭게 되고 있다는 염려가 있었다. 1892년에 크리스천은 다음과 같이 경고했다. '인도주의적인 또는 "사회적 복음"은 그것만으로는 복음이 아니다. 복음은 개별적인 사람들의 마음과 생각을 거듭나게 함으로써 항상 사회악들을 대적해 왔다. 그러나 복음의 사회적 측면들은 으뜸가는 것이 아니라 부차적인 것이다. 복음이 사람에게 첫째로 호소하는 것은 죄인이기 때문에 구속을 필요로 한다는 것이다….'[173]

하지만 사회적 복음운동의 추진력은 복음주의자에게서 많이 나왔다. 아동을 위한 복지 서비스를 개척한 웨슬리파 목회자인 T. B. 스티븐슨은

---

170) Robert Braithwaite, *The Life and Letters of the Rev. William Pennefather, B.A.*(London: John F. Shaw and Co., 1878), 426.
171) *Examiner and Chronicle*(23 March 1865).
172) *Christian*(8 January 1880), 13.
173) Ibid. (9 June 1892), 8.

1892년에 콘퍼런스의 의장이었을 때 감리교 유권자들에게 진보적인 변화를 지지하도록 강권했다. 그는 '사회적 향상은 결코 복음을 대신할 수가 없었다. 그러나 삶을 가능하게 만든 개혁들은 틀림없이 그리스도를 위한 길을 예비할 것이다…'라고 선언했다.[174] 스티븐슨의 웨슬리파 동료이자 영국의 사회적 복음전파자들 가운데 가장 대담한 사람이었던 휴 프라이스 휴이스(Hugh Price Hughes)는 그의 웨스트런던선교회에서 다른 때들에는 어떤 사회적 주제들을 채택하더라도 저녁 예배는 엄격하게 복음주의적이라고 주장했다. 캐나다에서 그를 칭송하는 사람들이 그가 사회적 참여를 복음전도와 결합시키는 것을 본받기를 원했다.[175] 미국에서는, 복음이 원래 영적 구원의 문제이지만 근대의 조건 아래서는 복음이 또한 사회 개혁을 위해 노력하는 데 필요하다는 합의가 많이 있었다.[176] 그 기원에서는 사회적 복음운동은 큰 부분에서는 복음주의의 확장된 표현이었다.

사회적 복음의 두드러진 특징은 그것이 당대 사회의 문제들과 특히 가난한 사람들에 관한 문제들을 역점을 두어 다루기를 열망한다는 것이었다. 1895년, 미국의 「메도디스트 리뷰」(*Methodist Review*)는 '사회학에서의 한 연구'라는 논문을 게재했으며, 4년 뒤에 지도적인 영국 침례교 사회적 복음전파자인 존 클리포드는 '사회학적 문제들은 하나님의 문제들이다'라는 글을 썼다.[177] 사회적 문제들의 치유책은, 특히 영국과 그 식민지들에서는, 더 큰 국가적 행동으로 보이는 경우가 많았다. 잉글랜드 회중교인 R. W. 데일은 그의 동시대인들 대다수보다 국가에 관한 훨씬 더 높은 교리를 받아들였으며, 그가 영향을 끼친 많은 사람들이 집산(集産)주의(collectivism)의 성장을

---

174) *British Weekly*(London: 4 February 1892), 244.
175) 참조. Phyllis D. Airhart, *Serving the Present Age: Revivalism, Progressivism and the Methodist Tradition in Canada*(Montreal and Kingston: McGill- Queen's University Press., 1992), 75.
176) David Kinley, 'The Relation of the Church to Social Reform', *Bibliotheca Sacra*(July 1893), 392.
177) E.D. McCreary in *Methodist Review*(New York: November 1895), 861-876; John Clifford, *God's Greater Britain*(London: James Clarke & Co., 1899), 136.

목격하기를 그다지 꺼리지 않았다.[178] 또 다른 양상은 정치 경제학에 대한 공인된 믿음에 대한 공격이었다. 그때 대서양 양안에서 주장되었던 것은 정치 경제학이 보편적인 타당성을 가지고 있지 않다는 것이었다.[179] 노동자들의 요구들을 충족시키는 데서 더 큰 융통성을 허용하는 새로운 경제학적 견해들이 요구되었다.

그렇지만 논의들은 분열됐다. 잉글랜드와 웨일스의 회중교 연합 1893년 가을 총회에서, 한 동안 계속된 파업들의 결과로서, R. F. 호턴은 자본과 노동 간의 상호 자제를 촉구하는 결의안을 제출했다. 그는 주장하기를, 정치 경제학의 전제들을 크리스천들은 인정할 수 없다면서, 그 대신에 그리스도의 법이 산업적인 문제들을 다스려야 한다고 했다. '인류의 제반 권리는 항상 재산권에 우선해야 한다'는 수정안이 지도적인 교단 정력가 플레잉 윌리엄스에 의해서 제출됐다. 부적절한 임금은 공의의 원리와 모순된다고 그는 주장했다. 그러나 그때 오닐이라는 런던의 한 상인이 일어나서 많은 고용주들이 자신들이 감당할 수 있는 것은 무엇이든 그 값을 치르기를 열망하는 크리스천 남성들이라는 데 반대했다. 오닐의 개입에도 불구하고 그 수정안은 상정됐고 수정된 결의안이 만장일치로 통과됐다.[180] 이런 경우에서의 급진적인 처방이 거둔 승리는 상대적인 의견의 힘에 대해서는 일언반구도 없지만, 그 일화는 사회적 복음에 찬성하는 사람들 사이에서의 3자 분열에 빛을 비춘다. 호턴이 대표하는 점진적인 중도가 있었는데, 그것은 노동자들의 호의를 얻기를 간절히 원했다. 플레잉 윌리엄스가 대표하는 훨씬 더 작은 급진적인 집단이 존재했는데, 그런 집단은 사회주의적 원리들 같은 것에 입각한 경제적 개혁을 원했다. 그리고 오닐과 같은 보수적인 인물들이 있었는데, 그들은 때로는 기꺼이 사회적 문제들과 싸우지만 현존하는 경제적 관

---

178) 참조. D.M. Thompson, 'The Emergence of the Noncomformist Social Gospel in England', in K. Robbins(ed), *Protestant Evangelicalism: Britain, Ireland, Germany and America, c.1750-c.1950*(Oxford: Basil Blackwell, 1990), 276-277.
179) *Congregationalist*(London: November 1884), 920-925; A.G. Fradenburgh in *Methodist Review*(May 1895), 423-429.
180) *Christian World*(19 October 1893), 807-808.

습에 도전할 준비가 되어 있지 않았다. 미국의 사회적 복음전파자들 사이의 분열도 이와 흡사한 양태를 보였다.[181]

사회적 복음의 실제적인 외부 작업은 여러 방식을 취했다. 전에 퀘이커 교도였던 장로교인 제인 아담스가 1889년에 시카고에서 시작한 정착 운동(settlement movement)은 부유한 박애주의자들이 도시의 불결함의 한가운데서 살 수 있는 여러 센터를 세웠다.[182] 구세군이 사회 개혁에 사로잡힌 것은 1890년에 신문 기자인 W. T. 스테드가 부스 대장을 위해 더없이 『어두운 잉글랜드에서 그리고 탈출구』(In Darkest England and the Way Out)를 대작(代作)했을 때였다. 구세군은 그 이후로 내내 기독교 사회봉사의 챔피언이었다.[183] 1890년대에, 후에 사회적 복음운동의 지도적인 신학자가 된 월터 라우셴부시는 뉴욕시의 가난한 사람들의 조건을 더욱 개선하려는 노력에 열중했으며 그와 동시에 자신의 이론적 시각들을 발전시켰다.[184] 휴 프라이스 휴이스는 사회적 기독교의 모범으로서 1887년에 웨슬리언 웨스트런던선교회를 발족시켰다. 그 개원식에서 그는 자신이 복음주의자들은 초세속성의 죄를 범하고 있다는 조지 엘리엇의 비난에 동의한다고 선언했다. '개별 영혼의 구원으로는 충분치 않았다. 사회도 크리스천들과 마찬가지로 구원을 받아야 한다.'[185] 휴이스의 노력은 시드니에서 반복됐는데, 그곳에서 센테너리 홀(Centenary Hall)이 그 이듬해에 개원했다. 그곳에서는 한 주에 열한 번의 야외 예배, 병원들과 농아·맹인 보호 시설 심방, 세 차례의 시골집 기도회, 여덟 개의 큰 속(class), 어머니회, 노동자회, 노동자 회의, 선원회, 노동

---

181) Robert T. Handy(ed), The Social *Gospel in America*, 1870-1920(New York: Oxford University Press, 1966), 3-16.
182) Jane Addams, *Twenty Years at Hull-House with Autobiographical Notes*(New York: Macmillan, 1910).
183) 참조. Walker, *Pulling the Devil's Kingdom Down*, 236-241.
184) 참조. W.S. Hudson, 'Walter Rauschenbusch and the New Evangelism', *Religion in Life* 30, (1961).
185) *Christian World*(27 October 1887), 810. 참조. Christopher Oldstone - Moore, *Hugh Price Hughes: Founder of a New Methodism, Conscience of a New Noncomformity* (Cardiff: University of Wales Press, 1999).

자 클럽, 소년 클럽, 음악부, 선원 선교회, 복음전도자 쉼터, 자매 쉼터, 종교 서점, 직업 소개소 등이 있었다. 센테너리 홀은 '사람들의 영혼을 돌보는 것처럼 몸도 돌보는 것'을 목표로 삼았다.[186] 그리고 존 클리포드는 더 나은 사회를 이룩하려는 자신의 비전을 좇아서 진보적인 정계에 들어갔다. 1898년 그는 명백히 사회주의를 권하고 있었다. '사람들이 큰 산업들에서 필요한 생산 도구들을 소유하거나 통제할 때만 형식적인 자유가 실질적인 자유로 바뀔 것이다'라고 그는 기술했다.[187] 미국의 사회적 복음이 정치에서 진보당의 정책에 영감을 제공한 것과 똑같이, 클리포드도 그 후 여러 해에 걸쳐서 영국의 노동당을 위해 지적 토대의 일부를 놓았다.

19세기의 후반부에, 복음주의자들은 자신들의 사회들을 만들기 위해서 많은 일을 했다. 그들이 대단히 수가 많고 적극적이었기 때문에, 영어권 세계에서 변화의 방향을 좌우할 수 있는 경우가 많았다. 여러모로 그들의 영향은 제한하는 방식으로 미치게 되었다. 여성은 더 넓은 환경에서보다는 가정에서 성취를 얻을 것으로 기대됐다. 많은 곳들에서 복음은 백인 지배와 관련 있게 되었다. 그리고 복음주의자들은 연극과 도박을 금지시켰다. 주일의 일과 쾌락은 똑같이 정죄당했다. 로마 가톨릭교회에 단호하게 반대했다. 성적 악행이 비난받았다. 그리고 술이 모든 악의 근원으로서 점점 더 공격당했다.

하지만 그런 부정적인 프로그램이 결코 복음주의가 사회에 끼치는 영향 전체를 나타내지는 않는다. 여성은 교회 생활에서 자신들의 정력의 배출구를 찾았으며-돌보는 사람이나 돈을 모금하는 사람 또는 교사로서-그들 중 일부는 자신들의 기독교 활동으로 두각을 나타내게 되었다. 백인 복음주의자들은 계속해서 다른 인종들의 억압당하는 사람들을 옹호했으며 흑인 복음주의자들은 자신들의 문화의 거점으로서 번성하는 교회들을 세웠다. 복음주의자들은 복음의 표준에 따르게 될 그들 나름의 오락과 스포츠, 문학을

---

[186] *Spectator and Methodist Chronicle*(23 January 1891), 88에서 Caldwell.
[187] *Christian World*(26 January 1898), 9.

만들어 냈다. 경제생활은 항상 비판적으로 꼼꼼히 따졌으며, 그 시기의 막바지에 사회적 복음은 복지사역을 위한 새로운 물결의 기관들을 세워서 정치에 이상주의적인 공헌을 했다. 사회적 복음전파자들은 사회 전체를 기독교화하는 거나 다름없는 일을 하려고 노력하고 있었다. 비록 복음주의자들이 자신들이 옳지 못하다고 생각하는 것에는 무엇이든 적대적이었지만, 그들은 또한 자신들이 지지하는 대의들을 진척시키려는 노력에 열중했다. 그들의 모험적 사업들 가운데 다수가 그 당시에 뿐만 아니라 다음 세기에도 오랫동안 형성적(formative)임이 판명됐다.

제 8 장

복음주의의 전성기

　19세기 후반의 복음주의자들의 삶과 생각에 관한 이러한 탐구는 그들이 복음주의의 부흥(Evangelical Revival)으로부터 물려받은 활력을 계속해서 많이 발휘했음을 시사했다. 그들은 무엇보다도, 필수불가결한 기독교 신앙의 함양에 여전히 관심을 갖고 있었다. 제3장에서 예증했듯이, 그들의 영성은 구주로서의 그리스도를 중심에 두었다. 그들은 기도를 중시했는데, 개인으로서 뿐만 아니라 공동 집회에서도 그러했다. 가정 기도는 거의 그 운동의 상징이었다.
　복음주의자들은 삶이란 죄와의 지속적인 갈등이라고, 그러나 죽음 너머에서 천국의 위로가 손짓하여 부른다고 가르쳤다. 이 모든 것은 그들의 종교에 깊이와 진정성 및 역동성을 부여했다. 그들의 예배는 엄청난 다양성을 보여주었지만, 이러한 이질성에 그들의 장점들 중 하나가 있었다. 저마다의 취향을 위한 예배 스타일이 있었는데, 잉글랜드 국교회의『공동기도서』(the Book of Common Prayer)의 조직적인 예전이나 퀘이커교 집회의 조용한 묵상 또는 아프리카계 미국인 공동체들의 즉흥적인 합창을 선호하는 것일 수 있었다. 이들 사이 어딘가에 찬송가와 기도, 실질적인 설교가 있는 가장 공통된 패턴이 있었다. 다양성은 또한 그들의 선교 방법들의 한 특징이었다. 많은 복음전도가 비공식적인 방식임이 틀림없었다.

그러나 상당히 많은 복음전도는 해당 지역을 방문한 사람들과 유급 활동가들 그리고 정교한 조직체들을 통해서 주의 깊게 계획됐는데, 모두가 문헌을 풍부하게 갖추었다. 사회사업은 다른 사람들에 대한 관심이 진짜임을 입증했으며, 주일학교와 다른 청년 단체들은 새로운 세대가 복음을 듣는다는 것을 보증했다. 신앙부흥운동은 정규적인 교회 방법들을 보충했으며, 해외 선교는 지속적인 전도의 모범을 보였다. 그 운동의 총체적 정신은 확장적이었다. 정착자들이 이동하는 곳마다, 복음전도자들이 뒤를 따랐는데, 정착자들의 뒤를 바싹 따르는 경우가 많았다. 따라서 미네소타의 한 회중교 국내 선교사는 자기 근처에 있는 집들의 4분의 3이 최근 3개월 사이에 세워졌다고 1857년에 보고할 수 있었다. 제재소가 있고나서야 비로소 학교나 집회소가 있을 수 있었지만, 이미 예배가 개인 가정들에서 거행되고 있었다. 그 목적은 '이 "극서부 지방"(Far West:로키산맥에서 태평양 연안까지-역주)에 있는 많은 죄인들의 구원'이었다.[1] 복음주의 운동은 그 초기 활력을 많이 유지하고 있었다.

1. 교회와 문화에서의 전성기

계속적인 복음전도 에너지는 교회들로 하여금 19세기 중엽부터 말 사이에 성장할 수 있게 했다. 잉글랜드와 웨일스의 압도적으로 복음주의적인 자유교회들은 교인수가 대략 1850년의 1,021,000명에서 1900년의 1,803,000명으로 증가했다. 비록 자유교회들이 1880년대부터는 인구보다 덜 성장했지만, 이 정도의 확장은 미약한 성취를 나타내지는 않는다. 마찬가지로, 스코틀랜드 장로회 교파들은 교인수가 1850년의 603,000명에서 1900년의 1,164,000명으로 거의 두 배가 되었다.[2] 미국에서는, 수치들이 더욱 인상적

---

1) *American Missionary* (New York: January 1857), 6-7.
2) 참조. Robert Currie, Alan Gilbert and Lee Horsley, *Churches and Churchgoers: Patterns*

이지만, 그것들은 미국 인구가 1850년의 2천 3백만 명에서 1900년의 7천 6백만 명으로 급증하고 있었음을 상기하는 것으로 조건부적일 필요가 있다. 감리교인들은 19세기 후반부에 걸쳐서 교인수가 125만여 명에서 약 550만 명으로 늘어났다.[3] 오직 1871년부터만 나라 전체에 대해서 입수 가능한 캐나다의 통계는 감리교 신자가 그해의 578,000명에서 1901년의 917,000명으로 증가했음을 보여주는데, 증가 속도가 더 더딘 잉글랜드 속도에 더 가깝다.[4] 낮은 기초에서 시작되는 남반구로부터의 통계는 모든 것 중에서 가장 인상적이다. 인구 조사의 자기 확인에 따르면, 뉴사우스웨일스의 장로교인들은 1851년의 18,000명에서 반세기 뒤에 133,000명으로 늘어났다. 그리고 같은 식민지의 감리교인들은 10,000명에서 138,000명으로 증가했다.[5] 뉴질랜드에서는, 감리교인임을 고백하는 숫자가 1851년부터 1901년 사이에 3,000명에서 84,000명으로 늘어났다.[6] 분명한 것은 선교지에서의 새로운 기독교 공동체들의 출현은 제쳐 놓더라도, 그 시기는 세계 복음주의 운동에 대해서는 지속적인 확장의 때를 의미했다는 것이다.

복음주의 신앙은 당연히 교회 세계 내에서 강한 지위를 차지했다. 잉글랜드의 복음주의의 특징은 국교회 안에서의 그것의 상대적인 약함으로 모호해지는 경우가 많다. 잉글랜드 국교회의 복음주의파는 더 이상, 19세기 전반부에서처럼, 다른 유형들의 잉글랜드 국교회파에 비해 진보적이지 않았다. 그 시기의 역사가들은 광교회파 견해의 성장과 특히 진보적인 의식주의

---

of Church Growth in the British Isles since 1700(Oxford: Clarendon Press, 1977), 25.
3) 참조. E.S. Gaustad and P. L. Barlow, *New Historical Atlas of Religion in America*(New York: Oxford University Press, 2001), 374.
4) 참조. M. C. Urquhart and K.A.H. Buckley(eds.), *Historical Statistics of Canada* (Cambridge: Cambridge University Press, 1965), 18.
5) 참조. Wray Vamplew(ed), *Australian: Historical Statistics*(Broadway, New South Wales: Fairfax, Syne & Weldon Associates, 1987), 421. 이 단락의 통계와 관련해서 그 수치들은 일천 단위로 어림잡은 것이다. 첫 번째 전반적인 조사가 이루어진 남아프리카의 수치는 곧바로 사용할 수 있는 것은 아니다.
6) *Statistics of New Zealand for the Crown Colony Period, 1840-1852*(Auckland: Department of Economics, Auckland University College, 1954); *Census of Population and Dwellings*(Wellington: Government Printer, 1903).

자들 사이에서 고교회파 관습의 진보를 강조하는 경향이 있다. 확실히 사실인 것은 복음주의파가 주교로 임명되는 것에 혜택을 받았던 1850년대의 짧은 시간 뒤에 그들은 주교석에서 강하게 대표되던 일을 하지 않게 되었다.[7] 마찬가지로 미국에서도 19세기 후반의 교회사에서의 중심적 주제는 통상적으로, 보다 자유주의적인 신학적 견해들이 복음주의를 대신한 것이다. 회중교 목회자들을 훈련하는 가장 큰 기관인 앤도버신학교에서 1863년부터 1881년 사이에 '앤도버 자유주의자들'(Andober liberals)이 행한 복음주의적 체제의 대체는 때로는 일반 미국의 신학적 경향에서 일어난 변화의 상징으로 받아들여진다.[8]

그렇지만 양쪽의 이런 이미지들은 전반적인 상황의 왜곡을 나타낸다. 잉글랜드에서는 더 폭넓은 신학들을 신봉하는 비국교도들과 더불어 광교회파 및 고교회파 사람들이 그리고 미국에서는 자유주의자들이 장차 우위를 차지하기로 되어 있었지만, 이는 20세기가 시작된 후에야 비로소 이루어졌다. 그 당시 세계적인 지위는 잉글랜드 국교회와 남아프리카 대교구 교회와 같은 몇몇 다른 국교회 집단들을 제외하면, 복음주의자들은 현장(field)을 소유하고 있는 분파였다. 그들의 인원수는 교회들 내에서의 그들의 경쟁자들의 인원수를 앞질렀다. 훨씬 더 신학적으로 혼합된 잉글랜드 국교도들보다는 오히려 기반에서 모두가 압도적으로 복음주의적인 감리교인들과 침례교인들 및 장로교인들은 그 시기의 큰 진보를 보여주었다. 19세기 후반에 이루어진 기독교의 수치상의 진보의 최첨단이 바로 복음주의였다.

성장 외에도 활력의 다른 징표들이 있었다. 복음주의 영역 내의 새로운 집단들은 그 활력의 계속적인 약동을 입증했다. 최근에 결성된 형제단은 그들의 여전히 비교적 적은 인원수와 전혀 균형이 안 맞게 복음주의자들 사이에서 역할을 다하면서, 신앙부흥운동적 복음전도와 섭리 사상 양쪽에

---

7) See Night Scotland, *'Good and Proper Men': Lord Palmerston and the Bench of Bishops* (Cambridge: James Clarke & Co., 2000), 180-181.
8) D. D. Williams, *The Andover Liberals: A Study in American Theology* (New York: King's Crown Press, 1941).

서 유행을 창출했다. 19세기 초반의 또 다른 창출물인 그리스도의교회파(Churches of Christ)는 복음주의 세계의 가장자리에서보다는 안에서 점점 더 역할을 다했다. 미국 남부의 흑인 교회들은 1860년대 후반에 소수의 회중들에서 자신들의 교인들의 정체성을 강하게 나타내는 역동적인 집단들이 되었으며, 1890년대에는 같은 과정이 남아프리카에서도 시작되고 있었다. 감리교의 분열이 연합 감리교 자유교회파와 웨슬리파 개혁연합의 탈퇴로 구세계에서 계속됐다. 미국에서도 1860년에 이와 유사한 과정이 자유 감리교도파의 창설을 가져왔으며, 1880년대부터는 몇몇 활동적인 성결 단체들의 출현을 초래했다. 괄목할 만큼 전세계로 확장된 구세군도 그와 같은 자극의 결과였다. 더욱이, 심지어 잉글랜드 국교회주의 내의 고교회파 경향까지도 이 시기에 복음주의의 영향을 받는 것을 피할 수가 없었다. 조지 하워드 윌킨스 주교와 같은 몇몇 고교회파 사람들은 복음주의의 우선 사항들을 현세의 교회의 존엄성에 대한 그들의 고양된 의식과 결부시키려고 의도적으로 노력했다.[9] 다른 국교회 가톨릭파 신도들은 복음주의를 본따서 신앙부흥운동적 선교를 채택했는데, 그런 선교가 즉각적인 회심보다는 자주 거행되는 성찬식을 요구하는 것은 제외시켰다.[10] 복음주의적 경향이 너무도 강력해서 그들이 다른 브랜드들의 국교회파로 흘러들어갈 정도였다.

복음주의적 지배의 또 다른 징후는 특히 그 시기의 초반에 맺어진 복음과 세속 문화의 관계에서 보일 수가 있다. 계몽주의의 유산은 일반 사회에 널리 퍼져 있었으며, 제4장에서 드러난 대로 복음주의는 계몽주의와 공통된 기반을 많이 공유했다. 비록 19세기 중엽의 복음주의자들이 합리주의의 맹공에 저항했지만, 그들은 이성의 사용과 관련된 가치관을 단호하게 옹호했다. 그들은 경험주의와 과학적 노력, 상식과 기독교의 증거들을 믿었다. 그들은 자기 개선을 열망했으며 일반적으로 학문을 존중했다. 교회에서 고백

---

9) 참조. Doeter Voll, *Catholic Evangelicalism: The Acceptance of Evangelical Traditions by the Oxford Movement during the Second Half of the Nineteenth Century*(London: Faith Press, 1963), 53-74.

10) 참조. John Kent, *Holding the Fort: Studies in Vitorian Revivalism*(London: Eopworth Press, 1978), ch. 7.

된 우세한 형태의 칼빈주의-그러한 칼빈주의는 뉴잉글랜드의 18세기 신학자들에게 큰 신세를 졌다-는 계몽주의 시대 동안에 변화를 겪었다. 자유로운 탐구의 원리는 많은 사람을 설득하여 칼빈주의 체제를 완전히 버리도록 했다. 한편 경쟁자인 아르미니우스파의 교의는 모든 사람이 구원을 받을 수 있다는 낙관주의적인 믿음에서 계몽주의 정신과 명백한 유사점들을 보여주었다. 낙관주의는 일반적으로 복음주의자들이 신봉하는 미래에 대한 후천년왕국론적 견해에서 그리고 표준적인 선교 이론에서 마찬가지로 분명했다. 표준적인 선교 이론은 복음전도 명령에 집중했지만, 통상은 복음의 전파를 도와줄 것이며 문명이 그에 잇따라 뒤따르게 될 것이라고 주장했다. 물려받은 방법들과 교회의 원리들에 기꺼이 적응시키는 것을 받아들이는 문제들에 대한 실용주의적 접근법은 또한 계몽주의에서 나온 사고방식을 증명했다. 모든 기독교 단체들이 그들의 전통적인 확신을 기꺼이 버린 것은 아니었으며, 특히 상당수의 장로교인들과 침례교인들은 교리를 명료하게 설명하는 보다 오래된 방법들을 고수했다. 그렇지만 일반적으로 복음주의자들은 당대의 우세한 태도들을 면밀히 반영하는 근대적인 세계관을 신봉했다. 복음과 문화의 조화는 복음주의가 계몽주의 사상 패턴들의 지속적인 지적 영향력을 공유했다는 것을 의미했다.

더욱이, 사회생활에 미친 복음주의의 영향은 심원했다. 제7장에서 보여준 대로, 그 시기에 복음주의적 가설들은 그 시대의 가장 특징적인 것들 가운데 다수를 형성했다. 주부로서의 여성의 역할은, 결코 복음주의적 창안은 아니었지만, 그 운동의 문헌의 지지를 받았다. 역으로, 여성은 교역자들을 돌보는 것과 돈을 모금하는 것, 교육적인 일 등을 통하여 교회에서 행하는 일에서 성취를 얻도록 권면받았다. 프란시스 윌라드(Frances Willard)와 같은 소수의 사람들은 심지어 가정을 지키는 운동들을 옹호하는 것으로 국제적으로 두각을 나타낼 수가 있었다. 복음주의자들이 도박에 반대하는 것은 가정 빈곤의 경우들을 제한하는 데 도움이 되었고, 그들의 안식일 엄수주의는 통상적으로 노동자들을 위한 하루 휴무를 보장했으며, 성적 문제들에 대한 그들의 항의는 취약자들을 더 잘 보호할 수 있었다. 그들의 반가톨릭주의는 때로는 뿌리 깊은 편견을 드러내고 자신들이 반대하는 사람들의 자유를 제한했지만, 강경한 교리들의 경쟁이 빚은 불가피한 결과였다. 절대 금주 운동을 진척시키려는 많은 복음주의자들의 노력은 그 이상의 제한적인 조치들을 초래했지만, 그렇지 않았다면 술이 가져왔을지도 모를 피해를 얼마간 막았다. 비록 이런 노력들은 본질적으로 부정적인 게 많았지만, 옳지 않다고 생각되는 것에 항의를 하는 복음주의자들은 또한 신문을 읽고, 커피를 마시며, 스포츠를 하는 것과 같은 여가 활동을 위한 기회를 만들어냈다. 그들은 심지어 자신들의 가치관을 드러내는 문학 학교들을 육성하기까지 했다.

19세기 말에는 많은 복음주의자들이 과감히 사회적 복음을 전파하고 있었으며, 그들의 정치적 처방들 가운데 일부는 후속하는 분파 프로그램들에 포함됐다. 게다가, 그 시기 전반에 걸쳐서 정치의 언어와 문제들이 복음주의에 의해서 형성됐다. 미국에서는, 북부의 후천년왕국론적 국가주의와 남부의 신학적 변증들 간의 충돌은 강하게 이념적인 차원을 남북전쟁을 초래한 불화에 부여했다.[11] 영국에서는 감리교 수구파가 이끄는 1870년대의 농업 노동 조합주의자들이 성경적 관점에서 벌이는 자신들의 운동을 예속을 끊어버리는 투쟁으로 봤다.[12] 사적 삶뿐만 아니라 공적 삶도 복음주의적 관심사가 조건지었던 것이다.

2. 변화와 저항

그럼에도 불구하고 복음주의적 패권(헤게모니)이 불안정하다는 징표들이 있었다. 도시화의 문제들은 교회에 새로운 난제들을 제기했다. 1845년

---

11) 참조. R.J Carwadine, *Evangelicals and Politics in Antebellum America*(New Haven: Yale University Press, 1993).
12) 참조. Nigel Scotland, *Methodism and the Revolt of the Field: A Study of the Methodists Contribution to Agricultural Trade Unionism in East Anglia, 1872-96*(Gloucester: Alan Sutton, 1981).

프리드리히 엥겔스는 『잉글랜드의 노동자 계급의 조건』(The Condition of the Working Class in England)이라는 고전적인 분석을 제시하면서, 도시들은 계급들 간의 물리적 분리를 일으켜서, 교외에서 사는 부르주아 기업가들은 대도시 중앙의 저소득자 거주 지역들에서 살고 있는 자신들의 노동자들의 곤경을 무시할 수 있다고 주장했다.[13] 엥겔스가 자신의 견해를 형성한 도시인 맨체스터에서는, 복음주의적 교구들의 사제들이 1858년에는 좀 더 훌륭한 주민들이 교외로 이사하고 있다는 사실을 알고 있었다.[14] 1890년대에는, 아이리시 「프레즈비티리언」지가 설명한 대로, 좀 더 낮은 사회적 수준에 있는 사람들이 중상류층 계급의 모범을 따르고 있었다.

> 한 가정이 복음에 의해서 더 나은 지위로 '높아지자'마자, 절제와 검약의 새로운 습관들 때문에, 그 구성원들은 자연히 한층 건전한-육체적과 도덕적 양쪽으로-환경을 원한다. 이내 '셋집'이 있게 되고, 인근 교회에서는 신도석 한 자리가 비게 된다.[15]

모든 교구에서 예배당을 제공하는 교파들에서는 제외하고, 교회들이 대도시 중앙의 저소득자 거주 지역들을 빈민가 거주자들에게 내어주고서 자신들의 부유한 출석자들을 좇아 교외로 옮기는, 앞의 인용문에서 언급된 상황으로 인한 경향이 있었다. 따라서 1895년 메사추세츠주 보스턴의 북쪽 변두리에서, 예전의 감리교회 두 곳을 그들 교회의 달아나는 회중들이 이주해온 가톨릭교도들에게 내어주었다는 사실이 주목을 받았다.[16] 도시의 구역들 전체가 복음주의 교파들에게 버림을 받았다. 한편 교외의 번창하는 시민들은 자신들이 교회에 바치는 충성을 유지할 수가 있었는데, 자신들의 자원을 멋진 건물들과 공들인 시설들에 아낌없이 바치는 경우가 많았지만, 대게 그들의 애정은 뜨뜻미지근했다. 그들의 교회들은 자유 감리교도파에게

---

13) Friedrich Engles, *The Condition of the Working Class in England*, ed. W.O. Henderson and W.H. Chaloner(Oxford: Blackwell, 1958).
14) *Occasional Paper* 53(London: Church Pastoral Aid Society, April 1858), 6.
15) *Irish Presbyterian*(Dublin: February1895), 37.
16) H.G. Mitchell in *Methodist Review*(New York: March 1895), 263.

'냉담하고 형식적'이라는 비난을 받는 유형이었다.[17] 이와 같은 집단들에서는 춤과 연극에 대한 금지가 대단히 빠르게 사라졌다. 거기에서는 복음주의적인 믿음이 여전히 있을 수 있었지만, 훨씬 더 적은 에너지를 복음주의적 활동에 쏟았다. 체면의 고양은 복음주의 운동이 새 회원을 모집하는 능력을 약화시키는 원인이 되었다.

더할 나위 없이 기꺼이 새로운 교리관으로 옮겨가는 일이 있었던 것은 존경할만한 사람들 사이에서였다. 그 시기에 이루어진 복음주의 운동의 지성사의 중심적 주제는 그 시대의 낭만주의 정신이 영향을 끼친 사상들의 증대하는 수용이었다. 제5장에서 증명했듯이, 그런 과정의 일부는 더 높고 더 넓은 신학적 견해들을 향하여 복음주의 사상이 점진적으로 바뀌는 것이었다. 사실 낭만주의는 복음주의파가 일치단결하여 저항한 잉글랜드 국교회 성찬식에서의 의식주의의 부상과 밀접하게 관련되어 있었다. 하지만 낭만주의적 취향이 19세기 후반의 복음주의자들에게, 특히 더 젊고 더 나은 교육을 받은 사람들에게 증대하는 매력을 발휘한 것도 또한 사실이다. 그들은 호반 시인들(Lake Poets)을 인용하는 설교들을 경청했다. 그들은 고딕 스타일로 자신들의 교회를 세울 여유가 있을 경우에는 그렇게 했다. 그리고 국교회 복음주의파는 중백의를 입은 성가대와 같은 국교회 가톨릭파의 혁신들을 본받았다. 낭만주의 계통의 사상이 그들 중 일부─호레이스 부시넬이 그 선두에 있었다─를 자극하여 그들의 교리적 입장을 확장하도록 했다. 하나님의 아버지 되심, 속죄에 관한 좀 더 온건한 견해, 성육신의 중심성 등이 유행하기 시작했다. 영원한 형벌은 사라졌고, 성경은 비평적으로 연구됐으며, 진화 사상은 우주 내재론(immanence)에 대한 강조를 낳았다. 이 모든 경향들의 최종적인 결과는 보다 자유주의적인 브랜드의 신학을 진흥시키는 것이었다. 처음에 이러한 좀 더 새로운 견해들은 통상적으로 복음주의적 확신들과 양립하는 듯한 방식들로 진술됐는데, 단기적 관점에서 보면 그런 견해들이 점점 더 번창하는 회중들 속의 많은 사람들의 마음에 들은 것은 의

---

17) A.P. Goode in *Free Methodist*(Chicago: 9 January 1884), 4.

심할 여지가 없었다. 복음과 문화는 여전히 조화를 이루고 있었다. 그러나 장기적으로는 그런 보다 새로운 입장은 자의식이 강하게 복음주의 신앙에서 갈라진 자유주의의 한 판본(version)으로 발전했다. 20세기의 모더니즘의 씨앗들이 뿌려진 것이었다.

그렇지만 이러한 새로운 사태는 똑같이 그 시대의 낭만주의적 경향의 영향을 받은 견해의 대항하는 움직임으로 어느 정도는 균형을 이루게 되었다. 6장에서 논의한 대로, 기독교 신앙을 진술하고 실천하는 새로운 방법들은 복음주의의 좀 더 보수적인 표명을 조장했다. 하나의 차원은 신앙의 원리와 연관되어 있었다. 조지 뮬러의 실천으로 구현된, 하나님의 공급하심에 전적으로 의지하면서 모종의 모험적 사업에 착수한다는 관념은 19세기가 지남에 따라 지지를 모았다. 그것은 재정에, 치유에, 무엇보다도 선교에 적용됐다. 두 번째 측면은 전천년왕국설 교리의 성장이었다. 그 교리는 성경의 보다 문자적인 독법에 의거해서, 그리스도의 재림이 모든 것을 바로잡을 때까지는 미래가 암담하다고 주장했다. 하나의 형태로는, 그 교리는 반가톨릭주의와 융합해서 영향력 있는 혼합물을 창출했다. 또 하나의 형태로는, 그 교리는 많은 20세기 복음주의자들의 상상력에 강력한 영향을 미치게 될 신의 섭리주의를 낳았다. 주로 좀 더 보수적인 방향으로 이끌게 될 사상의 세 번째 경향은 성결 충동이었다. 완전한 성화에 관한 감리교 전통을 따르는 성결 교리들은 그 시기에 대중화됐다. 성결 교리들은 개신교 전통 안에 있는 교리들에 수용 가능한 케직 스타일의 교리를 낳았다. 케직 스타일의 교리는 전세계적인 운동의 메시지가 되었다. 성결 교리들은 또한 오순절운동의 출현을 가져왔다. 이러한 특징들은 제각기 장기적인 선례들이 있었지만, 19세기에 적합한 새로운 형태로 진술됐다.

하지만 제각기 그런 특징들을 받아들이는 사람들의 신학적 견해들을 경직시키는 경향이 있었으며, 그런 특징들은 전체로서 채택되는 일괄적인 것(패키지)을 형성하는 경우가 많았다. 1900년에는 국교회 복음주의파는 그들의 영성에서 케직이 지배적이었고, 미래에 대한 그들의 견해에서는 전천년왕국설을 신봉했으며, 적어도 신앙의 원리에 경의를 표했다. 그러므로 신학적 보수주의는 거의 자유주의만큼 그 시대의 경향에 의해서 강화됐다. 이러한 새로운 교리들은 20세기 초의 근본주의 연합 내에서 슬로건이 되었다.

19세기 후반의 보수주의적 관점의 가장 위대한 투사는 스펄전이었다. 그는 전천년왕국설과 신앙의 원리 양쪽 모두를 채택했지만, 그의 으뜸가는 충성은 항상 개신교 신학에 바쳐졌다. 이미 1861년에, 볼드윈 브라운(Baldwin Brown)이 칼빈주의와의 결별을 선언한 결과로서,[18] 스펄전도 자극을 받아서 행동으로 옮기게 되었다. 그는「뱁티스트 매거진」에 '경종을 울려라!'(Sound an Alarm!)라는 글을 써서, 복음이 낭만주의적으로 새로 명확하게 설명함으로써 합당하게 바뀔 수 있다는 관념을 거부했다.[19] 그는 6년 뒤에 이렇게 선언했다. '우리의 가장 깊은 영혼으로부터 우리는 평이하고 명료한 은혜의 교리들에 관한 온갖 신비주의 및 합리주의적인 모호한 것들을 혐오한다….'[20] 신유행의 교리에 대한 그의 혐오는 유행을 좇는 회중들을 감동시키기 위해서 멋진 방법들인 체하는 교사들에게로 확장됐다. 그는 1871년에 빈정거리듯이 불만을 터뜨렸다. '이렇게 극히 좋은 계층의 "생각이 깊은 사람들"은 정통적인 것은 무엇이든지 자신들보다 아주 못한 것으로 생각한다….'[21] 회중교가 침례파보다 새로운 견해들에 영향을 더 많이 받는다는 사실을 알기 때문에, 스펄전은 1887년이 되어서야 비로소 문제들을 어느 수장에게 가져왔다.

그렇지만 그해에 그의 학생들 가운데 한 사람은 스펄전의 교회 잡지에서 18세기의 비국교회 신학의 '몰락'을 서술했으며, 스펄전은 당대의 그와 유사한 위험을 지적하는 기사를 덧붙였다. 침례교 연합의 가을 총회에서 그 교인들 속에 살며시 다가오는 이단에 대처하기 위해서 아무런 조치도 취해

---

18) 참조. ch. 5, 156.
19) *Baptist Magazine*(London: January 1861), 6-11; (February 1861), 71-77.
20) *Outline of the Lord's Work by the Pastor's College and its Kindred Organisations at the Metropolitan Tabernacle*(London: Passmore & Alabaster, 1867), 14.
21) *Annual Paper descriptive of the Lord's Work connected with the Pastors' College during the Year 1870*(London: Passmore & Alabaster, 1871), 7.

지지 않았을 때, 스펄전은 자신의 회원 자격을 포기했다. 그가 단연 그 단체의 가장 뛰어난 인물이었으므로, 그런 움직임은 그 단체를 당황하게 만들었다. 그의 충성을 되찾으려는 거듭된 노력이 이루어졌으며, 봄 총회는 가입된 교회들에서 공통으로 믿는 교리들에 관한 간명한 선언을 가결했다. 하지만 스펄전은 복귀하지 않았으며, 그가 그 견해들을 비난하고 있던 사람들을 거명하기를 거부함으로써 큰 분개를 불러일으켰다. 그는 침례교 연합의 극소수의 사람들을 데리고서 독립했다.[22] 이러한 '몰락 논쟁'은 그 시대의 자유주의적 경향에 대한 경고였다. 다시 말해 기독교 신앙의 역사적으로 유명한 획기적 사건들의 동향에 대해 일부 영역들에서 느껴지는 심각한 불안을 나타내는 것이었다. 좀 더 보수적인 사람들의 염려 가운데는 성경에 대한 태도들에 초점을 맞추기 시작한 것이 많았다. 특히 1885년부터 10년 동안 급속히 이루어진, 기독교 학자들 사이에서의 고등비평의 진보 때문에 경계가 점점 커졌다. 1881년에 로버트슨 스미스의 비난으로 세워진 방벽은 허물어진 것 같았다.[23] 일부 걱정은 비교적 절제된 말로 표현됐다. 따라서 1891년 캐나다 감리교 신문의 편집자는 왜 자기가 '고등비평의 "성과들" 가운데 일부'가 성경의 권위를 훼손하는 경향이 있다고 염려하는가에 관한 상세한 이유를 붙인 기사를 발표했다.[24] 1897년의 어느 뉴햄프셔 감리교인의 글과 같은 다른 기사들은 한층 거리낌이 없었다.

> 이 시대의 싸움은 격렬하다. 사탄의 세력은 성육신된 말씀인 그리스도와 하나님의 쓰여진 말씀인 성경에 자신들의 공격을 집중한다…이러한 위기 속에서 그런 비평가들은 단지 문헌에 불과한, 다시 말해 사람의 말과 행위에 지나지 않는 성경을 제시한다.[25]

---

22) 참조. Mark Hopkins, *Nonconformity's Romantic Generation: Evangelical and Liberal Theologies in Victorian England*(London: Paternoster Press, 2004), ch. 7.
23) 참조. ch. 5, 164-165.
24) *Christian Guardian*(Toronto: 5 August 1891), 488.
25) C. Munger in *Christian Advocate*(New York: 25 February 1897), 132.

여기에 원시 근본주의(proto-Fundamentalism)의 강렬한 형태가 있었다. 잉글랜드에서는 불건전하게 보이는 복음주의 교파들의 구성원들이 성경에 대해 쓴 책들이 이와 유사한 비난을 받았다. 1892년 국제적인 복음전도자인 헨리 발리는 『무오류의 말씀』(*The Infallible Word*)에서 그런 책들을 비난했다. 심지어 어느 호의적인 평론가조차도 그의 저서가 '정신의 열기와 비속하고 감탄사적인 표현들의 사용'이 특징임을 인정해야 했다.[26] 같은 해에 성경연맹(Bible League)이 조직됐는데, 마일드메이 성결 대회와 관련이 있는 일단의 사람들과 몰락(Downgrade) 사건에서 스펄전 편을 든 사람들의 지지를 받았다. 신앙부흥 주간지인 「크리스천」은 성경은 옹호할 필요가 없다고 말할 수 있었지만, 일부 사람들은 달리 생각하기 시작하고 있었다.[27] 북미성경연맹이 1903년에 결성됐으며, 그 이름을 근본주의에 내어주게 될 복음주의 신앙의 원리를 설명하는, 미국과 영국이 공동으로 발행하는 일련의 팜플렛인 「더 펀더멘털스」(*The Fundamentals*)가 1910년부터 1915년 사이에 등장했다.[28] 조직적인 근본주의는 19세기 말경에 처음 출현하고 있었지만, 20세기에 들어서도 한참 동안은 거의 영향을 미치지 못했다.

3. 전세계에 걸친 통일성

복음주의 운동의 본체가 자의식이 강한 통일성을 소유했다는 것은 그 시기의 초기에서처럼 그 시기의 말기에도 여전히 사실이었다. 비록 보수주의 및 자유주의적 경향이 매우 분명했지만, 근본주의/근대주의적 노선을 따른 실제적인 양극화가 미래에 놓여 있었다. 복음주의적 교단들은 단일 군(army)의 연대들일 뿐이었다. 잉글랜드 국교도들은 더 교회 의식을 고수하고, 장로

---

[26] James Douglas in *Christian*(London: 14 July 1892), 8.
[27] *Christian*(12 May 1892), 7; (13 February 1896), 26.
[28] 참조. G. M. Marsden, *Fundamentalism and American Culture: The Shaping of Twentieth-Century Evangelicalism, 1870-1925*(New York: Oxford University Press, 1980), 118.

교인들은 더 지적이고, 감리교인들은 더 활기차고, 침례교인들은 더 엄격하고, 회중교인들은 더 개방적일 수 있었지만, 그들은 자신들이 동일한 복음을 공유한다는 것을 알고 있었다. 대표적인 잉글랜드 및 웨일스 전국 협의회가 1899년에 발행한 『복음주의 자유교회 교리문답』은 '모든 복음주의 자유교회들이 공통으로 신봉하는 기독교 교리들'을 진술할 수 있었다.[29]

사실 19세기의 마지막 몇 년에는 좀 더 자유주의적인 사람들 사이에서 회심에 대한 초기의 주장의 약화가 얼마간 있었지만, 그 문제를 놓고 분열에 이르는 실제적인 경향은 없었다. 미국에서는, 무디가 1899년에 사망할 때까지 그의 선교를 지원하는 복음주의 연합을 단결시키기 위해서 상당한 정력을 바쳤다. 그의 예언자적 견해들은 그를 확고하게 보수주의 진영 속에 두었지만, 그는 자신의 관대한 스코틀랜드인 친구 헨리 드럼몬드가 노스필드 회의에서 얘기할 권리를 단호히 옹호했다.[30] 무디는 개인적으로는 고등비평에 찬성하지 않았지만, 그런 기획을 비난하는 사람들 가운데 일부의 '좋지 않은 기질과 개인적인 맞비난'을 개탄했다.[31]

마찬가지로, 1890년대에 그리고 심지어 그 시기를 지나서도 복음주의자들 사이에서는 바람직한 사회사업에 대한 불일치가 거의 없거나 전혀 없었다. 지도적인 잉글랜드 침례교인인 F. B. 메이어(F. B. Meyer)는 정기적으로 케직에서 연설했지만 또한 제1차 세계대전이 발발하기 몇 년 전에 전영 자유교회협의회의 사회적 증언을 조율하기도 했다.[32] 그의 보수주의적인 미국인 동역자 A. C. 딕슨은 1901년부터 메사추세츠주 보스턴에 있는 러글리스 스트리트 침례교회의 목회자로서 봉직했는데, 사회사업을 통해서 가난한 사람들에 도달하려는 운동을 시작했다. 보스턴 침례교 사회연합이 영

---

29) *An Evangelical Free Church Catechism for Use in Home and School*(London: National Council of the Evangelical Free Churches, 1899), 6.
30) 참조. George Adam Smith, *The Life of Henry Drummond*(2nd ed., London: Hodder & Stoughton, 1899), 421.
31) George Adam Smith in Henry Drummond, *Dwight L. Moody: Impressions and Facts*(New York: McClure, Philips, 1900), 28.
32) 참조. Ian M. Randall, *Spirituality and Social Change: The Contribution of F. B. Meyer(1847-1929)*(Carlisle: Paternoster Press, 2003).

적인 것을 무시하기 때문에 그가 그 단체를 백안시하기 시작한 것은 그 침례교회에 있는 동안 만이었다. 3년 뒤에 딕슨은 사회사업을 완전히 그만두기로 결심했다.[33] 물질적 복지에 대한 관심에 대해 근본주의자들이 퍼부은 그 같은 전형적인 비난은 20세기가 시작됐을 때 그때 막 시작되고 있었을 따름이었다. 1900년부터 죽, 후에 전인적 사명이라고 불리는 것은 복음주의의 합의된 프로그램의 일부였다.

　복음주의 운동의 통일성은 특정 나라들 내에 있었을 뿐만 아니라 세계적인 현상이기도 했다. 『복음주의 자유교회 교리문답』의 머리말에서, 휴 프라이스 휴이스는 그 내용이 '세계의 모든 지역에서 6천만 명보다 적지 않은, 아마도 더욱 많을 스스로 인정한 크리스천들'의 믿음을 나타낸다고 주장했다.[34] 선교 운동의 개종자들을 포함시킨다면, 그가 어림잡은 것은 아마도 그다지 잘못된 것은 아니었을 터이다. 복음주의자들은 세계를 아우르는 단일 운동을 조직하는 것을 의식하는 경우가 많이 있었다. 예컨대, 1870년 뉴질랜드 「크리스천 옵저버」의 창간호에는 호주, 잉글랜드, 스코틀랜드, 아일랜드, 미국 및 '일반'(General)이라고 불리는 것-이번 경우에는 스페인과 파리, 봄베이를 다룸-에서 전해 온 소식이 (이런 순서로) 포함됐다.[35] 사실 2장에서 보여준 대로, 세계적인 운동 안에는 많은 다양성이 있었는데, 국가적인 변동이 현저했기 때문이다. 하지만 국제적인 소통의 증대하는 연결망은 다양한 나라들을 맺어지게 했다. 가족과 개인 및 관념들의 흐름은 세계의 반대편에 있는 장소들 간의 연계를 유지시켰다. 그래서 예를 들면, 1892년 캐나다의 감리교인들이 자신들의 도시 문제들의 중대성을 인식하기 시작했을 때, 그들은 '당신들의 경험과 모범에 의해 덕을 입기 위해서' 영국의 감리교인들에게 도움을 구했다.[36] 이 경우에서처럼, 교파의 연결은 국가적 독특성의 힘

---

33) Helen C. A. Dixon, *A. C. Dixon: A Romance of Preaching*(New York: G. P. Putnam's Sons, 1931), 154-156.
34) *Evangelical Free Church Catechism*, 6.
35) *Christian Observer*(Christchurch: 1 January 1870), 15.
36) *Minutes of Several Conversations…of the People called Methodists…1892*(London: Wesleyan Methodist Book Room, 1890), 394.

을 감소시키는 경향이 있었다. 여전히 어느 정도의 식민지 의존 역시 작동하고 있었다. 1874년 사우스오스트레일리아의 「메도디스트 저널」은 이렇게 말했다. '영적 진보와 기독교 사업에서 모국의 교회들이 우리에게 보여준 모범에 의해서, 우리는 식민지들에서 영위되는 우리의 교회 생활에서 많은 영향을 받고 있다.'[37] 그러나 심지어 교파적이나 식민지적 유대가 없을 때에도, 각기 다른 나라들의 복음주의자들은 전세계에 배포되는 문헌의 공동 기금에 의지했다. 그런 이유로, 본서에서 입증되었듯이, 그와 유사한 사태들이 영어권 세계의 각기 다른 지역들에서 대단히 자주 일어날 수 있었다. 여러 나라들에서 복음주의의 표현이 정말로 대조를 이루었음에도 불구하고, 가장 두드러진 것이 바로 복음주의 운동의 통일성이다.

더욱이, 나라들 내에서의 균열이 때로는 나라들 간의 균열만큼 깊을 수가 있었다-또는 그보다 더 깊을 수 있었다. 사회적인 현저한 차이들이 그 시기에 대두되었는데, 부와 지위 및 교육의 견지에서 계급들을 서로 구별지었다. 도회풍의 체면을 열망하는 사람들은 그렇지 않은 사람들과는 현저하게 달랐다. 뉴욕의 엘리트들의 태도는 그들의 교회 건물들의 비교되는 웅장함과 그들의 예전 준비의 세련됨이 예증하듯이, 런던의 엘리트들의 태도와 유사했다. 하지만 대중적인 신앙부흥의 흥분은 콘월의 어업 공동체들과 노바스코샤의 어업 공동체들에 똑같이 뿌리 박혀 있었다. 국가적인 경계는 여기서는 영향을 미치지 못했다. 잉글랜드와 웨일스에서는 17세기까지 거슬러 올라가는 교회와 예배당(채플) 사이의 간격이 복음주의 운동을 깊이 분열시켰으며 일반적으로 협력을 불가능하게 만들었다. 잉글랜드 웨슬리파의 토마스 챔프니스가 후원하는 복음전도 사업들은 마을들의 주민들을 천국으로 데려가기 위해서 계획된 만큼 잉글랜드 국교회의 권세('사제 조합의 포학')로부터 마을들을 구해내도록 계획된 것처럼 보이는 경우가 많았다.[38] 미국에서는 더욱더 심각한 불화가 있었는데, 북부와 남부 그리고 흑인과 백인

---

37) *Methodist Journal*(Adelaide: 11 July 1874).
38) Eliza M. Champness, *The Life-Story of Thomas Champness*(London: Charles H. Kelly, 1907), 230.

간의 불화가 그것이었다. 미국의 두 지리적 분할은 실제로 그것들의 복음주의 공동체들의 축복을 받으면서 서로 전쟁을 시작하게 되었다. 그리고 비록 그들이 남부에서 함께 살고 있었지만, 인종들은 따로따로 예배를 드렸다. 아프리카 감리교 감독교회의 한 흑인 지도자는 1888년에 '아프리카 기독교에서, 우리가 백인한테서 취득한, 우상 숭배적인 가짜들을 모두 없애는' 정책을 촉구했다.[39] 친교는 지역적 분리를 넘어서는 것을 생각할 수 없는 일인 것처럼 인종적 분리를 넘어서는 것도 생각할 수 없는 게 보통이었다. 이렇듯 복음주의 운동 내의 가장 깊은 분열들은 국제적인 경계선들보다는 사회적 및 정치적 경계선들을 따랐다.

따라서 복음주의적 경험의 가장 명백한 특징들은 결코 반드시, 주로 그들의 국가적 상황에 의해서 결정되지는 않았다. 그렇지만 이것이 현존하는 역사적 기사들로부터 모아질 그런 인상은 아니다. 대다수의 이차적인 문헌들이 상정하는 것은 국가나 국가의 한 부분은 주로 다른 나라들에서 분리되었고 그 환경에 특유한 역할이 있는 그 나름의 복음주의 운동이 있었다는 것이다. 호주나 뉴질랜드에 관한 책들은 아마도 이런 경향의 영향을 가장 작게 받았을 것이다. 왜냐하면 그것들은 식민지들 내의 복음주의 집단들 사이의 그리고 식민지들과 영국 사이의 긴밀한 유대를 평가하는 게 일반적이기 때문이다.[40] 하지만 아일랜드의 복음주의는 심지어 얼스터 운동에 관한 최고의 저작에도 영향을 미치는 브리티시 코넥션(British connection)에도, 후에 충성을 하기 위한 온상으로서 보여지는 경향이 있었다.[41] 영국 복음주의에

---

39) 참조. T. E. Fulop and A. J. Raboteau(ed.), *African-American Religion: Interpretive Essays in History and Culture*(New York: Routledge, 1997), 238에서 T. E. Fulop, '"The Future Golden Day of the Race": Millennialism and Black Americans in the Nadir, 1877-1901'에 의해 인용된 J. A. Cole, 'The Negro at Home and Abroad: Their Origin, Progress and Destiny', *African Methodist Episcopal Church Review* 4(April 1888), 402.
40) E.g. Stuart Piggin, *Evangelical Christianity in Australia: Spirit, Word and World*(Melbourne: Oxford University Press, 1996); Ian Breward, *A History of the Churches in Australasia*(Oxford: Oxford University Press, 2001); Allan K. Davidson and Peter J. Lineham, *Transplanted Chrsitianity: Documents illustrating Aspects of New Zealand Church History*(3rd ed., Palmerston North: Massey University Department of History, 1995).
41) 참조. David Hempton and Myrtle Hill, *Evangelical Protestantism in Ulster Society, 1740-*

관한 문헌은 미국 신앙부흥운동가들의 영향을 인정하는 게 보통이지만, 잉글랜드와 스코틀랜드 및 웨일스의 교회들이 자의식이 강한 세계적인 세력의 일부였다는 방식을 보여주기 위해서 다른 일은 거의 하지 않는다.[42] 남아프리카에 관한 저작들도 19세기 후반의 교회들의 공통된 복음주의가 만들어낸 초교파적 및 국제적 연계를 무시하는 경향이 있다.[43]

남아프리카 종교를 다루는 것은 기독교 경험의 다른 측면들을 경시할 정도로 인종에 관한 주제를 (이해할 수 있게) 길게 논하는 경우가 많다. 하지만 현실은 남아프리카의 복음주의자들이 공통의 목적들을 위해서 단결하고 다른 곳의 같은 신자들을 본받았다는 것이었다. 심지어 네덜란드 개혁교회까지도 네덜란드와의 연계를 얼마간 유지하고 있었지만, 영어권 복음주의적 교환의 국제적인 관계망으로 끌어들여졌다. 그 시기에 그 교파의 가장 우뚝 솟은 인물인 앤드류 머레이는 미국에서 여자아이들을 위한 기독교 중등교육을 도입했고, 로버트슨 니콜이 편집 발행한 「브리티시 위클리」에 기고를 했으며, 케직(Keswick) 대회에서 연설을 했다.[44] 각기 다른 나라들의 복음주의자들은 다수의 현존하는 역사적 저작들이 제시하는 것보다 훨씬 더 유사해서 서로 연결되어 있었다.

그와 같은 것은 북미에도 적용된다. 1857년에 일어난 벵갈 원주민 폭동을 진압한 잉글랜드 침례교인의 영웅인 소장 헨리 해브락 경(Sir Henry Havelock)의 사망 소식이 1858년에 메사추세츠주 보스턴에 도착했을 때, 가장 나이든 시민들 가운데서 1812년의 전쟁을 기억하는 몇몇 사람은 그들이 여전히 증오하는 적의 고위급 육군 장교의 죽음에 냉정했다. 그렇지만 그 항구에 정박한 대부분의 배들은 하나님을 경외하는, 서거한 그 명사에게 경의를 표

1890(London: Routledge, 1992).
42) 예를 들어, David W. Bebbington, *Evangelicalism in Modern Britain: A History from the 1730s to the 1980s*(London: Unwin Hyman, 1989).
43) Richard Elphick and Rodney Davenport(ed.), *Christianity in South Africa: A Political, Social ⋯ Cultural History*(Oxford: James Currey, 1997)은 그 연계를 인식하는 책이지만 그것을 추구하지는 않는다.
44) J[ohannes] du Plessis, *The Life of Andrew Murray of South Africa*(London: Marshall Brothers, 1919), 274-289, 471, 448.

하여 조기를 게양했다.[45] 복음주의적 연대감이 오랫동안 품어온 원한을 압도했던 것이다. 그런 감정의 정도는 2차 문헌에서는 평가된 게 거의 없다.[46] 미국은 구세계의 관습과 결별해서, 영국의 종교적 관습을 국교회들의 원리와 함께 역사의 쓰레기통으로 던져버린 것으로 묘사되는 게 보통이다. 그러나 실제로는 미국인들은 영국에서 일어난 복음주의적 사건들의 소식을 갈망했는데, 특히 회중교인들 사이에서, 그들이 영국 제도(British Isles)의 과거에 뿌리를 박고 있다는 강한 의식을 드러냈다. '우리의 청교도 선조들의 원칙을 신봉한다'는 글이 새겨져 있는, 런던의 어느 교회의 주춧돌이 한 미국인 선교사에 의해서 놓였으며, 그 잉글랜드 목회자는 뉴잉글랜드의 정착자들이 떠나온 잉글랜드의 타운들을 방문한 후에 영속적인 연계를 세우기 위해서 뉴잉글랜드 동역자들에게로 여행할 자신의 계획을 기술했다.[47]

이와 같은 일화들에 비추어 볼 때, 대단히 많은 점에서 미국과 영국의 복음주의 공동체들이 서로 함께 발전한 것은 놀라운 일이 아니다. 캐나다에 관한 책들은 종종 국제적인 유사점들을 더 많이 인식하고 있는데, 영국에서 온 기독교 신앙의 좀 더 절제된 표현들로 캐나다 땅에서 싸우는 미국으로부터의 역동적인 종교적 영향들을 고찰하는 경우가 자주 있다. 그런 묘사는 관계를 지나치게 단순화하는 것이다. 왜냐하면 영국의 복음주의 수출이 미국의 복음주의 수출만큼 대중에 영합하는 것이 될 수 있었기 때문이다.[48] 캐나다에 관한 저작들이 종교적 영역에서의 캐나다의 국민적인 자의식의 출현을 실제보다 이전으로 추정하는 경향이 있어서, 영국과 연계되는 것의

---

45) *Christian Advocate and Journal*(New York: 4 March 1858), 35.
46) 예외들은 Mark A. Noll, David W. Bebbington and George A. Rawlyk(eds.), *Evangelicalism: Comparative Studies of Popular Protestantism in North America, the British Isles and Beyond, 1700-1990*(New York: Oxford University Press, 1994) 그리고 Charles D. Cashdollar, *A Spiritual Home: Life in British and American Reformed Congregations, 1830-1915*(University Park, PA: Pennsylvania State University Press, 2000)이다.
47) *American Missionary*(January 1857), 18.
48) 참조. David Bebbington, 'Canadian Evangelicalism: A View from Britain', in George A. Rawlyk(ed.), *Aspects of the Canadian Evangelical Experience*(Montreal and Kingston: McGill-Queen's University Press, 1997).

지속적인 힘이 과소평가되는 것도 사실이다. 이렇듯 복음주의 세계에서의 대서양을 넘나드는 유대에 대한 훨씬 더 풍부한 문헌을 위한 영역이 있다. 밝혀진 것으로서 관습에서의 현저한 차이들을 충분히 중요시한다면, 그런 영역은 공통의 관습들이 차이점들보다 훨씬 중요했다는 본서의 판단을 확인해줄 것 같다.

20세기의 벽두에 뉴펀들랜드의 광야에서, 평신도 설교자로서 자격을 얻는 교육이 결여된 감리교 평신도 지도자들이 예배를 많이 인도했다. 읽어줄 설교가 필요해서, 그들은 습관적으로 두 명의 설교자에 의지했는데, 스펄전과 무디가 그들이었다.[49] 1장에서 예증한 대로, 이 두 인물은 19세기 후반의 복음주의의 정수를 구현했다. 스펄전은 그의 시대의 가장 위대한 설교자였다. 무디는 가장 유명한 복음전도자였다. 그 영국 동부 지방 사람과 그 뉴잉글랜드 사람은 똑같이 전세계의 청중의 마음을 움직이는 힘이 엄청났던 훌륭한 연설자였다. 그들의 설교의 요지는 복음주의 운동의 공통된 증언이었다. 그들은 성경을 명확하고도 상세히 설명했으며, 구원에 관한 성경의 기쁜 소식을 소중히 했다. 그들은 그리스도의 십자가의 권능을 선포해서 사람들을 어둠에서 빛으로 돌이키게 했다. 그들은 회심을 개인들이 크리스천의 삶을 시작할 수 있는 방법이라고 가르쳤다. 그리고 그들은 참된 신자들은 증거와 섬김에서 적극적이어야 한다고 주장했다. 성경과 십자가, 회심 및 행동주의는 복음주의 운동의 특징적인 주제들이었다. 19세기 후반기에 복음주의 운동의 지지자들은 이러한 메시지를 전세계에 전했다. 복음주의 운동은 앵글로색슨 정착자들이 진출한 곳은 어디든지 있었다. 그러나 복음주의는 하나의 광범위한 현상에 불과한 것이 아니었다. 복음주의는 사회 속으로 깊이 침투해서, 그 시대의 가설들과 조화를 이루었고 연속하는 세대들의 행위를 형성했다. 1850년부터 1900년 사이에 복음주의 운동은 영어권 세계의 지배적인 세력이었다.

---

49) James Lumsden, *The Skipper Parson*(London: Charles H. Kelly, 1905), 109.

참고문헌

정기간행물을 별개로 한다면, 이 참고문헌은 거의 전체적으로 2차 문헌으로 한정된다. 물론, 참고문헌에 기타 여분의 출판물을 많이 추가할지라도, 각주에 있는 모든 서적과 논문을 망라하는 것은 아니다. 참고문헌의 목록이 모든 것을 포함하는 것은 아니어도, 19세기 후반의 선교운동의 연구에 가장 중요한 목록들이 포함되기를 바란다. 앞쪽으로 나열된 참고도서들은 본서를 준비하는 과정에서 매우 귀중하였다.

Primary periodicals

American Missionary (New York)
Annual Paper descriptive of the Lord's Work connected with the Pastors' College [and similar titles] (London)
Australian Churchman (Sydney)
Australian Evangelist (Melbourne)
Baptist Magazine (London)
Bibliotheca Sacra (New York)
British Weekly (London)
Christian (London)
Christian Advocate (New York)
Christian Advocate and Journal (New York)
Christian Advocate and Wesleyan Record (Sydney)
Christian Express (Lovedale, South Africa)

Christian Guardian (Toronto)
Christian Messenger (Halifax, NS)
Christian Observer (Christchurch)
Christian Observer (London)
Christian Pleader (Sydney)
Christian Witness (London)
Christian World (London)
Church of England Chronicle (Sydney)
Church Missionary Society Record (London)
Congregationalist (London)
Evangelical Christendom (London)
Evangelical Witness and Presbyterian Review (Dublin)
Evangelistic Record (Chicago)
Examiner and Chronicle (New York)
Experience (London)
Freeman (London)
Free Methodist (Chicago)
Free-Will Baptist Register (Dover, NH)
Friend (London)
General Baptist Magazine (London)
Intercolonial Christian Messenger (Brisbane)
Irish Presbyterian (Belfast)
Irish Presbyterian (Dublin)
Life and Light (Boston, MA)
Life & Light (Melbourne)
Life of Faith (London)
Methodist Journal (Adelaide)
Methodist Review (New York)
Minutes of the Conference of the Wesleyan Methodist Church of South Africa (Cape Town and Grahamstown)
Minutes of the Methodist Conference (London)
Missionary Herald (London)
North Carolina Presbyterian (Fayetteville, NC, and subsequently Charlotte, NC)
Oberlin Evangelist (Oberlin, OH)
Presbyterian Churchman (Dublin)
Presbyterian Magazine in connection with the Belfast Presbyterian Young Men's Association (Belfast)
Primitive Methodist Record (Adelaide)
Proceedings of the Church Missionary Society for Africa and the East (London)
Record (London)
Religious Herald (Richmond, VA)

Revival (London)
Rocky Mountain Presbyterian (Denver, CO)
South African Methodist (Grahamstown)
Spectator and Methodist Chronicle (Melbourne)
United Presbyterian Magazine (Edinburgh)
Wesleyan Methodist Magazine (London)
Witness (Edinburgh)

Reference works

Cameron, Nigel M. de S. (ed.) (1993), *Dictionary of Scottish Church History and Theology*, Edinburgh: T. & T. Clark; Downers Grove: InterVarsity Press.
Cross, F. L., and E. A. Livingstone (eds.) (1997), *The Oxford Dictionary of the Christian Church*, 3rd ed., Oxford: Oxford University Press.
Dickey, Brian (ed.) (1994), *The Australian Dictionary of Evangelical Biography*, Sydney: Evangelical History Association.
Gaustad, Edwin Scott, and Philip L. Barlow (eds.) (2001), *New Historical Atlas of Religion in America*, New York: Oxford University Press.
Hill, Samuel S. (ed.) (1984), *Encyclopedia of Religion in the South* [Macon, GA:] Mercer University Press.
Larsen, Timothy (ed.) (2003), *Biographical Dictionary of Evangelicals,* Leicester: Inter-Varsity Press.
Lewis, Donald M. (ed.) (1995), *The Blackwell Dictionary of Evangelical Biography, 1730–1860*, 2 vols., Oxford: Blackwell.
Reid, Daniel G., Robert D. Linder, Bruce L. Shelley and Harry S. Stout (eds.) (1990), *Dictionary of Christianity in America*, Downers Grove: InterVarsity Press.

Other works

Acheson, Alan (1997), *A History of the Church of Ireland, 1691–1996*, Blackrock, Co. Dublin: Columba Press.
Airhart, Phyllis D. (1992), *Serving the Present Age: Revivalism, Progressivism and the Methodist Tradition in Canada*, Montreal and Kingston: McGill-Queen's University Press.
Anderson, Robert M. (1979), *Vision of the Disinherited: The Making of American Pentecostalism*, New York: Oxford University Press.
Ansdell, Douglas (1988), *The People of the Great Faith: The Highland Church, 1690–1900*, Stornoway: Acair.
Bacon, Margaret H. (1988), *The Quiet Rebels: The Story of the Quakers in America*,

Philadelphia: New Society Publishers.
Bagwell, Philip S. (1987), *Outcast London: A Christian Response: The West London Mission of the Methodist Church, 1887–1987,* London: Epworth Press.
Balia, Daryl M. (1991), *Black Methodists and White Supremacy in South Africa,* Durban: Madiba Publishers.
Beaver, R. Pierce (1980), *American Protestant Women in World Mission: History of the First Feminist Movement in America,* 2nd ed., Grand Rapids, MI: Eerdmans
Bebbington, David W. (1982), *The Nonconformist Conscience: Chapel and Politics, 1870–1914,* London: Allen & Unwin.
— (1989) *Evangelicalism in Modern Britain: A History from the 1730s to the 1980s,* London: Unwin Hyman.
— (1993), 'Holiness in Nineteenth-Century British Methodism', in William M. Jacob and Nigel Yates (eds.), *Crown and Mitre: Religion and Society in Northern Europe since the Reformation,* Woodbridge, Suffolk: Boydell Press.
— (1996), 'The Holiness Movements in British and Canadian Methodism in the Late Nineteenth Century', *Proceedings of the Wesley Historical Society* 50.
— (1999), 'Henry Drummond, Evangelicalism and Science', in Thomas E. Corts (ed.), *Henry Drummond: A Perpetual Benediction,* Edinburgh: T. & T. Clark.
— (2000), *Holiness in Nineteenth-Century England,* Carlisle: Paternoster Press.
— and Timothy Larsen (eds.) (2003), *Modern Christianity and Cultural Aspirations,* London: Sheffield Academic Press.
Bentley, Anne (1971), 'The Transformation of the Evangelical Party in the Church of England in the Later Nineteenth Century', unpublished PhD thesis, Durham University.
Billington, Ray Allen (1938), *The Protestant Crusade,* New York: Macmillan.
Binfield, Clyde (1973), *George Williams and the Y.M.C.A.: A Study in Victorian Social Attitudes,* London: Heinemann.
— (1977), *So Down to Prayers: Studies in English Nonconformity, 1780–1920,* London: J. M. Dent & Sons.
Bordin, Ruth (1981), *Woman and Temperance: The Quest for Power and Liberty, 1873–1900,* Philadelphia: Temple University Press.
— (1986), *Frances Willard: A Biography,* Chapel Hill, NC: University of North Carolina Press.
Boylan, Anne M. (1982), *Sunday School: The Formation of an American Institution,* New Haven: Yale University Press.
Breward, Ian (2001), *A History of the Churches in Australasia,* Oxford: Oxford University Press.
Briggs, John H. Y. (1994), *The English Baptists of the Nineteenth Century,* Didcot, Oxon: Baptist Historical Society.
Broomhall, A. J. (1981–89), *Hudson Taylor and China's Open Century,* 7 vols., London:

Hodder & Stoughton.
Brown, Callum G. (1987), *The Social History of Religion in Scotland since 1730*, London: Methuen.
— (1997), *Religion and Society in Scotland since 1707*, Edinburgh: Edinburgh University Press.
— (2001), *The Death of Christian Britain*, London: Routledge.
Brown, Kenneth D. (1988), *A Social History of the Nonconformist Ministry in England and Wales, 1800–1930*, Oxford: Clarendon Press.
Brown, Roger L. (1986), *The Welsh Evangelicals,* Tongwynlais, Cardiff: Tair Eglwys Press.
Bush, L. Russ, and Tom J. Nettles (1999), *Baptists and the Bible*, rev. ed., Nashville, TN: Broadman & Holman.
Butler, Diana H. (1995), *Standing Against the Whirlwind: Evangelical Episcopalians in Nineteenth-Century America*, New York: Oxford University Press.
Butler, Jon (1990), *Awash in a Sea of Faith: Christianizing the American People,* Cambridge, MA: Harvard University Press.
Campbell, James T. (1998), *Songs of Zion: The African Methodist Episcopal Church in the United States and South Africa*, Chapel Hill, NC: North Carolina University Press.
Carrington, Philip (1963), *The Anglican Church in Canada*, Toronto: Collins.
Carter, Paul (1971), *The Spiritual Crisis of the Gilded Age*, DeKalb, IL: Northern Illinois University Press.
Carwardine, Richard J. (1993), *Evangelicals and Politics in Antebellum America,* New Haven: Yale University Press.
Casey, Michael W., and Douglas A. Foster (eds.) (2002), *The Stone-Campbell Movement: An International Religious Tradition*, Knoxville, TN: University of Tennessee Press.
Cashdollar, Charles D. (2000), *A Spiritual Home: Life in British and American Reformed Congregations, 1830–1915*, University Park, PA: Pennsylvania State University Press.
Chadwick, W. Owen (1966–70), *The Victorian Church*, 2 vols., London: Adam & Charles Black.
Cheyne, A. C. (1983), *The Transforming of the Kirk: Victorian Scotland's Religious Revolution,* Edinburgh: Saint Andrew Press.
Clark, Clifford E., Jr (1978), *Henry Ward Beecher: Spokesman for a Middle-Class America*, Urbana, IL: University of Illinois Press.
Cliff, Philip B. (1986), *The Rise and Development of the Sunday School Movement in England, 1780–1980*, Nutfield, Redhill, Surrey: National Christian Education Council.
Coad, F. Roy (1968), *A History of the Brethren Movement*, Exeter: Paternoster Press.
Cocksworth, Christopher J. (1993), *Evangelical Eucharistic Thought in the Church of England,* Cambridge: Cambridge University Press.
Coffey, John (1996), 'Democracy and Popular Religion: Moody and Sankey's Mission to Britain, 1873–1875', in Eugenio F. Biagini (ed.), *Citizenship and Community: Liberals, Radicals and Collective Identities in the British Isles, 1865–1931*, Cambridge: Cambridge

University Press.
Coleman, Bruce I. (1980), *The Church of England in the Mid-Nineteenth Century: A Social Geography*, London: Historical Association.
Conforti, Joseph A. (1995), *Jonathan Edwards, Religious Tradition & American Culture*, Chapel Hill, NC: University of North Carolina Press.
Cooke, Harriette J. (1893), *Mildmay: Or the Story of the First Deaconess Institution*, 2nd ed., London: Elliott Stock.
Cox, Jeffrey (1982), *The English Churches in a Secular Society: Lambeth, 1870–1930*, New York: Oxford University Press.
Crowley, John G. (1998), *Primitive Baptists of the Wiregrass South: 1815 to the Present*, Gainesville, FL: University Press of Florida.
Cunningham, Valentine (1975), *Everywhere Spoken Against: Dissent in the Victorian Novel*, Oxford: Clarendon Press.
Currie, Robert, Alan Gilbert and Lee Horsley (1977), *Churches and Churchgoers: Patterns of Church Growth in the British Isles since 1700*, Oxford: Clarendon Press.
Dale, A. W. W. (1898), *The Life of R. W. Dale of Birmingham*, London: Hodder & Stoughton.
Dale, Robert W. (1889), *The Old Evangelicalism and the New*, London: Hodder & Stoughton
Davidoff, Leonore, and Catherine Hall (1987), *Family Fortunes: Men and Women of the English Middle Class, 1780–1850*, London: Hutchinson Education.
Davidson, Allan K., and Peter J. Lineham (eds.) (1995), *Transplanted Christianity: Documents illustrating Aspects of New Zealand Church History*, 3rd ed., Palmerston North: Massey University Department of History.
Davies, E. T. (1981), *Religion and Society in the Nineteenth Century: A New History of Wales*, Llandybie, Dyfed: Christopher Davies.
Davies, Rupert, A. Raymond George and Gordon Rupp (eds.) (1983), *A History of the Methodist Church in Great Britain*, vol. 3, London: Epworth Press.
de Gruchy, John (ed.) (1999), *The London Missionary Society in Southern Africa: Historical Essays in Celebration of the Bicentenary of the LMS in Southern Africa, 1799–1999*, Cape Town: David Philip.
Dennis, James S. (1902), *Centennial Survey of Foreign Missions*, New York: Fleming H. Revell Co.
Dickson, J. N. Ian (2000), 'More than Discourse: The Sermons of Evangelical Protestants in Nineteenth Century Ulster', unpublished PhD thesis, Queen's University, Belfast.
Dickson, Neil T. R. (1999), '"Shut in with thee": The Morning Meeting among Scottish Open Brethren, 1830s–1960s', in R. N. Swanson (ed.), *Continuity and Change in Christian Worship, Studies in Church History* 35, Woodbridge, Suffolk: Boydell Press.
— (2003), *Brethren in Scotland: A Social Study of an Evangelical Movement*, Carlisle: Paternoster Press.
Dieter, Melvin E. (1980), *The Holiness Revival of the Nineteenth Century*, Metuchen, NY: Scarecrow Press.

Dorrien, Gary (2001), *The Making of American Liberal Theology: Imagining Progressive Religion, 1805–1900*, Louisville, KY: Westminster John Knox Press.
du Plessis, J[ohannes] (1919), *The Life of Andrew Murray of South Africa*, London: Marshall Brothers.
— (1993), 'Adam and Eve: Gender in the English Free Church Constituency', *Journal of Ecclesiastical History* 44.
Figgis, John B. (1914), *Keswick from Within*, London: Marshall Brothers.
Findlay, James F. Jr, (1969), *Dwight L. Moody: American Evangelist, 1837–1899*, Chicago: University of Chicago Press.
Finke, Roger, and Stark, Rodney (1992), *The Churching of America, 1776–1990: Winners and Losers in our Religious Economy*, New Brunswick, NJ: Rutgers University Press.
Finlayson, Geoffrey B. A. M. (1981), *The Seventh Earl of Shaftesbury, 1801–1885*, London: Eyre Methuen.
Frank, Douglas W. (1986), *Less than Conquerors: How Evangelicals entered the Twentieth Century*, Grand Rapids, MI: Eerdmans.
Fulop, Timothy E., and Raboteau, Albert J. (1997), *African-American Religion: Interpretive Essays in History and Culture*, New York: Routledge.
Garnett, Jane (2002), 'The Gospel of Work and the Virgin Mary: Catholics, Protestants and Work in the Nineteenth Century', in Robert N. Swanson (ed.), *The Use and Abuse of Time in Christian History*, Studies in Church History 37, Woodbridge, Suffolk: Boydell Press.
Gauvreau, Michael (1991), *The Evangelical Century: College and Creed in English Canada from the Great Revival to the Great Depression*, Montreal-Kingston: McGill-Queen's University Press.
Genovese, Eugene D. (1999), *A Consuming Fire: The Fall of the Confederacy in the Mind of the White Christian South*, Athens, GA: University of Georgia Press.
Gibbs, M[ildred] E. (1972), *The Anglican Church in India, 1600–1970*, Delhi: Indian SPCK.
Glover, Willis B. (1954), *Evangelical Nonconformists and Higher Criticism in the Nineteenth Century*, London: Independent Press.
Goen, C. C. (1985), *Broken Churches, Broken Nation: Denominational Schisms and the Coming of the American Civil War*, Macon, GA: Mercer University Press.
Gordon, James M. (1991), *Evangelical Spirituality*, London: SPCK.
Govan, Isobel R. (1978), *The Spirit of Revival: The Story of J. G. Govan and the Faith Mission*, 4th ed., Edinburgh: Faith Mission.
Grant, John W. (1955), *Free Churchmanship in England, 1870–1940*, London: Independent Press.
— (1988), *A Profusion of Spires: Religion in Nineteenth-Century Ontario*, Toronto: University of Toronto Press.
Green, S. J. D. (1996), *Religion in the Age of Decline: Organisation and Experience in Industrial Yorkshire, 1870–1920*, Cambridge: Cambridge University Press.

Grubb, Norman P. (1933), *C. T. Studd: Cricketer and Pioneer*, London: Religious Tract Society.
Guelzo, Allen C. (1994), *For the Union of Evangelical Christendom: The Irony of the Reformed Episcopalians*, University Park, PA: Pennsylvania State University Press.
Gundry, Stanley N. (1999), *Love Them In: The Life and Theology of D. L. Moody*, Chicago: Moody Press.
Gutjahr, Paul C. (1999), *An American Bible: A History of the Good Book in the United States*, Stanford, CA: Stanford University Press.
Hames, E. W. (1972), *Out of the Common Way: The European Church in the Colonial Era, 1840–1913*, Auckland: Wesley Historical Society of New Zealand.
Hamilton, J. Taylor, and Kenneth G. Hamilton (1983), *History of the Moravian Church: The Renewed Unitas Fratrum, 1722–1957*, 2nd ed., Bethlehem, PA: Interprovincial Board of Christian Education.
Handy, Robert T. (1976), *A History of the Churches in the United States and Canada*, Oxford: Clarendon Press.
— (ed.) (1966), *The Social Gospel in America, 1870–1920*, New York: Oxford University Press.
Harford, Charles F. (ed.) (1907), *The Keswick Convention: Its Message, its Method and its Men*, London: Marshall Brothers.
Harris, Paul W. (1999), *Nothing but Christ: Rufus Anderson and the Ideology of Protestant Foreign Missions*, New York: Oxford University Press.
Harrison, Brian (1971), *Drink and the Victorians: The Temperance Question in England, 1815–1872*, London: Faber & Faber.
Hart, D. G. (1987), 'Divided between Heart and Mind: The Critical Period for Protestant Thought in America', *Journal of Ecclesiastical History* 38.
Harvey, Paul (1997), *Redeeming the South: Religions, Cultures and Racial Identities among Southern Baptists, 1865–1925*, Chapel Hill, NC: University of North Carolina Press.
Heasman, Kathleen (1962), *Evangelicals in Action: An Appraisal of their Social Work in the Victorian Era*, London: Geoffrey Bles.
Heeney, Brian (1982), 'The Beginnings of Church Feminism', *Journal of Ecclesiastical History* 33.
Hempton, David, and Myrtle Hill (1992), *Evangelical Protestantism in Ulster Society, 1740–1890*, London: Routledge.
Hill, Patricia (1985), *The World their Household: The American Women's Foreign Mission Movement and Cultural Transformation, 1870–1922*, Ann Arbor, MI: University of Michigan Press.
Hill, Samuel S. (ed.) (1983), *Religion in the Southern United States: A Historical Study*, Macon, GA: Mercer University Press.
Hilliard, David (1986), *Godliness and Good Order: A History of the Anglican Church in South Australia*, Netley, South Australia: Wakefield Press.
Hilton, Boyd (1988), *The Age of Atonement: The Influence of Evangelicalism on Social and*

Economic Thought, 1785–1865, Oxford: Clarendon Press.

Hoeveler, J. David, Jr (1981), *James McCosh and the Scottish Intellectual Tradition from Glasgow to*

Holifield, E. Brooks (1978), *The Gentleman Theologians: American Theology in Southern Culture, 1795–1860*, Durham, NC: Duke University Press.

Holmes, Janice (2000), *Religious Revivals in Britain and Ireland, 1859–1905*, Dublin: Irish Academic Press.

Holmes, R. Finlay G., and R. Buick Knox (eds.), *The General Assembly of the Presbyterian Church in Ireland, 1840–1990*, [Belfast:] Presbyterian Historical Society of Ireland.

Hopkins, Mark (2004), *Nonconformity's Romantic Generation: Evangelical and Liberal Theologies in Victorian England*, Carlisle: Paternoster Press.

Howsam, Leslie (1991), *Cheap Bibles: Nineteenth-Century Publishing and the British and Foreign Bible Society*, Cambridge: Cambridge University Press.

Hudson-Reed, Sydney (1983), *By Taking Heed . . . The History of the Baptists in Southern Africa, 1820–1977*, Roodepoort: Baptist Publishing House.

Hughes, Richard T. (1996), *Reviving the Ancient Faith: The Story of Churches of Christ in America*, Grand Rapids, MI: Eerdmans.

Hunt, Arnold D. (1985), *This Side of Heaven: A History of Methodism in South Australia*, Adelaide: Lutheran Publishing House.

Hylson-Smith, Kenneth (1988), *Evangelicals in the Church of England, 1734–1984*, Edinburgh: T. & T. Clark.

Inglis, K. S. (1963), *Churches and the Working Classes in Victorian England*, London: Routledge and Kegan Paul.

Isichei, Elizabeth (1970), *Victorian Quakers*, Oxford: Clarendon Press.

Jackson, George (1903), *The Old Methodism and the New*, London: Hodder & Stoughton.

Jalland, Pat (1996), *Death in the Victorian Family*, Oxford: Oxford University Press.

Jay, Elisabeth (1979), *The Religion of the Heart: Anglican Evangelicalism and the Nineteenth-Century Novel*, Oxford: Clarendon Press.

Jeal, Tim (1973), *Livingstone*, London: Heinemann.

Jeffrey, Kenneth S. (2002), *When the Lord Walked the Land: The 1858–62 Revival in the North East of Scotland*, Carlisle: Paternoster Press.

Jerrome, Peter (1998), *John Sirgood's Way: The Story of the Loxwood Dependants*, Petworth, West Sussex: Window Press.

Johnson, Dale A. (1983), *Women in English Religion, 1700–1925*, New York: Edwin Mellen Press.

—— (1999), *The Changing Shape of English Nonconformity, 1825–1925*, New York: Oxford University Press.

Jones, R. Tudur (1962), *Congregationalism in England, 1662–1962*, London: Independent Press.

—— (2004), *Congregationalism in Wales*, ed. Robert Pope, Cardiff: University of Wales Press.

—— (2004), *Faith and the Crisis of a Nation: Wales, 1890–1914*, ed. Robert Pope, Cardiff:

University of Wales Press.
Judd, Stephen, and Kenneth Cable (1987), *Sydney Anglicans*, Sydney: Anglican Information Office.
Kent, Alan M. (2002), *Pulp Methodism: The Lives & Literature of Silas, Joseph and Salome Hocking, Three Cornish Novelists*, St Austell, Cornwall: Cornish Hillside Publications.
Kent, John (1978), *Holding the Fort: Studies in Victorian Revivalism*, London: Epworth Press.
Kruppa, Patricia S. (1982), *Charles Haddon Spurgeon: A Preacher's Progress*, New York: Garland Publishing.
Kverndal, Roald (1986), *Seamen's Missions: Their Origins and Early Growth: A Contribution to the History of the Church Maritime*, Pasadena, CA: William Carey Library.
Land, Gary (ed.) (1986), *Adventism in America: A History*, Berrien Springs, MI: Andrews University Press.
Laqueur, Thomas W. (1976), *Religion and Respectability: Sunday Schools and Working Class Culture, 1780–1850*, New Haven: Yale University Press.
Larsen, Timothy (1999), *Friends of Religious Equality: Nonconformist Politics in Mid-Victorian England*, Woodbridge, Suffolk: Boydell Press.
— (2002), 'English Baptists, Jamaican Affairs and the Nonconformist Conscience: The Campaign against Governor Eyre', in David W. Bebbington (ed.), *The Gospel in the World: International Baptist Studies*, Carlisle: Paternoster Press.
— (2004), *Contested Christianity: The Political and Social Contexts of Victorian Theology*, Waco, TX: Baylor University Press.
Lawton, William J. (1990), *The Better Times to Be: Utopian Attitudes to Society among Sydney Anglicans, 1885 to 1914*, Kensington, New South Wales: New South Wales University Press.
Lewis, Donald M. (1986), *Lighten their Darkness: The Evangelical Mission to Working Class London, 1828–1860*, Westport, CN: Greenwood Press.
Lincoln, C. Eric, and Lawrence H. Mamiya (1990), *The Black Church in the African American Experience*, Durham, NC: Duke University Press.
Livingstone, David N. (1987), *Darwin's Forgotten Defenders: The Encounter between Evangelical Theology and Evolutionary Thought*, Grand Rapids, MI: Eerdmans.
Livingstone, David N., D. G. Hart and Mark A. Noll (eds.) (1999), *Evangelicals and Science in Historical Perspective*, New York: Oxford University Press.
Long, Kathryn T. (1998), *The Revival of 1857–58: Interpreting an American Religious Awakening*, New York: Oxford University Press.
Macinnes, A. I. (1990), 'Evangelical Protestantism in the Nineteenth-Century Highlands', in Graham Walker and Tom Gallagher (eds.), *Sermons and Battle Hymns: Protestant Popular Culture in Modern Scotland*, Edinburgh: Edinburgh University Press.
Magnuson, Norris (1990), *Salvation in the Slums: Evangelical Social Work, 1865–1920*, Grand Rapids, MI: Baker Book House.

Marks, Lynne (1996), *Revivals and Roller Rinks: Religion, Leisure and Identity in Late Nineteenth-Century Small-Town Canada*, Toronto: University of Toronto Press.

Marsden, George M. (1980), *Fundamentalism and American Culture: The Shaping of Twentieth-Century Evangelicalism, 1870–1925*, New York: Oxford University Press.

— (1994), *The Soul of the American University: From Protestant Establishment to Established Nonbelief*, New York: Oxford University Press.

Masters, D. C. (1978), 'The Anglican Evangelicals in Toronto', *Journal of the Canadian Church Historical Society*, 20.

Mathers, Helen (2001), 'The Evangelical Spirituality of a Victorian Feminist: Josephine Butler, 1828–1906', *Journal of Ecclesiastical History* 52.

Maughan, Steven (1996), '"Mighty England do Good": The Major English Denominations and Organisation for the Support of Foreign Missions in the Nineteenth Century', in R. A. Bickers and Rosemary Seton (eds.), *Missionary Encounters: Sources and Issues*, Richmond, Surrey: Curzon Press.

McDannell, Colleen (1986), *The Christian Home in Victorian America, 1840–1900*, Bloomington, IN: University of Indiana Press.

— (1995), *Material Christianity: Religion and Popular Culture in America*, New Haven: Yale University Press.

McEldowney, Dennis (ed.) (1990), *Presbyterians in Aotearea, 1840–1990*, Wellington: Presbyterian Church of New Zealand.

McKinley, Edward H. (1995), *The History of the Salvation Army in the United States, 1880–1972*, 2nd ed., Grand Rapids, MI: Eerdmans.

McLeod, Hugh (1974), *Class and Religion in the Late Victorian City*, London: Croom Helm.

— (1995), *Piety and Poverty: Working-Class Religion in Berlin, London and New York, 1870–1914*, New York: Holmes & Meier.

— (1996), *Religion and Society in England, 1850–1914*, Basingstoke: Macmillan.

Moore, James R. (1979), *The Post-Darwinian Controversies: A Study of the Protestant Struggle to come to Terms with Darwin in Britain and America, 1870–1900*, Cambridge: Cambridge University Press.

Moorhead, James (1978), *American Apocalypse: Yankee Protestants and the Civil War*, New Haven: Yale University Press.

Nelson, E. Clifford (1980), *The Lutherans in North America*, Philadelphia: Fortress Press.

Nienkirchen, Charles (c. 1992), *A. B. Simpson and the Pentecostal Movement: A Study in Continuity, Crisis and Change*, Peabody, MA: Hendrickson.

Noll, Mark A. (1991), *Between Faith and Criticism: Evangelicals, Scholarship and the Bible*, Leicester: Inter-Varsity Press

— (1992), *A History of Christianity in the United States and Canada*, Grand Rapids, MI: Eerdmans.

— (2002), *America's God: From Jonathan Edwards to Abraham Lincoln*, New York: Oxford University Press.

Noll, Mark A. (ed.) (1983), *The Princeton Theology, 1812–1921*, Grand Rapids, MI: Baker Book House.
— (ed.) (2002), *God and Mammon: Protestants, Money and the Market, 1790–1860*, New York: Oxford University Press.
Noll, Mark A., David W. Bebbington and George A. Rawlyk (eds.) (1984), *Evangelicalism: Comparative Studies of Popular Protestantism in North America, the British Isles and Beyond, 1700–1990*, New York: Oxford University Press.
Obelkevich, James (1976), *Religion and Rural Society: South Lindsey, 1825–1875*, Oxford: Clarendon Press.
Oden, Thomas C. (ed.) (1988), *Phoebe Palmer: Selected Writings*, New York: Paulist Press.
Oldstone-Moore, Christopher (1999), *Hugh Price Hughes: Founder of a New Methodism, Conscience of a New Nonconformity*, Cardiff: University of Wales Press.
Orr, Edwin (1949), *The Second Evangelical Awakening in Britain*, London: Marshall, Morgan & Scott.
Peel, Albert (1931), *These Hundred Years: A History of the Congregational Union of England and Wales, 1831–1931*, London: Congregational Union of England and Wales.
Pelt, Owen D., and Ralph Lee Smith (1960), *The Story of the National Baptists*, New York: Vantage Press.
Phillips, Walter (1981), *Defending 'A Christian Country': Churchmen and Society in New South Wales in the 1880s and After*, St Lucia, Queensland: University of Queensland Press.
Pierson, Arthur T. (1900), *Forward Movements of the Last Half Century*, New York: Funk & Wagnalls.
Piggin, Stuart (1996), *Evangelical Christianity in Australia: Spirit, Word and World*, Melbourne: Oxford University Press.
Porter, Andrew (1976), 'Cambridge, Keswick and Late Nineteenth-Century Attitudes to Africa', *Journal of Imperial and Commonwealth Studies* 5.
— (1992), 'Religion and Empire: British Expansion in the Long Nineteenth Century', *Journal of Imperial and Commonwealth History* 20.
— (2004), *Religion versus Empire? Protestant Missionaries and Overseas Expansion*, Manchester: Manchester University Press.
Porter, Andrew (ed.) (2003), *The Imperial Horizons of British Protestant Missions, 1880–1914*, Grand Rapids, MI: Eerdmans.
Price, Charles, and Ian Randall (2000), *Transforming Keswick*, Carlisle: OM Publishing.
Prior, Oswald (1962), *Australia's Little Cornwall*, Adelaide: Rigby.
Prochaska, Frank K. (1980), *Women and Philanthropy in Nineteenth-Century England*, Oxford: Clarendon Press.
Randall, Ian M. (2003), *Spirituality and Social Change: The Contribution of F. B. Meyer (1847–1929)*, Carlisle: Paternoster Press.
Randall, Ian M. and David Hilborn (2001), *One Body in Christ: The History and Significance of the Evangelical Alliance*, Carlisle: Paternoster Press.

참고문헌 **357**

Rawlyk, George A. (ed.) (1991), *The Canadian Protestant Experience, 1760–1990*, Burlington, ON: Welch.
— (ed.) (1997), *Aspects of the Canadian Evangelical Experience*, Montreal and Kingston: McGill-Queen's University Press.
Rawlyk, George A. and Mark A. Noll (eds.) (1994), *Amazing Grace: Evangelicalism in Australia, Britain, Canada and the United States*, Montreal and Kingston: McGill-Queen's University Press.
Reardon, Bernard M. G. (1980), *Religious Thought in the Victorian Age: A Survey from Coleridge to Gore*, London: Longman.
Richardson, S. P. (1900), *The Lights and Shadows of Itinerant Life*, Nashville, TN: Publishing House of the Methodist Episcopal Church South.
Richey, Russell E., Kenneth E. Rowe and Jean Miller Schmidt (eds.), *Perspectives on American Methodism: Interpretive Essays*, Nashville, TH: Abingdon Books.
Robert, Dana L. (2003), *Occupy until I Come: A. T. Pierson and the Evangelization of the World*, Grand Rapids, MI: Eerdmans.
Rosman, Doreen M. (1984), *Evangelicals and Culture*, London: Croom Helm.
Ross, Andrew C. (2002), *Livingstone: Mission and Empire*, London: London & Hambledon Books.
Rowell, Geoffrey (1974), *Hell and the Victorians*, Oxford: Clarendon Press.
Sandeen, Ernest R. (1970), *The Roots of Fundamentalism: British and American Millenarianism*, Chicago: University of Chicago Press.
Schlabach, Theron F. (1988), *Peace, Faith, Nation: Mennonites and Amish in Nineteenth Century America*, Scottdale, PA: Herald Press.
Schmidt, Leigh E. (1989), *Holy Fairs: Scottish Communions and American Revivals in the Early Modern Period*, Princeton: Princeton University Press.
Scotland, Nigel (1981), *Methodism and the Revolt of the Field: A Study of the Methodist Contribution to Agricultural Trade Unionism in East Anglia, 1872–96*, Gloucester: Alan Sutton.
— (2000), *'Good and Proper Men': Lord Palmerston and the Bench of Bishops*, Cambridge: James Clarke & Co.
Sell, Alan (1987), *Defending and Declaring the Faith: Some Scottish Examples, 1860–1920*, Exeter: Paternoster Press.
Sellers, Ian (1977), *Nineteenth-Century Nonconformity*, London: Edward Arnold.
Semple, Neil (1996), *The Lord's Dominion: The History of Canadian Methodism*, Montreal and Kingston: McGill-Queen's University Press.
Shaw, Ian J. (1976), 'Charles Spurgeon and the Stockwell Orphanage', *Christian Graduate* 29.
— (2002), *High Calvinists in Action: Calvinism and the City: Manchester and London, 1810–1860*, Oxford: Oxford University Press.
Shiman, Lilian L. (1986), *Crusade against Drink in Victorian England*, Basingstoke: Macmillan.

Sizer, Sandra S. (1978), *Gospel Hymns and Social Religion: The Rhetoric of Nineteenth Century Revivalism*, Philadelphia: Temple University Press.
Smith, Gary S. (1985), *The Seeds of Secularization: Calvinism, Culture and Pluralism in America, 1870–1915*, Grand Rapids, MI: Eerdmans.
Smith, Timothy L. (1957), *Revivalism and Social Reform: American Protestantism on the Eve of the Civil War*, Nashville, TN: Abingdon Press.
— (1962), *Called unto Holiness: The Story of the Nazarenes: The Formative Years*, Kansas City, MO: Nazarene Publishing House.
Sobel, Mechal (1988), *Trabelin' On: The Slave Journey to an Afro-Baptist Faith*, Princeton: Princeton University Press.
Spain, Rufus B. (2003), *At Ease in Zion: A Social History of Southern Baptists, 1865–1900*, Tuscaloosa, AL: University of Alabama Press.
Stanley, Brian (1979), 'Home Support for Overseas Missionaries in Early Victorian England, c.1838–1873', unpublished PhD thesis, University of Cambridge.
— (1982), 'C. H. Spurgeon and the Baptist Missionary Society, 1863–1866', *Baptist Quarterly* 29.
— (1990), *The Bible and the Flag: Protestant Missions and British Imperialism in the Nineteenth and Twentieth Centuries*, Leicester: Apollos.
— (1992), *The History of the Baptist Missionary Society, 1792–1992*, Edinburgh: T. & T. Clark.
— (2001), 'Christianity and Civilization in English Evangelical Mission Thought', in Brian Stanley (ed.), *Christian Missions and the Enlightenment*, Grand Rapids, MI: Eerdmans.
Stock, Eugene (1900), *The History of the Church Missionary Society*, 3 vols., London: Church Missionary Society.
Szasz, Ferenc M. (1982), *The Divided Mind of Protestant America, 1880–1930*, Tuscaloosa, AL: University of Alabama Press.
Talbot, Brian R. (2003), *The Search for a Common Identity: The Origins of the Baptist Union of Scotland, 1800–1870*, Carlisle: Paternoster Press.
Thompson, David M. (1980), *A History of the Association of Churches of Christ in Great Britain and Ireland*, Birmingham: Berean Press.
— (1990), 'The Emergence of the Nonconformist Social Gospel in England', in Keith Robbins (ed.), *Protestant Evangelicalism: Britain, Ireland, Germany and America, c.1750–c.1950*, Studies in Church History Subsidia 7, Oxford: Basil Blackwell.
Thompson, David M. (ed.) (1972), *Nonconformity in the Nineteenth Century*, London: Routledge & Kegan Paul.
Van Die, Marguerite (1989), *An Evangelical Mind: Nathaniel Burwash and the Methodist Tradition in Canada*, Montreal and Kingston: McGill-Queen's University Press.
Vaudry, Richard W. (1989), *The Free Church in Victorian Canada, 1844–1861*, Waterloo, ON: Wilfrid Laurier University Press.
Voll, Dieter (1963), *Catholic Evangelicalism: The Acceptance of Evangelical Traditions by the*

— (1962), *Called unto Holiness: The Story of the Nazarenes: The Formative Years*, Kansas City, MO: Nazarene Publishing House.
Sobel, Mechal (1988), *Trabelin' On: The Slave Journey to an Afro-Baptist Faith*, Princeton: Princeton University Press.
Spain, Rufus B. (2003), *At Ease in Zion: A Social History of Southern Baptists, 1865–1900*, Tuscaloosa, AL: University of Alabama Press.
Stanley, Brian (1979), 'Home Support for Overseas Missionaries in Early Victorian England, c.1838–1873', unpublished PhD thesis, University of Cambridge.
— (1982), 'C. H. Spurgeon and the Baptist Missionary Society, 1863–1866', *Baptist Quarterly* 29.
— (1990), *The Bible and the Flag: Protestant Missions and British Imperialism in the Nineteenth and Twentieth Centuries*, Leicester: Apollos.
— (1992), *The History of the Baptist Missionary Society, 1792–1992*, Edinburgh: T. & T. Clark.
— (2001), 'Christianity and Civilization in English Evangelical Mission Thought', in Brian Stanley (ed.), *Christian Missions and the Enlightenment*, Grand Rapids, MI: Eerdmans.
Stock, Eugene (1900), *The History of the Church Missionary Society*, 3 vols., London: Church Missionary Society.
Szasz, Ferenc M. (1982), *The Divided Mind of Protestant America, 1880–1930*, Tuscaloosa, AL: University of Alabama Press.
Talbot, Brian R. (2003), *The Search for a Common Identity: The Origins of the Baptist Union of Scotland, 1800–1870*, Carlisle: Paternoster Press.
Thompson, David M. (1980), *A History of the Association of Churches of Christ in Great Britain and Ireland*, Birmingham: Berean Press.
— (1990), 'The Emergence of the Nonconformist Social Gospel in England', in Keith Robbins (ed.), *Protestant Evangelicalism: Britain, Ireland, Germany and America, c.1730–c.1950, Studies in Church History Subsidia* 7, Oxford: Basil Blackwell.
Thompson, David M. (ed.) (1972), *Nonconformity in the Nineteenth Century*, London: Routledge & Kegan Paul.
Van Die, Marguerite (1989), *An Evangelical Mind: Nathaniel Burwash and the Methodist Tradition in Canada*, Montreal and Kingston: McGill-Queen's University Press.
Vaudry, Richard W. (1989), *The Free Church in Victorian Canada, 1844–1861*, Waterloo, ON: Wilfrid Laurier University Press.
Voll, Dieter (1963), *Catholic Evangelicalism: The Acceptance of Evangelical Traditions by the*
Walker, Michael (1992), *Baptists at the Table: The Theology of the Lord's Supper amongst English Baptists in the Nineteenth Century*, London: Baptist Historical Society.
Walker, Pamela J. (2001), *Pulling the Devil's Kingdom Down: The Salvation Army in Victorian Britain*, Berkeley: University of California Press.
Walker, R. B. (1973), 'The Growth Rate of Wesleyan Methodism in Victorian England and Wales', *Journal of Ecclesiastical History* 24.

Watts, M. R. (1995), *The Dissenters: II: The Expansion of Evangelical Nonconformity, 1791–1859*, Oxford: Clarendon Press.

Weber, Timothy P. (1987), *Living in the Shadow of the Second Coming: American Premillennialism, 1875–1982*, rev. ed., Chicago: Chicago University Press.

Welter, Barbara (1974), 'The Feminization of American Religion, 1800–1860', in Mary S. Hartman and Lois Baner (eds.), *Clio's Consciousness Raised: New Perspectives on the History of Women*, New York: Harper & Row.

Weremchuk, Max S. (1992), *John Nelson Darby: A Biography*, Neptune, NY: Loizeaux Brothers.

Westfall, William (1989), *Two Worlds: The Protestant Culture of Nineteenth-Century Ontario*, Montreal and Kingston: McGill-Queen's University Press.

Whisenant, James C. (2003), *A Fragile Unity: Anti-Ritualism and the Division of Anglican Evangelicalism in the Nineteenth Century*, Carlisle: Paternoster Press.

White, Ronald C. Jr, and C. Howard Hopkins (1976), *The Social Gospel: Religion and Reform in Changing America*, Philadelphia: Temple University Press.

Wigley, John (1980), *The Rise and Fall of the Victorian Sunday*, Manchester: Manchester University Press.

Williams, Daniel Day (1941), *The Andover Liberals: A Study in American Theology*, New York: King's Crown Press.

Williams, Walter L. (1982), *Black Americans and the Evangelizaton of Africa*, Madison, WI: University of Wisconsin Press.

Wilson, Charles R. (1980), *Baptized in Blood: The Religion of the Lost Cause, 1865–1920*, Athens, GA: University of Georgia Press.

Wilson, Linda (2000), *Constrained by Zeal: Female Spirituality amongst Nonconformists, 1825–1875*, Carlisle: Paternoster Press.

Wolffe, John (1988), *The Protestant Crusade in Great Britain, 1829–1860*, Oxford: Clarendon Press.

Wolffe, John (ed.) (1995), *Evangelical Faith and Public Zeal: Evangelicals and Society in Britain, 1780–1980*, London: SPCK.

Yates, Timothy E. (1978), *Venn and Victorian Bishops Abroad: The Missionary Policies of Henry Venn and their Repercussions upon the Anglican Episcopate of the Colonial Period, 1841–1872*, Studia Missionalia Upsaliensia 33, London: SPCK.

색 인

[ㄱ]

가디너, 프레드릭 232
가벳, 에드워드 213
가우센, 에드윈 스캇 361
가톨릭 사도 교회 197
감리교 감독교회, 미국(Methodist Episcopal Churches, America) 80-81, 94
감리교(Methodists) 34, 47, 68, 79, 89, 93, 111, 139, 188, 260, 274, 304, 329, 339
    감리교와 예배(and worship) 118, 267
    남아프리카 공화국의 204
    남아프리카의 -(in South Africa) 31, 79
    뉴질랜드의 -(in New Zealand) 34, 327
    미국의 감리교, 참조. 미국(in America, America) 69, 122
    아일랜드의 -(in Ireland) 81
    - 와 교회 질서(and church order) 188
    - 와 성화(and sanctification) 261
    - 와 신앙부흥운동(and revivals) 139-140
    - 와 아르미니우스주의(and Arminianism) 80
    - 와 전천년왕국설(and premillennialism) 251-253
    - 와 확신(and assurance) 165-166
    웨일스의 -(in Wales) 60, 167
    잉글랜드의 -(in England) 90, 308, 329
    캐나다의 -(in Canada) 40, 79, 339
    호주의 -(in Australia) 36, 121-122
감상적임(sentimentality) 65, 309
개럿, 사무엘 251
개럿, E. R. 251
거드, 헨리 122
거들스턴, R. B. 230
거듭남(regeneration) 30, 44, 58, 66, 174, 204, 262
거스리, 토마스 52
거스리, C. J. 53
거스리, D. K. 53
건드리, 스탠리 64, 212
건축 93, 199
게스츠, 윌리엄 250

겔조, 앨런 204
경마 303
경제학 318, 321
경험적 방법 159
계몽주의 153-191, 193, 217, 295, 329-330
　복음주의와의 유사점 154-157
　복음주의와의 적대성 154
고교회(파)(High church) 30, 38-39, 42, 74, 98, 113, 123, 126, 148, 168, 200, 209-212, 220, 236, 284, 327-329
고교회파(High churchmanship) 220
　복음주의자 가운데 206-210
　에 대한 반발 192-206
고난(suffering) 115, 174
고든, 찰스 309
고등비평 229
고딕 스타일 92, 199-200, 333
고반, I. R. 304
고베트(잉글랜드 노리치 침례교 목사) 259
고엄 판결(Gorham Judgment) 204
과잉 복음전도(hyper-evangelism) 177
과학과 종교(science and religion) 94, 140, 155, 159, 164-165, 191
괴테, 요한 볼프강 폰 194
교육 26-27, 35-36, 53, 58, 93-95, 136-138, 146, 153, 167, 185-186, 197, 229, 232, 246, 256, 262-263, 289-291, 297, 302, 334, 340
　기독교 137-138, 242
　선교 98, 301

여성 290-291, 330
교회 교구 선교회 130
교회 내 남녀 성비 284
교회선교회CMS(Church Missionary Society) 146-150, 186, 223, 233, 247
교회성장 139
교회에서의 리더십 289-291
교회행정 188
교회협의회 202
구디, 윌리엄 168
구디, A. P. 333
구속(redemption) 30, 173, 268, 300, 319
구츠, 풀러 254
국교도 폐지 58, 87
국교회 호주협의회 203
굿윈, 토마스 178
권위의 원칙 158
귀납법 231
그랜트, J. W. 209
그레고리, 로빈슨 252
그레이, 도리언 217, 223
그레이시, 데이비드 161
그로브스, A. N. 241
그리스도의 교회파(Churches of Christ) 328
그리스도의 십자가 172, 179, 201, 203, 344
그리스도의 제자들 84
크리스천의 제자직 206, 260
크리스천이 행복한 삶을 살 수 있는 비결 270
그린, 사무엘 259
그조우스키, 카시미어 305

색인 363

근본주의 68, 85, 240, 247, 258, 277, 335, 337, 339
글래드스톤, 윌리엄 18
글래스고 연합복음전도협의회 89
글로버, 윌리스 228
금주연맹 316
금주운동(temperance movement) 155, 314-318
　- 과 금주(and abstinence) 280, 314-316
　- 과 금주법(and prohibition) 317
　- 과 여성(and women) 317
　- 과 절제(and moderation) 313
기금모금 137
기네스, 헨리 그래탄 246, 257
기네스, 화니 246
기독교 소년단(Boys' Brigade) 139
기독교개혁교회 76
기독교면려회 138
기독교사회연합 319
기독교선교연맹 85
기독교의 증거들 163-164, 329
기번, 에드워드 154
기적(miracles) 159, 163, 236-237
깁스, 마일드리드 273

- 의 국교회(Anglicans in) 328
- 의 케직 교리(Keswick teaching) 271
- 의 흑인 교회(black churches in) 299, 300
낭만주의(Romanticism) 193-238
　- 와 고교회파(and high Churchmanship) 201-206
　- 와 복음주의 신학(and evangelical theology) 233
　- 와 성경(and the Bible) 229, 233, 238
　- 와 종교(and religion) 195
　- 와 종교의 언어(and religious language) 210
　- 와 진화 사상(and evolutionary thought) 233, 234, 236, 238
네덜란드 개혁교회 103, 272, 342
노동조합(trade unions) 25
노래하기(singing) 125, 137, 140
노예 제도(slavery) 294, 297
　지속(continuation) 294, 297-298
　철폐(abolition) 294
녹스, 뷰익 100
놀, 마크 10, 94, 100, 161, 169, 297, 344
뉴먼, 존 헨리 196
뉴스, 조이풀 130

[ㄴ]

나사렛교회 267
남북전쟁 21, 76, 101, 133, 265, 294, 297
남아프리카 대교구 교회 75, 328
남아프리카(South Africa) 300-301, 308
　- 의 감리교(Methodists in) 31, 79, 163

[ㄷ]

다비, 존 넬슨 85, 197
다비디프, 레어노어 280
다우이, J. A. 245
다윈, 찰스 164

대니 양 288
대영제국 22, 73, 100, 149
더글라스 포스터, A. 84
더글라스, 제임스 176
더글라스, W. M. 272
더닝, N. G. 180
더프, 알렉산더 186
던스, 존 295
던컨, 데이비드 177
던컨, 존 172
데니, 제임스 46, 159
데니스, 제임스 147, 187
데이븐포트, 로드니 342
데이비스, 루퍼트 81
데이비스, E. T. 99
데이시, A. J. 185
데일, A. W. W. 63
데일, R. W. 63, 77, 78, 176, 188
데일로, T. H. 309
도드리지, 필립 225
도르가회 287
도르셋, L. W. 62
도박 303-304, 322, 330
도시선교(회)(City Mission) 63, 89
도시화(urbanization) 91
도어머스, 사라 289
독립교회파 54
독서실(reading rooms) 305
두러리, T. W. 221
두리틀, 토마스 135
드루먼드, 헨리 338
디드로 154
디목, 나다니엘 169
디스랠리, 벤자민 18

디어든, H. W. 162
디어터, 멜빈 266
디필드, G. M. 154
딕, 토마스 155
딕슨, 닐 206
딕슨, 아이언 33
딕슨, 조지 304
딕슨, 헬렌 167, 298
딕슨, A. C. 167, 298, 307, 338
딜, S. M. 37

[ㄹ]

라이베리아 104, 142
라인햄, 피터 341
라일, H. E(존 찰스 라일의 아들) 230
라일, J. C. 251, 271
라케르, 토마스 135
랜덜스, 윌리엄 282
랜드, 개리 250
랜드마키즘(Landmarkism) 79
램버스 회의 73
램슨 여사 219
랭, 번하드 117
랭크포드, 사라 262
러스킨, 존 194
런던 도시 전도단 130
런던 성경 및 국내 선교회 286
런던선교회 320
레일리, 메어리 158
레일리, 알렉산더 158
레크리에이션(recreation) 278, 301
로이드, 토마스 125

로튼, 윌리엄 203, 251
롱, 캐슬린 141
루이스, 도널드 131
리빙스턴, 데이비드 147-148, 152, 185
리즈, C. H. 271
리처드 허기스, T. 84
리츨, 알브레히트 319
리턴, E. A. 168
링컨, 아브라함 21, 211

[ㅁ]

마거릿, 콘래드 17
맥도날드 F. W. 211
맥코시, 제임스 159
맥킨리, E. H. 269
먼로, 도널드 243
목회자, -의 임무(ministers, duties of) 53
몰락 논쟁 336
몰리, 사무엘 130
무능력, 천부적 및 도덕적(inability, natural and moral) - 171
무디, 드와이트 라이멘 라이더 (Moody, Dwight L.) 222, 233, 253, 338
    과잉 복음전도자로서의 무디(as hyper-evangelist) 176
    복음주의적 통일을 촉진시키다(promotes evangelical unity) 337-338
    사회적 관심(social concern) 133
    선교(아이라 D. 생키와 함께 한) 62-66, 89, 106, 125, 176
    성결의 교리(holiness teaching) 260
    영향력(influence) 265

전천년왕국설(premillennialism) 276, 278
문답식 교육 135
문명(civilization) 100, 103, 167, 184-185, 250, 298, 330
뮬러, 조지 132, 241-245, 253, 334
미국 74, 78, 253, 266, 273
    감독교회 75
    감리교 299, 302
        감리교 감독교회 287, 299
        아프리카 감리교 감독교회 81, 301
        웨슬리안 감리교회 44
        자유감리교회 266
    개혁 감독교회 75, 204
    금지 95, 112, 126, 138
    미국 개혁파 교회 76
    부흥 139
    세례 166, 186
    유니테리언 196
    의식주의 201 ,202, 311
    자유주의 319, 328
    장로교인 328, 330
    케직 269
    퀘이커교도들 322
    회중교인 73, 78, 338
    흑인교회 300
미국 감독교회 74
미국 컴벌랜드 장로교인 76
미국성서공회 35
미즈 커티스, F. 55
민주주의 259
밀, 존 스튜어트 161

[ㅂ]

바이블 크리스천 81
바자 244
반가톨릭주의 331
방언 274-275
방언, -의 은사(tongues, gift of) 274, 275
뱅스, 나단 261
법적 동의 연령 313
베이컨의 귀납법 157
보편주의(universalism) 224
복음성가 249
복음주의 255, 267, 274, 276, 283, 293, 343
    교리(교의) 74
        교파 관계 108
        교회 내의 복음주의 지배 329
        국제적 연계 342
        낭만주의 193
        문화(세상) 속의 복음주의 지배 328-329
        보수적 신학성향 239-240
        복음전도 250, 269
        복음주의 세계 분포(지리) 97-104
        사회적 역할 279-323
        사회적 영향력 101, 323
        성격 72, 97, 173
        성경주의 32
        신학적 학구 성향 1697-174
        십자가중심주의 36-42
        여성의 경건 281
        영성 39, 109, 111, 110-118, 152, 166, 325, 334
        자유주의 신학 성향 206-208, 213-216, 236-237
        전세계적 통일성 337-344
        정치적 사회적 맥락 298, 341
        행동주의 30, 32, 344
        회심주의 32-65
복음주의 선교연맹 247
복음주의 연맹 126, 297
복음주의 연합 78, 83, 181, 338
복음주의 자유교회 교리문답 218, 338-339
복음주의 협회 203
볼테르 154
부의 분배(wealth distribution) 24, 91
분리주의(come-outism) 58, 81, 220, 265
불의 세례 274
브라운, 제임스 볼드윈 281
브라이언, 윌리엄 제닝스 22
블루리본가스펠유니온 316
비문맹(문맹퇴치) 26
빈민 학교(ragged schools) 132

[ㅅ]

사무엘 데이비슨 227
사회복음(social gospel) 318-324
산업화(industrialization) 279
상상력 334
상식철학(common-sense philosophy) 160-161
상업 23-24, 95, 148, 185, 191
상호향상회(mutual improvement societies) 167
생키, 아이라 D. 62-64, 66-67, 89, 106, 125-126, 176, 305

서굿, 존 86
선교(mission) 185-188, 244-245, 277
　기관(organizations) 98, 295
　단일문화적 -(monocultural) 150-152
　무디와 생키(Moody and Sankey) 63-66, 89, 106, 125, 176
　본국(home) 105
　사업 모델(business model) 240-241
　신앙의 원리(faith principle) 179, 196, 240-247
　실용주의적(pragmatic)- 240-241
　여성의 역할(role of women) 280-293
　- 와 교육(and education) 26, 27, 36, 137-138, 146
　- 와 문명(and civilization) 100, 103, 155, 167, 184-185, 190, 250, 298, 330
　- 와 상업(and commerce) 23-25, 95, 147, 148, 191
　- 와 제국(and empire) 151
　의료(medical) - 188
　전도 방법(outreach methods) 127-135
　전인적(holistic) - 134, 339
　젊은이들에 대한 선교(to the young) 135-139
　토착(indigenous) - 102, 104, 187
　하향침투설(trickle-down theory) 186
　해외(overseas) - 88, 107, 144
설계론 164
설립 원칙 86
섭리(providence) 106, 185, 236, 246
섭리주의(세대주의) 257, 259
성결 95, 176, 260, 263-277, 291, 304, 306, 329, 334, 337

성경 111, 120, 124
　고등비평 156, 229, 336
　성경과 낭만주의 225
　성경의 배포 35, 88
　성서비평 226, 237, 240
　영감 251
　해석 30
성경연맹 337
성례전(세례, 성찬)(sacraments; baptism, holy communion) 29, 74, 202, 203-205, 237
성육신 28, 37-39, 42, 219-221, 236, 318, 333, 336
성적 착취(sexual exploitation) 280, 323
성찬 60, 78, 84, 118, 120, 139, 189, 200-205-209, 316, 329, 333
　교파적 접근 206-210
　부흥 139-143
　열린 190
성화(sanctification) 31, 82, 114, 261, 274, 334
　믿음으로 말미암은(by faith) - 264
　- 와 감리교(and Methodists) 259-261, 264
　완전한(entire) - 264, 265, 266, 274
세계화 28
세례 58, 78, 84, 166, 203
소론과 평론 225
소설(복음주의적 접근) 308-310, 333-334
속죄(atonement) 170, 173, 180, 214, 216, 219-221, 245, 268 333
　대속론 173
　통치론 173
스미스, 케네스 힐슨 75

스코틀랜드 감독교회 75, 240
스코틀랜드 복음주의 연합 181
스코틀랜드 여성길드교회 289
스코틀랜드 자유교회 38, 46, 52, 64, 75-76, 315
스코틀랜드(Scotland) 46, 74, 99, 121, 160, 176, 185, 227, 240, 252, 330, 339, 342
　- 여성길드교회(Church of Scotland Woman's Guild) 289
　- 연합자유교회(United Free Church of Scotland) 76
　- 자유교회(Free Church of Scotland) 76, 81, 100, 120, 127, 157, 219, 252, 309
　- 의 감독파(Episcopalians in) 75
　- 의 침례교(Baptists in) 169, 170
　케직 교리(Keswick teaching) 335, 272
스탠턴, 엘리자베스 캐디 281
스펄전, C. H.(Spurgeon, C. H.) 61, 117, 336, 337
　- 과 몰락 논쟁(and Downgrade Controversy) 336
　- 과 미래의 형벌(and future punishment)
　- 과 성찬식(and holy communion) 60
　- 과 세례(and baptism) 60
　- 과 신앙의 원리(and faith principle) 243
　- 과 연극 관람(and theatre-going) 304
　목사대학(Pastor's College) 37, 130
　목회에 관하여(on ministry) 59
　보수주의(conservatism) 76, 171
　설교 목회(preaching ministry) 59
　설교(sermons) 180

설교집(tracts) 60
스톡웰 고아원(Stockwell orphanage) 105
실용주의(pragmatism) 189
영향력(influence) 60
책(books) 56-57
체면에 관하여(on respectability) 96
형이상학에 관하여(on metaphsyics) 160
스포츠(sports) 303, 304-307, 309
시에라레온의 포우라베이인스티튜션 294
시편-찬송(psalm-singing) 123-124, 210
식민지 의존(colonial dependency) 340
신복음주의파 207
신앙 52, 76, 84, 130, 135, 146, 152, 170, 175, 185, 259, 309, 337, 343
　신앙과 성화 30-31, 32, 95, 109, 113-114, 239, 260-274, 334
　신앙과 이성 156
　신앙부흥운동(revivals) 140-143, 152, 154-155, 158, 174, 181, 182, 252
　미국의(in America) - 158
　아일랜드의(in Ireland) - 67, 169
　웨일스의(in Wales) - 143
　잉글랜드의(in England) - 142
　자발적인(감리교의)(spontaneous, Methodist) - 140, 142
　전통적인(성찬식 시즌)(traditional, communion season) - 139
　조직적인(피니 유형) -(organized, Finney-type) 140, 143, 303

신앙의 원리 334
신학적 보수주의 76, 278
실업가들의 신앙 부흥(뉴욕 1858년) 43, 65
실질적 부르심(유효적 소명) 45
심방회(visiting societies) 285

[ㅇ]

아놀드 헌트, D. 81, 131
아동 131, 132, 137, 242, 286
아동특별봉사선교회 139
아르미니우스주의 155, 171, 179
아만파 83
아이버래츠, 제임스 231
아일랜드(Ireland) 18, 21-23, 27, 37, 40, 45, 50, 62, 80, 124, 130, 171, 178, 188, 197, 256, 261, 267, 272, 285-286, 288, 311-312, 341
  부흥 139
  원시 웨슬리파 감리교도파(Primitive Wesleyan Methodists) 81
  장로교 37, 40, 45, 50, 107, 124, 139, 166, 169, 171, 178, 267, 286
  케직 사경회 252, 268-272, 274-276, 278-279, 308, 334, 338, 342
아일랜드, 윌리엄 261
아치발드 호지, A. 230
아프리카 감리교 감독 시온교회 82
아프리카 감리교 감독교회 82, 301, 342
아프리카계 미국 흑인의 영성 300
아프리카내지선교 246

앤 데이비슨, J. 170, 228
앤도버 자유주의자 328
앨런 데이비슨, K. 341
야외 집회 81, 95, 129, 265
양, 쿡 288
어빙, 에드워드 275
어스킨, 토마스 218
엎드림, 부복(prostrations) 267
에드워즈, 조나단 171, 174, 181
에머슨, 랄프 왈도 212, 236
에반스, 헤버 232
엘리, 리차드 319
엘리엇, 조지 322
엘픽, 리차드 342
엥겔스, 프리드리히 332
여성(women) 27, 60, 110, 243, 280, 292, 312
  - 과 가정생활(and home life) 117
  - 과 공적인 삶(and public life) 280
  - 과 교육(and education) 288
  - 과 교회생활(and church life) 323
  - 과 금주운동(and temperance movement) 314-318
  - 과 성결의 교리(and holiness teaching) 291
  - 과 성적 착취(and sexual exploitation) 280, 312
  - 과 영성(and spirituality) 283
  - 과 해외선교(and overseas missions) 301, 326
여성선교연합(womens' missionary unions) 289
여성의 종속(subordination of women) 281-282

여집사 292
연극 관람(theatre-going) 302-305
연합감리교 성결협의회(United Methodist Holiness Association) 266
영국 및 해외 성서공회 35
 남아프리카의 75
 호주의 149, 203
영국(Britain, England, Scotland, Wales) 17-22
 광교회파 220, 221, 223, 237
 교회행정 187, 188
 국교회의 폐지 58
  복음주의자 238, 248
  여성의 영역 289-290
 잉글랜드 국교회 가톨릭파 209, 333
 영성(spirituality) 39, 110-111, 115, 152, 166, 216, 254, 269-270, 275, 283, 300, 325, 334
 아프리카계 미국 흑인의 -(African-American) 300
 예배(worship) 55, 82, 99, 103, 119, 150, 188, 207, 287, 307
  감리교(Methodist) 150, 338, 344
 스코틀랜드 자유교회(Free Church of Scotland) 38
 잉글랜드 국교회(Church of England) 102, 103, 108, 118, 188, 284
 장로교(Presbyterian) 118-135
  퀘이커교(Quaker) 269
 예배당내의 꽃 장식 120
 예배에서의 음악(music in worship) 305-306
 예언, 참조. 후천년왕국설; 전천년왕국설 (prophecy, postmillennialism)

  182-184
와이틀, D. W. 243
완전한 구원 261, 262
완전한 사랑(love, perfect) 260
완전한 성화 261, 262
용서 32, 37-39, 166, 302
우주 내재(immanence) 236
우즈, 샤로트 224
웨스트민스터 신앙고백(Westminster Confession) 170, 177
웨이스, 헨리 169
웨일스(Wales) 187, 189, 207, 210, 219, 231, 253
 신앙부흥운동(revivals) 143
- 의 자유교회(Free Churches in) 326, 329
- 의 칼빈파 감리교(Calvinistic Methodists in) 76
- 의 회중교(Congregationalists in) 77, 210
 케직 교리(Keswick teaching) 270
웨일스의 칼빈파 감리교 76
월킨스, 조지 하워드 329
유니테리언파(Unitarianism) 100, 196
유젤리안토론회(Euzelian Debating Society) 167
음악 콘서트(musical concerts) 306
의사소통, 발달 213
의식주의(ritualism) 201, 202, 230, 311, 327, 333
의심 115
의존자회 또는 코클러(Cokelers) 85-86
이상주 324
이성, -에의 호소(reason, appeal to) 214,

230, 238, 315
이스트 런던 훈련원 246
이시카이, 엘리자베스 84
이어콧, 엘리자베스 110
이즐링턴 목회자 컨퍼런스 33, 44, 159, 162, 171, 201, 207, 227
이집트 20, 112
인도(India) 19, 51, 61, 103, 107, 142, 144, 146-147, 149, 186, 189, 272, 315
인스킵, J. S. 265
인종 관계(race relations) 293-301
　불평등(inequality) 132, 299
　인종 차별(segregation) 299
　평등(equality) 97, 298
일곱 명의 케임브리지 대학생 147, 246
일반 또는 자유의지 침례파(General or Free will Baptists) 79
읽고 쓰는 능력(literacy) 26
잉글랜드 34, 52, 67, 75, 87, 92, 99, 113, 129, 161, 168, 170, 219, 252, 285
　감리교도 76, 80
　금주법 317
　유니테리언 99-100, 196
　의식주의 201, 202, 230, 311, 327, 333
　자유교회 75
　퀘이커 83, 118, 269, 325
잉글랜드 국교도와 비국교도 간 경쟁(church-chapel rivalry) 86-87, 102, 316
잉글랜드 독립교회(Independent Methodists, England)
잉글랜드 북서부의 독립감리교도파 (Independent Methodists) 81
잉글랜드 자유교회 75

[ㅈ]

자기 개선(self-improvement) 26, 139, 167, 190, 314, 329
자마이카 144, 271
자비로운 협회들 189
자유 감리교도파 333
자유감리교회 265-266
자유교회 14, 39, 46, 53, 64, 75-76, 81, 99, 120, 157, 159, 162, 171, 176, 181, 182, 217, 227, 248, 251, 309-310, 312, 315, 326, 329, 338-339
자유로운 탐구의 원칙 175
자유주의 신학 38, 74, 197, 208, 213-216, 319, 328, 333-339
잘란드, 팻 115
재림파 크리스천 250
잭슨, 조지 47
저단, 찰스 275
정착 운동(settlement movement) 322
제2차 복음주의 각성(Second Evangelical Awakening) 141
제7일안식일침례파 310
제롬, 피터 87
제이, 엘리자베스 113
제이, 제니 67
제임스, 윌리엄 49
제임스, 존 에인절 47, 281
제프리 핀레이슨, B. A. M. 131
제프리, 케네스 142
조, F. F. 171
존 피기스, B. 274, 290
존스, 나다나엘 251

존스, 튜더 143
존스, J. H. 141
존슨, C. A. 129
존슨, D. A. 176
종교서적 보급회 56
종교서적(religious literature) 56
종교의 언어(religious language) 210-212
죄, -와의 갈등(sin, conflict with) 114, 325
주일 준수(Sunday observance) 310
주일학교(Sunday schools) 50, 62, 126, 135, 137, 145, 165, 288, 306, 326
죽음 180
중국내지선교회CIM(China Inland Mission) 246
쥬드, 스티븐 102
지리학 148
지식욕(knowledge, thirst for) 167
지옥 65, 221-222, 238, 277
직관 160, 195, 282
진보당(the Progressives) 22
진보적 사상 191
진화론 229-237
진화사상의 적용 230-232

[ㅊ]

찬송가 부르기 83-86
처치 아미 130
천부적인 무능력과 도덕적 무능력 171-172, 174
체면(respectability) 96-97, 99, 108, 116, 127, 285, 305, 333, 340
초절주의(Transcendentalism) 276
춤 304, 333
츠빙글리, 울드리히 205
치유 245
침례교 선교회 56
침례교 연합 61, 336
침례교인 32, 79, 338, 342
　미국 침례교인 49, 298, 310
　스코틀랜드의 침례교인 170
　엄격한 침례파 130
　엄격한 특수 침례교인 177
　영국 밖으로 나간 침례교인 61
　원시 또는 완고한 또는 반사명적인 (Anti-Mission) 침례파 78, 93
　일반(혹은 자유의지)의지 침례파 79, 146
　침례교와 선교 145
　침례교와 성찬 206
　침례교와 세례 204
　침례교와 천년왕국 252
　침례교인과 교회질서 189, 190
　특수 또는 정규 침례파 79
칭의 261

[ㅋ]

카일야드파 문학(Kailyard school literature) 309
칼빈주의 64, 78, 99, 124, 169, 174, 217, 271, 330
　방어 174-176
　쇠퇴 174-176

온건한 칼빈주의자 9, 17, 34, 59, 76, 101, 137, 178, 203, 246, 271, 309, 343
캐나다 9, 17, 34, 69, 76, 101, 138, 178, 203, 247, 267, 309, 343
   감리교인 34, 327
   복음주의협회 203
   성결의 교리 260, 263, 270
   원주민 부족 296
   의식주의 202
캐나다복음주의협회 203
캐나다 자유교회 310
커닝엄, 윌리엄 157, 169, 171
커리, 다니엘 183
커리, 로버트 69
커피(Coffee drinking) 331
커피, 존 65
케네디, 존 64, 177, 218, 219
케직 운동(Keswick movement) 252, 269-272, 274-276, 278, 308, 334, 338, 342
   세계적 확장 253-254
   시작 252-253
케슬러 J. B. A. 29
켄트, 존 268
켈리, 존 170
켈리, 찰스 40, 47, 130, 252, 340
켐블, 찰스 133
코드, 로이 85
코마로프, 존 185
코웰, 룻 177
코웰, 조지 177
콕스, 사무엘 224
콕스, 제프리 284

콕스워스, 크리스토퍼 205
콘노너, 랠프 309
콜 341
콜리어, 토마스 51
콜리지, 사무엘 테일러 194, 196-198, 212, 213, 240, 276
콜먼, 브루스 98
콜먼, J. A. 146
콩고 발롤로선교회 247
쿠크, 해리엇 292
쿡, 토마스 47
쿤달, 프랭크 103
쿨트하드, 어네스트 41
크라우더, 사무엘 296
크라이어, 토마스 316
크램프, J. M. 225
크레이그, G. R. 155
크루크섄스, S. 143
크루파, 페트리샤 305
크리스토퍼 파이프 103
클라이브 필드, D. 284
클라크, 제임스 218
클라크, 프란시스 139
클리포드, 존 56, 190, 204, 311, 320, 322
클리프, 필립 288, 136
키토 J. F. 208
키트리지, A. E. 111
킨리, 데이비드 320
킹스턴, 비벌리 17

[ㅌ]

타판, 루이스 294

테일러, 제임스 허드슨 245
토마스 밸피 프렌치 51
토착 부족들(indigenous peoples)
토착민 102, 104, 149, 186
트럼불, 헨리 214
티모시 풀럽, E. 300, 341

[ㅍ]

파르쿠하르, J. N. 235
팍스, G. T. 208
패어베언, 패트릭 182
펀더멘털스 지(誌)(The Fundamentals) 337
폴 구차르, C. 35
폴 해리스, W. 187
풀러, 앤드류 173
풋, 레베카 166
프라덴버그, A. G. 321
프랭크 포스터, H. 236
프레맨틀, W. R. 38
프로스트, A. J. 259
플레시스, 요한네스 두 37
피니, 찰스 158, 160, 174
피들러, 클라우스 247
피지 104
피치, A. R. 233
핀들리, 제임스 에프 62
핏제럴드, M. H. 230
핑크, 로저 285

[ㅎ]

하나님 42, 64, 116, 143, 174, 236, 263, 281, 315
하나님 아버지 113, 217-218
하나님과의 친교 113
하나님교회 267
하늘 157, 219, 259
하우, 사무엘 52
하우드, W. H. 128, 227, 303
하우섬, 레슬리 88
하워드, P. E. 105
하인드마쉬, 브루스 154
하트, D. G. 214
하포드 배터스비, C. F. 272
하포드 배터스비, T. D. 270
하포드, 찰스 271
학교(schools) 26, 36, 66, 94, 186
 빈민 -(ragged) 132, 288
 주간 -(day) 103, 138
 주일 -(Sunday) 62, 136, 150, 151, 288, 310, 311
한나, 존 261
합리주의(rationalism) 156, 158, 193, 196, 329, 335
합창 207
해리슨, 브라이언 317
해리슨, 윌리엄 44
해밀턴, 케네스 83
해즐턴, 존 177
핸디, 로버트 322
햄즈 E. W. 102
행동주의 30, 49, 54, 109, 344
허기스, 휴 프라이스 322

허드슨, W. S. 322
허드슨리드, 시드니 182
허버, 에반스 232
허버트, 제임스 152
허치슨, 마크 289
허튼, J. E. 143
헉슬리, 토마스 231
헌터, 존 210
헌팅던 백작 부인의 커넥션 78
헤이버걸, 머라이어 베런 그레이엄 46, 126, 302
헤이버걸, 프란시스 라이들리 302
헨리 피시, C. 143
헨리 해브락 경 342
헴턴, 데이비드 142
형벌, 영원한 -(punishment, everlasting) 212, 221-223, 333
호더, 에드윈 130
호어, 캐넌 207
호주 51, 102, 149, 203, 266
　감리교 39
　국교회 149, 203
　성결에 대한 가르침 265
　의식주의 202
　장로교 102
　케직 269
　토착민 102
호지, 찰스 169, 178-179, 214, 231
호킹, 살로메 309
호킹, 실라스 309
호킹, 조셉 309
호턴, R. F. 321
혼, T. H. 227
홀, 뉴먼 105

홀, 로버트 190
홀, 엑시터 97, 132
홀, 캐더린 280
홉킨스, 사무엘 172
홉킨스, 에반 271
회심 30-32, 42-49, 62, 68, 85, 109, 120, 182, 260, 338, 344
회중교 36, 73, 121, 210, 252, 320
　미국의 43, 108, 304
　성찬 82, 118
　여성 111, 284-285, 291
　잉글랜드 및 웨일즈의 77-78
　자유주의 59
　전천년왕국설 252
　회중교 국내선교회 130
회중교 연합 321
후드, 팍스턴 96
흄, 데이비드 154, 161
흑인교회 300-301, 329, 341
　남아프리카의 흑인 교회 301, 341
　미국의 흑인 교회 300, 329
　히긴보스햄, 이블린 브룩스 300
히니, 브라이언 290
히스맨, 캐슬린 52, 286
히치콕, 에드워드 231
힌튼, 존 하워드 217
힐라드, 데이비드 209

복음주의 전성기
The Dominance of Evangelicalism
: The Age of Spurgeon and Moody

2012년 1월 25일 초판 발행

지은이 | 데이비드 W. 베빙턴
옮긴이 | 채 천 석
펴낸곳 | 사)기독교문서선교회
등록 | 제16~25호(1980. 1. 18)
주소 | 서울시 서초구 방배동 983-2
전화 | 02) 586-8761~3(본사) 031) 923-8762~3(영업부)
팩스 | 02) 523-0131(본사) 031) 923-8761(영업부)
홈페이지 | www.clcbook.com
이메일 | clckor@gmail.com
온라인 | 기업은행 073-000308-04-020, 국민은행 043-01-0379-646
　　　　　　예금주: 사)기독교문서선교회

ISBN 978-89-341-1175-7 (93230)

* 낙장·파본은 교환해 드립니다.